国家社科基金
GUOJIA SHEKE JIJIN HOUQI ZIZHU XIANGMU
后期资助项目

國家社科基金後期資助項目（13FZW005）研究成果

莊子校釋及研究（下）

聶中慶 著

山东大学出版社
SHANDONG UNIVERSITY PRESS
·濟南·

下編　莊子研究

第一章　莊子其人

關於莊子的生平事跡，如今我們所能看到的文獻資料主要有司馬遷《史記・老子韓非列傳》下的《莊子傳》和《莊子》其書。下面我們依據相關史料對莊子其人略作考論。

一、生卒年代

對於莊子的生卒年，古代文獻無明確記載。《史記・老子韓非列傳》云："莊子者，蒙人也，名周。周嘗爲蒙漆園吏，與梁惠王、齊宣王同時。……楚威王聞莊周賢，使使厚幣迎之，許以爲相。"據《竹書紀年》，梁惠王在位的年代爲前三七〇年至前三一九年，齊宣王爲前三二〇年至前三〇二年，楚威王爲前三三九年至前三二九年。據司馬遷之記述，莊子從事著書、授徒、遊學之年代約在前三四〇年至前三〇〇年這四十年間。原因有二：一是楚威王聘請莊子時莊子的年齡最少也有三四十歲，據楚威王在位之年代，我們將前三四〇年定爲莊子從事著書、授徒、遊學之上限；二是司馬遷説莊子與梁惠王、齊宣王同時，蓋齊宣王時莊子仍在從事學術活動，至齊宣王末年，莊子的年齡已有七十多歲了，所以我們將前三〇〇年作爲莊子從事授徒、遊學活動的下限。至於莊子具體之生卒年，應結合《莊子》中的記載進行考察。

《莊子》中有兩條線索應引起重視。一是《莊子》中對魏文侯（前四四六年至前三九七年在位）、魏武侯（前三九六年至前三七一年在位）皆稱謚號，如《田子方》之"田子方侍坐於魏文侯"，《徐无鬼》之"徐无鬼因女商見魏武侯"；而對魏惠王只稱名稱王而不稱謚，如《則陽》之"魏瑩與田侯牟約"，《逍遥遊》之"魏王貽我大瓠之種"，《山木》之"莊子衣大布而補之，正緳係履而過魏王"。這不但説明莊子生活於魏惠王時期，而且表明莊周著書之年代也在魏惠王時期，也就是説莊周的學術活動主要完成於魏惠王時期。第二條線索是《徐无鬼》中關於"莊子送葬"的記載，其文云："莊子送葬，過惠子之墓，顧謂從者曰：'……自夫子之死也，吾无以爲質矣，吾无與言之矣！'"關於惠子卒於何時，史籍無明確記載，學界也説法不一。《戰國策·趙三》："齊破燕……楚、魏憎之，令淖滑、惠施之趙，請伐齊而存燕。"是年爲魏襄公五年（前三一四年），惠子之卒年不會早於此年，而莊子過惠子墓時尚能爲人送葬，且身邊有隨從的門徒，説明其時莊子還在授徒遊學，由此看來莊子之卒年不會早於前三〇〇年。又《莊子》中未言宋亡之事，蓋莊周未見宋亡，其卒年不會晚於齊滅宋之年（前二八六年）。據此，我們認爲莊子之生卒年約在前三七〇年至前二九〇年。

二、莊子故里

最早記述莊子故里的是司馬遷。《史記》本傳云："莊子者，蒙人也，名周。周嘗爲蒙漆園吏。"司馬遷只説莊子是蒙人，但未言明蒙屬何國。漢代的學者都認爲蒙是戰國時宋國的屬地。《史記》司馬貞《索隱》："劉向《别録》云：'宋之蒙人也。'"《淮南子·修務訓》高誘注："莊子名周，宋蒙縣人。"《漢書·藝文志》："《莊子》五十二篇。"並注："名周，宋人。"張衡《髑髏賦》："吾宋人也，姓莊名周。"宋之蒙，西漢時封屬梁國，司馬貞《索隱》："《地理志》：'蒙縣屬梁國。'"故唐代學者亦稱莊子爲梁人，如陸德明《經典釋文·莊子序録》謂莊子是"梁國蒙縣人也"。

《莊子》中對莊周的言行有所記述，細加甄别，我們不難得出莊子是宋人的結論。《列禦寇》：

> 宋人有曹商者，爲宋王使秦。其往也，得車數乘。王説之，益車百乘。反於宋，見莊子，曰："夫處窮閭阨巷，困窘織屨，槁項黄馘者，商之所短也；一悟萬乘之主而從車百乘者，商之所長也。"

曹商返回宋國後遇見了莊子，可見莊子是宋人。又古代出使出遊曰"往""之"等，回到本國曰"返"，如上引文之"其往也""反於宋"。《莊子》中對莊子出遊是這樣記述的，《秋水》："惠子相梁，莊子往見之"；《至樂》："莊子之楚，見空髑髏。"而《莊子》中從未有莊子"之宋""往宋"等表述，可見莊子既非魏人亦非楚人而是宋人。此外，《韓非子》對《莊子》的引文也可以證實莊子爲宋人。《韓非子·難三》："故宋人語曰：'一雀過羿，羿必得之，則羿誣矣。以天下爲之羅，則雀不失矣。'"此段文字引自《庚桑楚》之"一雀適羿，羿必得之，威也。以天下爲之籠，則雀無所逃"。韓非所説的"宋人"，指的就是莊子。

據文獻記載，宋國境内有蒙邑。《左傳·襄公二十七年》："乙酉，宋公及諸侯之大夫盟於蒙門之外。”蒙門蓋因蒙城而名。楊伯峻《春秋左傳注》：“宋都東北有蒙城，則蒙門爲宋都之東北門，出此門至蒙城者。”①《史記・宋微子世家》：“休公田二十三年卒，子辟公辟兵立。”司馬貞《索隱》按：“《紀年》作‘桓侯璧兵’，則璧兵謚桓也。又《莊子》云‘桓侯行，未出城門，其前驅呼辟，蒙人止之，後爲狂也’。司馬彪云‘呼辟，使人避道。蒙人以桓侯名辟，而前驅呼“辟”，故爲狂也’。”所謂“蒙人”即宋蒙邑之人。

宋蒙邑之地望，湮没已久，難以確考。《水經》：“汳水出陰溝於浚儀縣北，又東至梁郡蒙縣，爲獲水，餘波南入睢陽城中。獲水出汳水於梁郡蒙縣北，又東過蕭縣南，睢水北流注之。”酈道元《水經注》云：

> 汳水又東逕濟陽考城縣故城南……汳水又東逕寧陵縣之沙陽亭北……汳水又東逕黄蒿塢北……汳水又東逕周塢側……汳水又東逕葛城北……汳水又東逕神坑塢，又東逕夏侯長塢。《續述征記》曰：夏侯塢至周塢，各相距五里。汳水又東逕梁國睢陽縣故城北，而東歷襄鄉塢南。……汳水又東逕貰城南……汳水又東逕蒙縣故城北，俗謂之小蒙城也。《西征記》：城在汳水南十五六里，即莊周之本邑也。……汳水自縣南出，今無復有水。惟睢陽城南側有小水南流，入於淮。……汳水又東逕大蒙城北……獲水自蒙東出……東逕長樂固北、巳氏縣南，東南流逕於蒙澤。……獲水又東逕虞縣故城北，古虞國也。

《水經》云：汳水（亦稱汴水）源出於陰溝（即蒗蕩渠），流經浚儀縣（今開封）北，向東流至梁郡蒙縣時水分兩股，一股向南流入睢陽城，一股繼續東流爲獲水。獲水從梁郡蒙縣北流出，向東流經蕭縣（今安徽蕭縣西北）南，睢水北流注入獲水。文中已將蒙的地理位置講得很清楚了，即蒙位於汳水之南、睢陽之北，處於汳水與獲水的分界點，汳水之餘波經蒙縣南入睢陽城。酈道元之《水經注》對汳水兩岸介紹得更加詳盡：汳水向東流經考城縣故城之南，又東經寧陵縣沙陽亭北、黄蒿塢北、周塢側、葛城北，又東經神坑塢、夏侯長塢、梁國睢陽縣故城北、襄鄉塢之南。汳水繼續東流經貰城（今山東曹縣南）之南、蒙縣故城北。蒙縣故城俗稱小蒙城，據晋戴延之《西征記》，蒙在汳水南十五六里，即莊周

① 楊伯峻編著：《春秋左傳注》，北京，中華書局，1981，第1133頁。

之故里。汳水流經蒙縣南入睢陽城，如今已經没有水了，只有睢陽城南有小股水流入淮水。小蒙城毗鄰大蒙城，獲水自蒙東經長樂固之北、巳氏縣之南，流入蒙澤。

《水經注》對莊周之故里蒙縣故城（小蒙城）記載得十分清楚，此城北距汳水有十五六里，涉汳水爲貰城，蒙城南爲睢陽城（今河南商丘），蒙之東分别爲大蒙城、長樂固、蒙澤，蒙之西爲梁國睢陽故城、夏侯長塢，其西北爲汳水北岸的襄鄉塢，其東北爲汳水北岸的巳氏縣（漢置，今山東曹縣東南）。根據上面的考察，我們認爲司馬遷所説的莊子爲"蒙人"的"蒙"乃宋之蒙，故城位於今山東曹縣以南，河南商丘以北，民權縣以東。

應該説，史籍對莊子故里的記述是清楚的。然而由於宋蒙地望湮没已久，加之司馬遷的記載過於簡略，後世對莊子之故里遂有不同的説法。近年來，隨著經濟的發展，一些地方政府爲拓展自己屬地的文化和旅遊資源，紛紛拉歷史名人做老鄉，莊子故里之争也日趨激烈，許多問題至今糾纏不清。總體上看，對莊子之故里目前學界主要有三種説法，即河南商丘、安徽蒙城、山東東明。據上文之考證，認爲莊子之故里位於今山東曹縣以南、河南商丘以北是有文獻依據的，而安徽蒙城説和山東東明説皆不足信。

安徽蒙城説始於二十世紀七十年代末。菲銘曾撰文《莊周故里辨》，首倡莊子故里在安徽蒙城。[①] 其後常徵、錢耕森、孫以楷、蔡靖泉、王振川等亦撰文，力主莊子故里在安徽蒙城。[②] 然而今安徽蒙城乃漢之山桑縣，唐天寶元年（七四二年）始改稱蒙城。《舊唐書・地理志》："蒙城，隋山桑縣，屬譙州。州廢，隸亳州。天寶元年，改爲蒙城。"可見安徽蒙城與宋蒙並無關係，故此説提出後，質疑之聲不斷。如朱玉龍曾撰文，對近年一些學者論證莊子故里爲安徽蒙城所提出的十二條論據，逐一進行了駁斥，認爲"没有一條能站得住脚"[③]。華東師大葉蓓卿之碩士學位論文對蒙城説提出了諸多疑問，指出"'蒙城説'的最大失誤，就是

---

① 菲銘：《莊周故里辨》，《历史研究》1979 年第 10 期。

② 常徵：《也談莊周故里》，《江淮論壇》1981 年第 6 期；錢耕森：《莊子故里蒙城説考辨》，黄山文化書院編：《莊子與中國文化》，合肥，安徽人民出版社，1990，第 20～31 頁；孫以楷：《莊子楚人考》，《安徽史學》1996 年第 1 期；蔡靖泉：《"莊子自是楚人"説》，《荆州師專學報》1998 年第 3 期；王振川：《莊子蒙人考》，《當代宗教研究》2005 年第 4 期；王振川：《莊子蒙人考（續）》，《當代宗教研究》2007 年第 1 期。

③ 朱玉龍：《莊子蒙城人説質疑》，《安徽大學學報》（哲學社會科學版）2007 年第 4 期。

無視司馬遷之時蒙縣依然存在而今之蒙城名叫山桑這一事實，硬説太史公所説的‘蒙’不是指蒙縣而是指山桑，這豈不是典型的‘白馬非馬’‘指鹿爲馬’嗎?”① 學者們的質疑有理有據，“安徽蒙城説”難以成立。

二十世紀九十年代，出現了莊子故里在山東東明的説法，此觀點雖出現較晚，但影響很大，得到許多學者的認同。一九九五年十一月，全國莊子故里問題考察論證會在山東東明縣舉行。南華生在其會議綜述中介紹説：“先秦史、思想史、哲學史、宗教史、文學史、歷史地理學等方面的三十餘位專家、學者到會，就莊子生平里籍及其思想進行了認真探討和細緻論證。……經過分析比較，考察論證，一致認爲，莊子故里就在東明縣。在莊子故里研究方面取得了新的突破。”② 東明説之證據何在？鮑大雪、蕭若然等從許多方面對東明説進行了系統的梳理和論證，頗具代表性。③ 大體説來，主要有以下幾點理由：

第一，關於莊子“貸粟於監河侯”之“河”。東明説者認爲，《莊子·外物》中“莊周家貧，故往貸粟於監河侯”的“河”指黄河，“監河侯”是監督河防的官員，而漢初黄河從東明附近流過，故莊子的故里在東明。

首先，《外物》中此段文字顯然是一則寓言，若將其當作信史是不妥當的。其次，“監河侯”所指爲何，至今尚無定論。陸德明《經典釋文》：“監河侯，《説苑》作‘魏文侯’。”成玄英疏：“監河侯，魏文侯也。”林希逸《莊子口義》云：“監河侯，《説苑》曰‘魏文侯也’，亦未必然，或是監河之官，以侯稱之。不然，則侯是其姓也。”從後文“我將得邑金，將貸子三百金”來看，“監河侯”可能並不是一個監督河防的小官。再次，莊子遊學四方，到過魏、楚等諸侯國，故其到過或在黄河邊上住過都不足为奇。且黄河流經許多地方，何以見得“貸粟於監河侯”便可證明莊子之故里在東明？

第二，關於莊子“嘗爲蒙漆園吏”中的“漆園”。東明説者以東明發掘出的明清碑刻及相關文獻證明東明歷史上曾有“漆園”，此“漆園”就是莊子的爲吏之所。

首先，歷史上“漆園”不止一處。《辭海》：“漆園：古地名。一説在今河南商丘市北；一説在今山東菏澤市北；一説在今安徽定遠縣東。戰

① 葉蓓卿：《莊子故里考辨》，上海，華東師範大學碩士學位論文，2005，第 24 頁。

② 南華生：《莊子故里在東明——全國莊子故里問題考察論證會綜述》，《齊魯學刊》1995 年第 6 期。

③ 鮑大雪、王守義、李濟仁：《莊子故里新探》，《山東社會科學》1996 年第 1 期；蕭若然：《“莊子故里在東明”疏證》，《菏澤學院學報》2007 年第 6 期。

國時莊周曾爲蒙漆園吏。又或以爲漆園非地名，莊周乃在蒙邑中爲吏主督漆事，蒙在今商丘市北。"《禹貢》記載，豫州、兖州一帶皆是産漆之地。其次，"漆園"不一定是指地名，也可能是指漆樹種植或漆器生産。崔大華説："《莊子》中多次記述到漆的生産或用途，記述了許多手工勞動者的生活和技藝，這些都可以印證莊子是一位熟悉當時的手工生産、曾任宋國管理漆園種植和漆器製作的吏嗇夫。"① 由此看來，即使東明歷史上曾有"漆園"這樣一個地名，也不能説明此"漆園"就是莊子爲吏的地方。

第三，關於"釣於濮水"中的"濮水"。《莊子·秋水》："莊子釣於濮水"，東明説者認爲濮水流經東明，故莊子故里在東明。

首先，我們考察一下"濮水"。《辭海》："濮水：古水名。（一）流經春秋衛地，即所謂'桑間濮上'之濮。亦稱'濮渠水'。上、下游各有二支：上游一支首受濟水於今河南封丘西，東北流；一支首受河（黄河）於今原陽北，東流經延津南；二支合流於長垣西。東流經縣北至滑縣東南，此下又分爲二：一支經山東東明北，東北至鄄城南注入瓠子河；一支經東明南，又東經菏澤市北注入鉅野澤。……（二）《春秋》隱公四年（公元前七一九年）：'衛人殺州吁於濮。'杜預注：'陳地水名。'《水經·渠水注》：'沙水東注，即濮水也，俗謂之欠水也。'即今安徽茨河上游。"要之，古代"濮水"有兩條：北邊的一條屬濟水中段，至滑縣東南分爲兩支，分别從東明縣南北流過；南邊的一條屬淮河支流，即今流經安徽蒙城南境的茨水，其地戰國時屬楚。"莊子釣於濮水"之"濮水"，是北濮水還是南濮水尚不能確定。據原文"莊子釣於濮水，楚王使大夫二人往先焉，曰：'願以境内累矣'"，我更傾向於文中之"濮水"爲南邊的濮水，因爲楚王聽説莊子來到楚國在濮水邊釣魚，於是派手下的人前去聘請莊子爲自己治理國政。若理解爲北邊的濮水，前後文顯然缺乏内在聯繫。其次，無論莊子釣於南濮水或北濮水，都不能認定莊子就是山東東明人或安徽蒙城人。因爲莊子一生遊學四方，到過哪裏都是極爲正常的事，何以見得莊子釣於北濮水或南濮水便一定是山東東明人或安徽蒙城人？其間顯然没有必然的因果聯繫。

第四，關於《莊子》又稱《南華真經》中的"南華"。東明説者認爲，莊子號"南華"不會晚於南朝梁代，據《舊唐書·玄宗本紀》載，

---

① 崔大華：《莊學研究——中國哲學一個觀念淵源的歷史考察》，北京，人民出版社，1992，第13頁。

唐天寶元年（七四二年）二月，李隆基詔封“莊子號爲南華真人……所著書改爲真經”，並於同年將“累代不改”的離狐縣（今東明縣）改爲南華縣，這説明莊子的故里在東明。

首先，莊子號“南華”是南北朝以後的事情。張松輝説：“《世説新語》是一部記載漢末、三國、兩晉士族階層遺聞軼事的書籍，兩晉時期，正是莊子思想盛行時期，然而在這部書中，我們還没有發現‘南華’一詞。據此，我們認爲‘南華’這一稱號的出現，應在南北朝中前期，最早流行於北方。”[①] 這表明莊子在兩晉以前並無“南華”這一稱號，故莊子之故里不可能與“南華”產生任何關聯。其次，對“南華”其名的含義及由來至今尚無明確的説法。北宋陳景元《南華真經章句音義》卷一云：“（莊子）師長桑公子，受其微旨，著書十萬餘言，目之曰《南華論》。其學本於黄老，又師楚人蜎淵。後隱於抱犢山，服北育火丹，白日昇天，補太極闈編郎。……南華者，義取離明英華，發揮道妙也。”陳景元所説的“離明”就是闡明的意思，離、明義同。《廣雅·釋詁四》：“離，明也。”然而將“南華”之“華”解釋爲“英華”是可以的，將“南華”之“南”解釋爲“闡明”就講不通了。南宋褚伯秀《南華真經義海纂微·序》云：“竊詳南華之號，其來久矣，似是上天職任所司，猶東華、南極之類，不可以人間義理臆度，故諸解無聞焉。”褚伯秀認爲“南華”是神仙的稱號，不應從字面的意思去理解。今人鮑大雪等認爲：“關於南華一詞的來歷，據記載要大大早於天寶元年。‘莊周隱於曹之南華，著書數萬言，後人稱《南華經》。唐貞觀二年建祠州北，名南華觀。’（《曹州府志·人物志》）‘莊子廟，城西北四十里南華沙溝之陽，唐貞觀二年建，號南華觀。’（《曹州府志·秩祠志》）‘後退隱南華，著書十萬餘言。’（《莊氏族譜》）上面提到的所謂‘南華觀’指的就是今東明縣北莊寨村莊子觀。由此看來，‘南華’一詞决不是玄而又玄的抽象概念，指的就是莊子退隱後在那裏著書立説的南華山。”[②] 比較而言，陳景元的説法難以講通，而鮑大雪等人認爲起源於山名的説法所引文獻較晚，《曹州府志》乃清乾隆年間曹州知府周尚質主修、内閣學士劉藻編纂的，其中“南華”起源於南華山的説法未説明其文獻來源，蓋來自傳説。褚伯秀的説法有一定道理，我認爲“南華”這一稱號的出現與莊子逐漸被仙化有内在關聯，至唐玄宗天寶元年（七四二年）詔封莊子爲“南華真人”，莊

① 張松輝：《莊子研究》，北京，人民出版社，2009，第 21 頁。

② 鮑大雪、王守義、李濟仁：《莊子故里新探》，《山東社會科學》1996 年第 1 期。

子仙化已經完成並得到朝廷的認可。總之，莊子號“南華”乃南北朝以後的事，故“南華”與莊子之故里是没有任何聯繫的。

第五，關於“莊子者，蒙人也”中的“蒙”。《水經注》對“蒙”之地理位置有詳盡的記述，不可撼動。由於“蒙”之地望湮没已久，加之行政區劃的變遷，於是東明説者中有人試圖證實“蒙”即古之“東明”。蕭若然據《蘭考縣志》《東明縣志》，證明古代的東明、蘭考本爲一縣，然後據《括地志》《元和郡縣志》與舊《考城縣志》之記載，定莊周故里在考城，並且説：“古考城今歸屬蘭考縣，但它在金興定二年以前是歸屬東明縣的。‘蒙即考城’，那麽‘蒙’不也是東明嗎?”① 蒙即考城已經不起推敲，蒙即東明更是想當然。實際上許多主張莊子故里在東明的人也認爲東明與宋蒙很難牽扯到一起，如鮑大雪等説：“宋國的蒙距上述的（東明）漆園約二百五十里，而且這個漆園在戰國時基本屬於魏國，因而宋國的這個小小的蒙邑，睽情度理是很難管轄到那麽遥遠的、而且又在别國地盤上的漆園的。即使在宋王偃當政时曾肆意向外擴張，可能也一時侵占過漆園，但也不會因暫時的占領就在歷史上把它劃歸宋國的蒙。”②

第六，莊子故里在東明之實證。東明説者以今東明縣之“莊子墓”“莊子觀”“莊周爲吏處”“南華山遺址”等爲實證，證明莊子故里在東明。實際上宋蒙之地望久已湮没，如今各地之“莊子墓”等都是後來修建的，不足爲憑。王增文説：“東明縣的莊寨村有所謂的‘莊寨古文化遺址’‘南華山遺址’‘莊周墓’‘莊周故里’‘莊子觀’等，這些都是一九九二年以後才修建起來的景觀，其中並没有真正的遺物保存，因而也不能作爲莊周故里的確證。”③

第七，莊子的嫡系後裔世代在東明繁衍生息。東明説者認爲莊子嫡系後裔世代在東明縣莊寨村生息繁衍，故莊子之故里在東明。實際上我們並不懷疑如今莊寨村之莊氏家族可能是莊子的後代，但我們認爲如今莊氏家族生息之地與莊子故里並没有必然聯繫。由於宋蒙的地勢低窪，其地望早已湮没，莊周後裔遂遷居各地，其中多數可能遷居於東明縣莊寨村。王增文説：“遷移的莊周後裔爲了紀念先祖，又往往在僑居地修建‘莊子祠堂’，以及‘漆園’‘莊周墓’‘莊子井’等人文景觀，而且又都自稱蒙人，其村名又多爲‘莊寨’‘莊莊’等，故使後來研究莊周故里者

① 蕭若然：《“莊子故里在東明”疏證》，《菏澤學院學報》2007 年第 6 期。
② 鮑大雪、王守義、李濟仁：《莊子故里新探》，《山東社會科學》1996 年第 1 期。
③ 王增文：《關於莊周故里的争論述評》，《商丘師範學院學報》2003 年第 6 期。

生出許多疑惑。”[①] 其説是。通過以上論證，我們認爲莊子故里在東明的説法是站不住脚的。

三、莊子字號

《史記》莊子本傳云：“莊子者，蒙人也，名周。”司馬遷只説莊子名周，並没有言及莊子的字號。據現存文獻，除爲避漢明帝之諱或稱莊周爲嚴周外，晋以前的文獻都没有記載莊子的字號。自六朝起，莊子始有“南華”的稱號，這一稱號的出現與莊子不斷被仙化有關。唐初道士成玄英稱莊子“受號南華仙人”（《莊子序》），唐天寶元年（七四二年）李隆基詔封“莊子號爲南華真人”，關於“南華”稱號的産生及其含義，上文已有論及。至於莊子字“子休”的説法，始見唐代。陸德明《經典釋文·序録》云：“莊子者，姓莊，名周（太史公云：字子休），梁國蒙縣人也。”（《史記》無莊子字子休之説）成玄英《莊子序》亦云：“其人姓莊，名周。字子休。”《史記·越王勾踐世家》：“朱公不得已而遣長子，爲一封書遺故所善莊生。”司馬貞《索隱》：“據其時代，非莊周也。然驗其行事，非子休而誰能信任於楚王乎？”陸德明、成玄英、司馬貞皆唐人，可見唐代始有莊子字子休的説法。爲什麽會出現這種説法學界尚無定説，我認爲此説可能與《説劍》篇有所關聯。《説劍》云：“王曰：‘夫子休就舍待命，令設戲請夫子。’”這句話的意思是“趙王説：‘先生暫且先回到館舍休息一下，我將爲您安排比武大賽，到時候再請您。’”可能有人錯將文中之“子休”理解爲對莊子的稱呼，於是就有了莊子字子休的説法。

① 王增文：《關於莊周故里的争論述評》，《商丘師範學院學報》2003年第6期。

第二章　《莊子》内、外、雜篇的形成及流變

《莊子》内、外、雜篇的劃分當與《莊子》的成書過程有内在聯繫。《漢志》載"《莊子》五十二篇"，這與司馬遷所記述的莊子"著書十餘萬言"大體相合。也就是說，從漢初至劉向整理篇籍，《莊子》的規模並没有發生大的變化。魏晋時玄學大興，注釋《莊子》的人很多，《經典釋文·序録》云：

> 崔譔注十卷二十七篇。（清河人，晋議郎。内篇七，外篇二十）向秀注二十卷二十六篇。（一作二十七篇，一作二十八篇。亦無雜篇，爲音三卷）司馬彪注二十一卷五十二篇。（字紹統，河内人，晋祕書監。内篇七，外篇二十八，雜篇十四，解説三，爲音三卷）郭象注三十三卷三十三篇。（字子玄，河内人。晋太傅主簿。内篇七，外篇十五，雜篇十一，爲音三卷）李頤集解三十卷三十篇。（字景真，潁川襄城人。晋丞相參軍，自號玄道子。一作三十五篇，爲音一卷）孟氏注十八卷五十二篇。（不詳何人）

可見當時既有與《漢志》相同的五十二篇注本，也有崔向二十七篇注本和郭象三十三篇注本。那麼《莊子》内、外、雜篇究竟是如何形成的呢？

《莊子》内、外、雜篇的劃分起於何時，至今尚無定説。陸德明《莊子音義》在《齊物論》"道未始有封"句下引崔譔注云："齊物七章，此連上章，而班固説在外篇。"這是我們所能看到的關於《莊子》分篇的最早記載。《莊子音義》共收録班固注文四條，皆出自《齊物論》，蓋班固曾對《齊物論》有過專門的注釋和研究。由此看來，至少在班固生活的年代，《莊子》已有内、外之别，而這種劃分究竟出自何人之手，目前主要有兩種不同的看法。

張恒壽認爲《莊子》内、外、雜篇的劃分出自淮南王劉安之手，主要有以下兩點理由：一是從《文選》注所引淮南子《莊子後解》、淮南王

《莊子略要》上看，最早整理《莊子》的是淮南王劉安及其門客；二是篇分内外的形式雖起於先秦，但盛行於漢初，即淮南王劉安及其門客整理《莊子》的時代。①

另一種觀點認爲《莊子》内、外、雜的劃分出自劉向之手，主張此説的有唐蘭、崔大華等。唐蘭云："《内篇》和《外篇》《雜篇》的分别，是從哪裏來的呢？我以爲這分别是起於劉向删除復重的時候。我們且看《管子書録》：'中外書五百六十四篇，以校，除復重四百八十四篇，定著八十六篇。'《晏子叙録》：'凡中外書三十篇，爲八百三十八章，除復重二十二篇，六百二十八章，定著八篇，二百一十五章。'……從這幾個例裏，可以看出來，凡著録於《别録》的古子書，都經過他删除重複的手續，才成爲《漢書·藝文志》上所得的篇數，《莊子》當然是在這例内，所以我這個假設大半是靠得住的。"② 崔大華也認爲《莊子》内、外、雜篇的劃分出自劉向之手，其理由是："第一，劉向十分熟悉《莊子》。在《别録》僅存的十篇完整的書録中，就有三篇論及莊子，此可爲證；第二，劉向作過《莊子書録》。《史記索隱·莊子列傳》援引了二則劉向佚語：'宋之蒙人也'，'又作人姓名，使相與語，是寄辭於其人，故莊子有寓言篇'，辨其語意，正當是劉向的《莊子書録》的佚文。"並且説："劉向對《莊子》的校理工作，除了删除重複、釐正文字外，可能還將《莊子》劃分内、外篇；並給内七篇擬定篇名。"③

我們認爲《莊子》内、外、雜篇並非成於一人一時，内、外、雜篇的形成存在著歷時性差異。

《莊子》五十二篇的規模是漢初才開始形成的，如《讓王》輯自《吕氏春秋》（考證見後文），即《吕覽》之前《莊子》還遠未達到五十二篇的規模，因此我們有理由認爲《莊子》内、外、雜篇非成於一時。《經典釋文·序録》云："司馬彪注二十一卷五十二篇（内篇七，外篇二十八，雜篇十四，解説三）"，這是我們所看到的關於《莊子》内、外、雜篇最早最完整的記述。此本成於何時，關鍵要看五十二篇中最後的"解説三"是何時編入的。

《文選》謝靈運《入華子崗詩》、江文通《擬許詢詩》、陶淵明《歸去

① 張恒壽：《莊子新探》，武漢，湖北人民出版社，1983，第22～26頁。

② 唐蘭：《老聃的姓名和時代考》，《唐蘭全集》（一），上海，上海古籍出版社，2015，第146頁。

③ 崔大華：《莊學研究——中國哲學一个觀念淵源的歷史考察》，北京，人民出版社，1992，第54頁。

來詞》、任彦昇《齊竟陵王行狀》注並引淮南王《莊子略要》："江海之士，山谷之人，輕天下細萬物而獨往者也。"司馬彪曰："獨往，任自然，不復顧世。"

《文選》張景陽《七命》"蓋理有毀之而爭寶之訟解"句李善注："《莊子》曰：'庚市子肩之毀玉也。'淮南子《莊子後解》曰：'庚市子，聖人無慾者也。人有争財相鬥者，庚市子毀玉於其間而鬥者止。'"

首先，《文選》注所引之淮南王《莊子略要》和淮南子《莊子後解》可能就是《莊子》"解説三"中的兩篇。從篇名及内容上看，《莊子略要》和《莊子後解》顯然是解説《莊子》的文字，與司馬彪本之"解説三"高度吻合。其次，日本鐮倉時代高山寺所藏《莊子》殘抄本《天下》篇之跋語云："故一曲之士不能暢其弘旨，而妄竄奇説……或牽之令近，或迂之令誕，或似《山海經》，或似夢書，或出淮南，或辯形名。"這是郭象寫的跋語，其間"或出淮南"一語應引起特别重視。此句大概有兩層意思：一是《莊子》五十二篇本中有些内容與《淮南子》相重合；二是五十二篇本的有些篇是淮南王及其門客寫的。《淮南子》與《莊子》的重文最多，幾乎遍布今本《莊子》，可見淮南王及其門客與《莊子》的關係非同一般，他們寫作《莊子》"解説三"的可能性最大，這一點我們從郭象的跋語中得到了證實。郭象在跋語中對於其他諸子皆未提及，唯獨説"或出淮南"，可知"淮南"在五十二篇本《莊子》中所占的比重不小。再次，《文選》注明確標注引文的出處是"淮南王《莊子略要》"和"淮南子《莊子後解》"，顯然這兩篇解説《莊子》的文字就是淮南王及其門客所爲，所以郭象説"或出淮南"。

那麽是誰將這三篇解説的文字次於《莊子》之後的呢？據上所述我們認爲最有可能的就是淮南王及其門客，他們編輯整理完《莊子》之後將解説闡述《莊子》的文字次於書後，而劉向是不可能將淮南門客解説《莊子》的文字編入《莊子》五十二篇的。我們作出這一推測的根據也是劉向的現存書録。唐蘭據現存劉向《書録》，認定最早編訂《莊子》五十二篇的是劉向。劉向在整理文獻時整理過《莊子》應該是没有問題的，但如果説五十二篇本《莊子》是劉向編次的，那就值得商榷了。唐蘭是根據現存《管子書録》《晏子叙録》《孫卿書録》等書録作出這一推斷的，因此我們有必要瞭解一下此三篇書録的詳情，以便弄清劉向是如何整理文獻的。

護左都水使者光禄大夫臣向言：所校讎中《管子書》三百八十九篇，太中大夫卜圭書二十七篇，臣富參書四十一篇，射聲校尉立書十一篇，太史書九十六篇，凡中外書五百六十四，以校，除復重四百八十四篇，定著八十六篇，殺青而書可繕寫也。(《管子書録》)

護左都水使者光禄大夫臣向言：所校中書《晏子》十一篇，臣向謹與長社尉臣參校讎，太史書五篇，臣向書一篇，參書十三篇，凡中外書三十篇，爲八百三十八章，除復重二十二篇，六百三十八章，定著八篇二百一十五章，外書無有三十六章，中書無有七十一章，中外皆有以相定。中書以“夭”爲“芳”，“又”爲“備”，“先”爲“牛”，“章”爲“長”，如此類者多，謹頗略□揃，皆已定，以殺青，書可繕寫。(《晏子叙録》)

護左都水使者光禄大夫臣向言：所校讎中《孫卿書》凡三百二十二篇，以相校，除復重二百九十篇，定著三十二篇，皆以定殺青，簡書可繕寫。(《孫卿書録》)

通過劉向書録可以瞭解到，劉向校理篇籍主要分兩個步驟：第一步是搜集異本、删除重複、釐定篇目；第二步是校勘文字，然後殺青繕寫。其後是介紹作者及其學説，最後作出評價。介紹作者及評價得失是書録的主要内容，如《晏子叙録》：

晏子名嬰，謚平仲，萊人。萊者，今東萊地也。晏子博聞强記，通於古今，事齊靈公、莊公、景公，以節儉力行，盡忠極諫道齊，國君得以正行，百姓得以附親，不用則退耕於野，用則必不詘義，不可脅以邪，白刃雖交胸，終不受崔杼之劫，諫齊君懸而至，順而刻。及使諸侯，莫能詘其辭，其博通如此，蓋次管仲。内能親親，外能厚賢，居相國之位，受萬鍾之禄，故親戚待其禄而衣食五百餘家，處士待而舉火者亦甚衆。晏子衣苴布之衣，麋鹿之裘，駕敝車疲馬，盡以禄給親戚朋友，齊人以此重之。晏子蓋短……其書六篇，皆忠諫其君，文章可觀，義理可法，皆合六經之義。又有復重文辭頗異，不敢遺失，復列以爲一篇，又有頗不合經術，似非晏子言，疑後世辯士所爲者，故亦不敢失，復以爲一篇。凡八篇，其六篇可常置旁御觀，謹第録。臣向昧死上。

劉向用來校勘的文本主要有兩個來源，即所謂的“中”“外”之書。“中”指的是朝廷收藏的文本，“外”指的是個人收藏的文本。如劉向整理《管子》時共搜集朝廷所藏文本三百八十九篇，即所謂“校讎中《管子書》三百八十九篇”，搜集個人藏本共一百七十五篇，即“太中大夫卜圭書二十七篇，臣富參書四十一篇，射聲校尉立書十一篇，太史書九十六篇”，兩部分相加共五百六十四篇，故云“凡中外書五百六十四篇”。劉向之所以要搜集這麼多的異本文獻，主要的目的是盡量不遺漏原書的內容，當然所搜集的異本文獻中大多數內容是重複的，所以要校對刪除重複的內容，即“以校，除復重四百八十四篇，定著八十六篇”。此後的工作是校勘文字，也就是將錯漏的地方改正過來。

可見劉向整理篇籍主要是搜集異本刪除重複，絶對不會將原書没有的內容加進去。由此可知包括“解説三”在內的《莊子》五十二篇在劉向校書前就已經存在，所以説五十二篇本《莊子》並非出自劉向之手。蓋淮南王及其門客編次完《莊子》後，爲了方便閱讀又將他們寫作的“解説三”附在後面，於是形成了五十二篇本的《莊子》。

以上我們論述了《莊子》五十二篇最後形成的年代，那麼此前的《莊子》又是以怎樣的形態傳世的呢?

一、《莊子》内篇的形成及流變

《莊子》最早傳世的形態應該只有今本内七篇，當時外篇還没有形成，更不用説雜篇了。原因主要有以下幾點：

第一，荀子及《天下》篇的作者是最早對《莊子》作出評論的人，他們見到的應該是《莊子》早期的傳世形態。荀子謂“莊子蔽於天而不知人”，評論的應該是《莊子》内篇所闡釋的義理和主張，因爲外雜篇中的許多篇章並非“蔽於天而不知人”。《天下》篇對莊子的評論是：

> 以謬悠之説，荒唐之言，无端崖之辭，時恣縱而不儻，不以觭見之也。以天下爲沈濁，不可與莊語。以巵言爲曼衍，以重言爲真，以寓言爲廣。獨與天地精神往來而不敖倪於萬物。不譴是非，以與世俗處。其書雖瓌瑋而連犿无傷也，其辭雖參差而諔詭可觀，彼其充實不可以已。上與造物者遊，而下與外死生、无終始者爲友。

無須多言，無論是言説方式還是人格形態，《天下》篇之評説都指向《莊子》内篇，因爲外雜篇中多篇的言説方式及理想人格與《天下》篇之評説不相符合。《天下》篇所謂“下與外死生、无終始者爲友”，指的就是内篇《大宗師》中的兩段記述：

> 子祀、子輿、子犁、子來四人相與語曰："孰能以无爲首，以生爲脊，以死爲尻，孰知死生存亡之一體者，吾與之友矣。"四人相視而笑，莫逆於心，遂相與爲友。
>
> 子桑户、孟子反、子琴張三人相與友，曰："孰能相與於无相與，相爲於无相爲？孰能登天遊霧，撓挑無極，相忘以生，无所終窮？"三人相視而笑，莫逆於心，遂相與爲友。

可見《莊子》早期的傳世形態可能只有内七篇。

第二，學界一般都認爲《莊子》内篇爲莊周所作，内篇早於外雜篇。因此内篇先行傳世是符合邏輯發展的，從詞語的使用上也能證實内篇早於外雜篇，這一點將在後文加以探討。

第三，《天道》云："莊子曰：'吾師乎，吾師乎！韲萬物而不爲戾，澤及萬世而不爲仁，長於上古而不爲壽，覆載天地刻彫衆形而不爲巧。'"與此類似的表述出現在内篇《大宗師》中："許由曰：'噫！未可知也。我爲汝言其大略，吾師乎！吾師乎！韲萬物而不爲義，澤及萬世而不爲仁，長於上古而不爲老，覆載天地刻彫衆形而不爲巧。此所遊已。'"

《天道》篇有很多主張與内篇不符，許多學者已證其晚出。内篇之《大宗師》應是《莊子》中早期形成的文字，《天道》與《大宗師》重出的文字應是《天道》襲自《大宗師》。值得思考的是，《大宗師》是"許由曰"，而《天道》篇却是"莊子曰"，這説明《天道》所引用的只是《莊子》書中的一段話，至於是誰説的並不重要。《天道》屬《莊子》外篇，這表明在外篇尚未形成的時候，社會上已經有名爲《莊子》的書在流傳，此《莊子》無疑就是《莊子》内七篇。

第四，從篇名上看，内篇的篇名無論從字數上還是命名方式上都與外雜篇存在著明顯差異。内篇皆以整齊的三字加以命名，篇名的含義較爲模糊，與内容若即若離，與漢初的命名方式比較接近。而外雜篇多采用首句命名的方式。關於《莊子》篇名的問題我們將在後文加以探討，這裏我們要探究的是爲什麽内篇命名的方式與外雜篇不同。常理上講，同一書中篇名不會采用兩種命名方式，無論是《論語》《孟子》還是先秦其他諸子都不存在這一現象，唯獨《莊子》出現了這種情况。我想大概只有一種解釋，就是《莊子》的内篇是單獨傳世的。雖然後來編者們將道家的作品陸續編入《莊子》，但《莊子》内七篇别行於世的情况仍然存在，《隋書·經籍志》載周宏正《莊子内篇七講疏》八卷，蓋其時《莊子》内篇仍别行於世。《經典釋文·序録》云："其内篇衆家並同，自餘或有外而無雜。"由於内篇作爲一個整體别行於世，所以"内篇衆家並同"的局面才會出現。由於内篇别行於世，這就爲人們單獨爲内篇命名提供了可能。

綜上，我們認爲《莊子》内篇是先行傳世的，當時外雜篇的内容還没有編入《莊子》。從時間上看，《莊子》内篇傳世的時間不會晚於荀子寫作《解蔽》的時間。在荀子評論莊子的時候，《莊子》這本書已經在社會上流傳了一段時間。據學者考證，荀子是在稷下學宫時（前二七九年至前二五五年）寫的《解蔽》[1]，那麽在莊子晚年（約前二九〇年至前二八〇年），今傳《莊子》内篇已經在社會上流傳了。

二、《莊子》外篇的形成及流變

"外"是相對於"内"而言的，没有"内"當然也就無所謂"外"。在《莊子》内篇傳世之後，莊子本人及其他道家人物又陸續寫出一些文章。開始時，這些文章都是單篇别行的，後來人們對這些作品進行了編輯整理，並將其附於《莊子》之後。這樣先行傳世的《莊子》被稱爲"内篇"，後附入者被稱爲"外篇"。

今傳郭象本《莊子》外篇是十五篇，這肯定不是"外篇"的原始形態。司馬彪本《莊子》外篇爲二十八篇，這是否爲外篇的原始形態也很難説。在司馬本之前還有崔譔本、向秀本。《經典釋文·序録》云："崔譔注十卷二十七篇（内篇七，外篇二十），向秀注二十卷二十六篇（一作二十七篇，一作二十八篇，無雜篇）。"崔譔本、向秀本基本相同，《莊子音義》中經常崔向並提，如"崔向本""崔向云"等，因此我們在考察《莊子》文本演變時將崔譔、向秀的注本即"崔向本"作爲一個整體來對待。

崔譔，生卒年不詳，《晋書》無傳。《序録》載崔譔是清河人，晋議郎，撰《莊子注》十卷二十七篇。《世説新語·文學》劉孝標注："（秀）唯好《莊子》，聊應崔譔所注，以備遺忘。"可見崔注在先，向注在後，向注蓋承崔注而成，《序録》亦將崔注排於向注之前。

向秀（約二二三年至二七五年），字子期，河内懷（今河南武陟縣）人，是"竹林七賢"之一。《晋書·向秀傳》云："（向秀）雅好老莊之學。莊周著内外數十篇，歷世才士雖有觀者，莫適論其旨統也，秀乃爲

---

[1] 廖名春：《〈荀子〉各篇寫作年代考》，《吉林大學社會科學學報》1994年第6期。

之隱解，發明奇趣，振起玄風，讀之者超然心悟，莫不自足一時也。”

司馬彪（？至約三〇六年），字紹統，河内温縣（今河南温縣）人。《晋書·司馬彪傳》載司馬彪於“惠帝末年卒，時年六十餘”。《莊子音義》收録司馬彪的注最多，共出現七百四十多次。

由於崔向本在前，司馬本在後，則崔向本並非删改司馬本而成。下面我們考察一下崔向本的外篇都包括哪些篇。

據黄華珍《莊子音義研究》的統計，崔向注出現在郭象本外篇的有《駢拇》《馬蹄》《胠篋》《在宥》《天地》《天運》《繕性》《秋水》《至樂》《達生》《山木》《知北遊》等十二篇，出現在郭象本雜篇的有《庚桑楚》《徐无鬼》《則陽》《外物》《寓言》《盜跖》《列禦寇》《天下》等八篇，共二十篇。也就是説，郭象本外雜篇含蓋了崔向本的外二十篇。郭象本外篇未被收入崔向本外篇的有《天道》《刻意》《田子方》三篇，郭象本雜篇未被收入崔向本外篇的有《讓王》《説劍》《漁父》三篇。我們首先考察一下郭象本與崔向本的關係。

《晋書·郭象傳》云：

> 先是注《莊子》者數十家，莫能究其旨統。向秀於舊注外而爲解義，妙演奇致，大暢玄風，惟《秋水》《至樂》二篇未竟而秀卒。秀子幼，其義零落，然頗有别本遷流。象爲人行薄，以秀義不傳於世，遂竊以爲己注，乃自注《秋水》《至樂》二篇，又易《馬蹄》一篇，其餘衆篇或點定文句而已。其後秀義别本出，故今有向、郭二《莊》，其義一也。

向、郭間這場筆墨官司姑且不論，郭象秉承的是向秀的注本應該是没有問題的。然郭象本之外篇與崔向本之外篇並不相同，崔向本之外篇遍布郭象本外雜篇，這説明郭象對崔向本有所改造。從郭象本分内、外、雜篇的情況來看，郭象應該是同時參照了崔向本和司馬彪本而有所改易。

據《莊子音義》，在郭象本外雜篇中有二十篇出現了崔向注，這表明郭象將崔向本的二十篇外篇皆收入其注本之中。不同的是，郭象將其中的十二篇編入外篇，八篇編入雜篇。郭象本外篇共十五篇，其中十二篇取自崔向本，另外没有崔向注的《天道》《刻意》《田子方》三篇當取自司馬本外篇。郭象本雜篇共十一篇，其中八篇取自崔向本外篇，另外没有崔向注的《讓王》《説劍》《漁父》三篇應取自司馬本雜篇。司馬本雜篇共十四篇，被郭象保留了三篇，其餘十一篇可能由於内容過於駁雜都被郭象删除了。按常理，崔向本二十篇外篇都應收在郭象本外篇當中，可能由於篇章失衡，郭象將外篇中的八篇調到雜篇。

總的説來，《莊子》外篇與内篇最主要的差别在於外篇寫作的年代要晚於内篇。外篇並非成於一人一時，應該有一個結集的過程。崔向本的外篇有二十篇，司馬本的外篇有二十八篇，二者數量上的差别蓋非崔向、司馬的個人行爲，這兩種文本應該是《莊子》外篇在傳世過程中所形成的不同版本。司馬本與《漢志》著録相同，是《莊子》最後形成的文本，崔向本要早於司馬本。有這樣一種可能，即崔向秉承的文本只有内七、外二十篇，當時《莊子》雜篇尚未形成。即使在《莊子》五十二篇形成之後，《莊子》二十七篇的文本仍然在社會上流傳，崔向蓋因五十二篇本過於駁雜，故只注二十七篇本而不注五十二篇本。

《莊子》外篇成於何時，學界目前還没有明確的説法。其實先秦時篇分内外的情况已經出現。先秦諸子中，《管子》與《莊子》有些類似。《管子》書中所分的《内言》《外言》與《莊子》之内篇、外篇的分别相近。《内言》與管子的思想比較接近，形成的時間也比較早；《外言》對管子的思想有所闡發，形成的時間要晚於《内言》。《莊子》外篇亦當成於戰國末年，從外篇所反映的思想觀念看，外篇中的多數篇章應出自齊國稷下學士之手。崔向本外篇的最後一篇應該是《天下》篇，即《莊子》外篇形成的時間與《天下》篇寫作的時間比較接近。後來，郭象將本屬於外篇的《天下》篇移至雜篇之末，作爲全書的結篇。

三、《莊子》雜篇的形成及流變

與《莊子》内外篇相比，《莊子》雜篇主要有兩個特點：一是寫作的時間要晚於内外篇，二是内容駁雜。崔向本無雜篇，司馬本明確可考的雜篇（即《莊子音義》未出現崔向注的）只有《讓王》《説劍》《漁父》三篇。另外，《盜跖》篇無向秀注，只在“子張問於滿苟得曰……離其患也”章出現一次崔譔注。此章蓋爲後編入的内容，則《盜跖》篇（除“子張問於滿苟得”章外）也應是司馬本原雜篇之一。值得注意的是，《莊子》外雜篇中只有此四篇是以意名篇的，説明這四篇文章寫作的年代較晚。從内容上看，此四篇闡述的義理與《莊子》其他篇章相比具有明顯不同，古今學者多以爲僞書。王夫之《莊子解》云：“若《讓王》以下四篇，自蘇子瞻以來，人辨其爲贋作。觀其文詞，粗鄙狼戾，真所謂‘息以喉而出言若哇’者。”

那麽雜篇是何時編入《莊子》的呢？我認爲《讓王》等四篇無論從

篇名還是從内容上看，都是晚出的文字。蓋淮南王及其門客編著《淮南子》的時候，將其搜集到的與道家相關的雜説編輯在一起收入《莊子》中，因其内容駁雜故謂之“雜篇”。《經典釋文·序録》云：

> 然莊生宏才命世，辭趣華深，正言若反，故莫能暢其弘致，後人增足，漸失其真。故郭子玄云：一曲之才，妄竄奇説，若《閼弈》《意脩》之首，《危言》《游鳧》《子胥》之篇，凡諸巧雜，十分有三。《漢書·藝文志》：《莊子》五十二篇，即司馬彪、孟氏所注是也，言多詭誕，或似《山海經》，或類占夢書，故注者以意去取。

由於過於駁雜，郭象將十分有三的巧雜部分皆略而不存，全部加以删除。郭象本共收録三十三篇，而司馬本爲五十二篇，除“解説三”外，郭象共删除十六篇。司馬本雜篇共有十四篇，郭象只存録其中《讓王》《説劍》《漁父》三篇，其餘十一篇蓋皆删除。即便如此，其距郭象删除的十六篇還差五篇，此五篇一定是從司馬本外篇删除的。需要思考的是，爲什麽郭象對崔向本之外篇無一删削全部抄録，而對司馬本的外篇却删除了五篇？最大的可能是，郭象認爲這五篇的内容巧雜怪誕，故略而不存。我想漢初淮南門客編輯《莊子》時外篇可能只有二十篇，即與崔向本的外篇相同，雜篇是二十二篇。崔向認爲雜篇巧雜，故只注内外篇而不注雜篇和“解説三”。至司馬彪注《莊》時，其根據個人的標準和判斷，將原屬雜篇中的八篇調至外篇，於是産生了外二十八、雜十四的分法。至郭象注《莊子》時，他認爲司馬彪所作的調整並不妥當，於是在司馬彪移入的八篇中删除了五篇，只保留三篇，即《天道》《刻意》和《田子方》。

綜上，《莊子》内、外、雜篇的形成過程大致是這樣的：《莊子》内七篇先行結集傳世，流傳較廣，爲人們所熟知。荀子及《天下》篇的作者對莊子所作的評價皆指内篇而言。即使在《莊子》外、雜篇形成之後，《莊子》内七篇仍然别行於世，故内篇的命名方式不同於外、雜篇。此後人們又將相繼問世的道家作品（其中包括莊子本人的作品）收集在一起，並將其附在傳世的《莊子》之後，爲方便區分，將先行傳世的《莊子》稱爲内篇，後附者稱爲外篇。内和外的分别主要有兩點：一是時間上的差别，内篇早於外篇；二是行文及義理上的差别，即有些外篇的言説方式及學術主張有别於内篇。雜篇及“解説三”是淮南王及其門客在編《淮南子》時將搜集到的與道家相關的怪誕巧雜的文章及其“解説”編入

《莊子》，這大概就是《莊子》五十二篇形成的過程，此傳本後來被劉向收入《漢志》。

四、《莊子》内、外、雜篇劃分的標準

《莊子》爲什麽要分爲内、外、雜篇，古今説法不一。成玄英《莊子序》云：

> 内則談於理本，外則語其事跡。事雖彰著，非理不通；理既幽微，非事莫顯；欲先明妙理，故前標“内篇”。内篇理深，故每於文外别立篇目，郭象仍於題下即注解之，“逍遥”“齊物”之類是也。自外篇以去，則取篇首二字爲其題目，“駢拇”“馬蹄”之類是也。

成氏認爲《莊子》劃分内外篇的原因有二：一是内篇明理，外篇語事；二是題目不同。第一點未必講得通，因爲外篇也有明理的，内篇也有語事的，且《莊子》寓理於事，理和事是很難分開的。另外，所謂理深理淺乃是個人的感受，不同的人會作出不同的解讀。至於按有無篇名來劃分的説法，雖有些道理，但仍經不起推敲。作者認爲内篇之所以有題目，是因爲“理深”。那麽理深理淺的標準又是什麽呢？這個問題很難説清楚。難道是作者自己把所謂“理深”的作品放在前面並爲這些作品起了篇名，把所謂“理淺”的作品放在後面，並用首句兩個字作篇名的嗎？那麽雜篇又是怎麽回事呢？是因爲雜篇比外篇的“理”還淺才放在外篇之後的嗎？而雜篇的題目並非都是首句名篇，如《讓王》《盜跖》《説劍》《漁父》皆以意名篇，這又是怎麽回事呢？顯然此説法也有問題。

晚近有一種較爲流行的説法，即認爲内篇是莊子本人的作品，外雜篇爲莊子後學所作。也就是説，《莊子》的内、外、雜篇是根據作者來劃分的。這種分法看似簡單，其實也有很多問題。首先要證明内篇都是莊周的作品，外雜篇皆非莊周所作。如果説内篇是莊周的作品可能問題不大，但説外雜篇都不是莊周寫的，恐怕没有人能拿出有力的證據。另外，若按是否爲莊周本人所作進行劃分，只分爲内外篇就可以了，爲什麽還要分出雜篇呢？可見内、外、雜篇並非是單純地按作者的不同進行劃分的。

如前所述，我們認爲《莊子》内外篇是在流傳過程當中陸續結集而成的，内篇早於外篇，雜篇是淮南王及其門客整理《莊子》時加入的。也就是説，内、外、雜篇的形成存在歷時性差異，非成於一人一時。

第三章　《莊子》篇名及詞語研究

之所以要研究《莊子》中各篇的篇名，是因爲《莊子》中各篇篇名的命名方式多有不同，有的采用首句名篇，有的以意名篇，這種情況在先秦子書中很少見。分析研究《莊子》的篇名對於我們瞭解《莊子》其書的形成和流變會有很大幫助。

一、《莊子》篇名研究

首先分析一下首句名篇者。所謂首句名篇，就是取首句中的兩個或三個字爲文章起名，《論語》和《孟子》就是以這種方式名篇的。之所以采用這種方式，是因爲早期傳世的文獻是没有篇名的，後來的編輯整理者爲了使原書更有條理以便閱讀，就根據字數把原書分成若干篇（因爲字數過多不易編連），有了篇就要有篇名。由於所分的篇中往往雜湊了不同的内容，所以很難以意名篇。於是古人想了一個好辦法，就是用首句的兩三個字來給篇起名，所起的篇名與文章内容毫無聯繫，不過是一個記號而已。如《論語》之《學而》《爲政》《八佾》等，《孟子》之《梁惠王》《公孫丑》《滕文公》等都是首句名篇。

《莊子》外篇之《駢拇》《馬蹄》《天地》《天道》《刻意》《繕性》《秋水》《田子方》《知北遊》等九篇，《莊子》雜篇之《徐无鬼》《則陽》《外物》《寓言》《天下》等五篇都是以句首二字名篇的。與《論語》相比，《莊子》往往在堅持首句命名的前提下，也兼顧篇名的意義。如《天運》篇的首句是“天其運乎”，按照《論語》名篇的方式可能會以“天其”命名，就像“學而”一樣，實詞後面的虚詞是不會跳過去的；而《莊子》的編者却跳過“其”字以“天運”名篇，因爲與“天其”相比，“天運”與文章的内容聯繫得更緊密些，比較典型的還有《山木》和《至樂》篇。《山木》的首句是“莊子行於山中，見大木”，去掉動詞“行”和介詞“於”，此篇當名爲“山中”；《胠篋》篇的首句爲“將爲胠篋探囊發匱之盜而爲守備”，去掉“將爲”，以“胠篋”名篇；《在宥》之首句爲“聞在宥天下”，去掉“聞”以“在宥”名篇。而《山木》篇却是從第一句“莊子行於山中”和第二句“見大木”各取一字，這種情況是非常少見的。因爲此章是通過山木闡述有用無用之理，故“山木”比“山中”更能反映文章的内容，編者在第一句和第二句各取一字名篇，這是從首句名篇向以意名篇過渡的一種形態。《至樂》篇的首句是“天下有至樂无有哉”，而此章討論的内容就是至樂問題，故作者不用句首之“天下”而用句中之“至樂”，這種命名的方式更接近於以意名篇。

除首句名篇外，《莊子》雜篇還出現了以意名篇的情況，即《讓王》《盜跖》《説劍》《漁父》四篇。所謂以意名篇，就是根據文章的内容起名。這樣的篇名一般都是作者自己起的，如《墨子》之《兼愛》《非攻》，《荀子》之《勸學》《修身》等。《莊子》雜篇中《讓王》《盜跖》《説劍》《漁父》這四篇的篇名也不是編者起的，而是作者自己命名的。一般説來，同一書中各篇的篇名只能用一種命名方式，或是用首句名篇，如《論語》《孟子》，或是以意名篇，如《荀子》《韓非子》，《莊子》書中同時存在兩種不同的命名方式，表明以意名篇的《讓王》等四篇是後加進去的，其寫作的年代要晚於其他篇。也就是説，《莊子》外雜篇非成於一人一時，各篇之間存在著歷時性差異。

下面再來探討一下内篇的篇名。《莊子》内篇爲莊子所作，内篇的創作早於外雜篇，已是學界的共識。按常理，内篇的命名也應該像外雜篇那樣，采用首句命名的方式，如果這樣的話，内七篇的篇名大概應爲《北冥》《南郭》《吾生》《顔回》《兀者》《知天》《齧缺》。然而，令人意想不到的是，内七篇的篇名竟然是《逍遥遊》《齊物論》《養生主》《人間世》《德充符》《大宗師》《應帝王》。内七篇非但不是首句名篇，且與戰國時以意名篇者大異其趣。

戰國子書雖多以意名篇，但篇名一般只有兩個字，篇名與文章的内容聯繫緊密。如《墨子》之《尚賢》《尚同》《兼愛》《非攻》《節用》《節葬》《天志》《明鬼》《非樂》《非命》，《荀子》之《天論》《正論》《禮論》《樂論》《解蔽》《正名》《性惡》《君子》，《韓非子》之《五蠹》《顯學》《忠孝》《人主》等。看到篇名，便可大致瞭解文章的内容。而《莊子》内七篇則不然，其篇名不但是整齊劃一的三個字，而且篇名與内容遊離，看到篇名後並不能完全了解文章的内容。先秦諸子中也有少數是以三字或三字以上名篇的，如《荀子》之《非十二子》，此乃不得已而爲之，因爲這四個字是不能拆開的。也有一些以三字名篇者可能是後人所爲。張恒壽云：“只有《墨子》中之《備城門》《備高臨》等篇，《管子》中的《臣乘馬》《山國軌》等篇，《韓非子》的《初見秦》篇，是三個字。而這幾篇，多半不是先秦的作品。《初見秦》篇，多數學者認爲不是韓非作品（見郭沫若：《十批判書》）；《備城門》等篇中有太尉、太守等漢代官名，《臣乘馬》等篇中有漢代理財制度，已有人證明爲漢代作品。（朱希祖：《〈備城門〉以下十二篇係漢人僞作説》，羅根澤：《管子探源》）這幾個例外，更加證明了先秦諸子基本上是以兩個字爲篇名的。”① 即便是這些三個字的篇名産生於先秦，亦與《莊子》内篇的篇名存在明顯差異，如《墨子》之《備城門》和《備高臨》。《備城門》講的是如何防備敵人攻打城門，《備高臨》講的是如何防備敵人居高臨下攻城。此外，《墨子》中還有《備水》（防備敵人以水攻城）、《備梯》（防備敵人以雲梯攻城）、《備突》（防備敵人從城墻“突門”攻入）、《備穴》（防備敵人以隧道攻城）等。可見《備城門》《備高臨》之表意清楚明了，並無雕琢的痕跡。而《莊子》内七篇的篇名就不同了。

首先是篇名的含義模糊，使人看了以後一頭霧水，即便是看過文章後，亦難以釐清題目與内容之間的聯繫。如《德充符》，一看題目，“德充”好像還能理解，大概是道德充實、完滿的意思，而“符”就難以理解了。文章主要講述了形殘之人求道的故事，以闡述形與道之間的關係。反觀篇名，“德充”好像與文章有些關係，而“符”就不知所云了。内七篇的篇名大多如此，處於可解與不可解之間，既讓人覺得神秘，又給人一種刻意雕琢的感覺。内七篇的篇名給人留下一種拼凑感，好像有一個字是後加進去的。如“逍遥遊”，其實“逍遥”已經包含“遊”的含義，“遊”好像是爲了凑足三個字而加上去的。“齊物論”的“論”就是用來凑字的，可有可無。“養生主”中“養生”二字文意已足，再加個“主”字就不知所云了，“主”字可能是後加入的。“人間世”中“人間”已含有“世”意，“人間”後加“世”不但多餘，而且“人間”和“世”字詞意不搭，可以説“人世間”却不能説“人間世”，“世”字應該是後加的。“德充符”的“符”字與“德充”之間構不成意義上的聯繫，之所以加個“符”字，可能與漢初講究讖緯符應有關，“應帝王”中的“應”字也是如此。“大宗師”中的“大”字可能也是後加的。其實歷史上以兩個字指稱内篇的情况也是有的，如《世説新語·文學》稱《逍遥遊》爲《逍遥》篇，唐代元康的《肇論疏》稱《養生主》爲《養生》章，特别是《莊子音義》收録最早的注本崔譔注稱《齊物論》爲《齊物》。他們對内篇的稱謂是内篇的原始狀態還是對内篇的簡稱尚不得而知，但至少存在内七篇

① 張恒壽：《莊子新探》，武漢，湖北人民出版社，1983，第27頁。

曾用二字名篇的可能性，當然這還只是一種推測。

《莊子》内篇如此奇特的篇名究竟出自何人之手，目前尚不得而知。張恒壽認爲是淮南王劉安及其門客加上去的。其理由是：《莊子》一書在漢代的編纂和整理者，是劉安及其門客；内篇題目中的神秘色彩和劉安著書的時代相合；内篇一部分題目暗示的政治目的，與劉安及其門客的政治野心相合。崔大華不同意張氏的看法，他認爲張氏的“推斷有它的兩個脆弱之處：一是它是建立在一個未有歷史記載確證的、推測性的大前提上的，即淮南王及其門客編纂、整理過《莊子》；二是它是建立在一個錯移了的時代觀念上，即把在西漢中後期才逐漸形成的將著述、典籍篇目作内、外之分的學術習慣和讖緯的理論思潮，提前到漢代早期”[①]。崔氏認爲内篇的篇名出自劉向之手，因爲劉向整理過《莊子》，且内篇篇名所具有的奇特的緯書篇名面貌和内藴的符應、王權觀念，正是劉氏大儒所可能有的思想的泄露。

崔大華對張恒壽的反駁是無力的。第一，崔氏認爲史書没有明確記載淮南王及其門客整理過《莊子》，其實淮南王及其門客遠比劉向與《莊子》的關係更爲密切。因爲淮南王及其門客十分推崇莊子，《淮南子》所體現的思想觀念亦與莊子學派的主張相吻合，《淮南子》書中也大量引用了《莊子》。而對劉向來説，《莊子》不過是其整理過的書籍之一而已，且劉向並没有把莊子放在眼裏，《孫卿書録》云：“鄙儒小拘如莊周等，又滑稽亂俗。”第二，崔大華認爲張氏錯移時代觀念的看法也是站不住脚的。讖緯思潮雖盛於西漢中後期，其開端却在戰國末期，鄒衍的五德終始説已開讖緯之先河，漢初董仲舒的天人感應學説進一步推動了讖緯思潮的興起。另外，崔氏將内篇篇名與漢代緯書《元命苞》《文耀鉤》《運斗樞》《感精符》等相比類，亦爲不妥。内篇的篇名處於可解與不可解之間，與那些不知所云的緯書篇名還是有本質區别的。

我認爲内篇篇名不可能出自劉向之手，理由如下：

第一，前文説過，劉向只是删除重複、釐定文字而已。從現存《書録》看，劉向並没有爲任何一本書擬定篇名，只爲《戰國策》擬定過書名。《戰國策書録》云：“中書本號，或曰《國策》，或曰《國事》，或曰《短長》，或曰《事語》，或曰《長書》，或曰《修書》。臣向以爲戰國時，遊士輔所用之國，爲之策謀，宜爲《戰國策》。”可見，劉向之所以要擬

---

① 崔大華：《莊學研究——中國哲學一個觀念淵源的歷史考察》，北京，人民出版社，1992，第53頁。

定書名，並不是因爲原書沒有書名，也不是原有的書名不合適，而是由於不同傳本的書名各不相同，校理者必須爲之擬名。當然這只是個别現象，《莊子》並不存在這一問題。

第二，司馬遷《史記》莊子本傳云："故其著書十餘萬言，大抵率寓言也。作《漁父》《盜跖》《胠篋》，以詆訿孔子之徒，以明老子之術。"司馬遷向我們透露出兩條信息：一是司馬遷寫作《史記》時《莊子》一書的規模是十餘萬言，即五十二篇本的《莊子》在司馬遷生活的年代已經形成；二是《莊子》中各篇已有篇名，即司馬遷所説的《漁父》《盜跖》《胠篋》等。既然《莊子》的規模、篇名皆成於劉向校書之前，那麽劉向所做的工作不過是删除重複而已，五十二篇本的編訂和各篇的篇名與劉向都没有關係。

第三，假如劉向爲《莊子》擬定過篇名，那麽他理應對《莊子》内、外、雜各篇都給予命名，不可能只爲内篇擬定篇名。而司馬遷所列舉的《漁父》《盜跖》《胠篋》分别處於今本《莊子》的外雜篇，可見當時已有篇名。既然外雜篇都有篇名，那麽内篇没有理由無篇名。劉向不可能因爲内篇没有篇名而爲之擬定篇名，也不可能因爲内篇篇名不合適而爲之重新擬定篇名，劉向校書無此先例，所以内篇篇名與劉向無涉。

第四，《莊子》内、外、雜篇的命名方式存在較大差異，由此可以斷定《莊子》内、外、雜篇的劃分及各篇篇名的擬定皆非成於一人一時。故此，不能因爲劉向整理過書籍便斷定《莊子》内、外、雜篇的劃分及各篇篇名的擬定都是劉向所爲。另外，劉向編撰的《新序》《説苑》中的篇名也都是兩個字，如《新序》之《節士》《義勇》《善謀》篇，《説苑》之《君道》《臣術》《建本》《立節》篇等。這些篇名都較平實，並無讖緯之氣以及雕琢奇特的感覺，可見内篇的篇名並非劉向所爲。

既然不是劉向，那麽内篇的篇名是否出自劉安及其門客之手呢？我們只能説出自後者的可能性會大一些，因爲劉安及其門客對《莊子》的興趣以及對《莊子》這本書所下的功夫遠遠超過劉向。至於張氏所説的内篇的篇名暗示了劉安的政治目的，則未免有些小題大做。如果要隱含或暗示政治野心，劉安完全可以將他的想法寄託於其所編撰的《淮南子》，完全没有必要在《莊子》的篇名上花費心機。再看《淮南子》的篇名，都是平實的二字篇名，完全感覺不到其中隱含了怎樣的政治野心。

關於内篇的篇名，還是要從古書的體例方面去思考。古人寫的文章無作者無篇名，寫完之後便單篇别行於世。比如二十世紀末出土的郭店楚墓竹簡，墓主人下葬的年代大約是前四世紀中期至前三世紀初，大略與莊子生活的年代相當。此次發掘共出土竹簡八百零四枚，出土的文獻皆無作者無篇名，現在的篇名皆爲整理者所加。整理者根據竹簡的形制整理出道家文獻兩篇，儒家文獻十四篇。其中除《老子》《緇衣》《五行》外，其餘皆爲先秦佚籍，文獻價值極高。由此可知莊子早期寫作的文章也是以這種形態傳世的。這些單篇流傳的文章無作者無題目，甚至還没有形成今本所謂的“篇”，因爲今傳《莊子》中的篇大多是由單篇流傳的文獻雜湊而成的。即先有莊周的單篇文獻傳世，後由其弟子或後學將這些單篇文獻輯在一起，就構成了所謂的“篇”。因爲古代的文獻是寫在竹簡上的，不能太長，過長則不易編連也不方便閲讀，所以文章多了就要分成若干“篇”，後來整理者將這些流傳的“篇”輯在一起，就形成了一本書。單篇别行的時候文章没有題目是很正常的，到了結集成書的時候，整理者會給每篇文章擬篇名。由於篇中往往雜湊了一些彼此不相關聯的單篇文獻，因此編者很難以意名篇，進而出現了首句名篇的方式。蘇軾在《莊子祠堂記》中説：“分章名篇，皆出於世俗。”這句話還是很有道理的。

大約在荀子生活的年代，具有内七篇規模的《莊子》已經編輯完成並在社會上流傳，所以荀子才能對莊子作出評價。此時《莊子》中的每一篇都應該有篇名，我想應該是首句名篇的方式。大約到了戰國末期，在以意名篇的影響下，莊子的某位後學爲《莊子》内七篇擬了有意義的篇名。不過此時的篇名應該是兩個字，即《逍遥》《齊物》《養生》《人間》《德充》《宗師》《帝王》七篇。至淮南王及其門客編輯《莊子》五十二篇時，《莊子》内七篇的篇名大概就是這個樣子，他們可能未加變動。值得注意的是，《莊子》五十二篇本形成之後，只有内七篇規模的《莊子》文本仍然流傳於世，大概至西漢末年，在讖緯思潮的影響下，有好事者將内篇的篇名由兩個字增至三個字。可能由於三字篇名所呈現的朦朧模糊的意味與莊子的“无端崖之辭”很搭配，故流傳至今。有時我們思考問題時先把自己束縛起來，認爲好像能爲《莊子》擬名的除了劉安就是劉向，其實能爲《莊子》擬名的人很多，青史無名的人實在是太多了。所以我們把問題想清楚就行了，至於是誰爲《莊子》内篇擬的名，可能永遠是個謎。

二、《莊子》詞語研究

從詞語角度研究《莊子》，始於二十世紀八十年代。劉笑敢首先對《莊子》内篇與外雜篇在詞語使用上存在的差别進行了較爲深入的探討。

劉笑敢説："我們發現内篇與外雜篇之間在概念的使用上存在著明顯的區别。這就是内篇雖然用了道、德、命、精、神等詞，但没有使用道德、性命、精神這三個複合詞（由詞根和詞根合成的詞），而在外雜篇中，道德、性命、精神這三個複合詞都反復出現了。"[①] 作者同時還考察了《左傳》《論語》《墨子》《老子》《孟子》等著作，發現這些書中都没有道德、性命、精神這樣的複合詞，而在《荀子》《韓非子》《吕氏春秋》中都出現了這三個概念。故作者認爲："在孟子及孟子以前的時代還没有人使用過道德、性命、精神這三個複合詞，只是到了戰國後期，大約在荀子生活的時代，這些概念才開始出現並流傳開來。"[②] 作者以此證明内篇早於外雜篇，這一研究成果受到學術界的廣泛關注。總的看來，作者從詞語使用的角度來論證内篇早於外雜篇，開拓了《莊子》研究的新視野，得出的結論亦較有説服力。雖然如此，我們認爲其中還有許多問題需要進一步論證。

前文我們在討論《莊子》内、外、雜篇的形成時指出，内篇先行傳世，穩固性很强，即使在外雜篇形成以後，社會上仍然有内七篇别行於世。劉氏的結論與我們内篇先行傳世的看法是一致的。但如果説外雜篇都是戰國晚期的作品，其證據還嫌不足。因爲《莊子》外雜篇中使用道德、性命、精神的畢竟是少數篇章，對於那些没有使用這些複音詞的篇章，就不可輕下結論。前文説過，《莊子》外篇的形成有一個歷時的過程，非成於一人一時，外篇當中也可能包含著莊周的作品。即使是使用過道德、性命、精神這三個複音語的外雜篇，也未必都是晚出的作品。因爲《莊子》中的篇大多是雜凑之作，是編者將社會上單篇别行的道家文字凑在一起的。看來問題並不簡單，用幾個詞未必能把《莊子》各篇形成的年代搞清楚。

比如《在宥》篇中，"性命"一詞凡五見，皆出現在第一和第二章。學界大多認爲《在宥》是雜凑之作，張恒壽云："大體説來，可分爲三類：第一章（聞在宥天下）第二章（崔瞿問於老聃）爲一類，和《駢拇》等三篇内容相近；第三章（黄帝立爲天子）第四章（雲將東遊）爲一類，其中有和内篇相近的地方。第五（世俗之人）第六（夫有土者）第七（賤而不可不任者）三章另是一類，和晚出的《天道》篇，内容形式都很

① 劉笑敢：《莊子哲學及其演變》，北京，中國社會科學出版社，1988，第5頁。

② 劉笑敢：《莊子哲學及其演變》，北京，中國社會科學出版社，1988，第12頁。

相近。”① 張氏的觀點大體上是對的，只是第四章（雲將東游）無論所述之義理還是言説方式皆與内篇無别，與第四章（黄帝立爲天子）明顯有别，當爲早出的文字。可見《在宥》篇中各章寫作的年代並不相同，若按劉氏的方法只要出現“性命”一詞便判定此篇晚出，顯然是不合適的。且劉氏本人亦認爲《在宥》各章之間存在明顯的差異，故將《在宥》篇分爲上下兩部分。作者云：“本文把《在宥》篇分爲上下兩部分，《在宥上》係指原《在宥》篇的第一節（‘聞在宥天下’至‘吾又何暇治天下哉’），以下各節即《在宥下》。”② 可見，對《莊子》中那些歷時而成的雜湊之篇不可一刀切，即不能看到篇中有“道德”“性命”“精神”等字眼就斷定全篇晚出。

下面具體考察一下《莊子》外雜篇中“道德”“性命”“精神”三詞的使用情況。外篇之《駢拇》《馬蹄》《在宥》《天道》《天運》《刻意》《繕性》《山木》《知北遊》，雜篇之《庚桑楚》《讓王》《列禦寇》《天下》等十三篇中分别使用了“道德”“性命”“精神”三個詞，占外雜篇總數的一半。

《駢拇》篇“道德”“性命”各出現三次，此篇皆以論辯的方式寫作，首尾連貫，自成一體，應爲一時一人之作。此篇在言説方式上與内篇存在較大差異，通篇皆爲晚出的文字。《馬蹄》篇“道德”出現了兩次，此篇與《駢拇》篇風格相類，應爲一時一人之作，蓋通篇晚出。《在宥》篇前文已論及，不可將全篇定爲晚出。《天道》篇“道德”出現四次，“精神”出現兩次。《天道》篇從開頭至“非上之所以畜下也”，文意連貫，應成於一人之手。而“道德”“精神”二詞都出現在此段文字當中，可證此段文字晚出。後面的幾則寓言彼此並無關聯，乃編者所爲，不可斷爲晚出。特别是此篇最後“世所貴者道也”和“桓公讀書於堂上”兩段文字，闡述了言、意、道之關係，寓意深刻，影響久遠，與内篇無異，絶不是晚出的文字。《天運》篇“性命”出現了一次，在此篇的倒數第二段“孔子見老聃歸，三日不談”中。此篇共收録四段孔子與老聃的對話，唯此段與其他三段文字有所不同。張恒壽云：“至於第七章，雖和五、六、八章相同，都是記述孔子見老聃的故事，但風格則和那三章不同。首先對儒家的攻擊比較激烈，而少含蓄，編造故事也是竭力形容老聃對孔子的淩辱。……其次所述内容，和《胠篋》等一組中的辭句，有許多相同。

① 張恒壽：《莊子新探》，武漢，湖北人民出版社，1983，第135～136頁。

② 劉笑敢：《莊子哲學及其演變》，北京，中國社會科學出版社，1988，第79頁。

如云：‘尸居而龍見，雷聲而淵默’和《在宥》篇首章句相同。云‘上悖日月之明，下睽山川之精，中墮四時之施’，和《胠篋》篇末句相同。又屢用‘性命之情’‘三皇五帝之治天下’等語，更是《胠篋》等篇常見的語詞。這一章和《駢拇》《胠篋》等篇是一類作品。”[①] 可見“性命”一詞在此段文字出現並非偶然，蓋其文晚出。至於其他章節是何時的文字還需具體考察。《刻意》篇“道德”出現了一次，此篇行文前後一貫，當爲一人所爲，蓋其文晚出。《繕性》篇“性命”出現了一次，此篇文意前後一貫，當出於一人之手，蓋其文晚出。《山木》篇“道德”出現了三次，其中兩次出現在此篇開頭一段，即“莊子行於山中”至“其唯道德之鄉乎”，此段文字重出於《吕氏春秋·必己》篇，當是《山木》篇襲自《必己》篇（詳見後文），可見此段文字晚出。另外在“莊子衣大布而補之”一段也出使用了一次“道德”，張恒壽云：“只有第六章記莊子‘衣大布而補之’一章，類似戰國策士之言，和《莊子》他文不相類。”[②] 蓋其文晚出。《知北遊》篇出現了一次“性命”、兩次“精神”。此篇將十餘則論道的寓言編輯在一起，各寓言論道的内容多有重複，蓋非出自一人之手。篇中出現“性命”和“精神”的兩段文字蓋爲晚出之文。

雜篇之《庚桑楚》出現“道德”一次。此篇前兩個部分記述了庚桑楚與弟子、老聃與南榮趎的對話，討論養生修道之法。此後的文字散亂無章，義理不清，蓋雜凑而成，與内篇之文風頗不類。“道德”出現在老聃與南榮趎的對話中，或其文晚出。《讓王》篇出現“道德”一次，《讓王》篇多襲自《吕氏春秋》，其文晚出。《列禦寇》篇出現“精神”兩次。此篇各章節互不關聯，蓋編者雜凑而成。文中兩次“精神”皆出現在“莊子曰：‘知道易，勿言難’”一段中，其文迂曲瘀滯，與莊文不類，蓋此節晚出。《天下》篇出現“道德”“精神”各一次，《天下》篇是戰國末期的文字（詳見後文），出現“道德”“精神”不足爲怪。

以上簡略考察了《莊子》中“道德”“性命”“精神”的使用情況，其中《駢拇》《馬蹄》和《在宥》前部、《天道》前部以及《刻意》《繕性》《讓王》《天下》當爲晚出的文字。《在宥》後部、《天道》後部以及《天運》《山木》《庚桑楚》《列禦寇》等未出現“道德”“性命”“精神”的章節，不可輕易被斷爲晚出。

除考察《莊子》中個别詞語的使用情況外，近年來也有人從構詞角

---

① 張恒壽：《莊子新探》，武漢，湖北人民出版社，1983，第173～174頁。
② 張恒壽：《莊子新探》，武漢，湖北人民出版社，1983，第212～213頁。

度來研究《莊子》中的複音詞。如湖南師範大學劉炎飛的碩士學位論文《〈莊子〉内、外、雜篇雙音詞研究——兼論内、外、雜三篇的年代》；山東大學（威海）李元鵬的碩士學位論文《莊周與〈莊子〉關係新探》等。漢語複音詞有語音造詞和語法造詞兩種方式，其中語音造詞先於語法造詞。語音造詞主要包括連綿詞和疊音詞，語法造詞包括運用虚詞方式造詞和運用詞序方式造詞兩種形式。其中運用虚詞造詞包括運用前綴和後綴方式造詞，運用詞序方式造詞包括聯合式、偏正式、支配式、表述式、補充式等。莊子所處的年代正是語音造詞向語法造詞過渡的時期，因此分析研究《莊子》中複音詞的構詞方式對於瞭解《莊子》各篇章形成的年代會有一定幫助。當然，這並不是説語音造詞比例高的篇章就一定是早出的文字，因爲這還涉及引文和韻文的問題，文章中有引文和韻文則語音造詞的比例可能會高一些。另外，文章越短，偶然性就越大。

經李元鵬統計，在《莊子》三十三篇中語音造詞的占比超過百分之十的篇目有九篇，分别是《齊物論》《在宥》《大宗師》《至樂》《逍遥遊》《馬蹄》《人間世》《秋水》《應帝王》；語法造詞占比超過百分之九十四的篇目有八篇，分别是《説劍》《漁父》《徐无鬼》《繕性》《天下》《駢拇》《胠篋》《養生主》。其中除《馬蹄》《養生主》兩篇不足千字的短文可能存在偶然性外，其餘篇章基本上反映了當時詞語的使用情况。語音造詞前九篇中内篇占五篇，即《齊物論》《大宗師》《逍遥遊》《人間世》和《應帝王》，這是内篇早出的有力證據。《在宥》篇之所以語音造詞的占比高，是因爲《在宥》篇後半部分語音造詞出現得較多，可見《在宥》後部分可能有早出的文字。另外兩篇占比較高的是《至樂》和《秋水》篇，此二篇受到很多莊學研究者的重視。從義理及言説方式上看，此二篇皆與内篇相似，其中應該有早出的文字，但也不能排除有些章節可能出自莊子之手。語法造詞居前的篇目中，《説劍》《漁父》二篇久已被指出是晚出之作；《繕性》《天下》《駢拇》篇中出現了"道德""性命""精神"等詞語，《徐无鬼》篇由十幾則寓言組成，各寓言間並無内在之聯繫，非成於一人一時，其中可能有晚出的文字。總體上看，通過分析研究《莊子》雙音詞的構詞方式來判斷《莊子》各篇寫作的年代，具有一定的科學性，對於莊學研究具有較高的參考價值，當然詞語研究如果能與内容研究相結合將更具説服力。

劉炎飛以内、外、雜篇爲單位，對《莊子》中的雙音詞進行了考察研究。其考察的結果是：内篇語音造詞的占比是百分之十三點七，外篇的占比是百分之五點三，雜篇的占比是百分之二點八。作者還考察了

《論語》和《孟子》中語音造詞和語法造詞的情況，其中《論語》中語音造詞的占比是百分之十六點四，《孟子》中語音造詞的占比是百分之十五點八。可見内篇語音造詞的占比遠高於外雜篇，與《論語》《孟子》比較接近，此結論亦可説明《莊子》内篇早於外雜篇。此文的不足之處在於無法反映外雜各篇之間存在的差異，因爲不但《莊子》的外雜篇非成於一人一時，即使一篇之内各章節之間往往也存在歷時性差異，非成於一人之手。

總之，通過詞語的研究來研判《莊子》各篇章的作者及形成的年代，無疑具有積極意義，是今後莊學研究的一個發展方向。

第四章 《莊子》與莊周之關係

研判《莊子》諸篇章何者爲莊周所作、何者爲他人所作，可以説是莊學研究中最複雜、最棘手的問題。要想對此問題作出一個合理的解釋，首先要對古書的體例有所瞭解。前文説過，先秦人寫的文章一般都没有篇名，不署作者名，我們現在看到的先秦子書，基本上都不是作者親手編訂的，而是其弟子或後人編輯而成的。這些文獻從流傳到成書往往需要經歷一個比較漫長的過程，在這個過程當中，書籍一般都有幾個不同的傳承系統，而各系統的文本也有一個從編輯到增删再到編輯這樣的不斷完善的過程。在這一過程中，編輯者會將其弟子或同一學派的文章不斷增補進文集，因此先秦子書一般都是某一學派的論文集，非成於一人一時。

先秦子書一般都有一個從單篇别行到結集成書的過程，這一點在出土文獻中也可以得到證實。二十世紀末郭店楚墓出土了楚簡《老子》甲、乙、丙三個傳本，這三個文本之間存在著明顯的歷時性差異。[①] 與通行本相比，楚簡《老子》甲本無論從文字的表述上還是章節的編連上皆與今本《老子》存在較大差異，而丙本則與今本基本相同。這説明《老子》從單篇流傳到結集成書存在一個較長的整理編輯的過程，《莊子》的流傳亦復如此。我們之所以强調研究者要瞭解古書的體例，就是讓人們不要以爲先秦的典籍與現今的著作一樣，有作者、有書名、有序文、有目録，成於一時一人，否則會影響我們的判斷從而得出錯誤的結論。

實際上古人對先秦典籍非成於一時一人是很瞭解的，如劉向《晏子叙録》之“又有頗不合經術，似非晏子言，疑後世辯士所爲者，故亦不敢失，復以爲一篇”；《列子書録》之“至於《力命》篇一推分命，《楊子》之篇唯貴放逸，二義乖背，不似一家之書”。《漢志》著録的《莊子》五十二篇，亦當是劉向删除重複後的結果，依劉向整理典籍的原則，他應該是存留了《莊子》各傳本中不同的内容。也就是説，劉向整理《莊

① 聶中慶：《郭店楚簡〈老子〉研究》，北京，中華書局，2004，第25～30頁。

子》時對各傳本唯删除重複而已，對其中不同主張、不同風格的作品並未以意增删。

魏晋時的注莊者也認爲《莊子》五十二篇並非都是莊周的作品。與劉向不同的是，當時的許多注莊者都根據自己的判斷對《莊子》以意去取。

到了宋朝，蘇軾對郭象編訂的《莊子》又提出了異議。他在《莊子祠堂記》中説："余嘗疑《盜跖》《漁父》則若真詆孔子者，至於《讓王》《説劍》皆淺陋不入於道。"此後之黄震、焦竑、王夫之、姚鼐等都對《莊子》中某些篇章的作者提出過懷疑。

二十世紀後，學者對《莊子》篇章的作者進行了更爲深入的探討，大致有以下幾種看法：

（一）《莊子》内篇爲莊周所作，外雜篇爲莊子後學所作，學界多數學者持此觀點。

（二）《莊子》外雜篇爲莊周所作，内篇爲莊子後學所作，任繼愈持此觀點。[①]

（三）打破内外雜篇的界限，以《逍遥遊》《齊物論》爲依據，對《莊子》篇章的作者重新進行梳理，馮友蘭持此觀點。[②]

（四）認爲《莊子》基本上爲莊周所作，對《莊子》内篇與外雜篇不必加以區分，陸欽持此觀點。[③]

我們認爲《莊子》乃是莊周及道家學派的論文集，《莊子》中非但各篇的作者不盡相同，許多篇中各章的作者也不盡相同。這是因爲有些篇中各章的言説方式及所闡述的義理皆存在較大差異，顯非一人所爲，應爲後人編輯雜凑在一起的。所以我們認爲，以篇爲單位來研究《莊子》的作者並不科學，對《莊子》中一些雜凑之篇，應以章爲單位進行研究。此外我們認爲，以内、外、雜篇爲單位來研究《莊子》也不够科學，因爲《莊子》外雜篇中的有些寓言並不遜於内篇，不可輕易將其排除在莊周作品之外。

由於目前《莊子》中何者爲莊周所作尚無定説，這給莊學研究者帶來許多困擾。實際上，現在多數莊子研究者研究的只是《莊子》其書而非莊子其人，因而經常出現張冠李戴的現象，把莊子後學的一些東西加

① 任繼愈主編：《中國哲學發展史（先秦）》，北京，人民出版社，1983，第379～386頁。

② 馮友蘭：《中國哲學史新編》上卷，北京，人民出版社，1998，第397～402頁。

③ 陸欽：《莊周思想研究》，鄭州，河南人民出版社，1983，第1～6頁。

在莊子身上，誤導了許多讀者。要破除這一尷尬的局面，確實要花大精力對《莊子》篇章的作者進行認真的梳理和甄别，爲莊學研究奠定一個扎實的基礎。過去研究者對這一主題也進行過探討，但多爲泛泛之論，不够深入；現有的研究成果中，張恒壽的《莊子新探》用力最勤。張先生用了幾十年的時間對《莊子》篇章的作者進行了細緻的梳理，取得了一些頗具説服力的研究成果，令人欽佩。

研究《莊子》篇章的作者，首先需要解决的問題是我們以什麽作爲衡量不同作者的標準。我們首先想到的是古人對莊子其人其書的評價，因爲古人特别是秦漢以前的人距莊子生活的年代較近，他們對於莊子的評價應該更爲真實可信。漢以前對莊子作出明確評價的有以下三篇文獻：《荀子·解蔽》《莊子·天下》以及《史記·老子韓非列傳》，這三篇文獻對於我們解讀莊子無疑具有重要意義。

《荀子·解蔽》云："莊子蔽於天而不知人。"荀子的評價是我們今天能看到的最早的關於莊子的評價。荀子的評語雖然很短，但其中包含的信息却很豐富。首先，在荀子生活的年代，莊子其人其書應該具有一定的社會影響力，否則荀子不會對其進行評價。其次，從評論的内容上看，荀子看到的《莊子》與《漢志》之五十二篇本及郭象的三十三篇本都不相同，應該只是早期傳世的《莊子》内七篇，前文對此已有論述，此不贅言。

下面我們分析一下《天下》篇對莊子的評價。作者對於莊子的評價主要有以下兩個方面：一是莊子的言説方式，即"以謬悠之説，荒唐之言，无端崖之辭，時恣縱而不儻，不以觭見之也"，"以巵言爲曼衍，以重言爲真，以寓言爲廣"，"其書雖瓌瑋而連犿无傷也，其辭雖參差而諔詭可觀"。《天下》篇的作者認爲"謬悠之説，荒唐之言，无端崖之辭"是莊子行文的獨特風格，這種獨到的寫作方式是莊子區别於他人的關鍵所在。如果説"謬悠""荒唐""无崖之辭"是莊文外在的表現形式的話，那麽"三言"便是莊子行文的基本原則。所謂"三言"即《天下》篇所説的"巵言""重言""寓言"。《天下》篇之"三言"本自《莊子·寓言》篇，《寓言》云：

> 寓言十九，重言十七，巵言日出，和以天倪。寓言十九，藉外論之。親父不爲其子媒。親父譽之，不若非其父者也；非吾罪也，人之罪也。與己同則應，不與己同則反；同於己爲是之，異於己爲非之。重言十七，所以已言也，是爲耆艾。年先矣，而无經緯本末

以期年耆者，是非先也。人而无以先人，无人道也；人而无人道，是之謂陳人。巵言日出，和以天倪，因以曼衍，所以窮年。

所謂“寓言十九，重言十七，巵言日出”者，是说寓言中有重言，重言中有寓言也，只是寓言稍多而已。“三言”的核心内涵是無成心、無是非之言。莊子認爲人言要因循道言，即人言要聽從自然，自然有所顯現人才能有所言，這樣説出來的話才能無成心，無是非，才能“和以天倪，因以曼衍，所以窮年”。由此看來，《莊子》中那些以己爲是、以彼爲非的論辯之文皆非莊周之作。

二是《天下》篇的作者描述了莊子的處世方式，即“獨與天地精神往來而不敖倪於萬物。不譴是非，以與世俗處”，“上與造物者遊，而下與外死生、无終始者爲友”，此即離形去智、順隨自然者也。《齊物論》之“天地與我並生，而萬物與我爲一”、《大宗師》之“孰知死生存亡之一體者，吾與之友矣”皆此類。由此可見，《莊子》中那些主張通過人爲的方式改變自我、改變社會的文字亦非莊子之文。《天下》篇並没有具體記述莊子的哲學主張，蓋作者認爲莊子的基本思想秉承老子，只是在寫作及處世方式上有自己獨到的地方。

下面我們再來看看司馬遷對莊子的評價。《史記·老子韓非列傳》：

莊子者，蒙人也。名周。周嘗爲蒙漆園吏。與梁惠王、齊宣王同時。其學無所不闚。然其要本歸於老子之言。故其著書十餘萬言，大抵率寓言也。作《漁父》《盜跖》《胠篋》，以詆訿孔子之徒，以明老子之術。《畏累虚》《亢桑子》之屬，皆空語無事實。然善屬書離辭，指事類情，用剽剥儒墨。雖當世宿學不能自解免也。其言洸洋自恣以適己。故自王公大人不能器之。

楚威王聞莊周賢，使使厚幣迎之，許以爲相。莊周笑謂楚使者曰：“千金，重利；卿相，尊位也。子獨不見郊祭之犧牛乎？養食之數歲，衣以文繡，以入大廟。當是之時，雖欲爲孤豚，豈可得乎？子亟去，無汙我。我寧游戲汙瀆之中自快，無爲有國者所羈，終身不仕，以快吾志焉。”

與《天下》篇一樣，司馬遷認爲莊子並没有建立自己的學説體系，而是“其要本歸於老子之言”。司馬遷也認爲莊子最大的特點是“善屬書離辭”，“其言洸洋自恣以適己”，此即《天下》篇之“謬悠之説，荒唐之言，无端崖之辭”者也。另外，司馬遷謂莊子著書十餘萬言，蓋其所見本爲《漢志》所著録的五十二篇本。又司馬遷根據《漁父》《盜跖》《胠篋》等篇認爲莊子“詆訿孔子之徒，以明老子之術”，而《天下》篇的作者並没有這樣的評價。之所以如此，我認爲存在兩種可能性：一是《天下》篇的作者並不認可《漁父》《盜跖》《胠篋》等篇是莊周的作品，因爲這些篇不符合《天下》篇所謂“三言”的言説方式；二是《天下》篇作者所見之《莊子》不包括這些篇章。

總體上看，莊子的行文風格給司馬遷及《天下》篇的作者留下了深刻的印象。司馬遷説莊文“洸洋自恣”，《天下》篇則以“謬悠”“荒唐”“无端崖”形容之。可見莊子的行文往往超出了常人的想象，是不受任何規矩羈絆的，即《天下》篇所謂“以天下爲沈濁，不可與莊語”，因此我們認爲《莊子》中那些一本正經地説理、議論的文字蓋非莊周所爲。另外，《天下》篇指出“三言”也是莊子所遵守的一個重要的行文原則，而“三言”的核心就是超越成見和是非，這同樣可以説明莊子是不可能用論辯的方式寫文章的。我想這可能是莊子與其他諸子最大的不同之處。

從義理上講，荀子批評莊子“蔽於天而不知人”。我們且不論荀子的評價是否允當，讀過《莊子》的人都會感受到莊子是崇尚自然、反對人爲的。莊子認爲萬物的本性是造化、自然賦予的，固守本性、按照本然的方式生存才是理想的狀態，任何違反天性的行爲（即人爲）都是不可取的。因此，是否主張崇尚自然、是否反對人爲也是鑒别是不是莊文的一個重要標準。

以上是利用古人的評論鑒别莊文，此外我們還可以運用文獻學的手法來鑒别。校勘古籍，人們經常使用“他校”法和“本校”法。所謂“他校”，就是利用他書校本書，就是查找一下與《莊子》同時或稍後的典籍是否有與《莊子》相同或相近的文字，如果有的話，我們就要細心考察是他書引用了《莊子》還是《莊子》引自他書，當然如果有“莊子曰”就很容易了，但古人引書往往不指明出處。如果能够釐清《莊子》與他書的關係，對於鑒别莊文及考察《莊子》的成書過程無疑具有重要意義。所謂“本校”，就是以本書校本書，即通過對《莊子》各篇重出的文字以及慣用詞語的考察，釐清各篇成文的先後以及篇章的作者是否存在關聯。下面我們將根據以上標準對《莊子》篇章之作者細作考論。

第五章　《莊子》内篇篇章作者研究

我們首先考察一下《莊子》内篇。前文指出，《莊子》内篇結集的時間最早，大約在荀子生活的年代即已經在社會上廣泛流傳。據《經典釋文・序録》之“其内篇衆家並同，自餘或有外而無雜”，知《莊子》内篇的結構很穩固，從結集面世至魏晋没有任何改變。我們在考察《莊子》雙音詞的構詞方式時，也證明《莊子》内篇早於外雜篇。因此，我們没有理由懷疑内篇的創作與莊子無關，内篇的大多數篇章皆出自莊子之手，這既是學界的基本看法，也是筆者考察内七篇的起點。

一、《逍遥遊》

此文以意名篇。據與莊子同時的《孟子》及《莊子》外雜篇的命名方式，《莊子》内篇亦當以首句名篇。蓋此篇原名“北冥”，至西漢初年改爲“逍遥”，西漢末年在讖緯思潮的影響下，好事者將内篇篇名改成三個字。内篇中其餘六篇篇名的演變過程亦復如此，不再論述。

《逍遥遊》乃《莊子》之開篇，是莊子的代表作。按所闡述之義理，全文可分爲三部分。我們這裏所説的“部分”，有時等同於傳統的“章”，有時大於“章”。我們認爲如果按照傳統的“章”來劃分，有時可能會將内容劃分得過於零散，所以我們使用“部分”這一詞語來劃分。

第一部分從“北冥有魚”至“聖人无名”。此部分論述的是逍遥問題。作者認爲世間萬物凡有所待皆不逍遥，大鵬雄偉巨大，可直上九萬里的高空，絶雲氣，負青天，看似逍遥，然若無扶摇羊角，亦杯之膠於坳堂者也，安得逍遥？故逍遥不可以小大論之，不可以智愚論之，不可以壽夭論之，只有“乘天地之正，而御六氣之辯，以遊无窮者”，方可進入逍遥無待的境界。這種無牽無絆、順性而遊才是作者主張的大境界，也是莊學區别於諸子學説的關鍵所在。

文中關於鯤鵬的寓言故事以及關於“冥靈”“大椿”的記述亦見《列子・湯問》，是《列子》抄襲《莊子》還是《莊子》襲自《列子》，學界有不同看法，需要細加甄别。

小知不及大知，小年不及大年。奚以知其然也？朝菌不知晦朔，蟪蛄不知春秋，此小年也。楚之南有冥靈者，以五百歲爲春，五百歲爲秋；上古有大椿者，以八千歲爲春，八千歲爲秋。而彭祖乃今以久特聞，衆人匹之，不亦悲乎！

湯之問棘也是已。窮髮之北有冥海者，天池也。有魚焉，其廣數千里，未有知其修者，其名爲鯤。有鳥焉，其名爲鵬，背若太山，翼若垂天之雲，摶扶摇羊角而上者九萬里，絶雲氣，負青天，然後圖南，且適南冥也。斥鴳笑之曰："彼且奚適也？我騰躍而上，不過數仞而下，翱翔蓬蒿之間，此亦飛之至也，而彼且奚適也？"此小大之辯也。（《逍遥遊》）

湯又問："物有巨細乎？有修短乎？有同異乎？"革曰："……荆之南有冥靈者，以五百歲爲春，五百歲爲秋。上古有大椿者，以八千歲爲春，八千歲爲秋。朽壤之上有菌芝者，生於朝，死於晦。春夏之月有蠓蚋者，因雨而生，見陽而死。終北之北有溟海者，天池也。有魚焉，其廣數千里，其長稱焉，其名爲鯤。有鳥焉，其名爲鵬，翼若垂天之雲，其體稱焉。世豈知有此物哉？大禹行而見之，伯益知而名之，夷堅聞而志之。江浦之間生麽蟲，其名曰焦螟，群飛而集於蚊睫，弗相觸也。栖宿去來，蚊弗覺也。離朱、子羽方晝拭眥揚眉而望之，弗見其形；鯱俞、師曠方夜擿耳俛首而聽之，弗聞其聲。唯皇帝與容成子居空峒之上，同齋三月，心死形廢；徐以神視，塊然見之，若嵩山之阿；徐以神視，砰然聞之，若雷霆之聲。"（《列子·湯問》）

《湯問》篇記載了商湯與賢臣夏革的問答，夏革即夏棘，革、棘古通。其中，夏革答語中的部分内容與《逍遥遊》有所重合。夏革談論壽夭（即修短）時由壽而夭，自成體例；而《逍遥遊》則是由夭而壽，行文與《湯問》亦有所不同，單就此段文字難明誰是抄襲者。然《逍遥遊》下節文字云"湯之問棘也是已"，明確指出此段文字本於《湯問》。《逍遥遊》的作者在文章中指出其關於鯤鵬的記載有兩個來源：一是《齊諧》，即"《齊諧》者，志怪者也。《諧》之言曰：'鵬之徙於南冥也，水擊三千里，摶扶摇而上者九萬里，去以六月息者也。'"第二個就是"湯之問棘也是已"。因此可以非常明確地説，此節文字《莊子》本於《列子》。所不同的是，《逍遥遊》中鯤鵬與斥鴳對舉，討論的是有待無待的問題，指出無待方能逍遥；而《湯問》中鯤鵬與焦螟對舉，通過對大小巨細問題的探討，指出只有“心死形廢”方可達於至虚之境。可見《莊子》乃是對《列子》的化用，而不是簡單的抄襲。

俞樾《莊子平議》云：“《釋文》：棘，李云湯時賢人，此説得之矣。又引簡文云：‘一曰湯，廣大也；棘，狹小也。’則以湯棘爲寓名，是殆未讀《列子》者。湯之問棘，見《列子·湯問》篇，上文所説鯤鵬及冥靈大椿，皆本是篇，故以此結之，明所言之有徵也。”成玄英疏：“然冥海鯤鵬，前文已出，如今重顯者，正言前引《齊諧》，足爲典實，今牽《列子》，再證非虚，鄭重殷勤以成其義者也。”俞樾、成玄英皆認爲《莊》文本自《列子》。

又《逍遥遊》中關於列子御風而行的記載蓋亦本自《列子》。

> 夫列子御風而行，泠然善也，旬有五日而後反。彼於致福者，未數數然也。此雖免乎行，猶有所待者也。(《逍遥遊》)
>
> 列子師老商氏，友伯高子，進（盡）二子之道，乘風而歸。尹生聞之，從列子居，數月不省舍。因間請蘄其術者，十反而十不告。尹生懟而請辭，列子又不命。尹生退。數月，意不已，又往從之。……列子曰：“曩吾以汝爲達，今汝之鄙至此乎？姬！將告汝所學於夫子者矣。自吾之事夫子友若人也……心凝形釋，骨肉都融；不覺形之所倚，足之所履，隨風東西，猶木葉幹殼，竟不知風乘我邪？我乘風乎？”(《列子·黄帝》)

《莊子》中《逍遥遊》篇首次提到列子，謂列子能御風而行。《逍遥遊》言列子御風，自非虚言，必有所本。而先於《莊子》的先秦文獻唯《列子·黄帝》載列子得“乘風”之道，故《莊子》本自《列子》無疑。《逍遥遊》的作者舉列子御風而行，意在闡明此雖免乎行，但仍有待於風，並不逍遥。然觀列子“隨風東西，猶木葉幹殼，竟不知風乘我邪？我乘風乎？”顯然已經進入忘我無待的境界。看來列子乘風的故事當時已流行於世，《逍遥遊》的作者不過是信手拈來，爲我所用，以明有待無待之理。至於列子是否真的“猶有所待”，並不是作者關心的事。

《逍遥遊》第二部分從“堯讓天下於許由”至“窅然喪其天下焉”。此部分通過堯與許由、肩吾與連叔的對話，來説明神人無功、聖人無名的道理。文中關於堯讓天下於許由的記述亦見於《吕氏春秋》，辨析如下：

堯讓天下於許由，曰："日月出矣而爝火不息，其於光也，不亦難乎！時雨降矣而猶浸灌，其於澤也，不亦勞乎！夫子立而天下治，而我猶尸之，吾自視缺然。請致天下。"許由曰："子治天下，天下既已治也。而我猶代子，吾將爲名乎？名者，實之賓也，吾將爲賓乎？鷦鷯巢於深林，不過一枝；偃鼠飲河，不過滿腹。歸休乎君，予无所用天下爲！庖人雖不治庖，尸祝不越樽俎而代之矣。"(《逍遥遊》)

昔者堯朝許由於沛澤之中，曰："十日出而焦火不息，不亦勞乎？夫子爲天子，而天下已治矣，請屬天下於夫子。"許由辭曰："爲天下之不治與？而既已治矣。自爲與？啁噍巢於林，不過一枝；偃鼠飲於河，不過滿腹。歸已君乎！惡用天下？"遂之箕山之下，潁水之陽，耕而食，終身無經天下之色。故賢主之於賢者也，物莫之妨；戚愛習故，不以害之；故賢者聚焉。賢者所聚，天地不壞，鬼神不害，人事不謀，此五常之本事也。(《吕氏春秋・求人》)

二文事跡略同而行文有别。《莊子》"日月""爝火""鷦鷯"，《吕氏春秋》作"十日""焦火""啁噍"，無論是《吕》抄《莊》還是《莊》本《吕》，不當有此不同。且《莊》文比《吕》多出"時雨降矣而猶浸灌，其於澤也"，"而我猶尸之，吾自視缺然"，"而我猶代子，吾將爲名乎？名者，實之賓也，吾將爲賓乎"，"庖人雖不治庖，尸祝不越樽俎而代之矣"數句，《吕》比《莊》多出"遂之箕山之下……此五常之本事也"一段文字。

我認爲既不是《吕》抄《莊》也不是《莊》抄《吕》，而是各有所本。蓋古代有堯讓位於許由的傳説，而其記述有所不同，《莊》《吕》因襲的應該不是同一文本。另外與《吕》文相比，《莊》文對所引用的文獻可能有所修改，重點突出"聖人无名"之主張。而《吕》文意在申明"五常"之理，蓋陰陽家所爲。陳奇猷云："此篇蓋陰陽家者流之作也。篇中言'賢者所聚，天地不壞，鬼神不害，人事不謀，此五常之本事也'，其重視五常之理，正是陰陽家家法，此其明證。"①

此部分中"藐姑射之山"一段文字與《列子》略同，辨析如下：

① （戰國）吕不韋著，陳奇猷校釋：《吕氏春秋新校釋》，上海，上海古籍出版社，2002，第1525頁。

藐姑射之山，有神人居焉。肌膚若冰雪，淖約若處子。不食五穀，吸風飲露。乘雲氣，御飛龍，而遊乎四海之外。其神凝，使物不疵癘而年穀熟。(《逍遥遊》)

列姑射山在海河洲中，山上有神人焉，吸風飲露，不食五穀；心如淵泉，形如處女；不偎不愛，仙聖爲之臣；不畏不怒，願慤爲之使；不施不惠，而物自足；不聚不斂，而己無愆。陰陽常調，日月常明，四時常若，風雨常均，字育常時，年穀常豐；而土無札傷，人無夭惡，物無疵厲，鬼無靈響焉。(《列子·黄帝》)

《逍遥遊》"藐姑射之山"，《黄帝》篇作"列姑射山在海河洲中"，二者有所不同。《山海經·海内北經》："列姑射在海河州中。射姑國在海中，屬列姑射，西南山環之。"殷敬順《釋文》云："《山海經》曰：'射姑國在海中，西南環之。從國南水行百里，曰姑射之山。又西南行三百八十里，曰姑射山。'郭云：河水所經海上也。言遥望諸姑射山行列在海、河之間也。"殷氏所引與今本《山海經》有所不同。又殷氏於"山上有神人焉"後注曰："此章與《山海經》略同。"秦恩復《列子補注》云："考《東山經》之姑射在臨汾縣，見《隋書·地理志》，即今平陽府西之九孔山。左右前後並無所謂南北姑射者，則《東山經》之北姑射、南姑射二條當在《海内北經》'西南山環之'之下。敬順所引《山海經》乃唐時之本，且言諸姑射山行列在海、河之間，解'列'字之義尤爲明據。又云'此章與《山海經》略同'，據此則《列子》之'吸風飲露'云云，《山海經》皆有之，今本之脱落錯簡，從可知矣。"可見《列子》此段文字本自《山海經》，與《莊子》無涉。《莊》文或化用《列子》，或化用《山海經》。

另外，此部分文字與《莊子》其他篇章在寫作上也存在關聯。

肩吾問於連叔曰："吾聞言於接輿，大而无當，往而不返。吾驚怖其言，猶河漢而无極也；大有逕庭，不近人情焉。"連叔曰："其言謂何哉?""曰：'藐姑射之山，有神人居焉，肌膚若冰雪，淖約若處子。不食五穀，吸風飲露。乘雲氣，御飛龍，而遊乎四海之外。其神凝，使物不疵癘而年穀熟。'吾以是狂而不信也。"連叔曰："然。瞽者无以與乎文章之觀，聾者无以與乎鐘鼓之聲。豈唯形骸有聾盲哉？夫知亦有之。是其言也，猶時女也。之人也，之德也，將旁礴萬物以爲一，世蘄乎亂，孰弊弊焉以天下爲事！之人也，物莫

之傷，大浸稽天而不溺，大旱金石流土山焦而不熱。是其塵垢粃糠，將猶陶鑄堯舜者也，孰肯以物爲事！”（《逍遥遊》）

王倪曰：“至人神矣！大澤焚而不能熱，河漢沍而不能寒，疾雷破山風振海而不能驚。若然者，乘雲氣，騎日月，而遊乎四海之外，死生无變於己，而況利害之端乎！”（《齊物論》）

若然者，登高不慄，入水不濡，入火不熱。（《大宗師》）

許由曰：“不然。夫盲者无以與乎眉目顔色之好，瞽者无以與乎青黄黼黻之觀。”（《大宗師》）

彼且何肯以物爲事乎！（《德充符》）

《逍遥遊》“藐姑射之山”一段文字蓋本自《列子》或《山海經》。然作者並非簡單的襲用，而是借之以明“神人无功”之理，後文“瞽者无以與乎文章之觀……是其塵垢粃糠，將猶陶鑄堯舜者也，孰肯以物爲事”一段文字皆爲作者發表的議論。總之，《逍遥遊》此段文字行文一貫，前後呼應，内容完整。《齊物論》所描述的“至人神矣”應指《逍遥遊》之“神人”所展現的生活狀態，《逍遥遊》“肌膚若冰雪，淖約若處子。不食五穀，吸風飲露。乘雲氣，御飛龍，而遊乎四海之外。其神凝，使物不疵癘而年穀熟”一段分别從肌膚、身形、飲食、生活方式及神態諸方面描寫神人，而《齊物論》但云“若然者，乘雲氣，騎日月，而遊乎四海之外”，顯然後者承自前者。《齊物論》“大澤焚而不能熱，河漢沍而不能寒，疾雷破山風振海而不能驚”亦是化用《逍遥遊》“之人也，物莫之傷，大浸稽天而不溺，大旱金石流土山焦而不熱”而成。所不同的是，《齊物論》將《逍遥遊》兩節文字合在一處，《齊物論》此節文字應晚於《逍遥遊》，二文作者存在關聯。

《大宗師》謂古之真人“入水不濡，入火不熱”，蓋亦《逍遥遊》“大浸稽天而不溺，大旱金石流土山焦而不熱”之略語，此二文作者存在關聯。又《齊物論》《大宗師》皆有“若然者，×××”這樣的表達方式，蓋此二文應是一人所爲。《逍遥遊》描寫超凡脱俗的神人“乘雲氣，御飛龍，而遊乎四海之外”，故以“孰肯以物爲事”評論之，行文自然。而《德充符》謂兀者王駘“彼且何肯以物爲事”，顯然受《逍遥遊》的影響。因爲評論超世的神人“孰肯以物爲事”是恰當的，而謂世間的兀者王駘“何肯以物爲事”，則略微有些不順。

另外，《逍遥遊》之“肩吾”“連叔”蓋作者虛構的人物，其中“連叔”只見於本篇，而“肩吾”又見於《大宗師》之“肩吾得之”、《應帝王》之“肩吾見狂接輿”、《田子方》之“肩吾問於孫叔敖曰”。

《大宗師》謂：“夫道，有情有信……肩吾得之，以處大山；黄帝得之，以登雲天；顓頊得之，以處玄宫；禺强得之，立乎北極；西王母得之，坐乎少廣，莫知其始，莫知其終；彭祖得之，上及有虞，下及五伯。”此段文字粗鄙呆板，不似莊語，蓋莊子後學所爲。且彭祖在《逍遥遊》《齊物論》《刻意》諸篇中，皆非得道者，亦可證明此段文字非莊子所爲，肩吾其人有被後人仙化的傾向。

《應帝王》謂：“肩吾見狂接輿。狂接輿曰：‘日中始何以語女?’肩吾曰：‘告我君人者以己出經式義度，人孰敢不聽而化諸!’狂接輿曰：‘是欺德也；其於治天下也，猶涉海鑿河而使蚉負山也。’”而《逍遥遊》記述的也是肩吾與接輿的對話，其文謂“肩吾問於連叔曰：‘吾聞言於接輿，大而无當，往而不返’”云云。二文中接輿都是得道者，蓋此二文皆出自莊周之手。

《田子方》篇記述的是肩吾與孫叔敖之間的對話，闡述其來不可却、其去不可止的道理，故而孫叔敖三爲令尹而不喜，三去令尹而不悲，其旨與内篇相合，若非後人襲用“肩吾”其名，此文蓋亦爲莊周所爲。

此外，《達生》篇也有一段類似文字：

> 子列子問關尹曰：“至人潛行不窒，蹈火不熱，行乎萬物之上而不慄。請問何以至於此?”關尹曰：“是純氣之守也，非知巧果敢之列。”

張恒壽云：“《達生》這一段，給那種蹈火不熱，潛行不窒的想象以理論上修養上的解釋，似乎是《逍遥遊》中遊仙思想的進一步發展。”[①] 劉笑敢也認爲《達生》此段文字是對《逍遥遊》“之人也，物莫之傷”一段文字的解釋，並且説：“一個論題，總是先由先生提出來，而後由學生分别進行解釋或發揮的，因此提出論題的必定是早出的先生的文章，而分别解答問題的，必定是後出的學生的作品。”[②] 其實《達生》篇從“子列子問關尹曰”至“聖人藏於天，故莫之能傷也”皆襲自《列子·黄帝》（详説見後文）。因爲只有列子的弟子才稱列子爲“子列子”，張、劉二人的説法有些想當然。

《逍遥遊》第三部分從“惠子謂莊子曰”至文末。作者通過惠施與莊

① 張恒壽：《莊子新探》，武漢，湖北人民出版社，1983，第 51 頁。

② 劉笑敢：《莊子哲學及其演變》，北京，中國社會科學出版社，1988，第 14 頁。

子的對話，闡明世俗所謂無用乃是真正的大用，强調人只有超脱俗見，去其遮蔽，才能洞見無用之用。此部分與《莊子》其他篇章在寫作上也存在關聯。

惠子謂莊子曰："吾有大樹，人謂之樗。其大本擁腫而不中繩墨，其小枝卷曲而不中規矩，立之塗，匠者不顧。今子之言，大而無用，衆所同去也。"莊子曰："子獨不見狸狌乎？卑身而伏，以候敖者；東西跳梁，不辟高下；中於機辟，死於罔罟。今夫斄牛，其大若垂天之雲。此能爲大矣，而不能執鼠。今子有大樹，患其无用，何不樹之於无何有之鄉，廣莫之野，彷徨乎无爲其側，逍遥乎寢卧其下。不夭斤斧，物无害者，无所可用，安所困苦哉！"（《逍遥遊》）

仰而視其細枝，則拳曲而不可以爲棟樑，俯而視其大根，則軸解而不可以爲棺槨。（《人間世》）

且予求无所可用久矣，幾死，乃今得之，爲予大用。使予也而有用，且得有此大也邪？（《人間世》）

夫若然者，又惡知死生先後之所在！假於異物，託於同體；忘其肝膽，遺其耳目，反覆終始，不知端倪；芒然彷徨乎塵垢之外，逍遥乎无爲之業。彼又惡能憒憒然爲世俗之禮，以觀衆人之耳目哉！（《大宗師》）

予方將與造物者爲人，厭，則又乘夫莽眇之鳥，以出六極之外，而遊无何有之鄉，以處壙埌之野。（《應帝王》）

彼至人者，歸精神乎无始而甘冥乎无何有之鄉。（《列禦寇》）

《逍遥遊》通過惠施與莊子關於大樹的對話來闡明無用之用的道理，叙事完整。《人間世》通過南伯子綦所見不材之大木，得出"此果不材之木也，以至於此其大也。嗟乎，神人以此不材"之結論，此文前後呼應，自成體系，蓋非襲用《逍遥遊》。又《逍遥遊》言"无所可用，安所困苦哉"，《人間世》亦云"且予求无所可用久矣"，二文皆行文自然，自成體系，並無相互襲用的痕跡。從行文的手法及語句的運用上看，《逍遥遊》及《人間世》的相關章節應出自一人之手，蓋皆莊周所爲。

《大宗師》"芒然彷徨乎塵垢之外，逍遥乎无爲之業"與《逍遥遊》"彷徨乎无爲其側，逍遥乎寢卧其下"的表述相類似，二文並無襲用的跡象。且《大宗師》此文所講述的是"子桑户、孟子反、子琴張相與友"的故事，即《天下》篇所謂"上與造物者遊，而下與外死生、无終始者爲友”，因此我認爲二篇的相關文字皆出自莊周之手。

《應帝王》“予方將與造物者爲人，厭，則又乘夫莽眇之鳥，以出六極之外，而遊无何有之鄉，以處壙埌之野”與《逍遥遊》“乘雲氣，御飛龍，而遊乎四海之外”“何不樹之於无何有之鄉，廣莫之野”的表述相類似，二文亦無彼此襲用的跡象，蓋皆出自莊周之手。

《列禦寇》“歸精神乎无始而甘冥乎无何有之鄉”與《逍遥遊》“何不樹之於无何有之鄉”之用語相近，然《列禦寇》此章各節文字行文散亂，意不相屬，與《逍遥遊》之表現手法不相類，文中“无何有之鄉”之用語蓋襲自《逍遥遊》。

綜上，《逍遥遊》多化用《列子》文，然文後論斷之語皆《列子》所無，應爲《逍遥游》作者所寫，如“而彭祖乃今以久特聞，衆人匹之，不亦悲乎”“此小大之辯也”“此雖免乎行，猶有所待者也”“瞽者无以與乎文章之觀……是其塵垢粃糠，將猶陶鑄堯舜者也，孰肯以物爲事”等，表明作者化用《列子》之文，意在闡明逍遥無待之理。

這裏我們需要講講《莊子》與《列子》之關係。《列子》作爲一部重要的道家經典，其思想及文學價值當毋庸置疑。然出於種種原因，從古至今一直有人懷疑其書的真實性。特别是二十世紀二三十年代，疑古之風盛行，《列子》自然首當其衝，被當作僞書的代表。考證《列子》其書之真僞，最爲重要的當屬《莊》《列》重文研究。《莊》《列》重文不但數量多，而且影響大。如果此領域之研究有所突破，對於判别《列子》真僞無疑具有重要作用。筆者對《莊子》《列子》二十一段重文進行了深入細緻的比較研究（詳見後文相關考證），其結論是《莊子》襲用《列子》而不是相反，今傳《列子》先於《莊子》。《莊子》中多次提及列子，並大量引用《列子》文，可見《列子》對莊周的思想及行文方式都産生了重要的影響，是一部十分珍貴的先秦典籍。

從《逍遥遊》與《莊子》其他篇章相關内容上看，我們認爲《逍遥遊》的文字有早出跡象。《齊物論》《大宗師》《德充符》《應帝王》之相關文字蓋皆出自莊周之手，《列禦寇》之相關表述蓋襲自《逍遥遊》。

另外，《莊子》與《淮南子》的重文也非常多。在這些重文中，我們没有發現《莊子》襲自《淮南子》的證據，故而不再對《淮南子》與《莊子》的重文進行辨析，《莊子》成於《淮南子》之前是没有異議的。

從言説方式上看，《逍遥遊》運思奇異，想象豐富，寫法獨特，這種無所牽絆、洸洋自恣的表現手法，與司馬遷及《天下》篇的描述相吻合。又《逍遥遊》借寓言以明理，亦符合《天下》篇所説“三言”的寫作原則。從義理上看，此篇重在闡述逍遥無待之理，主張至人無己、神人無功、聖人無名。此與《天下》篇所謂“獨與天地精神往來”相印證，此篇應是莊周本人的代表作品。

二、《齊物論》

此文以意名篇。對於“齊物論”，至少存在兩種不同的解説。有人將“齊物”連讀，認爲“齊物論”論述的就是萬物齊一的道理；有人將“物論”連讀，認爲“齊物論”就是齊同辯者不同的物論。通觀全文，作者一直圍繞著“萬物齊一”這一主題進行論述，而論述當中自然要觸及辯者不同的物論，故而有齊同物論之説。但作者在文章中並没有對諸子百家的辯言進行評説，只是對以惠施、公孫龍爲代表的名家的主張進行了抨擊。故而，認爲“齊物論”是齊同諸子不同的物論的看法恐怕是欠妥當的。全文可分爲三個部分。

第一部分從開篇至“怒者其誰也”。此部分通過南郭子綦與弟子顏成子游的對話，引出人籟、地籟、天籟三重境界。所謂“天籟”，即風之吹不知所以吹，竅之鳴不知所以鳴，咸其自取，無夫怒者的境界，也就是南郭子綦“喪其耦”“吾喪我”的境界。作者認爲順隨天性、不刻意而爲才是一種理想的生活狀態，這與《逍遥遊》“乘天地之正”“至人无己、神人无功、聖人无名”的主張相吻合，應是莊周本人的作品。

第二部分從“大智閑閑”至“此之謂葆光”。作者從不同的方面論述萬物齊一的道理。作者認爲天地萬物本來無所謂是非對錯，所謂的是非美醜皆出自人心。辯者不明天地自然之理，囿於是非成見，每日争論不休，離人的本性越來越遠。他們時而喜，時而悲，時而浮躁，時而張狂，内心得不到片刻寧静。可見作者正處於百家争鳴的年代，故而對辯者有如此深入的瞭解，《齊物論》當是《莊子》中早期的文字。此部分有與《列子》《文子》相重合的文字，辨析如下：

> 勞神明爲一而不知其同也，謂之“朝三”。何謂“朝三”？狙公賦芧，曰：“朝三而暮四。”衆狙皆怒。曰：“然則朝四而暮三。”衆狙皆悦。名實未虧而喜怒爲用，亦因是也。（《齊物論》）
>
> 宋有狙公者，愛狙，養之成群，能解狙之意。狙亦得公之心。損其家口，充狙之欲。俄而匱焉，將限其食。恐衆狙之不馴於己也，先誑之曰：“與若芧，朝三而暮四，足乎？”衆狙皆起而怒。俄而曰：“與若芧，朝四而暮三，足乎？”衆狙皆伏而喜。物之以能鄙相籠，

皆猶此也。聖人以智籠群愚，亦猶狙公之以智籠衆狙也。名實不虧，使其喜怒哉！（《列子·黄帝》）

《黄帝》篇所述情節完整，語言生動。先講狙公愛狙，故養之成群，甚至不惜"損其家口"以滿足狙欲。不久資糧匱乏，不得不限狙之食。由於狙公"能解狙之意"，故先誑之曰"朝三而暮四"，結果不出所料，狙皆"起而怒"；接著説"朝四而暮三"，結果是狙皆"伏而喜"。與之相比，《齊物論》的作者顯然只是在引"朝三"以明理，而不是要講一個寓言故事，《齊物論》化用之跡象非常明顯。由於《齊物論》的作者化用此寓言有些突兀而生硬，解釋《莊子》的成玄英不得不將其所本的寓言故事重講一遍："《列子》曰：宋有養狙老翁，善解其意，戲狙曰：'吾與汝芧，朝三而暮四，足乎？'衆狙皆起而怒。又曰：'我與汝朝四而暮三，足乎？'衆狙皆伏而喜焉。"可見《齊物論》的作者引用"朝三暮四"的故事不過是要闡明"勞神明爲一而不知其同也"的道理，故將原來故事中諸如狙公的國籍、他爲何養狙、爲何誑狙等不可或缺的情節統統略去，給人一種突如其來的感覺。另外，《黄帝》篇此文所要闡述的道理是"聖人以智籠群愚"，並不是《齊物論》所謂的"勞神明爲一"，顯然《黄帝》篇的結論更切合狙公賦芧的故事，《齊物論》乃化用此寓言以明理。

孰知不言之辯，不道之道？若有能知，此之謂天府。注焉而不滿，酌焉而不竭，而不知其所由來，此之謂葆光。（《齊物論》）

老子曰：雷霆之聲可以鐘鼓象也，風雨之變可以音律知也，大可睹者，可得而量也；明可見者，可得而蔽也；聲可聞者，可得而調也；色可察者，可得而别也。夫至大，天地不能函也；至微，神明不能見也。及至建律曆，别五色，異清濁，味甘苦，即樸散而爲器矣。立仁義，修禮樂，即德遷而爲僞矣。民飾智以驚愚，設詐以攻上，天下有能持之，而未能有治之者也。夫智能彌多，而德滋衰，是以至人淳樸而不散。夫至人之治，虚无寂寞，不見可欲，心與神處，形與性調，静而體德，動而理通，循自然之道，緣不得已矣。漠然无爲而天下和，淡然无欲而民自樸，不忿争而財足，施者不德，受者不讓，德反歸焉，而莫之惠。不言之辯，不道之道，若或通焉，謂之天府。取焉而不損，酌焉而不竭，莫知其所求由，謂之摇光，摇光者，資糧萬物者也。（《文子·下德》）

《淮南子·本經訓》亦載此文：

> 天地之大，可以矩表識也；星月之行，可以曆推得也；雷震之聲，可以鼓鐘寫也。風雨之變，可以音律知也。是故大可睹者，可得而量也；明可見者，可得而蔽也；聲可聞者，可得而調也；色可察者，可得而别也。夫至大，天地弗能含也；至微，神明弗能領也。及至建律曆，别五色，異清濁，味甘苦，則樸散而爲器矣。立仁義，修禮樂，則德遷而爲僞矣。及僞之生也，飾智以驚愚，設詐以巧上，天下有能持之者，有能治之者也。昔者蒼頡作書，而天雨粟，鬼夜哭；伯益作井，而龍登玄雲，神棲昆侖；能愈多而德愈薄矣。故周鼎著倕，使銜其指，以明大巧之不可爲也。
>
> 故至人之治也，心與神處，形與性調，静而體德，動而理通。隨自然之性而緣不得已之化，洞然無爲而天下自和，憺然無爲而民自樸，無禨祥而民不夭，不忿争而養足，兼包海内，澤及後世，不知爲之誰何。是故生無號，死無謚，實不聚而名不立，施者不德，受者不讓，德交歸焉。而莫之充忍也。故德之所總，道弗能害也；智之所不知，辯弗能解也。不言之辯，不道之道，若或通焉，謂之天府。取焉而不損，酌焉而不竭，莫知其所由出，是謂瑶光。瑶光者，資糧萬物者也。（畫線部分重出於《文子》）

一目了然，《文子》《淮南子》皆非襲自《莊子》，《文子》與《淮南子》之間存在因承關係。首先我們考察一下《文子》和《淮南子》誰是抄襲者。

第一，《文子》"雷霆之聲可以鐘鼓象也"，《淮南子》作"雷震之聲，可以鼓鐘寫也"。"雷霆"爲是，"霆""震"形近而誤。王念孫《讀書雜誌·淮南内篇》云："'雷震'當爲'雷霆'，字之誤也。'天地''星月''雷霆''風雨'，相對爲文，《天平御覽·天部》十三引此正作'雷霆'，《文子·下德》篇同。"又《文子》"象"，《淮南子》作"寫"，都是仿效的意思，但"象其聲"比"寫其聲"義勝。

第二，《文子》"天下有能持之，而未能有治之者也"，《淮南子》作"天下有能持之者，有能治之者也"。《淮南子》脱"未"字。王念孫《讀書雜誌·淮南内篇》云："'有能治之者也'當作'未有能治之者也'。言詐僞並起，天下有能以法持之者，未有能以道治之者也。其能治之者，必待至人，下文'至人之治也'云云是也。《文子·下德》篇作'天下有能持之，而未有能治之者也’，是其證。高所見本，蓋脱‘未’字。”

第三，《文子》“夫智能彌多，而德滋衰”，《淮南子》作“能愈多而德愈薄矣”。王念孫《讀書雜誌·淮南内篇》云：“《太平御覽·鱗介部》一引此‘能愈多’作‘智愈多’。案：當作‘智能愈多’，‘智能’二字總承上文言之，今本脱‘智’字，《御覽》脱‘能’字。《文子·下德》篇作‘智能彌多，而德滋衰’，是其證。”

第四，《淮南子》於“能愈多而德愈薄也”句前比《文子》多出“昔者蒼頡作書，而天雨粟，鬼夜哭；伯益作井，而龍登玄雲，神棲昆侖”數句，又於此句後較《文子》多出“故周鼎著倕，使銜其指，以明大巧之不可爲也”數句，用以申明“能愈多而德愈薄”。然通觀全文，《文子》表意暢達，“夫至人之治”與上文聯繫甚密。而《淮南子》多此數句非但有畫蛇添足之感，且與全文行文風格不合，蓋爲《淮南子》編者所加，非《文子》原文。

第五，《文子》“謂之摇光”，《淮南子》作“是謂瑶光”。《史記·天官書》：“北斗七星。”司馬貞《索隱》引《春秋運鬥樞》：“鬥第七星摇光。”《竹書紀年·帝顓頊》：“母曰女樞，見摇光之星，貫月如虹，感己於幽房之宫，生顓頊於苦水。”蓋正作“摇光”，《淮南子》“瑶光”之“瑶”乃借字耳。

總體説來，《淮南子》襲用《文子》跡象明顯。但《淮南子》比《文子》多出的文字並非都是晚出的，有些可能保存了《文子》的原文，今本《文子》在流傳的過程中可能有脱誤。如《淮南子》“天地之大，可以矩表識也；星月之行，可以曆推得也”數句蓋爲《文子》原文，因爲《文子》“及至建律曆”與“星月之行，可以曆推得也”存在關聯，所以我認爲《淮南子》開頭多出的二十字蓋《文子》之脱簡。

下面我們討論《莊子》與《文子》《淮南子》重出的文字。首先可以肯定的是，不是《文子》《淮南子》抄襲了《莊子》。因爲即使撇開《文子》與《淮南子》其他重出的文字不談，單就與《莊子》重出的文字而言，《莊子》“此之謂葆光”，《文子》作“謂之摇光，摇光者，資糧萬物者也”，《淮南子》作“是謂瑶光。瑶光者，資糧萬物者也”。顯而易見，《文子》與《淮南子》屬同一傳承系統。過去人們都認爲是《文子》《淮南子》抄襲《莊子》，且此重文出自《齊物論》，屬《莊子》内篇的文字，一般認爲是莊周所作，莊周怎麽能是抄襲者呢？正是人們有了這種想法，所以才會對三者間重出之文字習焉不察，理所當然地認爲《文子》《淮南子》是抄襲者。

我們認爲是《莊子》化用《文子》，並將“摇光”改爲“葆光”，“葆光”即“和光同塵”之意。這裏《齊物論》的作者將一個普通的名詞“摇光”改造成莊學中一個比較重要的哲學概念“葆光”，可見《莊子》並非簡單的引用，而是有所改造爲我所用。

關於《文子》，《漢書·藝文志》云：“《文子》九篇。老子弟子，與孔子並時，而稱周平王問，似依託者也。”班固認爲周平王與文子非同時之人，故曰“依託”。而後世漸將班氏之“依託”理解爲僞造，多數人認爲《文子》是僞書。一九七三年河北定縣四十號漢墓出土了竹簡《文子》，此後《文子》僞書的呼聲逐漸消失。然出土的竹簡《文子》僅二千七百九十字，其中能在今傳《文子》中找到相對應的文字只有千字左右。因此許多學者將《文子》分爲竹簡本與今本兩種，認爲竹簡本是《文子》的早期文本，今本晚出，其内容多襲自《淮南子》。①

《莊子》《文子》《淮南子》三者間究竟是怎樣一種關係？三者孰先孰後？這的確是一個難以釐清的問題。過去人們多從人物、思想、詞語等角度進行辨析，往往很難達成共識。其實從重文角度論證其文本的形成不失爲一種有效的途徑，但若只比較兩種文獻，如將《文子》與《莊子》的重文進行比較，是很難得出結論的，因爲缺少一個參照系。若比較三者的重文情況就會有很大改觀。

我們之所以認爲《莊子》襲用《文子》而不是襲用《淮南子》，原因主要有以下幾點。第一，以上的分析和考察，有諸多跡象表明是《淮南子》抄襲《文子》，故而是《莊子》襲用《文子》而不是襲用《淮南子》。第二，《淮南子》成書的年代是確定的，在《淮南子》成書之前，《莊子》已經結集成書，故而《莊子》不可能抄襲《淮南子》。第三，如果可以確定《文子》没有抄襲《莊子》，那麽《莊子》與《文子》重出的文字從何而來？似乎唯一合理的解釋就是《莊子》襲用《文子》，否則這種重文現象將無法解釋。

另外，《莊子》中《天地》《刻意》《知北遊》《庚桑楚》《徐无鬼》《外物》《讓王》諸篇亦與《文子》有重文關係，通過辯證我們認爲都是《莊子》襲自《文子》(詳見相關篇章的論證)。因此，我們認爲今傳《文子》應該是一部先秦文獻，其距竹簡本《文子》形成的時間不會太遠，今本《文子》具有很高的學術價值，應該引起學界的關注。

---

① 張丰乾：《試論竹簡〈文子〉與今本〈文子〉的關係——兼爲〈淮南子〉正名》，《中國社會科學》1998 年第 2 期。

《齊物論》此部分文字與《莊子》其他篇章在寫作上也存在關聯，辨析如下：

> 日夜相代乎前，而莫知其所萌。已乎，已乎！旦暮得此，其所由以生乎！(《齊物論》)
>
> 日夜相代乎前，而知不能規乎其始者也。(《德充符》)

“日夜相代乎前”這樣的表述，只在《齊物論》和《德充符》中出現過，二文先後難定。總體上看，《齊物論》的行文更爲自然順暢，可能是早出的文字。“日夜相代乎前”蓋作者之習用語，二文可當出自一人之手，都是莊周的文字。

> 一受其成形，不忘以待盡。與物相刃相靡，其行盡如馳，而莫之能止，不亦悲乎！(《齊物論》)
>
> 吾一受其成形，而不化以待盡，效物而動，日夜无隙，而不知其所終。(《田子方》)

《齊物論》“一受其成形，不忘以待盡”説的是人的成心一旦形成便難以改變，故而作者評論具有成心的人整日“與物相刃相靡，其行盡如馳，而莫之能止，不亦悲乎”！而《田子方》“吾一受其成形，而不化以待盡”是説“我”一旦稟受造化賦予的形體，便持守此自然之性直到生命的終結。故而後文謂“效物而動，日夜无隙，而不知其所終”。可見二文雖然句式相類但其含義却不相同。從行文上看，《齊物論》此句與後文“其形化，其心與之然，可不謂大哀乎”“夫隨其成心而師之，誰獨且无師乎”等論述相呼應，當爲早出的文字，《田子方》蓋化用《齊物論》而成。

> 彼是莫得其偶，謂之道樞。樞始得其環中，以應无窮。(《齊物論》)
>
> 冉相氏得其環中以隨成，與物无終无始，无幾无時。(《則陽》)

《齊物論》之“道樞”與“環中”之間存在關聯，故謂“樞始得其環中”。蓋“環中”一詞首見於《齊物論》，《則陽》襲用之。

> 道通爲一。其分也，成也；其成也，毁也。(《齊物論》)
>
> 道通，其分也，其成也毁也。(《庚桑楚》)

《齊物論》此句之前文爲“故爲是舉莛與楹，厲與西施，恢恑憰怪，道通爲一”，此句後面的文字是“凡物无成與毁，復通爲一”，可見《齊物論》行文前後一貫，彼此呼應，其文早出。《庚桑楚》此節文字行文不暢，義理混雜，似拼凑而成。

> 古之人，其知有所至矣。惡乎至？有以爲未始有物者，至矣，盡矣，不可以加矣。其次以爲有物矣，而未始有封也。（《齊物論》）
>
> 古之人，其知有所至矣。惡乎至？有以爲未始有物者，至矣，盡矣，弗可以加矣！其次以爲有物矣，將以生爲喪也，以死爲反也，是以分已。其次曰始无有，既而有生，生俄而死。以无有爲首，以生爲體，以死爲尻；孰知有无死生之一守者，吾與之爲友。（《庚桑楚》）
>
> 自以爲足矣，而未知未始有物也，是以謂暖姝者也。（《徐无鬼》）

《齊物論》論述的是人認識的不同境界，層層遞進，從“未始有物”到“未始有封”“未始有是非”，前後聯繫十分緊密。而《庚桑楚》從“未始有物”到“將以生爲喪也，以死爲反也”，再到“以生爲體，以死爲尻；孰知有无死生之一守者，吾與之爲友”，行文混亂，顯係雜凑之作。其“以生爲體，以死爲尻”云云當襲自《大宗師》之“孰能以无爲首，以生爲脊，以死爲尻，孰知死生存亡之一體者，吾與之友矣”。《徐无鬼》將“未始有物”作爲一個概念來使用，蓋其文晚出。

《齊物論》第三部分從“故昔者堯問於舜曰”至文末。作者通過寓言來説明所謂貴賤、是非、美醜的認識都是人爲的、主觀的。從物性的角度看，萬物是相通的、齊一的。其中“罔兩問景”“莊周夢蝶”等寓言行文簡潔，寓意深刻，頗能代表莊子文風。

此部分文字與《莊子》其他篇章在寫作上也存在關聯，辨析如下：

> 齧缺問乎王倪曰：“子知物之所同是乎？”曰：“吾惡乎知之！”“子知子之所不知邪？”曰：“吾惡乎知之！”“然則物无知邪？”曰：“吾惡乎知之！”雖然，嘗試言之。庸詎知吾所謂知之非不知邪？庸詎知吾所謂不知之非知邪？（《齊物論》）
>
> 齧缺問於王倪，四問而四不知。（《應帝王》）

很明顯，《應帝王》語承《齊物論》，二文蓋一人所爲。又“庸詎”乃《莊》文之特殊詞語，首見於《齊物論》，又見於《人間世》之“其庸詎可乎”及《大宗師》之“庸詎知吾所謂天之非人乎”“庸詎知吾所謂吾之乎”“庸詎知夫造物者之不息我黥而補我劓”，可見此三篇相關章節之作者存在關聯。

> 毛嬙麗姬，人之所美也；魚見之深入，鳥見之高飛，麋鹿見之決驟。(《齊物論》)
>
> 咸池九韶之樂，張之洞庭之野，鳥聞之而飛，獸聞之而走，魚聞之而下入，人卒聞之，相與還而觀之。魚處水而生，人處水而死，彼必相與異，其好惡故異也。(《至樂》)

《至樂》之“鳥聞之而飛，獸聞之而走，魚聞之而下入”與《齊物論》“魚見之深入”云云相關，蓋其作者存在關聯。

> 且女亦大早計，見卵而求時夜，見彈而求鴞炙。(《齊物論》)
>
> 浸假而化予之左臂以爲雞，予因以求時夜；浸假而化予之右臂以爲彈，予因以求鴞炙。(《大宗師》)

“見卵而求時夜，見彈而求鴞炙”二句可能是當時的俗語。《齊物論》只是簡單地引用俗語，《大宗師》則是化用俗語，其文謂“浸假而化予之左臂以爲雞，予因以求時夜；浸假而化予之右臂以爲彈，予因以求鴞炙；浸假而化予之尻以爲輪，以神爲馬，予因以乘之，豈更駕哉!”可見《大宗師》的行文更具想象力。《大宗師》此節講的是子祀、子輿等四人相與爲友的寓言故事，即《天下》篇所謂“上與造物者遊，而下與外死生、无終始者爲友”者也，蓋此二篇相關文字皆出自莊周之手。

此外，《齊物論》與《寓言》篇在行文上亦存在關聯，見後文《寓言》篇之篇章作者研究，此不詳論。

綜上，《齊物論》中有少量化用《列子》《文子》的文字，這説明今存《列子》《文子》的相關文字非僞。《齊物論》與内篇《德充符》《應帝王》《大宗師》《人間世》部分文字及用語相關聯，蓋爲一人所爲。《齊物論》與外雜篇之《至樂》《田子方》《庚桑楚》《徐无鬼》《則陽》《寓言》《天地》等篇的某些文字及用語相近，或襲自《齊物論》，或其作者相關聯。

從行文上看，“天下莫大於秋豪之末，而大山爲小；莫壽於殤子，而彭祖爲夭。天地與我並生，而萬物與我爲一”；“民溼寢則腰疾偏死，鰌然乎哉？木處則惴慄恂懼，猨猴然乎哉？三者孰知正處？民食芻豢，麋鹿食薦，蝍蛆甘帶，鴟鴉耆鼠，四者孰知正味？猨猵狙以爲雌，麋與鹿交，鰌與魚游。毛嬙麗姬，人之所美也；魚見之深入，鳥見之高飛，麋鹿見之決驟，四者孰知天下之正色哉”；“予惡乎知説生之非惑邪！予惡乎知惡死之非弱喪而不知歸者邪”；“予惡乎知夫死者不悔其始之蘄生乎？夢飲酒者，旦而哭泣；夢哭泣者，旦而田獵。方其夢也，不知其夢也。夢之中又占其夢焉，覺而後知其夢也。且有大覺而後知此其大夢也，而愚者自以爲覺，竊竊然知之。君乎，牧乎，固哉！丘也與女，皆夢也；予謂女夢，亦夢也”等等，皆有違常理，與世人的想法相背，真乃“謬悠之説，荒唐之言，无端崖之辭”者也，是莊子文風的代表。《齊物論》中“子綦論三籟”“狙公賦芧”“昭文鼓琴”“麗姬之泣”“罔兩問景”“莊周夢蝶”等寓言，也是《莊子》寓言中的代表作品。另外，《天下》篇所謂“獨與天地精神往來而不敖倪於萬物。不譴是非，以與世俗處”即《齊物論》之“天地與我並生，而萬物與我爲一”“聖人和之以是非而休乎天鈞”者也，可見《齊物論》也是莊子的代表作之一。

從詞語的使用上看，《齊物論》中有些詞語是作者獨創的。這些詞語都具有特定的含義，是《莊子》區别於先秦諸子的標誌性詞語，如“成心”“以明”“天鈞”“兩行”“葆光”等。

“成心”，《莊子》中僅出現一次，即《齊物論》之“夫隨其成心而師之，誰獨且无師乎？奚必知代而心自取者有之？愚者與有焉。未成乎心而有是非，是今日適越而昔至也”。“成心”是作者獨創的一個哲學術語，即主觀成見的意思。成玄英疏：“夫域情滯著，執一家之偏見者，謂之成心。”陳鼓應云：“‘成心’在《齊物論》是個很重要的觀念，物論之所以自我中心，引發無數主觀是是非非的争執，産生武斷的態度與排他的現象，歸根究底是由於‘成心’作祟。然歷代解者多誤，或説‘有此心天理渾然’（宋林希逸説）、或釋爲‘現成本有之真心’（明釋得清説）、或謂‘成心之中有妙道存焉’（清宣穎説）、或解爲‘真君所成之心’‘天然自成之心’（近人蔣錫昌説），皆大誤。以成《疏》爲確。”①

“以明”，《莊子》中共使用三次，皆出現在《齊物論》中，即“故有儒墨之是非，以是其所非而非其所是。欲是其所非而非其所是，則莫若以明”，“是亦一无窮，非亦一无窮也。故曰莫若以明”，“爲是不用而寓諸庸，此之謂以明”。“以明”是作者獨創的哲學術語，是指超越是非真僞之界限，

① 陳鼓應：《莊子今注今譯》，北京，中華書局，1983，第50頁。

以無待空明之心觀照萬物，順隨自然。

“天鈞”，也作“天均”。均，陶工製陶器所用的轉輪，四周皆變唯中心位置不變，喻指物我無待，天人合一，是作者獨創的哲學術語。《莊子》中“天鈞”（天均）共出現四次，即《齊物論》之“是以聖人和之以是非而休乎天鈞”，《庚桑楚》之“知止乎其所不能知，至矣；若有不即是者，天鈞敗之”，《寓言》之“萬物皆種也，以不同形相禪，始卒若環，莫得其倫，是謂天均。天均者，天倪也”。《庚桑楚》此節皆爲議論的文字，行文呆板，與内篇不類，蓋後人襲用莊文而成。《寓言》此節文字應早於《齊物論》（詳見後文）。

“兩行”，作者獨創的哲學術語，《莊子》中只出現一次，即《齊物論》之“是以聖人和之以是非而休乎天鈞，是之謂兩行”，意指不執著於是與非。這一術語是針對戰國時期辯者以己爲是、以彼爲非的情況提出來的。作者主張超越是非，心物合一。

除以上術語外，《齊物論》中“天籟”“葆光”“朝徹”“見獨”等，亦是作者獨創的具有特定含義的詞語。可見《齊物論》在詞語的運用上具有鮮明的個性，可以説是非莊子莫能爲也。

張恒壽認爲《齊物論》“夫道未始有封”至“此之謂葆光”是後來羼雜的章節。其理由有以下四點：第一，《齊物論》全文的中心是齊生死、泯是非，而這一節却説“六合之外，聖人存而不論；六合之内，聖人論而不議。春秋經世先王之志，聖人議而不辯”，顯然是一種調和儒道思想的議論。不但“春秋經世，先王之志”一類話，與《齊物論》主要思想相反，而所説的“聖人”一詞，亦與莊子以及一般道家的聖人很不相類。第二，《齊物論》各章都用譬喻、象征的手法表現其哲學思想，而這一章却用了概念化的語言，建立鄭重的議論，了無所謂“以天下爲沈濁不可與莊語”的痕跡，更没有什麼荒唐之言、悠謬之辭。第三，《齊物論》各章和莊子他篇互見的語句相當多，不過多半在《大宗師》《徐无鬼》《寓言》等篇中，而這一章中有“注焉而不滿，酌焉而不竭”二語，也見於《天地》篇，很像從《天地》篇節取來的。這一篇又有“此之謂天府”“此之謂天樂”二語，也和《天運》篇的“此之謂天樂，此之謂天德”句法相類。《天地》篇的時代，雖不能確定，但《天運》的時代是比較晚的。第四，陸德明《經典釋文》因崔譔云：“《齊物》七章，此連上章，而班固説在外篇。”可見在東漢時代這一章還没有雜入内篇。

我認爲張氏的説法是不能成立的。先看一下原文：

> 夫道未始有封，言未始有常，爲是而有畛也，請言其畛：有左，有右，有倫，有義，有分，有辯，有競，有爭，此之謂八德。六合之外，聖人存而不論；六合之内，聖人論而不議。春秋經世先王之志，聖人議而不辯。故分也者，有不分也；辯也者，有不辯也。曰：何也？聖人懷之，衆人辯之以相示也。故曰辯也者有不見也。夫大道不稱，大辯不言，大仁不仁，大廉不嗛，大勇不忮。道昭而不道，言辯而不及，仁常而不成，廉清而不信，勇忮而不成。五者园而幾向方矣，故知止其所不知，至矣。孰知不言之辯，不道之道？若有能知，此之謂天府。注焉而不滿，酌焉而不竭，而不知其所由來，此之謂葆光。

此段文字討論的是語言本質的問題，即人言與道言之關係。其實此段文字之前作者對這一問題已經有所論述，如“道惡乎隱而有真僞，言惡乎隱而有是非”“道行之而成，物謂之而然”等。作者認爲“道”和“言”處於同一哲學層面，物被語言命名之後才存在、才顯現，即“物謂之而然”。顯然，作者是從本體層面來思考語言的本質的，這與海德格爾所説的“語言是存在的家”是一個道理。語言並非人交流的工具，人並不是想怎麼説就怎麼説。作者對語言的本質有相當深刻的認識，這在先秦文獻中是很少看到的。作者之所以要思考這一問題，主要是對辯者皆以己爲是、以彼爲非現象的一種哲學思考。

此節重在闡述聖人如何言説。首先，對於没有敞開的遮蔽領域，聖人是無言的，即“六合之外，聖人存而不論”。其次，對於敞開的領域，事物如何顯現，聖人就如何説，其間没有主觀的議論，即“六合之内，聖人論而不議”。再次，聖人對史書上記載的先王治世之道只進行必要的闡述，並不以成心論辯其是非，即“春秋經世先王之志，聖人議而不辯”。總而言之，聖人不辯。聖人如何做？“聖人懷之。”懷者，體悟、體任也。言有道者不走物我二分、分辯不已之路，唯“懷之”而已。張氏謂“六合之外，聖人存而不論”云云是調和儒道思想的議論顯然是没有根據的。又《齊物論》中“聖人”一詞屢現，如“是以聖人不由而照之於天”“是以聖人和之以是非而休乎天鈞”等，並未看出此節中的“聖人”與他處的“聖人”有何區別。張氏謂《齊物論》各章都是用譬喻、象征的手法表現其哲學思想的，這一説法顯然不能成立。如“今且有言於此，不知其與是類乎？其與是不類乎？類與不類，相與爲類，則與彼无以異矣。雖然，請嘗言之。有始也者，有未始有始也者，有未始有夫未始有始也者……”此段不但都是議論的文字，而且很難理解。莊子雖善於用寓言明理，但也不是説每一段文字都含有寓言。且此段文字中"夫大道不稱，大辯不言，大仁不仁，大廉不嗛，大勇不忮"等顯然都是道家語，表現出作者不同尋常的思維方式和行文風格。此節文字中"孰知不言之辯，不道之道？若有能知，此之謂天府。注焉而不滿，酌焉而不竭，而不知其所由來，此之謂葆光"皆本自《文子·下德》篇，與《天地》《天道》無涉。至於《經典釋文》所引崔譔"《齊物》七章，此連上章，而班固説在外篇"，根本就不能證明東漢時這一章還没有雜入内篇。班固這句話一般有兩種解説：一種是班固見到有的傳本中此節在外篇，另一種是班固根據意思認爲此節當屬於外篇。無論哪種説法都不能認定此段文字是後來雜入的。我認爲此節與前文關於語言論説有著内在聯繫，並非羼雜的文字。

三、《養生主》

此文以意名篇，蓋因文中"吾聞庖丁之言，得養生焉"而名之曰"養生"。後内篇篇名演化爲三字，便在"養生"後加一"主"字，使本來易解的篇名變得模糊起來，這可能正是讖緯學説的倡導者所要達到的效果。

此篇雖名"養生主"，但並非單純論述導引養生的問題。文章之主旨在於闡明人應當順性而爲、緣道而行。文章第一部分是全文的主旨所在，作者指出："吾生也有涯，而知也无涯。以有涯隨无涯，殆已；已而爲知者，殆而已矣。"道家主張混同萬物、物我合一，而辯者之思維方式却是物我相待、離析萬物。所以作者提出以有限之生逐析無盡之物，只能使人神傷體乏、疲困不堪。這種去智無待的主張與《齊物論》相吻合。唯句中"可以養親"句與莊子主張有所偏離，蓋爲後學增入的文字。

接下來作者通過庖丁解牛、右師之介、澤雞、老聃之死等四則寓言來闡明緣道而行、順性而爲、安時處順的道理。最後文章以"薪盡火傳"之喻來説明萬物的生生死死皆造物所爲、物性使然，故人唯安時處順而已矣。此篇無論文風還是義理，皆與莊旨相合，應是莊周的早期作品。

《吕氏春秋·精通》中也記載了庖丁解牛的故事，其文云：

> 宋之庖丁好解牛，所見無非死牛者；三年而不見生牛；用刀十九年，刃若新劘研，順其理，誠乎牛也。

張恒壽認爲這段文字襲自《養生主》，理由有二：一是《吕》文簡略《莊》文詳細；二是《養生主》只説"庖丁爲文惠君解牛"，没説庖丁是哪國人，而《吕氏春秋》却明確記載"宋之庖丁好解牛"。那麽無論庖丁是哪國人，都可以看出《養生主》是《吕氏春秋》以前的作品。因爲如果庖丁是宋國人，那麽莊子記載本國的事情不必再提宋國；若庖丁不是宋國人而《吕氏春秋》却誤認爲他是宋國人，乃是因爲莊周是宋國人。這兩個理由看上去有些道理，其實未必然。因爲記載詳細者未必早出，其中有些文字可能是後來增入的；記載簡略者未必晚出，許多事情開始時往往比較簡單樸實，傳到後來就成了一個豐富多彩的故事了。我們看一下《養生主》對庖丁解牛動作的描述："手之所觸，肩之所倚，足之所履，膝之所踦，砉然嚮然，奏刀騞然"，"每至於族，吾見其難爲，怵然爲戒，視爲止，行爲遲。動刀甚微，謋然已解，如土委地。提刀而立，爲之四顧，爲之躊躇滿志，善刀而藏之"，真可謂活靈活現、細緻入微。這種夸張、渲染的手法使人有一種身臨其境之感，顯然是後世文人加工的文字，不是故事早期的傳世形態。關於國名問題，也可能是莊子引用此寓言時原文就是"宋之庖丁"，由於莊子是宋國人，所以便省去國名直接云"庖丁爲文惠君解牛"。

比較《莊》《吕》二文，差别還是比較大的。《莊》"无非全牛者"，《吕》作"無非死牛者"；《莊》"全牛"，《吕》作"生牛"；《莊》"新發於硎"，《吕》作"新鄺研"。蓋《吕》非襲用《莊》，《莊》亦非化用《吕》，庖丁解牛應是流傳較廣的故事，《吕》《莊》應本自不同的傳本，《莊》文很可能對流傳的故事進行了再創作。

王叔岷云："陳昌齊《吕氏春秋正誤》、陶鴻慶《讀吕氏春秋劄記》並謂'生爲全之訛。因全訛爲生，後人又於上句"無非"下妄加死字，遂不成文理。'竊以爲《吕氏春秋》此文，雖本於《莊子》，而有所改易，未必有誤。惟施之於《莊子》此文，則誠不成文理。"[①] 陳奇猷云："許維遹曰：劉先生校《莊子》曰：'全'字乃'生'字之誤，'牛者'上敚'死'字，《吕覽》可證。"[②] 王叔岷、劉文典認爲《吕》"死牛""生牛"不誤是有道理的。然王氏認爲《吕》本於《莊》而有所改易，致使其文"不成文理"則未必可信。哪裹有把原文改得"不成文理"的道理？實際上，《吕》文所説的"生牛""死牛"即《莊》文所謂的"全牛""未嘗見全牛"。"生牛"是指牛的外表，"死牛"是指牛的肌理，並非"不成文理"。《論衡·訂鬼》："宋之庖丁學解牛，三年不見生牛，所見皆死牛也。"《論衡》所引亦"死""生"對文。

---

① 王叔岷：《莊子校詮》，北京，中華書局，2007，第105～106頁。

② （戰國）吕不韋著，陳奇猷校釋：《吕氏春秋新校釋》，上海，上海古籍出版社，2002，第518頁。

另外，張恒壽認爲“老聃死”一章明確批評老聃“遁天倍情”，這種評論絶不是戰國中期以後産生的。我們對《養生主》早出並不懷疑，但張氏的論證顯然是對原文的一種誤解。《養生主》：

> 老聃死，秦失弔之，三號而出。弟子曰：“非夫子之友邪？”曰：“然。”“然則弔焉若此，可乎？”曰：“然。始也吾以爲其人也，而今非也。向吾入而弔焉，有老者哭之，如哭其子；少者哭之，如哭其母。彼其所以會之，必有不蘄言而言，不蘄哭而哭者，是遁天倍情，忘其所受，古者謂之遁天之刑。適來，夫子時也；適去，夫子順也。安時而處順，哀樂不能入也，古者謂是帝之縣解。”

老聃死了，老聃的朋友秦失去吊喪，號哭了幾聲就出來了，因爲他知道生死都是自然决定的，故生不必喜，死不必悲。然而老聃的弟子却批評秦失“然則弔焉若此，可乎？”弟子們認爲秦失吊喪的舉動太簡單了。秦失回答説，原來我以爲你們都領會了老子的學説，如今看來並非如此。剛才我進去吊唁的時候，看到有老年人哭他，就像哭自己的兒子一樣；年輕人哭他，就像哭自己的母親一樣。這樣做就是“遁天倍情”，即違反天理，背逆物性，忘記了人之性命禀受於自然，古人稱之爲違背自然之理所受到的刑罰。可見“遁天倍情”並非批評老聃，而是批評老聃的弟子没有真正領會老聃的學説。關鍵是對“其人”的理解有誤，“其人”並不是指老聃，而是指領悟了老子思想的人。秦失稱老聃爲“夫子”，對老聃還是很尊敬的。他説：“適來，夫子時也；適去，夫子順也。安時而處順，哀樂不能入也。”謂夫子順時而來，應時而去，順應天理，你們有必要如此感懷嗎？可見你們並没有真正理解老師的學説。這些話都是説給弟子們聽的。這則寓言故事意在闡明安時處順的道理，絶不是什麽批評老聃的文字。

《大宗師》中也有一段關於“安時處順”的論述：

> 子祀曰：“女惡之乎？”曰：“亡，予何惡！浸假而化予之左臂以爲雞，予因以求時夜；浸假而化予之右臂以爲彈，予因以求鴞炙；浸假而化予之尻以爲輪，以神爲馬，予因以乘之，豈更駕哉！且夫得者，時也；失者，順也。安時而處順，哀樂不能入也。此古之所謂縣解也。而不能自解者，物有結之。且夫物不勝天久矣，吾又何惡焉！”

《大宗師》所謂“得”“失”，即生、死之謂也，與《養生主》所謂“適來”“適去”意同。《大宗師》此段講的是子祀、子輿、子犁、子來四人相與爲友的事，即《天下》篇所謂“下與外死生、无終始者爲友”，顯然是早出的文字。蓋此兩段文字皆出自莊周之手。

總體上看，《養生主》之“庖丁解牛”“澤雞”“公文軒見右師”“秦失弔老聃”“薪盡火傳”等寓言故事，皆與道家順任自然之主張相符合，也與莊子“三言”之言説方式相一致。《養生主》當是《莊子》中形成較早的文字之一，蓋出自莊周之手。

四、《人間世》

此文以意名篇，全篇由七則寓言組成。對《人間世》各寓言的作者及寫作年代，學界存在不同的看法。張恒壽在《莊子新探》中分别從對統治者的態度、所體現的思想及詞語的運用等方面論證了《人間世》前三則寓言（顔回之衛、葉公子高使齊、顔闔傅衛靈公太子）不是莊子寫的，而是宋鈃、尹文學派的作品，後四則寓言（匠石之齊、南伯子綦、支離疏、孔子適楚）是莊子寫的。

後面幾則寓言講的都是無用之用的道理，與《逍遥遊》“不龜手之藥”“吾有大樹”等寓言所闡述的義理相同，寫作手法亦相類，應當是莊子的作品。至於前三則寓言是否都不是莊子寫的，還要進一步論證。

首先分析一下第一則寓言。此寓言講的是孔子與顔回就其出使衛國之事進行的對話。通觀全文，作者之用意顯然不是討論如何使齊的問題，而是以出使爲喻，意在闡明修道之理。作者指出，養心修道是一個漸進的過程，如顔回修道的第一步是“願以所聞思其則”，即按所學行事，孔子説這樣做還不能拋棄追求名智之心，即所謂“德蕩乎名，知出乎争。名也者，相軋也；知也者，争之器也。二者凶器，非所以盡行也”。接下來顔回問孔子：“端而虚，勉而一，則可乎？”此乃自恃其德，不能忘我無待，所以孔子説：“其庸詎可乎！”顔回接著説：“然則我内直而外曲，成而上比……若是則可乎？”孔子説：“猶師心者也。”即這樣做只是出自自己内心的想法而已，並非取法於自然。顔回説：“吾无以進矣，敢問其方。”孔子説：“齋，吾將語若。有心而爲之，其易邪？易之者，皞天不宜。”意思是説，如果認爲這件事情通過人爲的方式很容易就能辦到的話，實際上是與自然之理不相符合的。接著，孔子引出心齋話題，即“若一志，无聽之以耳而聽之以心，无聽之以心而聽之以氣！聽止於耳，心止於符。氣也者，虚而待物者也。唯道集虚。虚者，心齋也”。“心齋”是《莊子》書中提出的非常重要的哲學概念，是修道者得道的唯一途徑，也就是説人只有離形去智，“聽止於耳，心止於符”，才能物我無待、心物合一。可見此寓言並不是簡單地講述顔回應當如何出使衛國的事，而是借此事來論述如何修道得道的問題。作者借孔子之口以傳道，完全符合莊子“三言”之言説方式，且“心齋”乃道家哲學的核心概念，因此我認爲此章無論是言説方式還是所述之義理，都應該是莊子的作品。

另外，《外物》云：“莊子曰：‘……德溢乎名，名溢乎暴，謀稽乎誸，知出乎争。柴生乎守，官事果乎衆宜。’”此文顯本自《人間世》顔回之衛寓言之“德蕩乎名，知出乎争。名也者，相軋也；知也者，争之器也。二者凶器，非所以盡行也”。可見《人間世》此章先於《外物》當無可懷疑。特别是此寓言使用了“庸詎”一詞，“庸詎”乃《莊子》中標誌性詞語，先秦古籍中《老子》《孟子》《墨子》《荀子》《韓非子》《吕氏春秋》中都未出現“庸詎”連用，《莊子》中只在《齊物論》《人間世》《大宗師》篇出現過，此亦可説明《人間世》此章與《齊物論》《大宗師》的作者相關聯。

下面分析一下第二則寓言。此寓言講的是孔子與葉公子高就其出使齊國之事進行的對話。此章之作者借孔子之口作如下表述：

> 仲尼曰：“天下有大戒二：其一，命也；其一，義也。子之愛親，命也，不可解於心。臣之事君，義也，無適而非君也，無所逃於天地之間。是之謂大戒。是以夫事其親者，不擇地而安之，孝之至也；夫事其君者，不擇事而安之，忠之盛也；自事其心者，哀樂不易施乎前，知其不可柰何而安之若命，德之至也。爲人臣子者，固有所不得已。行事之情而忘其身，何暇至於悦生而惡死！夫子其行可矣！”

作者將事親、事君視爲天下之大戒，認爲此二者是不可違逆的法則，此顯非道家語。文中還一本正經地引用了兩次《法言》，即“故《法言》曰：‘傳其常情，无傳其溢言，則幾乎全。’”“故《法言》曰：‘无遷令，无勸成，過度益也。’”這與莊子“謬悠之説，荒唐之言，无端崖之辭”之文風亦不相類。

通觀此文，作者論述的中心是如何出使的問題。如“丘請復以所聞：凡交近則必相靡以信，遠則必忠之以言，言必或傳之。夫傳兩喜兩怒之言，天下之難者也。夫兩喜必多溢美之言，兩怒必多溢惡之言。凡溢之類妄，妄則其信之也莫，莫則傳言者殃”。“言者，風波也；行者，實喪也。夫風波易以動，實喪易以危。故忿設无由，巧言偏辭。獸死不擇音，氣息茀然，於是並生心厲。剋核大至，則必有不肖之心應之，而不知其然也。”其中只有“且夫乘物以遊心，託不得已以養中，至矣”數句與莊子學説相關，其結尾還是落在如何出使上，即“何作爲報也！莫若爲致命，此其難者”。可見此章蓋非莊子之作。

劉笑敢也不同意張氏的觀點。他説：“如何看待《人間世》或《人間世》前三節與内篇其他篇章的某些不同呢？我們認爲，這首先要打破一個人只能有一種思想的假定。一個人的思想可能是多側面的，也必然是有一個發展變化過程的，而不可能是凝固不變的，這樣，在一個人的作品中就會出現某種不盡一致的思想觀點，這是不足爲怪的。”① 我認爲劉氏的觀點值得商榷。一個思想家在其思想觀念形成的初期可能受到不同學説的影響，但其思想體系形成之後，他所提倡的學説和主張不可能有大的改變。在莊子著書授徒以後，他不可能今天寫一篇文章闡述道家的學説，明天寫一篇文章倡導儒家的觀念。如果劉氏的觀點成立的話，那我們就没有必要再討論内、外、雜篇的作者問題了，因爲這些篇章不管存在怎樣的差别，都可以用劉氏的觀點來回答。所以還是要具體情況具體分析。

最後分析一下第三則寓言。此則寓言記述的是顔闔與蘧伯玉之間的對話。作者借顔闔將爲衛靈公太子師之事來闡明順隨物性之理，如“彼且爲嬰兒，亦與之爲嬰兒；彼且爲无町畦，亦與之爲无町畦；彼且爲无崖，亦與之爲无崖”，講的就是順物而爲的道理。接下來，作者分别講述了“螳臂當車”“養虎者”“愛馬者”三則寓言，指出螳螂自恃其才，結果只能是粉身碎骨；養虎者順性而爲，故能避害；愛馬者逆性而動，適得其反。故順性者昌，逆性者亡。此寓言與莊子“三言”之言説方式相合，所言之義理亦與道家主張相符，蓋爲莊子所作。

總之，《人間世》除第二則寓言（葉公子高使齊）外，其餘蓋爲莊子所爲。《人間世》篇乃後人編輯而成，編者將内容相近的文章編在一起，並未在意所編的文章是否爲一人所作，外雜篇這種雜凑的情況更爲明顯。因此，分析研究《莊子》篇章之作者不能以篇爲單位，而應以章爲單位。

在第三則寓言中，“汝不知夫養虎者乎”一段重出於《列子·黄帝》，辨析如下：

蘧伯玉曰：“……汝不知夫養虎者乎？不敢以生物與之，爲其殺

① 劉笑敢：《莊子哲學及其演變》，北京，中國社會科學出版社，1988，第26頁。

之之怒也；不敢以全物與之，爲其決之之怒也。時其飢飽，達其怒心。虎之與人異類而媚養己者，順也；故其殺者，逆也。”（《人間世》）

周宣王之牧正有役人梁鴦者，能養野禽獸，委食於園庭之內，雖虎狼鵰鶚之類，無不柔順者。……王慮其術終於其身，令毛丘園傳之。梁鴦曰：“鴦，賤役也，何術以告爾？懼王之謂隱於爾也，且一言我養虎之法。凡順之則喜，逆之則怒，此有血氣者之性也。然喜怒豈妄發哉？皆逆之所犯也。夫食虎者，不敢以生物與之，爲其殺之之怒也；不敢以全物與之，爲其碎之之怒也。時其飢飽，達其怒心。虎之與人異類，而媚養己者，順也；故其殺之，逆也。然則吾豈敢逆之使怒哉？亦不順之使喜也。夫喜之復也必怒，怒之復也常喜，皆不中也。今吾心無逆順者也，則鳥獸之視吾，猶其儕也。故游吾園者，不思高林曠澤；寢吾庭者，不願深山幽谷，理使然也。”（《列子·黄帝》）

第一，《人間世》多出“汝不知夫養虎者乎”一句，意思是説你没有聽説過養虎的故事嗎？可見蘧伯玉只是在講述他看到或聽到的關於養虎的故事，故此文必本自《黄帝》篇無疑。第二，《黄帝》篇對故事發生的時代及人物均有明確的記載，如“周宣王之牧正有役人梁鴦者”“令毛丘園傳之”等，此皆難以編造。而《人間世》不過是叙事以明理，故對其所本的故事進行了節略。第三，《黄帝》篇云：“且一言我養虎之法。凡順之則喜，逆之則怒……然則吾豈敢逆之使怒哉？亦不順之使喜也。夫喜之復也必怒，怒之復也常喜，皆不中也。”講養虎之法，既不能使虎喜也不能讓虎怒，所以不能順之也不能逆之，唯“心無逆順”，鳥獸之視吾才能“猶其儕也”。而《人間世》篇由於没有引述全文，所以給人的感覺是養虎之法不過是順之而已。第四，由於《人間世》只截取《黄帝》篇之片段，給人的感覺是主人養的只是虎，而梁鴦養的是“虎狼鵰鶚”之類的百獸，不過是舉養虎以明其術而已。

《人間世》第四、第五則寓言講的都是無用之用的道理。作者指出，俗人所謂的才能、所謂的用只能招致災禍；而俗人所説的無用才是真正的大用。匠石謂櫟社樹爲散木，實不知己乃散人也。此兩則寓言與《逍遥遊》有相通之處，詳説見前文。

《人間世》第六則寓言講的是形殘之人支離疏的故事。此寓言與不材之木有異曲同工之妙。木以不材免遭砍伐，人以殘疾免征徭役。而離形尚能如此，何况去智乎！文中對於支離疏的描述與《大宗師》及《至樂》

存在關聯，比較如下：

> 支離疏者，頤隱於臍，肩高於頂，會撮指天，五管在上，兩髀爲脇。(《人間世》)
>
> 俄而子輿有病，子祀往問之。曰："偉哉夫造物者，將以予爲此拘拘也！"曲僂發背，上有五管，頤隱於齊，肩高於頂，句贅指天。(《大宗師》)
>
> 支離叔與滑介叔觀於冥伯之丘，崑崙之虚，黄帝之所休。俄而柳生其左肘，其意蹶蹶然惡之。支離叔曰："子惡之乎？"(《至樂》)

《人間世》《大宗師》對支離疏、子輿形貌的描寫相類似，蓋一人所爲。且《大宗師》此節文字正是《天下》篇所評論的"上與造物者遊，而下與外死生、无終始者爲友"者也，應出自莊周之手。《至樂》之支離叔即《人間世》之支離疏，皆虚構人物。《莊子》中"支離疏（叔）"其名只出現在《人間世》及《至樂》篇中，且二文所闡述的義理相同，應出自一人之手。

《人間世》第七則寓言記述的是楚狂接輿對孔子的訓誡。一句"方今之時，僅免刑焉"，道出時世之艱難。在這種情况下，還想炫耀於世以求取功名，是很危險的，然而世人却不明白這個道理，所以作者發出"福輕乎羽，莫之知載；禍重乎地，莫之知避"之感慨。接輿其人在《莊子》中共出現兩次，另一次出現在《逍遥遊》中，即"肩吾問於連叔曰：'吾聞言於接輿'"，二文中之"接輿"皆爲有道之人，可見二文作者存在關聯。

綜上，《人間世》與内篇《逍遥遊》《大宗師》在行文上存在關聯，在詞語的使用上，作爲特殊的標誌性詞語"庸詎"只出現在《齊物論》《人間世》《大宗師》中。蓋《人間世》除第二則寓言（葉公子高使齊）外，其言説方式及義理皆與莊子之思想及文風相符，應是莊周本人的作品。

五、《德充符》

此文以意名篇。作者認爲，道德是否充實完滿與人的外形並没有必然聯繫。爲了闡明這一觀點，作者分别杜撰了幾位肢體殘缺、相貌醜陋、奇形怪狀之人，這些人的外貌雖然與常人不同，但他們却受到了人們的尊敬和喜愛，這便是作者所説的"故德有所長而形有所忘"。此篇由五則寓言構成。

第一則寓言記述的是兀者王駘。作者通過孔子與常季的對話，塑造了王駘這一形殘而德全的形象。王駘立不教，坐不議，遺死生，泯是非，故能遊心於德之和，視喪其足猶遺土也。故孔子曰："夫子，聖人也。丘也直後而未往耳。丘將以爲師，而況不若丘者乎！奚假魯國，丘將引天下而與從之。"此寓言與《天道》在寫作上存在關聯，辨析如下：

> 仲尼曰："死生亦大矣，而不得與之變；雖天地覆墜，亦將不與之遺。審乎无假而不與物遷，命物之化而守其宗也。"(《德充符》)
>
> 夫子曰："……天下奮棅而不與之偕，審乎無假而不與利遷，極物之真，能守其本，故外天地，遺萬物，而神未嘗有所困也。……"(《天道》)

《德充符》爲仲尼評價兀者王駘之語，行文先後呼應，相互關聯。《天道》泛謂"夫子曰"，或謂"夫子"指老子，或謂指孔子，或謂指莊子。審文意，文中屢言"至人"，且有"外天地，遺萬物"等表述，皆莊子用語，"夫子"指莊子而言。此文蓋莊子後學雜湊莊語而成，其文晚出。

《德充符》第二、第三則寓言記述的也是關於兀者的事。作者指出，人是否有道與其形體是否健全毫無關係。形非德，德非形，刑餘者未必無德，顯達者未必有德，故子産、孔子形全而德殘；申徒嘉、叔山無趾形殘而德全。

第四則寓言記述的是貌醜之人哀駘它。哀駘它"以惡駭天下"，然丈夫見之，不忍離去；婦人見之，則曰"與爲人妻，寧爲夫子妾"；國君見之，則欲傳其國。作者意在闡明人是否有德與其相貌美醜並無關聯。此寓言與《庚桑楚》在寫作上存在關聯。

> 故不足以滑和，不可入於靈府。(《德充符》)
>
> 若是而萬惡至者，皆天也，而非人也，不足以滑成，不可内於靈臺。(《庚桑楚》)

《德充符》此句承上文"死生存亡，窮達貧富，賢與不肖，毀譽，飢渴寒暑，是事之變，命之行也；日夜相代乎前，而知不能規乎其始者也"而言，前後聯繫緊密，行文自然。而《庚桑楚》此段不但是空泛的議論，而且行文雜亂，義理不明，如"靈臺者有持，而不知其所持，而不可持者也。不見其誠己而發，每發而不當，業入而不舍，每更爲失”等，與内篇不類，蓋雜湊而成。“不足以滑成，不可内於靈臺”句應是《庚桑楚》輯自《德充符》。

第五則寓言記述的人物是闉跂支離無脤和甕㼜大癭，此二人爲畸形之人。作者指出全人未必全德，殘人未必殘德。“故德有所長而形有所忘，人不忘其所忘，而忘其所不忘，此謂誠忘。”即人道德完善，其形體上的殘缺就會被遺忘。人不忘所當忘之形體而忘其所不當忘之道德，這才是真正的忘。文中作者還討論了“人情”問題，作者所謂的人情是指常人之成心，此乃是非之源。作者認爲應該“有人之形，无人之情。有人之形，故群於人；无人之情，故是非不得於身”。即聖人雖有人之形貌，却無常人之成心。聖人有人之形，故以人爲類；無常人之成心，故他的心中没有世間的是是非非。下文惠子與莊子的對話，討論的仍然是“人情”問題。惠子問莊子：“人故无情乎?”由於惠子對莊子“有人之形，无人之情”等論述没有理解，故有此問。惠子説：“既謂之人，惡得无情?”莊子説：“是非吾所謂情也。吾所謂无情者，言人之不以好惡内傷其身，常因自然而不益生也。”意思是説，我所謂情指的是是非，我所説的無情是不要因人的是非好惡而傷害人的本性，因順自然而不人爲地增損自然之性。著者多將“是非吾所謂情也”解爲這不是我所説的情，誤。因爲下文“吾所謂无情者，言人之不以好惡内傷其身”，文中所説的“好惡”就是是非的意思，可見作者所説的無情就是無是非之情。郭象注：“以是非爲情，則無是無非無好無惡者，雖有形貌，直是人耳，情將安寄!”成玄英疏：“吾所言情者，是非彼我好惡憎嫌等也。”

張恒壽云：“最後一章，和前幾章的表現形式，不是一類，但所記的人是惠子，所表現的思想是‘因其自然而不益生也’，都是莊子派的特色。不過其中記‘莊子曰：是非吾所謂情也，吾所謂无情者云云’，這一種提法，頗有補偏救蔽之意，似乎不是一個初創學説時的必要説明。”[①] 張氏的説法有兩點值得商討。一是把“惠子謂莊子曰”另立爲一章，實際上此文承前文而言，不應别爲一章，因而也就不存在和前幾章的表現形式不是一類的問題。二是張氏對文中“是非吾所謂情也，吾所謂无情者”云云理解有誤，這一節是莊子與惠子就“人情”問題進行論説，並無所謂“補偏救蔽”之意。

從表現手法上看，《德充符》通過兀者王駘、申徒嘉、叔山無趾及相

---

① 張恒壽：《莊子新探》，武漢，湖北人民出版社，1983，第 81 頁。

貌醜陋者哀駘它，畸形者闉跂支離無脤、甕㼜大癭等幾則寓言，來闡明形德之關係。作者認爲，道德是否充實完滿與人的外形並没有必然的聯繫。肢體殘缺、相貌醜陋、奇形怪狀之人，其形貌雖然與常人不同，但他們却受到了人們的尊敬與喜愛。此與《天下》篇所謂“謬悠之説，荒唐之言，无端崖之辭”相符。

從義理上看，文中“死生亦大矣，而不得與之變；雖天地覆墜，亦將不與之遺。審乎无假而不與物遷，命物之化而守其宗也”，“自其異者視之，肝膽楚越也；自其同者視之，萬物皆一也。夫若然者，且不知耳目之所宜，而遊心乎德之和；物視其所一而不見其所喪，視喪其足猶遺土也”等表述皆與莊子齊生死、泯是非、離形去智之主張相符合，此篇應爲莊周所作。

六、《大宗師》

此文以意名篇。大宗師，蓋指所應宗法之人。文中有大段關於真人的描述，故名。此篇共分十部分。從内容上看，《大宗師》與此前《逍遥遊》《齊物論》等篇有所不同，篇中有的部分與全篇主旨無關，有的段落與道家主張不符，蓋編者雜湊而成。

第一部分從“知天之所爲”至“是之謂真人”。此部分文字圍繞“真人”展開論述。《莊子》内篇除此部分文字外，並未提及“真人”。《逍遥遊》《齊物論》等篇崇尚的是至人、神人、聖人。如《逍遥遊》之“至人无己，神人无功，聖人无名”；《齊物論》之“至人神矣！大澤焚而不能熱，河漢沍而不能寒”“是以聖人和之以是非而休乎天鈞”；《人間世》之“神人以此不材”等。可見“真人”並不是莊子尊崇的對象，文中談論“真人”的文字，應該不是莊子的手筆。關於《莊子》中的“真人”，本書將進行專題探討，此不詳論。

下面討論一下此部分中關於“聖人”的論述：

> 故聖人之用兵也，亡國而不失人心；利澤施乎萬世，不爲愛人。故樂通物，非聖人也；有親，非仁也；天時，非賢也；利害不通，非君子也；行名失己，非士也；亡身不真，非役人也。若狐不偕、務光、伯夷、叔齊、箕子、胥餘、紀他、申徒狄，是役人之役，適人之適，而不自適其適者也。

作者此前論説的都是“古之真人”，此處忽然冒出“故聖人之用兵也”一段文字，與前文顯然不類。且此“聖人”與《莊子》内篇之“聖人”存在明顯不同。内篇之“聖人”是體道、得道之人，如《齊物論》“是以聖人不由而照之於天”“是以聖人和之以是非而休乎天鈞”，可見道家之聖人乃超越是非、體認自然、不復顧世之人。道家的聖人不參與世間的是非之争，是不可能“用兵”的，可見此“聖人”非彼“聖人”。接下來作者説：“故樂通物，非聖人也；有親，非仁也；天時，非賢也；利害不通，非君子也；行名失己，非士也；亡身不真，非役人也”，作者排列的順序分别是聖人、仁人、賢人、君子、士、役人，這顯然是按照儒家的標準劃分的，可見文中的“聖人”是儒家的聖人而非道家的聖人。且作者抨擊的狐不偕、務光、伯夷、叔齊、箕子、胥餘、紀他、申徒狄諸人，除此節外，並未見於《莊子》内篇。與此相類的文字曾在《外物》篇出現過，其文曰：

> 堯與許由天下，許由逃之；湯與務光，務光怒之。紀他聞之，帥弟子而踆於窾水，諸侯弔之。三年，申徒狄因以踣河。

不同的是，《外物》篇批判的人物中包括許由，而《大宗師》中没有，蓋由於許由並不是内篇批判的對象，所以作者將其删除了。由此看來，《大宗師》此節與《外物》篇相關内容是同時的文字，形成於内篇之後。又文中“是役人之役，適人之適，而不自適其適者也”一段，與《駢拇》篇“適人之適而不自適其適者也。夫適人之適而不自適其適，雖盜跖與伯夷，是同爲淫僻也”相類似，蓋此二文的作者及創作年代存在關聯。另外，《刻意》篇之“故曰，聖人之生也天行……其寢不夢，其覺无憂”云云，因文中有“故曰”二字，則“其寢不夢，其覺无憂”蓋取自《大宗師》，《大宗師》此節文字當成於《刻意》之前。

從義理上講，文中“以刑爲體，以禮爲翼，以知爲時，以德爲循。以刑爲體者，綽乎其殺也。以禮爲翼者，所以行於世也。以知爲時者，不得已於事也。以德爲循者，言其與有足者至於丘也。而人真以爲勤行者也”顯然不是道家的文字，《大宗師》第一部分不是莊子的作品。從内容上看，作者有調和儒道的傾向；從用語上看，此節與外篇《駢拇》及雜篇《外物》存在關聯，蓋此部分文字出自戰國晚期稷下道家之手，編者因其論説真人而置入内篇。

第二部分從“死生，命也”至“而一化之所待乎”。此部分由三節文字構成，第一節論述的是死生問題。作者認爲人之死生就像日昇日落一樣，是自然而然的事，人力無法改變。宣穎《南華經解》云："死生定於命，猶夜旦運於天。有生必有死，有旦必有夜，豈人所能著力哉。"

第二節文字爲"泉涸，魚相與處於陸，相呴以濕，相濡以沫，不如相忘於江湖。與其譽堯而非桀也，不如兩忘而化其道"。此寓言文筆精練，寓意深刻，道出道家之精髓，影響久遠。《外物》及《天運》篇亦有類似表述。《外物》云："相引以名，相結以隱。與其譽堯而非桀，不如兩忘而閉其所譽。反无非傷也，動无非邪也。"《天運》云："夫鵠不日浴而白，烏不日黔而黑。黑白之朴，不足以爲辯；名譽之觀，不足以爲廣。泉涸，魚相與處於陸，相呴以溼，相濡以沫，不若相忘於江湖!"

《大宗師》行文自然，"與其譽堯而非桀也，不如兩忘而化其道"是對前文"相忘於江湖"之寓意的提煉和引申，前後文聯繫甚密。而《外物》篇之"與其譽堯而非桀，不如兩忘而閉其所譽"與前後文缺乏關聯，且行文生硬，與内篇不類，蓋引自《大宗師》。《天運》篇"泉涸"云云亦與上文缺少關聯，蓋亦本自《大宗師》。

第三節文字以藏舟爲喻，闡明"若夫藏天下於天下而不得所遯，是恒物之大情也"的道理。即物各得其所，無所謂藏，無所謂遁，任物之自然而已矣，"故聖人將遊於物之所不得遯而皆存"。成玄英疏："夫藏天下於天下者，豈藏之哉？蓋無所藏也。故能一死生，冥變化，放縱寰宇之中，乘造物以遨遊者，斯藏天下於天下也。"

要之，此三節文字所述之義理皆與道家主張相符，特别是第二節"相忘於江湖"一段，最能體現莊子文風，應爲《莊子》中早出的文字。

第三部分從"夫道有情有信"至"而比於列星"。此段文字非莊子所作。從内容上看，文中所謂"夫道，有情有信，无爲无形；可傳而不可受，可得而不可見"云云皆本自《老子》，毫無新意可言。從表現手法上看，文中"狶韋氏得之，以挈天地；伏戲氏得之，以襲氣母；維斗得之，終古不忒；日月得之，終古不息；堪坏得之，以襲崐崙；馮夷得之，以遊大川；肩吾得之，以處大山；黄帝得之，以登雲天；顓頊得之，以處玄宫；禺强得之，立乎北極；西王母得之，坐乎少廣，莫知其始，莫知其終；彭祖得之，上及有虞，下及五伯；傅説得之，以相武丁，奄有天下"云云者，行文粗鄙呆板，與莊子文風不符。且其中堪坏、馮夷、顓頊、禺强、西王母、傅説諸人，《莊子》其他篇章均未出現，僅出現在此段文字中，可見其文晚出。另外，肩吾乃内篇虚構的人物，而此節作者却將其視爲神人。肩吾從得道之人仙化爲神，其間當有一個過程，可知此文成於内七篇傳世之後。又文中云"彭祖得之，上及有虞，下及五伯”，而彭祖在《逍遥遊》《齊物論》《刻意》諸篇中，皆非得道者，此亦證明此節的作者與《逍遥遊》《齊物論》的作者並不相同。

第四部分從“南伯子葵問乎女偊曰”至“參寥聞之疑始”。此文通過南伯子葵與女偊的對話，闡述體道、悟道的過程。即“吾猶守而告之，參日而後能外天下；已外天下矣，吾又守之，七日而後能外物；已外物矣，吾又守之，九日而後能外生；已外生矣，而後能朝徹；朝徹，而後能見獨；見獨，而後能无古今；无古今，而後能入於不死不生”。其與此篇顔回坐忘及《達生》篇之梓慶爲鐻屬同類文字。其間“聞諸副墨之子，副墨之子聞諸洛誦之孫，洛誦之孫聞之瞻明，瞻明聞之聶許，聶許聞之需役，需役聞之於謳，於謳聞之玄冥，玄冥聞之參寥，參寥聞之疑始”皆“謬悠之説，荒唐之言”，與莊子文風相合。此段中有些文字與《應帝王》《知北遊》相近：

其爲物，無不將也，無不迎也；無不毁也，無不成也。(《大宗師》)

至人之用心若鏡，不將不迎，應而不藏，故能勝物而不傷。(《應帝王》)

顔淵問乎仲尼曰：“回嘗聞諸夫子曰：‘无有所將，无有所迎。’回敢問其遊。”(《知北遊》)

《大宗師》此文不但言説方式及義理與莊子相符，且文中“朝徹”“見獨”“攖寧”亦爲作者獨創的術語，其文早出。《應帝王》此節爲空泛的議論，行文呆板，不似莊語，蓋成於《大宗師》之後。《知北遊》篇乃是對不將不迎的解説，如“聖人處物不傷物。不傷物者，物亦不能傷也。唯无所傷者，爲能與人相將迎”，其文應成於《大宗師》之後。

第五部分從“子祀、子輿、子犁、子來四人相與語曰”至“蘧然覺”，第六部分從“子桑户、孟子反、子琴張相與友”至“天之小人也”。此兩部分内容相近，故放在一起討論。《天下》篇云：“上與造物者遊，而下與外死生、无終始者爲友”，指的就是此篇第五、第六部分，即：

子祀、子輿、子犁、子來四人相與語曰：“孰能以无爲首，以生爲脊，以死爲尻，孰知死生存亡之一體者，吾與之友矣。”四人相視而笑，莫逆於心，遂相與爲友。

子桑户、孟子反、子琴張三人相與友，曰：“孰能相與於无相與，相爲於无相爲？孰能登天遊霧，撓挑無極，相忘以生，无所終窮？”三人相視而笑，莫逆於心，遂相與爲友。

此兩部分記述的人物真可謂放浪形骸、看破死生、無牽無絆、任性而遊。通過這些人物我們可以看到莊子的生活態度和人生追求。《天下》篇所謂“謬悠之説，荒唐之言，无端崖之辭”“以天下爲沈濁，不可與莊語”“獨與天地精神往來而不敖倪於萬物”，於此文體現得淋漓盡致，此兩段文字無疑是莊周的代表作品。

從表述上看，此兩部分文字與内篇也多有關聯。如“浸假而化予之左臂以爲雞，予因以求時夜；浸假而化予之右臂以爲彈，予因以求鴞炙”與《齊物論》“且女亦大早計，見卵而求時夜，見彈而求鴞炙”相關聯；“且夫得者，時也；失者，順也。安時而處順，哀樂不能入也，此古之所謂縣解也。而不能自解者，物有結之。且夫物不勝天久矣，吾又何惡焉”與《養生主》“適來，夫子時也；適去，夫子順也。安時而處順，哀樂不能入也，古者謂是帝之縣解”相關聯；“俄而子輿有病，子祀往問之。曰：‘偉哉夫造物者，將以予爲此拘拘也！’曲僂發背，上有五管，頤隱於齊，肩高於頂，句贅指天”與《人間世》“支離疏者，頤隱於臍，肩高於頂，會撮指天，五管在上，兩髀爲脇”相關聯；“芒然彷徨乎塵垢之外，逍遥乎无爲之業”與《逍遥遊》“彷徨乎无爲其側，逍遥乎寢卧其下”相關聯；“彼方且與造物者爲人，而遊乎天地之一氣”與《應帝王》“予方將與造物者爲人，厭，則又乘夫莽眇之鳥，以出六極之外”相關聯。由此可見，内篇各篇章之間在行文上彼此關聯，應爲一人所爲。

此兩部分文字與外雜篇在行文上亦存在關聯：

子祀曰：“女惡之乎？”曰：“亡，予何惡！浸假而化予之左臂以爲雞，予因以求時夜；浸假而化予之右臂以爲彈，予因以求鴞炙；浸假而化予之尻以爲輪，以神爲馬，予因以乘之，豈更駕哉！且夫得者，時也；失者，順也。安時而處順，哀樂不能入也。此古之所謂縣解也。而不能自解者，物有結之。且夫物不勝天久矣，吾又何惡焉！”（《大宗師》）

支離叔曰：“子惡之乎？”滑介叔曰：“亡，予何惡！生者，假借也。假之而生生者，塵垢也。死生爲晝夜。且吾與子觀化而化及我，我又何惡焉！”（《至樂》）

此兩段文字的表現手法相同，皆謂“女（子）惡之乎?”曰：“亡，予何惡！……吾（我）又何惡焉!”所闡述之義理亦相同，當爲一人所爲。又《至樂》之“支離叔”即《人間世》之“支離疏”，皆爲作者杜撰的人物，可見《大宗師》《人間世》《至樂》相關内容應爲一人所爲。

> 忘其肝膽，遺其耳目，反覆終始，不知端倪；芒然彷徨乎塵垢之外，逍遥乎无爲之業。(《大宗師》)
>
> 扁子曰：“子獨不聞夫至人之自行邪？忘其肝膽，遺其耳目，芒然彷徨乎塵垢之外，逍遥乎无事之業。”(《達生》)

《達生》篇謂“子獨不聞夫至人之自行邪”，其本自《大宗師》當無異議。由此可知，《大宗師》中相關文字成於《達生》之前，是《莊子》中早出的文字。

> 子祀、子輿、子犁、子來四人相與語曰：“孰能以无爲首，以生爲脊，以死爲尻，孰知死生存亡之一體者，吾與之友矣。”(《大宗師》)
>
> 古之人，其知有所至矣。惡乎至？有以爲未始有物者，至矣，盡矣，弗可以加矣！其次以爲有物矣，將以生爲喪也，以死爲反也，是以分已。其次曰始无有，既而有生，生俄而死。以无有爲首，以生爲體，以死爲尻；孰知有无死生之一守者，吾與之爲友。(《庚桑楚》)

《庚桑楚》此節文字頗散亂，開頭“古之人”云云襲自《齊物論》之“古之人，其知有所至矣。惡乎至？有以爲未始有物者，至矣，盡矣，不可以加矣”；《大宗師》此節文字是子祀、子輿、子犁、子來四人的對話，而《庚桑楚》此節文字中未明確揭示行爲的主體，但云“吾與之爲友”，使人頗感突兀，其襲自《大宗師》無疑。《庚桑楚》乃雜湊《齊物論》《大宗師》而成，其文晚出。

第七部分從“顔回問仲尼曰”至“乃入於寥天一”。作者借顔回與孔子的對話來論述死生問題。孟孫氏母死，其“哭泣无涕，中心不戚，居喪不哀”，孔子認爲孟孫氏已盡了處喪之道，而且已經超過那些所謂懂得喪禮的人。此與《養生主》“老聃死，秦失弔之，三號而出”屬同類作品。作者認爲人之死生皆造化使然，人唯順之而已。由於“孟孫氏不知所以生，不知所以死；不知就先，不知就後”，所以才能哭泣無涕，安時處順。此節與道家主張相符，是莊子學派的作品。是否出自莊子之手還難以判定。

第八部分從“意而子見許由”至“此所遊已”。作者將仁義、是非比作傷身害性之“黥”“劓”，並指出堯便是“黥”“劓”人性者也，與道家主張相合。文中“夫盲者无以與乎眉目顔色之好，瞽者无以與乎青黄黼黻之觀”與《逍遥遊》“瞽者无以與乎文章之觀，聾者无以與乎鐘鼓之聲”在行文上存在關聯，蓋爲一人所爲。另外，此文與《天道》篇在行文上也存在關聯：

> 許由曰：“噫！未可知也。我爲汝言其大略，吾師乎！吾師乎！𩐋萬物而不爲義，澤及萬世而不爲仁，長於上古而不爲老，覆載天地刻彫衆形而不爲巧。此所遊已。”（《大宗師》）
>
> 莊子曰：“吾師乎！吾師乎！𩐋萬物而不爲戾，澤及萬世而不爲仁，長於上古而不爲壽，覆載天地刻彫衆形而不爲巧。”（《天道》）

《天道》篇略去與上文存在關聯的“噫！未可知也。我爲汝言其大略”數語，只截取其間“吾師乎……”等，其本自《大宗師》無疑。所不同的是，《大宗師》中的“許由曰”被改爲“莊子曰”，其實《天道》篇中的“莊子曰”就是《莊子》曰，是《天道》篇的作者引自《莊子》的文字，否則不應改“許由曰”爲“莊子曰”。可見《天道》篇作者創作此篇的時候，由内七篇構成的《莊子》已經在社會上流傳了，《莊子》内、外、雜篇存在歷時性差異。

第九部分從“顔回曰”至“丘也請從而後也”。作者通過顔回與孔子的對話就悟道問題展開論説。文中三曰“回益矣”，從“忘仁義”到“忘禮樂”再到“坐忘”，闡明悟道是一個漸進的過程，其與前文南伯子葵問乎女偊的對話屬同類文字。文中“墮肢體，黜聰明，離形去知，同於大通”，説出道家的主張和追求，蓋出自莊周之手。

第十部分從“子輿與子桑友”至文末。子桑飢甚，子與往食之。子桑曰：

> 吾思夫使我至此極者而弗得也。父母豈欲吾貧哉？天无私覆，地无私載，天地豈私貧我哉？求其爲之者而不得也。然而至此極者，命也夫！

此節似有脱文。首先，子桑病（此指飢之甚）的原因是“霖雨十日”。而遭受霖雨的不唯子桑，而獨子桑病，當有其原因，故疑前有闕文。又此文給人的感覺是自認倒霉，全無道家情懷。《山木》篇“孔子窮於陳蔡之間，七日不火食”，其處境與子桑同，但作者一定要借孔子之口説出遭受困厄的原因：“飢渴寒暑，窮桎不行，天地之行也，運物之泄也，言與之偕逝之謂也。”這才是作者所要説的話。因而我懷疑此節“命也夫”後面亦有闕文，作者應該從道家的立場對遭受困厄的原因作出解釋，就像此篇第五部分那樣：

> 俄而子輿有病，子祀往問之。曰：“偉哉夫造物者，將以予爲此拘拘也！”曲僂發背，上有五管，頤隱於齊，肩高於頂，句贅指天。陰陽之氣有沴，其心閒而无事，跰𨇤而鑑於井，曰：“嗟乎！夫造物者又將以予爲此拘拘也。”
>
> 子祀曰：“女惡之乎？”曰：“亡，予何惡！浸假而化予之左臂以爲雞，予因以求時夜；浸假而化予之右臂以爲彈，予因以求鴞炙；浸假而化予之尻以爲輪，以神爲馬，予因以乘之，豈更駕哉！且夫得者，時也；失者，順也。安時而處順，哀樂不能入也。此古之所謂縣解也。而不能自解者，物有結之。且夫物不勝天久矣，吾又何惡焉。”

這才是道家的回答。而此文至“命也夫”止，完全讀不出安時處順的意思，讀者也不能理解作者爲什麽要寫這樣一段文字。我認爲此節前後有闕文編者是知道的，由於無法與其他文字銜接，故編者只好將此段文字綴於篇末。

綜上，《大宗師》雜凑的痕跡較爲明顯，其中第一部分（論説真人）、第三部分（夫道有情有信）與道家的主張及莊子的文風不符，不是莊子的文字。其餘文字，特别是第四、五、六、九部分，最能體現莊子的思想及文風，應爲莊周本人的作品。

七、《應帝王》

此文以意名篇。蓋因篇中有關於“明王”的論述，後人以“帝王”名之。西漢後受讖緯之學的影響，内篇由二字變爲三字，於是編者取符應之“應”字加於“帝王”之前，使原本簡明的篇名變得含義模糊。此篇共分七部分。

第一部分從“齧缺問於王倪”至“而未始入於非人”。文中説：“齧缺問於王倪，四問而四不知。齧缺因躍而大喜，行以告蒲衣子。”所謂“四問而四不知”，事見《齊物論》。一問：“子知物之所同是乎?”二問：“子知子之所不知邪?”三問：“物无知邪?”四問：“至人固不知利害乎?”可見二文作者存在關聯，此文作於《齊物論》相關文字之後，蓋出自一人之手。又文中“泰氏，其卧徐徐，其覺于于；一以己爲馬，一以己爲牛”與《天道》篇“夫巧知神聖之人，吾自以爲脱焉。昔者子呼我牛也而謂之牛，呼我馬也而謂之馬”行文類似。從文意上看，《應帝王》説的是泰氏超越是非之域，故能“其卧徐徐，其覺于于”，安閒自適；《天道》篇的意思是説雖未達到安閒自適的境界，但還是做到了離巧去智。蓋《天道》語承《應帝王》，其文晚出。另外，文中之“蒲衣子”，舊注爲“被衣”。成玄英疏：“蒲衣子，堯時賢人，年八歲，舜師之，讓位不受，即被衣子也。”若然，《天地》篇“堯之師曰許由，許由之師曰齧缺，齧缺之師曰王倪，王倪之師曰被衣”的記述中，“王倪之師曰被衣”的推斷應本自《應帝王》，此亦可證此節文字早出。

第二部分從“肩吾見狂接輿”至“而曾二蟲之無知”。“肩吾”其人蓋爲作者虚構的人物，首見於《逍遥遊》，即“肩吾問於連叔曰：‘吾聞言於接輿’”，其與此節之“肩吾見狂接輿”，所記皆爲肩吾與接輿之間的事，可見其作者存在關聯。接輿（狂接輿）也只在内篇《逍遥遊》《人間世》及此節中出現過，可見其作者存在關聯，應是早出的文字。

第三部分從“天根遊於殷陽”至“而天下治矣”。文中“天根”“无名人”乃作者虚構的人名，此與莊子喜歡作人姓名的特點相符。從行文上看，“以出六極之外，而遊无何有之鄉，以處壙埌之野”與《逍遥遊》“何不樹之於无何有之鄉，廣莫之野，彷徨乎无爲其側，逍遥乎寢卧其下”的行文近似。此外，文中“予方將與造物者爲人，厭，則又乘夫莽眇之鳥，以出六極之外”與《大宗師》“彼方且與造物者爲人，而遊乎天地之一氣”的表述相一致，蓋《逍遥遊》《大宗師》《應帝王》相關文字皆一人所爲。

第四部分從“陽子居見老聃”至“而遊於无有者也”。此寓言中有些内容亦見於《天地》篇：

> 陽子居見老聃，曰：“有人於此，嚮疾强梁，物徹疏明，學道不勌。如是者，可比明王乎?”老聃曰：“是於聖人也，胥易技係，勞形怵心者也。且也虎豹之文來田，猨狙之便執斄之狗來藉。如是者，可比明王乎?”陽子居蹵然曰：“敢問明王之治。”老聃曰：“明王之

治：功蓋天下而似不自己，化貸萬物而民弗恃；有莫舉名，使物自喜；立乎不測，而遊於无有者也。”(《應帝王》)

夫子問於老聃曰：“有人治道若相放，可不可，然不然。辯者有言曰：‘離堅白若縣寓。’若是則可謂聖人乎?”老聃曰：“是胥易技係，勞形怵心者也。執留之狗成思，猿狙之便自山林來。丘，予告若，而所不能聞與而所不能言。凡有首有趾无心无耳者衆，有形者與无形无狀而皆存者盡无。其動，止也；其死，生也；其廢，起也，此又非其所以也。有治在人，忘乎物，忘乎天，其名爲忘己。忘己之人，是之謂入於天。”(《天地》)

張恒壽云：“《天地》篇説：‘可謂聖人乎?’而本篇説：‘可謂明王乎?’從陽子居所提的問題看來，似乎和‘明王’二字無甚關係。而且在《莊子》内七篇以及在與内七篇思想相近的外、雜篇中，都没有把‘明王’二字作爲理想人物的稱謂。特别是陽子居問的是可比明王乎?而老聃的回答是‘是於聖人也’云云，彼此的回答殊不呼應。我懷疑陽子居所問本來是‘可比聖人乎?’(如《天地》篇所説)編纂《莊子》的淮南門客爲了政治目的，加上《應帝王》的題目，便將其中‘聖人’二字，改爲‘明王’二字，以與題目相適應。否則老聃的回答爲什麽直説‘聖人’，而不説‘明王’呢?爲什麽與此相同的《天地》篇一段只作聖人，不作明王呢?這是改纂未盡而留下的痕跡。”[①]

張氏認爲陽子居所提問題似乎和“明王”二字無關。陽子居的問題是“有人於此，嚮疾强梁，物徹疏明，學道不勸。如是者，可比明王乎?”意思是説假如有這樣一個人，其辦事敏捷果敢，其心智洞徹明達，且學道勤勉不倦怠。這樣的人可以與明王相比嗎?我認爲“明王”與前文銜接自然，並無矛盾不妥之處。

張氏認爲《莊子》内七篇以及在與内七篇思想相近的外、雜篇中都没有把“明王”二字作爲理想人物的稱謂。《莊子》中“明王”一詞只在此節出現四次，因此無法得出莊子有反對明王的傾向，此説法不能成立。

張氏認爲陽子居問的是“可比明王乎?”而老聃的回答是“是於聖人也”云云，彼此的回答殊不呼應。“是於聖人也”的意思是説“在聖人眼裏，這樣的人就像……一樣”。“是”是代詞，指代“嚮疾强梁，物徹疏明，學道不勸”。“是於聖人也”並不是在回答“可比明王乎”這一問題，

① 張恒壽：《莊子新探》，武漢，湖北人民出版社，1983，第83～84頁。

張氏理解可能有誤。

張氏懷疑陽子居所問本來是“可比聖人乎?”編輯《莊子》的淮南門客出於政治目的，加上《應帝王》的題目，便將其中的“聖人”二字，改爲“明王”二字，以與題目相適應。《莊子》内篇的篇名是否出自淮南王及其門客之手，目前還存在很大争議。淮南門客爲了與題目相適應而將原文“聖人”改爲“明王”的可能性更是微乎其微。淮南王完全可以通過門客編寫的《淮南子》來反映自己的學術主張和政治訴求，根本没有必要通過篡改《莊子》中的兩個字來實現自己的政治目的。且後文“陽子居蹵然曰：‘敢問明王之治。’老聃曰：‘明王之治……’”，文中兩次出現“明王”，可見此節討論的就是“明王”問題。

另外，《天地》篇“執留之狗成思”中的“留”，當如《應帝王》作“斄”；“思”，當如《應帝王》作“田”。斄，借爲“狸”，《釋文》：“李音狸。”田，田獵。此句的意思是“狗以其能捉狸而遭繫縛”。可見並不是《應帝王》襲自《天地》篇。從行文上看，《應帝王》前後銜接自然，而《天地》篇銜接生硬，板滯難解，如“凡有首有趾无心无耳者衆，有形者與无形无狀而皆存者盡无。其動，止也；其死，生也；其廢，起也，此又非其所以也”等，與《應帝王》相比，《天地》篇此節顯然是晚出的文字。

第五部分從“鄭有神巫曰季咸”至“一以是終”。此寓言重出於《列子·黄帝》，辨析如下：

> 鄭有神巫曰季咸，知人之死生存亡、禍福壽夭，期以歲月旬日，若神。鄭人見之，皆棄而走。列子見之而心醉……鯢桓之審爲淵，止水之審爲淵，流水之審爲淵。淵有九名，此處三焉。(《應帝王》)
>
> 有神巫自齊來處於鄭，命曰季咸，知人死生、存亡、禍福、壽夭，期以歲月旬日，如神。鄭人見之，皆避而走。列子見之而心醉……鯢旋之潘爲淵，止水之潘爲淵，流水之潘爲淵，濫水之潘爲淵，沃水之潘爲淵，氿水之潘爲淵，雍水之潘爲淵，汧水之潘爲淵，肥水之潘爲淵，是爲九淵焉。(《列子·黄帝》)

《應帝王》謂“鄭有神巫曰季咸”，《黄帝》篇云“有神巫自齊來處於鄭，命曰季咸”，兩者表述不同。前者認爲季咸是鄭國人，後者説季咸乃自齊來處於鄭。我認爲自齊來鄭是符合情理的。首先，季咸若爲鄭人，當謂“人見之皆棄而走”，而不當云“鄭人見之，皆棄而走”，“鄭”字顯係重複；若季咸是“自齊來處於鄭”，云“鄭人見之，皆避而走”則文從字順。其次，季咸當來鄭不久，由於其能知人生死，而人惡聞死期，故鄭人皆避而走。若季咸爲鄭人，又如此料事如神，列子自當知之，謂“列子見之而心醉”，顯係新近見之。再次，由於季咸新來鄭，不知列子師壺子乃得道高人，故敢前來爲其相面，預測生死禍福。若季咸爲鄭人，當知壺子並非尋常之人，斷不敢貿然前來。最後，季咸若爲鄭人，人見之皆避而走，如此便没有了生計，自當去其他諸侯國，不當久留於鄭。綜上，季咸當爲新近自齊來鄭的神巫，並非鄭人，《黄帝》篇所記爲是。

《應帝王》謂“淵有九名，此處三焉”，是説淵名有九，此舉其三。《莊》文説“淵有九名”，必有所本。而先秦文獻中詳列淵之九名者，唯有《列子》，《莊》文本於《列子》自無可疑。成玄英疏：“而言淵有九名者……並出《列子》，彼文具載，此略叙有此三焉也。”馬叙倫《〈列子〉僞書考》謂《黄帝》篇之九淵“取《爾雅》雜而成之”。然《爾雅》雖有對“濫泉”“沃泉”等泉名的解釋，並無“九淵”之名。問題的關鍵是誰首先提出“九淵”並詳列其名，這部文獻既不是《莊子》，也不是《爾雅》，而是《列子》。可見此寓言是《應帝王》襲自《列子·黄帝》。

第六部分從“无爲名尸”至“故能勝物而不傷”。此段文字爲議論文，而《應帝王》除此節外皆由寓言構成，故此段文字顯得有些不類。從義理上看，此文了無新意；行文上看，此節文筆呆板，不似莊語。其中“不將不迎”蓋化用《大宗師》“无不將也，无不迎也”而成，此節可能是後人插入的文字。

第七部分從“南海之帝爲儵”至“七日而渾沌死”。此寓言講的是儵與忽出於“好心”，爲渾沌鑿出七竅，其結果却毁了渾沌。因爲渾沌性無七竅，如果有了七竅，他便不是渾沌了，因其物性已經改變。作者在短小的寓言中寓含了深刻的道理，這正是莊子寓言的突出特點。

綜上，《應帝王》與内篇《逍遥遊》《齊物論》《大宗師》諸篇存在寫作上的關聯。其中“神巫季咸”之寓言襲自《列子·黄帝》。从行文上看，篇中之寓言行文自然古樸，特别是“渾沌之死”，文字雖短，但寓理極深，真可謂非莊子莫能爲。只有“无爲名尸”這一小段議論的文字，可能是後來羼入的。

第六章　《莊子》外篇篇章作者研究

《莊子》讀至外篇，文風大變。謬悠、諔詭、荒唐之言全無蹤影，取而代之的是慷慨激昂的争辯、攻訐和怒吼，與内篇大異其趣，顯非一人之文。

一、《駢拇》《馬蹄》《胠篋》

《駢拇》《馬蹄》《胠篋》三篇皆以首句二字名篇，與内篇相比，無論是命名方式還是篇名的字數，皆存在較大差異。對於《莊子》篇名問題，前文已有專題研究，此不贅言。我們之所以將《駢拇》等三篇放在一起研討，是因爲此三篇的思想傾向、表現手法、詞語運用及寫作年代都很相近，从而將其作爲同類作品進行考察。

外雜篇與内篇相比，最大的不同是言説方式發生了變化。莊子的言説方式是所謂的“三言”，即《天下》篇所説的“以卮言爲曼衍，以重言爲真，以寓言爲廣”。“三言”的本質特征是没有成心，超越是非。與“三言”相比，辯者之言乃是非之言。“三言”依循自然而説話，故謂之道言；辯者之言依循成心而言，故謂之辯言。

《齊物論》對辯者是這樣描述的：“其發若機栝，其司是非之謂也；其留如詛盟，其守勝之謂也；其殺若秋冬，以言其日消也；其溺之所爲之，不可使復之也；其厭也如緘，以言其老洫也；近死之心，莫使復陽也。”辯者皆以己爲是，以彼爲非，整日争論不休，真性日消。

《齊物論》的作者認爲，事物有所顯現人才能有所言，人言歸依道言。《齊物論》云：“道惡乎隱而有真僞？言惡乎隱而有是非？道惡乎往而不存？言惡乎存而不可？道隱於小成，言隱於榮華。故有儒墨之是非，以是其所非而非其所是。欲是其所非而非其所是，則莫若以明。”意思是説道言被遮蔽之後才産生了辯者之言，才有了儒墨之是非。作者認爲無休止的争辯是没有出路的，“故分也者，有不分也；辯也者，有不辯也。曰：何也？聖人懷之，衆人辯之以相示也。故曰辯也者有不見也。夫大道不稱，大辯不言”。

莊子文風的最大特點便是從不進行空泛的論辯，因爲那是各是成心的辯者的言説方式，因此莊子總是通過寓言讓讀者體味其中的道理。在不得已的情況下，他也要闡述一下自己的觀點，但在闡述之前先要作一番解釋："今且有言於此，不知其與是類乎？其與是不類乎？類與不類，相與爲類，則與彼无以異矣。雖然，請嘗言之。"可見作者對自己説的是否爲辯者之言是非常在意的。而《駢拇》《馬蹄》《胠篋》三篇從開始到結尾通篇皆爲辯者之言，且反復説"故嘗試論之"，顯然不是莊子寫的。

首先，此三篇抨擊聖人，批判仁義禮樂，與内篇有異。"聖人"一詞在内篇中出現過多次，皆指有道之人，如"聖人无名""是以聖人不由而照之於天"等。而此三篇中的"聖人"却成了抨擊的對象，如"聖人則以身殉天下"(《駢拇》)；"此聖人之過也"(《馬蹄》)；"善人不得聖人之道不立，跖不得聖人之道不行。天下之善人少而不善人多，則聖人之利天下也少而害天下也多"，"聖人不死，大盜不止"(《胠篋》)。可見内篇之"聖人"乃道家的理想人物，而《駢拇》等三篇中的"聖人"指的是儒家所推崇的人格形態。蓋作者生活的年代，墨家日微，儒家獨顯，"聖人"已經成爲儒家的專利，一提到"聖人"便會想到儒家的聖人。可見此三篇寫作的年代要晚於内篇。

再來考察一下仁義禮樂。"仁義"一詞在内篇中共出現過五次，即"仁義之端，是非之塗，樊然殽亂，吾惡能知其辯！"(《齊物論》)"而强以仁義繩墨之言術暴人之前者，是以人惡有其美也，命之曰菑人。"(《人間世》)"意而子曰：'堯謂我："汝必躬服仁義而明言是非。"'許由曰：'而奚來爲軹？夫堯既已黥汝以仁義，而劓汝以是非矣，汝將何以遊夫遥蕩恣睢轉徙之塗乎？'""回忘仁義矣。"(《大宗師》)"禮樂"在内篇只出現過一次，即"回忘禮樂矣"(《大宗師》)。總的看來，内篇雖不推崇仁義禮樂，但遠未達到勢同水火的地步。作者認爲儒家所推崇的仁義禮樂乃世俗之人所追求的東西，道家的理想境界是要超越世俗的藩籬，逍遥遊於塵垢之外。作者認爲儒道兩家所追求的理想境界是不同的，儒家熱衷於塵世之内，而道家嚮往的是塵世之外。《大宗師》云：

> 顔回曰："回益矣。"仲尼曰："何謂也？"曰："回忘仁義矣。"曰："可矣，猶未也。"他日，復見，曰："回益矣。"曰："何謂也？"曰："回忘禮樂矣。"曰："可矣，猶未也。"他日，復見，曰："回益矣。"曰："何謂也？"曰："回坐忘矣。"仲尼蹵然曰："何謂坐忘？"

顔回曰："墮肢體，黜聰明，離形去知，同於大通，此謂坐忘。"仲尼曰："同則无好也，化則无常也。而果其賢乎！丘也請從而後也。"

可見仁義禮樂是超越的對象，而不是抨擊的對象。作者認爲仁義禮樂的境界還比較低，只有超越仁義禮樂才能達到離形去智、同於大通的"坐忘"境界。

我們再來看看《駢拇》諸篇對待仁義禮樂的態度。《駢拇》篇雖然不長，但"仁義"一詞在文中出現了十多次，如"多方駢枝於五藏之情者，淫僻於仁義之行，而多方於聰明之用也"；"夫小惑易方，大惑易性。何以知其然邪？自虞氏招仁義以撓天下也，天下莫不奔命於仁義，是非以仁義易其性與？……天下盡殉也。彼其所殉仁義也，則俗謂之君子；其所殉貨財也，則俗謂之小人"等。《馬蹄》篇"仁義"出現過三次，即"道德不廢，安取仁義！……毀道德以爲仁義，聖人之過也"，"縣跂仁義以慰天下之心"。《胠篋》篇"仁義"出現過六次，如"爲之仁義以矯之，則並與仁義而竊之。何以知其然邪？彼竊鉤者誅，竊國者爲諸侯，諸侯之門而仁義存焉，則是非竊仁義聖知邪"，"鉗楊墨之口，攘棄仁義，而天下之德始玄同矣"等。"禮樂"在《駢拇》篇出現過一次，即"屈折禮樂，呴俞仁義，以慰天下之心者，此失其常然也"。《馬蹄》篇出現過兩次"禮樂"，即"性情不離，安用禮樂"，"及至聖人，屈折禮樂以匡天下之形，縣跂仁義以慰天下之心，而民乃始踶跂好知，爭歸於利，不可止也。此亦聖人之過也"。

《駢拇》諸篇的作者認爲，仁義禮樂不過是統治者的工具而已，"諸侯之門而仁義存焉"。只有"攘棄仁義"，人才能復歸天然之本性。在作者眼裏，仁義禮樂無異於洪水猛獸，自從聖人推出仁義禮樂之後，民乃"始踶跂好知，爭歸於利，不可止也"。可見《駢拇》等篇對待仁義禮樂的態度與内篇存在較大差異，顯非一時一人之作。

其次，從寫作手法上看，三篇都是議論文，文風亦頗類似。此三篇皆以喻起筆，引出下文。《駢拇》篇以駢拇枝指起筆，比喻仁義禮樂非人之性也；《馬蹄》篇以野馬起筆，比喻真性喪失乃聖人之過；《胠篋》篇以胠篋起筆，比喻世所謂智者乃愚之至也。

另外，此三篇都慣於利用排比句式，氣勢淩厲：

是故駢於明者，亂五色，淫文章，青黄黼黻之煌煌非乎？而離朱是已。多於聰者，亂五聲，淫六律，金石絲竹黄鐘大吕之聲非乎？

而師曠是已。枝於仁者，擢德塞性以收名聲，使天下簧鼓以奉不及之法非乎？而曾史是已。駢於辯者，纍瓦結繩竄句，遊心於堅白同異之閒，而敝跬譽無用之言非乎？而楊墨是已。(《駢拇》)

及至聖人，蹩躠爲仁，踶跂爲義，而天下始疑矣；澶漫爲樂，摘僻爲禮，而天下始分矣。故純樸不殘，孰爲犧尊！白玉不毀，孰爲珪璋！道德不廢，安取仁義！性情不離，安用禮樂！五色不亂，孰爲文采！五聲不亂，孰應六律！(《馬蹄》)

夫川竭而谷虛，丘夷而淵實。聖人已死，則大盜不起，天下平而无故矣！聖人不死，大盜不止。雖重聖人而治天下，則是重利盜跖也。爲之斗斛以量之，則並與斗斛而竊之；爲之權衡以稱之，則並與權衡而竊之；爲之符璽以信之，則並與符璽而竊之；爲之仁義以矯之，則並與仁義而竊之。何以知其然邪？彼竊鉤者誅，竊國者爲諸侯，諸侯之門而仁義存焉，則是非竊仁義聖知邪？(《胠篋》)

從詞語的使用上看，三篇之間亦存在關聯。

第一，作者喜用"五聲""五色""師曠""離朱"等詞語。

屬其性乎五聲，雖通如師曠，非吾所謂聰也；屬其性乎五色，雖通如離朱，非吾所謂明也。(《駢拇》)

擢亂六律，鑠絶竽瑟，塞瞽曠之耳，而天下始人含其聰矣；滅文章，散五采，膠離朱之目，而天下始人含其明矣。(《胠篋》)

五色不亂，孰爲文采！五聲不亂，孰應六律！(《馬蹄》)

第二，作者喜用曾史、楊墨對舉。

枝於仁者，擢德塞性以收名聲，使天下簧鼓以奉不及之法非乎？而曾史是已。駢於辯者，纍瓦結繩竄句，遊心於堅白同異之閒，而敝跬譽無用之言非乎？而楊墨是已。(《駢拇》)

且夫屬其性乎仁義者，雖通如曾史，非吾所謂臧也。(《駢拇》)

削曾史之行，鉗楊墨之口，攘棄仁義，而天下之德始玄同矣。(《胠篋》)

彼曾史、楊墨、師曠、工倕、離朱，皆外立其德而以爚亂天下者也，法之所無用也。(《胠篋》)

第三，作者喜用“自三代以下”。

自三代以下者，天下何其囂囂也！(《駢拇》)

自三代以下者，天下莫不以物易其性矣。(《駢拇》)

甚矣，夫好知之亂天下也！自三代以下者是已。(《胠篋》)

第四，作者喜用“至德之世”。

故至德之世，其行填填，其視顛顛。(《馬蹄》)

夫至德之世，同與禽獸居，族與萬物並。(《馬蹄》)

子獨不知至德之世乎？(《胠篋》)

第五，作者喜用“嘗試論之”。

故嘗試論之，自三代以下者，天下莫不以物易其性矣。(《駢拇》)

故嘗試論之，世俗之所謂知者，有不爲大盜積者乎？(《胠篋》)

第六，作者喜用“聖人之過”。

夫殘樸以爲器，工匠之罪也；毁道德以爲仁義，聖人之過也！(《馬蹄》)

及至聖人，屈折禮樂以匡天下之形，縣跂仁義以慰天下之心，而民乃始踶跂好知，争歸於利，不可止也。此亦聖人之過也。(《馬蹄》)

故逐於大盜，揭諸侯，竊仁義並斗斛權衡符璽之利者，雖有軒冕之賞弗能勸，斧鉞之威弗能禁。此重利盜跖而使不禁者，是乃聖人之過也。(《胠篋》)

第七，作者喜用“屈折禮樂”。

及至聖人，屈折禮樂以匡天下之形，縣跂仁義以慰天下之心，而民乃始踶跂好知，争歸於利，不可止也。此亦聖人之過也。(《馬蹄》)

屈折禮樂，呴俞仁義，以慰天下之心者，此失其常然也。(《駢拇》)

總之，三篇不長的文章中出現如此多的習用語，實屬罕見，三篇出自一人之手的可能性較大。

下面談談《駢拇》等三篇的寫作年代。有人認爲三篇成於秦末漢初，有人認爲成於戰國末年，我認爲當以後一種説法爲確。

首先，我們從詞語的使用上考察作品寫作的年代。

劉笑敢云："内篇雖然用了道、德、命、精、神等詞，但没有使用道德、性命、精神這三個複合詞（由詞根和詞根合成的詞），而在外雜篇中，道德、性命、精神這三個複合詞都反復出現了。"[①] 蓋《孟子》以前的文獻都未出現過道德、性命、精神這三個複音詞。"道"字在《孟子》中出現了一百一十次，"德"字在《孟子》中出現了二十七次，無道德連用的情况。莊子與孟子同時，其本人的作品應不會出現道德連用的情况。大約在荀子之後，"道德"才演化成一個複音詞。《荀子》《吕氏春秋》《韓非子》中都使用過"道德"這一複音詞。而《駢拇》和《馬蹄》篇使用了"道德"這一複音詞，可見其文晚出。

"性命"一詞在《孟子》以前也未出現過，《孟子》中"性"字出現過二十八次，"命"字出現過三十五次，没有性命連用的情况。"性命"在《荀子》和《韓非子》中各出現一次，説明其時"性命"一詞已經出現，《吕氏春秋》中"性命"已出現了十一次，且多以"性命之情"的方式出現。《駢拇》篇中"性命"出現過三次，亦皆以"性命之情"的方式出現，可見此篇寫作的年代與《吕氏春秋》相近。

另外，《駢拇》等篇喜歡"曾""史"連用，張恒壽云："曾参、史鰌兩人，雖然都是春秋時人，但在戰國中期的著作中，即使在儒家的《孟子》《荀子》里，也都没有把這兩人並稱的例子。而在戰國晚期的《韓非子》里，才屢次有這樣的提法。"[②] 羅根澤亦云："先秦各書，以余記憶所及，惟《韓非子》每以二人並稱。"[③] 可見《駢拇》《胠篋》篇寫作的年代與《韓非子》相近。

其次，我們再從内容上考察一下作品寫作的年代。《胠篋》云：

> 然而田成子一旦殺齊君而盗其國，所盗者豈獨其國邪？並與其聖知之法而盗之，故田成子有乎盗賊之名，而身處堯舜之安。小國

---

① 劉笑敢：《莊子哲學及其演變》，北京，中國社會科學出版社，1988，第5頁。

② 張恒壽：《莊子新探》，武漢，湖北人民出版社，1983，第129頁。

③ 羅根澤：《〈莊子〉外雜篇探源》，《燕京學報》1936年第19期。

不敢非，大國不敢誅，十二世有齊國。則是不乃竊齊國，並與其聖知之法以守其盜賊之身乎？

成玄英疏："至恒曾孫太公和，遷齊康公於海上，乃自立爲齊侯。自敬仲至莊公，凡九世知齊政；自太公至威王，三世爲齊侯，通計爲十二世。莊子，宣王時人，今不數宣王，故言十二世也。"鍾泰云："敬仲之由陳始奔齊也，官不過工正，一羈旅之臣耳。其後文子須無且嘗去齊矣。（見《論語》）安得以有齊國之名加之！"[①] 錢穆云："《史記》自成子至王建之滅，僅十世。據《竹書紀年》，中脱悼子、侯剡兩世。此亦本篇晚出之確證。"[②] 錢説是。俞樾懷疑"十二世有齊國"原文作"世世有齊國"，許多學者引用此説，非是。因爲明明寫著"十二世"却偏偏懷疑作"世世"，又拿不出任何證據，顯然是不認可此文作於"十二世"，故有"世世"之説。張恒壽云："古書上這樣的句法非常之多。如《吕氏春秋·仲冬紀·長見》篇云：'其後齊日以大，至於霸，二十四世而田成子有齊國。'高誘注云：'田成子恒殺簡公，適二十四世也。'可見古書中明指世數者，多有確據，難道《吕覽》原文二十四世也可改爲世世而田成子有齊國嗎？而且無論是倒文，爛文，斷不會和真實的歷史恰巧符合。"[③] 其説是也。作者謂"故田成子有乎盜賊之名，而身處堯舜之安。小國不敢非，大國不敢誅，十二世有齊國"，顯然作者寫作此文時齊國還未被滅，故曰"有齊國"，那麽此文當爲齊王建時所作。又《胠篋》云："今遂至使民延頸舉踵，曰某所有賢者，贏糧而趣之，則内棄其親而外去其主之事，足跡接乎諸侯之境，車軌結乎千里之外。"可知作者寫作此文時"諸侯之境"尚存在，説明此文並非作於秦末漢初。

又《胠篋》篇"盜亦有道"一段重出於《吕氏春秋·當務》，辨析如下：

故跖之徒問於跖曰："盜亦有道乎？"跖曰："何適而无有道邪？夫妄意室中之藏，聖也；入先，勇也；出後，義也；知可否，知也；分均，仁也。五者不備而能成大盜者，天下未之有也。"（《胠篋》）

跖之徒問於跖曰："盜有道乎？"跖曰："奚啻其有道也！夫妄意

① 鍾泰：《莊子發微》，上海，上海古籍出版社，1988，第 205 頁。

② 錢穆：《莊子纂箋》，臺北，東大圖書股份有限公司，1985，第 74 頁。

③ 張恒壽：《莊子新探》，武漢，湖北人民出版社，1983，第 133～134 頁。

關内，中藏，聖也；入先，勇也；出後，義也；知時，智也；分均，仁也。不通此五者，而能成大盗者，天下無有。”備説非六王、五伯，以爲堯有不慈之名，舜有不孝之行，禹有淫湎之意，湯、武有放殺之事，五伯有暴亂之謀。世皆譽之，人皆諱之，惑也。故死而操金椎以葬，曰：“下見六王、五伯，將敲其頭矣。”辨若此不如無辨。(《吕氏春秋·當務》)

《莊》“何適而无有道邪”，《吕》作“奚啻其有道也”。王念孫《讀書雜誌·淮南内篇》云：“本作‘奚適其有道也’，‘適’與‘啻’同。(《孟子·告子》篇：‘則口腹豈適爲尺寸之膚哉?’《秦策》：‘疑臣者不適三人。’‘適’並與‘啻’同，《史記·甘茂傳》作‘疑臣者非特三人’)言豈特有道而已哉！乃聖、勇、仁、義、智五者皆備也。後人不知‘適’之讀爲‘啻’，而誤以爲適齊、適楚之適，故改‘有’爲‘無’耳。《莊子·胠篋》篇本作‘何適其有道邪！’‘適’亦與‘啻’同。今本作‘何適而無有道邪’，‘而無’二字亦後人所改，唯‘有’字尚存。《吕氏春秋·當務》篇正作‘奚啻其有道也’。”

《莊》“夫妄意室中之藏，聖也”，《吕》作“夫妄意關内，中藏，聖也”。《吕》文爲是。關内指室内，中藏指猜中室内所藏之物。句謂猜中室内所藏者爲聖。《莊》文只言其猜，未言其中，猜者非聖，猜中者方爲聖，故《吕》文義勝。《淮南》作“夫意而中藏者，聖也”，與《吕覽》意同。陳奇猷云：“孫蜀丞先生曰：……《莊子·胠篋》篇作‘夫妄意室中之藏聖也’，《莊》書‘之’字亦當作‘中’。上‘中’字讀‘允執厥中’之中，下‘中’字讀如‘億則屢中’之中，成《疏》可證。此蓋緣後人於重疊之文記以‘、、’，遂誤作‘之’，《吕氏》《淮南》並不誤也。”[①]

又《吕》文“備説非六王、五伯……”一段爲《莊》文所無，此段文字與上文聯繫甚密，當爲原文，《胠篋》只是節録其中的一段而已，《吕》非襲《莊》明矣。另外，《胠篋》引此文以非聖，《當務》此文意在闡明辯若此不如無辯，作者是站在儒家的立場上來批駁盗跖的，因此《吕覽》襲用《莊子》的可能性很小。《莊》文前有“故”字，當是引自他書，且《莊》文多誤而《吕》文不誤，亦可證明《吕》文非本自《莊》，《胠篋》篇當成於《吕氏春秋》之後。

---

① (戰國)吕不韋著，陳奇猷校釋：《吕氏春秋新校釋》，上海，上海古籍出版社，2002，第605～606頁。

齊王建於秦昭襄王十三年（前二六四年）即位，始皇二十六年（前二二一年）齊爲秦所滅。《吕氏春秋》成於始皇八年（前二三九年），我認爲《駢拇》等三篇當作於《吕覽》成書之後、始皇統一中國之前。

二、《在宥》

此文取首句二字名篇。與《駢拇》《馬蹄》《胠篋》相比，此篇内容駁雜，顯非一人一時之作，乃編者雜湊而成。全文共分五部分。

第一部分從開頭至“吾又何暇治天下哉”。此部分中心明確，文意連貫，重在闡述要在宥天下而不要治天下，應出自一人之手。從詞語的使用上看，作者喜用“自三代以下”“性命之情”“曾史”等，與《駢拇》等三篇類似。如：“自三代以下者，匈匈焉終以賞罰爲事，彼何暇安其性命之情哉”，“天下將安其性命之情，之八者，存可也，亡可也；天下將不安其性命之情，之八者，乃始臠卷獊囊而亂天下也”，“无爲也而後安其性命之情”，“於是乎天下始喬詰卓鷙，而後有盜跖曾史之行”等。

從内容上看，作者對仁義禮樂及聖智亦持批判態度。如：“而且説明邪，是淫於色也；説聰邪，是淫於聲也；説仁邪，是亂於德也；説義邪，是悖於理也；説禮邪，是相於技也；説樂邪，是相於淫也；説聖邪，是相於藝也；説知邪，是相於疵也。”此表述與《駢拇》諸篇相同。略有不同的是，此文對“君子”並無否定之意，如“故君子不得已而臨莅天下，莫若无爲”。而《駢拇》篇却説：“彼其所殉仁義也，則俗謂之君子；其所殉貨財也，則俗謂之小人。其殉一也，則有君子焉，有小人焉。若其殘生損性，則盜跖亦伯夷已，又惡取君子小人於其間哉！”顯然，《駢拇》的作者對“君子”持否定態度。另外，文中關於“不得已而臨莅天下”的論述，亦是《駢拇》等三篇未曾涉及的問題。蓋此部分與《駢拇》諸篇爲同時之作，但其作者並不相同。

第二部分從“崔瞿問於老聃曰”至“故曰絶聖棄知而天下大治”。此部分文意與上文相承，只是文體有所不同。第一部分爲議論文，此部分爲對話體。從詞語的使用上看，作者亦喜用“曾史”“性命”等詞語，如“下有桀跖，上有曾史”，“焉知曾史之不爲桀跖嚆矢也”，“大德不同，而性命爛漫矣”等。從内容上看，此節不遺餘力地批判仁義聖智，如“吾未知聖知之不爲桁楊椄槢也，仁義之不爲桎梏鑿枘也”，“絶聖棄知而天下大治”等，與《駢拇》諸篇的價值取向相同，蓋此部分亦作於戰國晚期。

第三部分從“黄帝立爲天子十九年”至“而我獨存乎”。此部分論説的主要内容是養生問題，如：

必静必清，无勞女形，无摇女精，乃可以長生。目无所見，耳无所聞，心无所知，女神將守形，形乃長生。慎女内，閉女外，多知爲敗。我爲女遂於大明之上矣，至彼至陽之原也；爲女入於窈冥之門矣，至彼至陰之原也。天地有官，陰陽有藏。慎守女身，物將自壯。我守其一，以處其和。故我修身千二百歲矣，吾形未常衰。

得吾道者，上爲皇而下爲王；失吾道者，上見光而下爲土。

我們知道，莊子主張順性而爲，齊同死生，並不追求長生久視，正如《齊物論》所説："天下莫壽於殤子而彭祖爲夭。"此文借道家學説來論述養生問題，與内篇不類，應爲道家後學養生派的文字。且文中"皇""王"對舉，當是晚出的文字。張恒壽云："及至《吕氏春秋》時，才有'三皇五帝'的名稱。所以這一章的産生不能在《吕氏春秋》以前。"[①]

第四部分從"雲將東遊"至"起辭而行"。從行文上看，此文一改《駢拇》諸篇論辯之風，作者通過寓言來闡明離形去智、自然無爲、順隨物性之理，用詞古樸，行文流暢自然。如：

雲將東遊，過扶摇之枝而適遭鴻蒙。鴻蒙方將拊脾雀躍而遊。雲將見之，倘然止，贄然立，曰："叟何人邪？叟何爲此？"鴻蒙拊脾雀躍不輟，對雲將曰："遊！"雲將曰："朕願有問也。"鴻蒙仰而視雲將曰："吁！"

作者是通過動作和語言的描寫來塑造鴻蒙這一形象的。在動作上作者只用了四個字"拊脾雀躍"，在語言上作者只用了兩個字"遊"和"吁"，便將鴻蒙無知無欲、順性而遊的形象活靈活現地展現出來。鴻蒙之"吾弗知！吾弗知""朕又何知"與《齊物論》之"齧缺問乎王倪曰：'子知物之所同是乎？'曰：'吾惡乎知之！''子知子之所不知邪？'曰：'吾惡乎知之！'……"有異曲同工之妙，皆棄智者也。此篇第二部分"崔瞿問於老聃曰"，雖然也是采用對話的方式，却没有任何動作或語言的描寫，作者只不過是將自己的辯説通過老聃之口表達出來而已，言辭激烈而直白，與"雲將東遊"不能相比。

另外，文中"墮爾形體，吐爾聰明，倫與物忘，大同乎涬溟，解心釋神，莫然无魂"與《大宗師》之"墮肢體，黜聰明，離形去知，同於

① 張恒壽：《莊子新探》，武漢，湖北人民出版社，1983，第142頁。

大通”相關聯。可見此節無論是言説方式還是義理皆與内篇相類，是《在宥》篇中最早形成的文字。

第五部分從“世俗之人”至篇末。此部分由三節文字組成。

第一節從“世俗之人”至“是謂至貴”。文中論述俗人總是想把自己的意願强加於人，如此治國的後果只能是喪其國，所以不把天下視爲可供驅使享用之物，方可治天下。此節行文蕪雜，含義膚淺，非但不同於内篇，與《駢拇》諸篇亦不類。

第二節從“大人之教”至“天地之友”。此節論述得道者的教導，就好像隨形之影、隨聲之響一樣。作者指出，看重外物的人，乃世人所謂的君子；而去物無己者，才是德配天地的人。蓋此節乃道家後學之散簡，由編者綴次於此。

第三節從“賤而不可不任者”至篇末。此文調和儒墨百家之言，不是莊子學派的文字。其文云：

> 賤而不可不任者，物也；卑而不可不因者，民也；匿而不可不爲者，事也；麤而不可不陳者，法也；遠而不可不居者，義也；親而不可不廣者，仁也；節而不可不積者，禮也；中而不可不高者，德也；一而不可不易者，道也；神而不可不爲者，天也。

宣穎《南華經解》云：“此一段，意膚文雜，與本篇之義不甚切，且其粗淺全不似莊子之筆。”總之，此部分文字行文散亂，各節之間並無内在關聯，蓋編者雜輯零篇散簡而成。值得注意的是，此三節文字既無崔向注，亦無司馬彪注，蓋非原文之舊，應該是整理者後入的文字。

綜上，《在宥》篇由編者雜湊而成。其中第一、第二部分所言之義理及常用的詞語與《駢拇》諸篇相近，蓋爲同時的文字。第三部分主張養生，追求長生久視，應是道家中養生派的文字，與莊子的主張有較大差别。第四部分“雲將東遊”無論寫法還是義理皆與内篇無别，應爲《莊子》中早期形成的文字，或出自莊周之手。第五部分由編者雜輯而成，應是晚出的文字。

三、《天地》

以首句二字名篇。從内容上看，篇中各段落之間並無内在聯繫，蓋編者雜湊而成。總體上看，此篇内容蕪雜，寫法上也有些單調板滯，與内篇不類。但其中個别寓言之寓意和寫法皆似内篇，如“黄帝遊乎赤水之北”“子貢南遊於楚”等。此篇各章節之間跨度較大，非一時一人之作。全篇共分十四部分。

第一部分從“天地雖大”至“无心得而鬼神服”。此部分既無崔向注也無司馬注，有後入的可能。從内容上看，作者强調君治，申明君臣之義，即所謂“玄古之君天下，无爲也，天德而已矣。以道觀言而天下之君正，以道觀分而君臣之義明，以道觀能而天下之官治，以道汎觀而萬物之應備”，具有調和儒道的傾向，蓋戰國末期稷下道家的文字。文中雖强調君治，但作者認爲君治天下所因循的核心思想是天道自然，如：

> 故通於天地者，德也；行於萬物者，道（應爲“義”之訛）也；上治人者，事也；能有所藝者，技也。技兼於事，事兼於義，義兼於德，德兼於道，道兼於天。故曰，古之畜天下者，无欲而天下足，无爲而萬物化，淵静而百姓定。

可見作者主張以道統儒。從寫法上看，此節爲議論文，結尾處還一本正經地引文説：“《記》曰：‘通於一而萬事畢，无心得而鬼神服。’”顯然與内篇不類。

對於文中“道兼於天”的説法，許多學者認爲此文作者崇尚的是“天”而不是“道”。羅根澤云：“莊子主天出於道，所以説：‘夫道……未有天地，自古以固存；神鬼神帝，生天生地’（《大宗師》）。《天地》《天道》《天運》三篇，則以天爲根本觀念，道亦出於天。”① 張恒壽云：“這是把天放在第一位，道放在第二位，和《老子》書及《莊子》書某些部分認爲道先天地生的説法絶然不同。這是否宋尹學派的理論，且不細談，但它决不是老莊正統派的思想，是可以肯定的。”② 這種認識是否正確，還有待商榷。

與老子相比，《莊子》内篇有關“道”的理論闡述非常之少，更多的情况是直接使用這一概念而不是建構關於道學的理論體系，因爲這一理論體系在《老子》中已經建構完成。從這個意義上講，將《莊子》視爲解説《老子》的傳，具有相當的合理性。

莊子哲學的核心詞語是“天”，如内篇之“天府”“天機”“天鈞”“天籟”“天倪”“天年”等。莊子之“天”並非指與“地”相對的自然界

---

① 羅根澤：《〈莊子〉外雜篇探源》，《燕京學報》1936年第19期。
② 張恒壽：《莊子新探》，武漢，湖北人民出版社，1983，第148頁。

的“天”，而是指本然、自然。羅根澤所謂“莊子主天出於道”，其所列舉的是《大宗師》之“夫道……未有天地，自古以固存；神鬼神帝，生天生地”，而“生天生地”中的“天”顯然是指與“地”相對的自然界的“天”，而非哲學層面本然、自然的“天”，看來羅氏將《莊子》中兩種不同意義的“天”搞混了。而“道兼於天”中的“天”與“道”“德”對舉，顯然不是指自然界的“天”，而是哲學意義上的“天”，是本然、自然的意思，這一含義是從内篇繼承過來的。

“道兼於天”並不是説“道”之上還有一個“天”，“天”與“道”是一個意思，此句言道以自身爲法，與《老子》“道法自然”的意思相同。所謂“道法自然”，非謂“道”之上還有個“自然”，而是説道即是自然，道以自身爲法。張恒壽説《天地》篇“把天放在第一位，道放在第二位”，顯然是對這句話的誤讀。我認爲《天地》篇並未提出一個“天”高於“道”的理論，此文中的“天”與内篇自然意義上的“天”並無二致。對於老子之道和莊子之天，本書將作專題討論，這裏就不多説了。

第二部分從“夫子曰”至“死生同狀”。文中“夫子”所指不明，或謂莊子，或謂老子，或謂孔子。審文意，既非莊子之言，亦非老子、孔子之言。文中既崇尚道，也推崇君子，倡導仁愛，如“夫道，覆載萬物者也，洋洋乎大哉！君子不可以不刳心焉”“愛人利物之謂仁”等，文中還提出十項標準，即“无爲爲之之謂天，无爲言之之謂德，愛人利物之謂仁，不同同之之謂大，行不崖異之謂寬，有萬不同之謂富。故執德之謂紀，德成之謂立，循於道之謂備，不以物挫志之謂完”。其次序分别是天、德、仁、大、寬、富、紀、立、備、完，作者宗法道家，兼容儒家，蓋戰國末年稷下道家所爲。

第三部分從“夫子曰”至“大小、長短、修遠”。此文主要是描寫道的狀貌及功用，如“夫道，淵乎其居也，漻乎其清也”，“故深之又深而能物焉；神之又神而能精焉”，認爲道生萬物，人應效法天道，即“故形非道不生，生非德不明。存形窮生，立德明道”，比較接近老子學説。文中有與《文子》《淮南子》相重合的文字，辨析如下：

> 視乎冥冥，聽乎无聲。冥冥之中，獨見曉焉；无聲之中，獨聞和焉。(《天地》)
>
> 是故真人託期於靈臺，而歸居於物之初。眎於冥冥，聽於无聲，冥冥之中，獨有曉焉，寂寞之中，獨有照焉。其用之乃不用，不用而後能用之也，其知之乃不知，不知而後能知之也。(《文子・微明》)

是故聖人託其神於靈府，而歸於萬物之初。視於冥冥，聽於無聲。冥冥之中，獨見曉焉；寂漠之中，獨有照焉。其用之也以不用，其不用也而後能用之；其知也乃不知，其不知也而後能知之也。（《淮南子・俶真訓》）

《文子》《淮南子》比《莊子》多出“是故真人託期於靈臺，而歸居於物之初……其用之乃不用，不用而後能用之也，其知之乃不知，不知而後能知之也”數句（《淮南子》略有不同）。顯然《文子》與《淮南子》之間有因承關係，二者皆非襲自《莊子》。從三者重文角度考察，《莊子》“无聲之中，獨聞和焉”，《文子》《淮南子》作“寂寞之中，獨有照焉”，亦可證明《文子》與《淮南子》屬同一傳承系統。由於《淮南子》成書較晚，所以我們認爲三者的關係是《莊子》《淮南子》分别襲自《文子》，《莊子》對引文略有改動。

另外，此節文字既無崔向注也無司馬注，蓋爲後人編入的文字。從内容上看，此文闡述的是道家思想，行文較呆板，蓋道家後學所爲，具體寫作時間難以確定。羅根澤、張恒壽皆認爲是漢初的作品，但無論從作品的内容還是詞語的運用上都很難找到有利的證據來支持這樣的觀點。

第四部分從“黄帝遊乎赤水之北”至“象罔乃可以得之乎”。此寓言講的是象罔得珠的故事，其文云：

黄帝遊乎赤水之北，登乎崑崙之丘而南望，還歸，遺其玄珠。使知索之而不得，使離朱索之而不得，使喫詬索之而不得也。乃使象罔，象罔得之。黄帝曰：“異哉，象罔乃可以得之乎？”

作者以玄珠喻道，謂道玄妙，不可以智得之，不可以目得之，不可以力得之，只有離形去智的象罔才能得道。此寓言言簡意賅，與内篇罔兩問景、莊周夢蝶、渾沌之死相類，頗具莊子神韻。

第五部分從“堯之師曰許由”至“南面之賊也”。此節首先交代了許由、齧缺、王倪、被衣之間的關係，即“堯之師曰許由，許由之師曰齧缺，齧缺之師曰王倪，王倪之師曰被衣”。此四人在内篇都出現過，即《逍遥遊》之“堯讓天下於許由”、《齊物論》之“齧缺問乎王倪曰”、《應帝王》之“齧缺因躍而大喜，行以告蒲衣子”。内篇雖然出現了許由等四人，但没有明確指出此四人的師承關係，特别是内篇中許由與齧缺並未謀面，《徐无鬼》篇始有“齧缺遇許由”的記載。蓋此節作者根據《逍遥遊》《齊物論》《應帝王》《徐无鬼》等篇的記載，編造出四子的師承關係。此節崔向及司馬均無注，後人羼入的可能性較大。又《逍遥遊》云："堯治天下之民，平海内之政，往見四子藐姑射之山，汾水之陽，窅然喪其天下焉。"《經典釋文》："四子，司馬、李云：王倪、齧缺、被衣、許由。"司馬彪大概是看了《天地》篇後才這樣注釋的，未必可信。因爲《逍遥遊》對姑射山之神人是這樣描述的：

藐姑射之山，有神人居焉，肌膚若冰雪，淖約若處子。不食五穀，吸風飲露。乘雲氣，御飛龍，而遊乎四海之外。其神凝，使物不疵癘而年穀熟。

許由等四人顯然還未達到這種境界。從内容上看，此節意在闡述不要以智治天下，並無新意；行文上亦無謬悠謏詭的風格，且無來由地將齧缺批判了一通，與内篇差别較大，蓋道家後學所爲。

第六部分從"堯觀乎華"至"退已"。此節記述的是堯與華地封人的對話，其中有這樣的内容："壽，富，多男子，人之所欲也"，"始也我以女爲聖人邪，今然君子也"。追求壽、富、多男子，以及崇尚聖人、君子都不是道家的主張。文中還説"千歲厭世，去而上僊；乘彼白雲，至於帝鄉"，這種遊仙的思想在内篇中未出現過，且"上仙""帝鄉"等皆晚出詞彙，未見於《莊子》其他篇章，此文晚出。

第七部分從"堯治天下"至"俋俋乎耕而不顧"。此文與《吕氏春秋》有重文關係，辨析如下：

堯治天下，伯成子高立爲諸侯。堯授舜，舜授禹，伯成子高辭爲諸侯而耕。禹往見之，則耕在野。禹趨就下風，立而問焉，曰："昔堯治天下，吾子立爲諸侯。堯授舜，舜授予，而吾子辭爲諸侯而耕。敢問，其故何也？"子高曰："昔堯治天下，不賞而民勸，不罰而民畏。今子賞罰而民且不仁，德自此衰，刑自此立，後世之亂自此始矣。夫子闔行邪？无落吾事！"俋俋乎耕而不顧。(《天地》)

堯治天下，伯成子高立爲諸侯。堯授舜，舜授禹，伯成子高辭諸侯而耕。禹往見之，則耕在野。禹趨就下風而問曰："堯理天下，吾子立爲諸侯，今至於我而辭之，故何也？"伯成子高曰："當堯之時，未賞而民勸，未罰而民畏，民不知怨，不知説，愉愉其如赤子。今賞罰甚數，而民争利且不服，德自此衰，利自此作，後世之亂自此始。夫子盍行乎，無慮吾農事。”協而耰，遂不顧。夫爲諸侯，名顯榮，實佚樂，繼嗣皆得其澤，伯成子高不待問而知之，然而辭爲諸侯者，以禁後世之亂也。(《呂氏春秋·長利》)

《新序·節士》亦載此文。《呂》“辭諸侯”，當作“辭爲諸侯”，與上“立爲諸侯”對文，《莊》《新序》皆作“辭爲諸侯”。《呂》“故何也”，當如《莊》作“其故何也”，脱“其”字。《莊》“刑自此立”，《呂》作“利自此作”，蓋原文賞罰、德刑對舉，作“刑”爲是，《新序》亦作“刑”。《呂》改“刑”爲“利”是爲了應和《長利》篇之主旨。據此，《呂》文有晚出跡象。

就内容而言，《莊》《呂》《新序》存在明顯不同。《呂》“民不知怨，不知説，愉愉其如赤子”爲《莊》《新》所無；《莊》“无落吾事”，《呂》作“無慮吾農事”，《新》作“無留吾事”；《莊》“俋俋乎耕而不顧”，《呂》作“協而耰，遂不顧”，《新》作“耕而不顧”。又《新》“（昔堯之治天下），舉天下而傳之他人，至無欲也，擇賢而與之其位，至公也。以至無欲至公之行示天下”諸句爲《莊》《呂》所無，王叔岷云：“案《後漢書·馮衍傳》注、《李固傳》注引（昔堯治）‘天下’下並有‘至公無私’四字，《藝文類聚》三六、《御覽》五〇九引嵇康《高士傳》同。(《新序》‘堯之治天下’下，亦有稱堯至無欲、至公之文)”[①] 可見《新序》所本既非《莊子》亦非《呂覽》，而《莊》《呂》亦當各有所本，至於二者孰先孰後則難以斷定。

《天地》此節與前後文皆無關聯，且無崔向注及司馬注，蓋爲後人羼入。從内容上看，伯成子高在堯治天下的時候願意立爲諸侯，至禹時則辭爲諸侯，這顯然不是内篇所追求的境界。《逍遥遊》中的神人追求的是“乘雲氣，御飛龍，而遊乎四海之外”，其塵垢粃糠尚能陶鑄堯舜，這樣的人怎麽能在堯治天下時立爲諸侯呢？此節與《讓王》篇所闡述的主張相近，其創作的時間也大體相仿。

第八部分從“泰初有无”至“同乎大順”。此節爲議論文，文中對老子學説多有闡述，如“泰初有无，无有无名”，即《老子》第一章“无，名天地之始；有，名萬物之母”者也；“留動而生物”，即《老子》第二十五章“獨立而不改，周行而不殆，可以爲天地母”者也；“是謂玄德”，本自《老子》五十一章“生而不有，爲而不恃，長而不宰，是謂玄德”；

① 王叔岷：《莊子校詮》，北京，中華書局，2007，第431頁。

“同乎大順”，本自《老子》六十五章“玄德深矣，遠矣，與物反矣，然後乃至大順”。然文中論述的“命”和“性”，如“且然无間，謂之命”“各有儀則，謂之性”等，却是老子學説中没有的，可見其文晚出。雖然如此，文中還没有出現性命連用的情况，其創作的年代可能不會晚於《駢拇》諸篇，因爲那些篇中“性命之情”已經是一個常用詞了。另外，此節無崔向注及司馬注，且與前後文皆無關聯，蓋爲後人羼入的文字。

第九部分從“夫子問於老聃曰”至“是之謂入於天”。文中“是胥易技係，勞形怵心者也。執留之狗成思，猿狙之便自山林來”數句與《應帝王》的表述略同，蓋本自《應帝王》，詳説見前文。從内容上看，此節表述含混不清，行文生硬，如“凡有首有趾无心无耳者衆，有形者與无形无狀而皆存者盡无。其動，止也；其死，生也；其廢，起也，此又非其所以也”等，皆迂曲難通，不知所云，與内篇差别較大。又其文曰“忘乎物，忘乎天”，忘物則可，而天唯順之而已，無所謂忘還是不忘，這樣的表述在内篇是絶對没有的，蓋爲晚出之作，具體的創作時間則難以確定。

第十部分從“將閭葂見季徹曰”至“欲同乎德而心居矣”。此節談的是如何治國、治天下的問題，與内篇“孰弊弊焉以天下爲事”相異。從行文上看，文中“季徹局局然笑曰：‘若夫子之言，於帝王之德，猶螳蜋之怒臂以當車軼，則必不勝任矣’”“蔣閭葂覤覤然驚曰：‘葂也汒若於夫子之所言矣。雖然，願先生之言其風也’”等描述比較自然流暢，有内篇遺風；作者倡導的自然無爲亦與道家主張相合，此文蓋莊子後學所作。此節無崔向注及司馬注，蓋爲後入的文字。

第十一部分從“子貢南遊於楚”至“予與汝何足以識之哉”。作者通過子貢與抱翁丈人的對話，闡述捐棄巧智、見素抱樸的道理。作者認爲“有機事者必有機心。機心存於胷中則純白不備；純白不備則神生不定；神生不定者，道之所不載也”。寓言中老翁通過種菜以修道，其不用桔槔，爲的是保持純樸之心性，不可狹隘地理解爲對先進工具的排斥。文中子貢、孔子都是受教育的對象，最後他們認識到，與大道相比儒家的學説是多麼微不足道。所以子貢稱抱翁丈人爲“全德之人”，稱自己是“風波之民”。《德充符》中也有類似的表述，“孔子曰：‘弟子勉之！夫无趾，兀者也，猶務學以復補前行之惡，而况全德之人乎！’”可見此節無論是義理上還是手法上皆與内篇相類，當爲《莊子》中早出的文字。

第十二部分從“諄芒將東之大壑”至“此之謂混冥”。文中“注焉而不滿，酌焉而不竭”與《齊物論》有重文關係，蓋《齊物論》本自《文子》，《天地》本自《齊物論》。此節討論的内容是“聖治”“德人”和

"神人"。作者認爲,"官施而不失其宜,拔舉而不失其能,畢見其情事而行其所爲,行言自爲而天下化。手撓顧指,四方之民莫不俱至,此之謂聖治"。顯然,作者推崇的勞心費力統治天下的所謂"聖治",與内篇無功無名的聖人具有較大差異。作者崇尚的神人的特征是"上神乘光,與形滅亡,是謂照曠"。文中所謂"乘光""照曠"皆不見於内篇,在《莊子》中也僅在此文出現過一次,且詞意迂曲難曉,顯然是作者刻意編造出來的,此文晚出。

第十三部分從"門無鬼與赤張滿稽觀於武王之師"至"事而无傳"。文中説:"至德之世,不尚賢,不使能,上如標枝,民如野鹿。端正而不知以爲義,相愛而不知以爲仁,實而不知以爲忠,當而不知以爲信,蠢動而相使,不以爲賜。"這種主張及言説方式與《駢拇》等篇類似,如《馬蹄》"故至德之世,其行填填,其視顛顛","夫至德之世,同與禽獸居,族與萬物並"等,蓋爲同時之作。

第十四部分從"孝子不諛其親"至"汲汲然唯恐其似己也"。此節爲議論文,文章的開篇是這樣説的:"孝子不諛其親,忠臣不諂其君,臣子之盛也。"作者將不諛其親、不諂其君的人稱爲"孝子""忠臣",顯非道家語。作者認爲世人皆作態媚俗而不知其惑也,只有自己才是清醒的,大有屈子"世人皆醉我獨醒"的感覺。作者想要唤醒世人却難以實現,因此内心十分痛苦,即"而今也以天下惑,予雖有祈嚮,不可得也。不亦悲乎"。最後作者好像是想開了,他説:"知其不可得也而强之,又一惑也!故莫若釋之而不推。不推,誰其比憂。"意思是説,明知不可能還想强迫世人接受自己的想法,這又是一大迷惑!所以不如放棄這樣的想法,不强制推行自己的主張,這樣的話,哪裏還會有没完没了的憂愁!可見作者陷於是非之境而難以自拔,内心十分糾結和痛苦,這與内篇泯是非的主張相去甚遠。《齊物論》云:"道隱於小成,言隱於榮華。故有儒墨之是非,以是其所非而非其所是。欲是其所非而非其所是,則莫若以明。"可見此篇憤世嫉俗之言與内篇不類,其文晚出。

第十四部分從"百年之木"至最後"亦可以爲得矣"。其文云:

> 跖與曾史,行義有間矣,然其失性均也。且夫失性有五:一曰五色亂目,使目不明;二曰五聲亂耳,使耳不聰;三曰五臭薰鼻,困惾中顙;四曰五味濁口,使口厲爽;五曰趣舍滑心,使性飛揚。此五者,皆生之害也。而楊墨乃始離跂自以爲得,非吾所謂得也。

文中曾史、楊墨對舉，且言“五色亂目”“五聲亂耳”，無論其内容還是表達方式，皆與《駢拇》等篇相類，應該是同時的作品。

綜上，《天地》篇内容相當駁雜，時間跨度也比較大。其中第四部分“黄帝遊乎赤水”與第十一部分“子貢南遊於楚”，無論内容還是言説方式皆似内篇，應爲早出的文字。第一和第二部分是戰國末年稷下道家的作品。第六部分講求長生久視，當爲戰國末神仙家之言。其餘部分應爲道家後學的作品。至於各部分的創作時間，大多難以確定。許多學者認爲《天地》篇作於秦末漢初，這只不過是揣測之詞，目前尚無確鑿的證據。從作品的内容上看，將此篇看作戰國末年的作品可能更妥當一些。

四、《天道》

以首句二字名篇。全篇由六部分文字組成，各部分之間並無内在關聯，蓋編者雜湊而成。

第一部分從開篇至“非上之所以畜下也”。此部分爲議論文，由四節文字構成。第一節從開頭至“聖人之心以畜天下也”，作者寫道：

> 天道運而无所積，故萬物成；帝道運而无所積，故天下歸；聖道運而无所積，故海内服。

作者將“天道”“帝道”“聖道”對舉，這樣的表述在内篇未曾有過。作者所謂的“帝道”並不是道家所崇尚的，“天下歸”“海内服”也不是道家所追求的。“帝道”即帝王之道，“帝王”一詞，在此部分中多次出現，如：

> 明於天，通於聖，六通四辟於帝王之德者，其自爲也，昧然无不静者矣！
>
> 夫虚静恬淡寂漠无爲者，天地之平而道德之至，故帝王聖人休焉。
>
> 夫虚静恬淡寂漠无爲者，萬物之本也。明此以南鄉，堯之爲君也；明此以北面，舜之爲臣也。以此處上，帝王天子之德也；以此處下，玄聖素王之道也。
>
> 夫帝王之德，以天地爲宗，以道德爲主，以无爲爲常。
>
> 天不産而萬物化，地不長而萬物育，帝王无爲而天下功。故曰莫神於天，莫富於地，莫大於帝王。故曰帝王之德配天地。此乘天地，馳萬物，而用人群之道也。

可見作者崇尚的乃是“帝王”，這與内篇效法自然、忘我無待的主張是完全不同的。“帝王”一詞，《莊子》中共出現十一次，皆見於外雜篇。其中《天道》篇第一部分出現七次，《天地》篇出現一次，《天運》篇出現一次，《秋水》篇出現一次，《讓王》篇出現一次。《莊子》内篇言“帝”、言“王”，並無“帝王”的用法。内篇之“帝”字共出現五次，即《大宗師》之“神鬼神帝”，指天神；《應帝王》之“南海之帝爲儵，北海之帝爲忽，中央之帝爲渾沌”，指一方之神；《養生主》之“古者謂是帝之縣解”，指天。可見内篇“帝”字並無帝王的用法。“王”字用爲名詞的情況在内篇共出現三次，即《齊物論》之“及其至於王所，與王同筐床”，《人間世》之“王使諸梁也甚重”。這三個“王”字都是戰國時期諸侯國的國君，與《天道》篇“帝王”的用法並不相同。《天道》篇之“帝王”的地位遠遠高於戰國之諸侯王，正如作者所説：“莫神於天，莫富於地，莫大於帝王。故曰帝王之德配天地。此乘天地，馳萬物，而用人群之道也。”可見此“帝王”乃是德配天地、統御天下、至高無上之人。商、周天子稱王不稱帝，前二八八年齊湣王稱東帝，秦昭王稱西帝，此時“帝”才有諸侯之王的意思，可見《天道》篇此節創作的時間不會早於前二八八年。先秦文獻中《莊子》最早使用“帝王”這一複音詞，泛指最高統治者。自秦始皇始，只有國家的最高統治者稱“皇帝”或“帝”，藩國或附屬國的君主只能稱“王”，此文帝王連稱，蓋作於戰國之末。

另外，此節中還使用了“素王”一詞，張恒壽云：“考‘素王’一詞是漢初公羊春秋家尊稱孔子之名，隱含孔子當爲帝王之意，這種思想，在戰國時期，還没有産生。”[①] 此説未必然。原文是這樣表述的：

> 夫虚静恬淡寂漠无爲者，萬物之本也。明此以南鄉，堯之爲君也；明此以北面，舜之爲臣也。以此處上，帝王天子之德也；以此處下，玄聖素王之道也。

文中“玄聖素王”對應的是“帝王天子”，“帝王”與“天子”的意思相同，“玄聖”與“素王”的意思相同。“聖王”本是一個詞，爲與上文“帝王天子”對偶，同時也表達出並非是真正的聖王這一層意思，作者在“聖”字前加了一個“玄”字，在“王”字前加了一個“素”字，以表示有聖王之德而無聖王之位的人。可見此節的作者首先創造了“玄聖素王”

① 張恒壽：《莊子新探》，武漢，湖北人民出版社，1983，第157頁。

這一表達方式，這種表述與孔子毫無關係。以“玄聖”“素王”指代孔子乃後人引申的用法，如《文選·班固〈典引〉》：“故先命玄聖，使綴學立制，宏亮洪業。”李善注：“玄聖，孔子也。”《淮南子·主術訓》：“孔子之通，智過於萇弘，勇服於孟賁……然而勇力不聞，伎巧不知，專行教道，以成素王。”故認爲“素王”一詞專指孔子的看法是不能成立的，不能因爲此節使用了“素王”一詞，便將此文定爲漢代的作品。

此節文字中有些内容與《刻意》篇的表述相近，如：

> 夫虚静恬淡寂漠无爲者，天地之平而道德之至，故帝王聖人休焉。（《天道》）
>
> 故曰，夫恬惔寂漠，虚无无爲，此天地之平而道德之質也。故曰，聖人休休焉則平易矣，平易則恬惔矣。（《刻意》）

《刻意》兩用“故曰”，蓋本自《天道》。

> 故曰：知天樂者，其生也天行，其死也物化。静而與陰同德，動而與陽同波。故知天樂者，无天怨，无人非，无物累，无鬼責。故曰：其動也天，其静也地，一心定而王天下；其鬼不祟，其魂不疲，一心定而萬物服。言以虚静推於天地，通於萬物，此之謂天樂。天樂者，聖人之心，以畜天下也。（《天道》）
>
> 故曰：聖人之生也天行，其死也物化；静而與陰同德，動而與陽同波；不爲福先，不爲禍始；感而後應，迫而後動，不得已而後起。去知與故，循天之理。故无天災，无物累，无人非，无鬼責。其生若浮，其死若休。不思慮，不豫謀。光矣而不耀，信矣而不期。其寢不夢，其覺无憂。其神純粹，其魂不罷。（《刻意》）

《文子·九守》亦載有相關文字，其文云：

> 老子曰：所謂聖人者，因時而安其位，當世而樂其業，夫哀樂者德之邪，好憎者心之累，喜怒者道之過，故其生也天行，其死也物化，静即與陰合德，動即與陽同波，故心者形之主也，神者心之寶也，形勞而不休即蹷，精用而不已則竭，是以聖人遵之不敢越也。以无應有，必究其理，以虚受實，必窮其節，恬愉虚静，以終其命，无所疏，无所親，抱德煬和，以順於天，與道爲際，與德爲鄰，不

爲福始，不爲禍先，死生無變於己，故曰至神。神則以求无不待也，以爲无不成也。

《天道》《刻意》之“其生也天行，其死也物化。静而與陰同德，動而與陽同波”與《文子》的表述相同，《天道》《刻意》皆有“故曰”而《文子》没有，可見此二篇本自《文子》無疑。另外，《天道》篇之“故知天樂者，无天怨，无人非，无物累，无鬼責”與《刻意》篇之“故无天災，无物累，无人非，无鬼責”的表述相同，《天道》篇此段文字討論的是“天樂”問題，前後一貫，環環相扣；而《刻意》篇此節文字多次使用“故曰”，顯然是雜拼的文字。可見《天道》成於《刻意》之前。

從内容上看，第一節主要講虚静無爲的重要性。作者云：“夫虚静恬淡寂漠无爲者，天地之平而道德之至。”所謂“虚静恬淡寂漠无爲”，就是順性而爲的意思，與内篇的主張相合。與内篇不同的是，此文的作者並不只是讓人們順守天性，而是要在“虚静恬淡寂漠无爲”方針的指導下，做好君臣之事。即：

夫虚静恬淡寂漠无爲者，萬物之本也。明此以南鄉，堯之爲君也；明此以北面，舜之爲臣也。以此處上，帝王天子之德也；以此處下，玄聖素王之道也。以此退居而閒游，江海山林之士服；以此進爲而撫世，則功大名顯而天下一也。

作者認爲，虚静無爲並不單單是心性的修養以及對道的體悟，而且具有其社會功用性。即虚静無爲可以使人掌握爲君爲臣之道，即使是退居閒遊也能使山林之士服，若進而撫世則可顯達於世而天下歸一。作者對虚静無爲的解讀顯然與内篇的主張相去甚遠。《逍遥遊》中的神人乃“乘雲氣，御飛龍，而遊乎四海之外”者也，是不肯“弊弊焉以天下爲事”的，其最高境界是無己、無功、無名。而此節的作者却把虚静無爲看作一個可以利用的工具，認爲只要掌握了此道，便可上爲帝王天子，下爲玄聖素王。可見此節作者更看重虚静無爲的社會功用，其目的是要説服國君用虚静無爲的方式治理天下。此乃戰國晚期稷下道家對傳統道家學説的改造和引申，已與道家真意相乖離。另外，作者“静而聖，動而王”的提法與《天下》篇“内聖外王”的主張十分接近，二文都是戰國末期稷下道家的代表作品。

第二節從“夫帝王之德”至“而用人群之道也”。此節作者主要討論了“無爲”與“有爲”的關係。作者認爲，君王應以無爲的方式治理天下，因爲君若無爲則用天下而有餘，君若有爲則爲天下用而不足。但並不是説君無爲臣也應無爲，爲臣者應當有爲。作者説：

> 上无爲也，下亦无爲也，是下與上同德，下與上同德則不臣；下有爲也，上亦有爲也，是上與下同道，上與下同道則不主。上必无爲而用天下，下必有爲爲天下用，此不易之道也。

意思是説，君無爲臣亦無爲，則臣不像臣；臣有爲君亦有爲，則君不像君。只有上者無爲以馭天下，下者有爲以爲天下役，這才是不可改變的道理。顯然，作者將“無爲”“有爲”理解爲一種統御之術，與莊旨不合。道家所謂無爲，乃順性而爲；所謂有爲，是指逆物性而爲，並不是説操勞就是有爲，不操勞就是無爲。道家主張萬物皆應順性而爲，而不是作者所説的君無爲臣有爲。王夫之《莊子解》云：“此篇之説，有與莊子之旨迥不相侔者……莊子之説，合上下、隱顯、貴賤、小大而通於一。此篇以無爲爲君道，有爲爲臣道，則剖道爲二，而不休於天鈞。且既以有爲爲臣道矣，又曰‘以此南鄉，堯之爲君也；此以北面，舜之爲臣也’，則自相刺謬。”

第三節從“本在於上”至“安取道哉”。此節作者主要討論了尊卑先後問題。作者指出：

> 天尊，地卑，神明之位也；春夏先，秋冬後，四時之序也。萬物化作，萌區有狀；盛衰之殺，變化之流也。夫天地至神，而有尊卑先後之序，而況人道乎！

所以“君先而臣從，父先而子從，兄先而弟從，長先而少從，男先而女從，夫先而婦從”，乃是天經地義的事。作者提倡的尊卑先後顯然是儒家思想，與道家主張不符。

第四節從“是故古之明大道者”至“非上之所以畜下也”。此節作者繼續申明上文君無爲而臣有爲之主張。即：

> 古之明大道者，先明天而道德次之，道德已明而仁義次之，仁義已明而分守次之，分守已明而形名次之，形名已明而因任次之，因任已明而原省次之，原省已明而是非次之，是非已明而賞罰次之。

此種表述顯然有調和儒道名法的傾向，是戰國末期稷下道家的言論，其文晚出。王夫之《莊子解》云："其意以兵刑、法度、禮樂委之於下，而按分守、執名法以原省功過。此形名家之言，而胡亥督責之術，因師此意，要非莊子之旨。"其説是也。

總之，《天道》篇第一部分是《莊子》中晚出的文字，無論是語詞之使用還是所言之義理，皆與内篇存在較大差異，此文具體創作時間尚難以確定。張恒壽認爲此文成於秦漢時期，其主要依據是文中出現了"素王"一詞。我認爲僅憑"素王"一詞還不足以認定此文爲秦漢時期的作品，不過從此文之文體、詞彙及義理上看，其創作的時間應該不會早於戰國末期，是稷下道家的代表作品。

第二部分從"昔者舜問於堯"至"天地而已矣"。從形式上看，此部分爲問答體，與此前之議論文有别。從内容上看，作者主張要效法天地，踐行無爲。與内篇不同的是，此節贊美黄帝、堯舜，即"夫天地者，古之所大也，而黄帝堯舜之所共美也。故古之王天下者，奚爲哉？天地而已矣"。而《逍遥遊》言神人的"塵垢粃糠，將猶陶鑄堯舜者也，孰肯以物爲事"，可見堯舜並非内篇所稱美的對象，蓋此文成於内篇之後。

第三部分從"孔子西藏書於周室"至"夫子亂人之性也"。此節通過老聃與孔子的對話，對孔子所提倡的"仁義"問題進行了討論。孔子認爲仁義的核心是"兼愛無私"，其實儒家的兼愛是建立在血緣關係基礎上的，即所謂"老吾老以及人之老"，可見儒家的兼愛是有條件的，故老聃説："夫兼愛，不亦迂乎！无私焉，乃私也"，"天地不仁，以萬物爲芻狗；聖人不仁，以百姓爲芻狗"，這才是道家仁愛的最高境界。故作者云：

> 則天地固有常矣，日月固有明矣，星辰固有列矣，禽獸固有群矣，樹木固有立矣。夫子亦放德而行，循道而趨，已至矣！又何偈偈乎揭仁義，若擊鼓而求亡子焉？意，夫子亂人之性也。

作者對儒家"仁義"的批判與道家主張相符，並無調和儒道的傾向。

對於此節"孔子西藏書於周室"的記述，姚鼐《莊子章義》認爲"亦漢人語。藏書者，謂聖人知有秦火而預藏之，所謂藏之名山也"。《釋文》云："司馬云：藏其所著書也。"孔子欲將其所著之書藏於周王室，因老聃曾經是周王室的守藏室之史，故他想通過老聃的關係將書藏於周室，而老聃對孔子著書的内容並不認可，所以二人之間才發生了對"仁義”的討論。可見孔子藏書周室與秦火應該没有關係，姚鼐的説法不過是揣測之詞。

另外，此節中還有“十二經”的説法，即孔子“往見老聃，而老聃不許，於是繙十二經以説”。《釋文》云：“説者云：《詩》《書》《禮》《樂》《易》《春秋》六經，又加六緯，合爲十二經也。一説云：《易》上下經並十翼爲十二。又一云：《春秋》十二公經也。”顯然，陸德明對所謂“十二經”的含義並不清楚，他記録的只是自己看到的三種解説，陸氏本人並没有指出哪一種説法是對的。孔子生活的年代，並無所謂“經”的概念。據現存的文獻，《荀子》中首先出現了“經”的提法。《荀子·勸學》：“學惡乎始？惡乎終？曰：其數則始乎誦經，終於學禮。”

“緯書”是相對於“經書”而言的，是漢代的方士和儒生依託今文經義寫成的占驗之書。此節雖爲寓言，也不應將孔子時尚未出現的“緯書”包括在“十二經”之内，看來“六經”“六緯”説未必可信。

《易》在先秦並未被列入經書，《荀子·勸學》：“禮之敬文也，樂之中和也，詩書之博也，春秋之微也，在天地之間者畢矣。”《荀子·儒效》：“《詩》言是其志也，《書》言是其事也，《禮》言是其行也，《樂》言是其和也，《春秋》言是其微也。”可見其時《易》並不是經書。至漢，《淮南子·泰族》《春秋繁露·玉杯》《史記·太史公自序》等篇始將《易》列入經書。張恒壽云：“因爲易在秦代，本是卜筮之書，加入六經甚晚，所以包含易經在内的六經名稱，最初出現，不能早於秦、漢之際。”① 由此看來，認爲“十二經”包括《易》上下經及晚出的十翼的説法也未必可信。

至於“《春秋》十二公經”的説法或許比前兩種説法可信，一是《春秋》被列爲經書的年代較早，二是《春秋》是孔子增删的，他比較熟悉。總之，僅據“十二經”一詞便將此節定爲秦末漢初的作品尚欠妥當。

第四部分從“士成綺見老子”至“其名爲竊”。此部分通過老子與士成綺的對話，主要討論了修道養性的問題。士成綺憑藉自己的觀察認爲老子非聖人也，可見其還不能離形去智，離道尚遠。老子説：“夫巧知神聖之人，吾自以爲脱焉。”意思是説，我與你所説的那種運用智巧的所謂聖人是不相干的，此與内篇離形去智的主張是相通的，而與此篇第一部分調和儒道的言論相異，顯非出自一人之手。王夫之《莊子解》云：“此節於莊生之旨爲合，但上下不相爲類。有爲則有名，巧知神聖皆爲也，

① 張恒壽：《莊子新探》，武漢，湖北人民出版社，1983，第180頁。

凡爲皆竊也。若如上文所云‘臣道有爲’，則臣可以竊爲道乎？外篇之文，雜纂而無定論，純駁相間，非有得於莊子之言者所撰次，益可見矣。”實際上編者並非不知篇中各部分之間存在的差異，只不過是將與道家有關的言論雜湊在一起而已，至於其間的差異則需要讀者細心體味。

第五部分從“夫子曰”至“至人之心有所定矣”。此節的開頭之“夫子曰”，或謂指老子，或謂指孔子，或謂指莊子。審其文，其言不爲物累，外天地，遺萬物，似莊子語，蓋此文乃莊子後學所爲，其間有些文字化用《德充符》，故謂“夫子曰”。蓋作者寫作此文時，由内篇構成的《莊子》已經傳世。此節中“夫至人有世，不亦大乎”等提法與《逍遥遊》“孰弊弊焉以天下爲事”的表述明顯不同，蓋戰國末期莊子後學的文字。

第六部分從“世之所貴道者”至“而世豈識之哉”。此節主要討論言意之關係，文中指出：

> 世之所貴道者，書也，書不過語；語有貴也，語之所貴者意也。意有所隨，意之所隨者，不可以言傳也，而世因貴言傳書。世雖貴之，我猶不足貴也，爲其貴非其貴也。

作者認爲言之所本者，意也；意之所本者，道也。道不可言，故所言皆非道也。而世人却珍言貴書，不亦悲乎！此段文字言簡意深，影響久遠，其與《外物》“荃者所以在魚，得魚而忘荃；蹄者所以在兔，得兔而忘蹄；言者所以在意，得意而忘言。吾安得夫忘言之人而與之言哉”異曲同工，應是《莊子》中早出的文字。

第七部分從“桓公讀書於堂上”至“古人之糟粕已夫”。此節與上節文意相關聯，討論的都是言意之關係。不同的是，此節是通過輪扁斲輪的寓言進一步論説言意之理。作者認爲，輪扁斲輪時那種“不徐不疾，得之於手而應於心”的感受之所以無法用言語描述，是因爲不徐不疾非手使然，亦非心使然，成之者乃心手相應、物我渾然一體之境界。此乃《養生主》之以神遇而不以目視，官知止而神欲行者也。此寓言無論行文還是義理皆似内篇，應爲早出的文字。王夫之《莊子解》云：“讀書而聞有仁，則以爲仁；讀書而聞有義，則以爲義。不知古之爲此言者，適乎時，因乎化，而非其必然之情也。竊其所言以自貴，而撓萬物之情，此儒墨之所以多爲多敗，而攖人之心也。其無獨見而唯人言之從也，曰道諛。其有人之有而自忘也，曰賊心。”

綜上，《天道》第一部分非但是此篇中最晚形成的文字，亦是《莊子》中較晚形成的文字。從詞語的使用上看，此部分將“天道”“帝道”“聖道”對舉，這樣的表述在内篇中未曾有過，且“道德”“精神”這兩個複音詞也出現在此部分中，可見其文晚出。從義理上看，文中作者調和儒道法名，是稷下道家的代表作。篇中後面的幾則寓言彼此並無關聯，乃編者所爲，蓋成於戰國晚期。最後兩段文字闡述了言、意、道之關係，寓意深刻，影響久遠，是《莊子》寓言中的代表作品，應爲早出的文字。

五、《天運》

此篇以首句“天其運乎”中的“天運”二字名篇，問去其虛詞，非以意名篇。全篇共分八部分，各部分之間並無内在關聯，蓋非一人之作。此篇後四段記述的都是孔子與老子的對話，乃編者有意將相關内容編連在一起，並非出自一人之手。

第一部分從“天其運乎”至“此謂上皇”。此節開頭作者用了五個“孰”字來追問天覆地載、日月更迭、雲行雨施等自然現象是如何發生的。從表現手法上看，此段文字既非寓言，亦非議論，而是用詩一般的語言對天地自然發展變化的根由提出疑問。作者運思獨特，想象豐富，與《莊子》各篇皆不類。宣穎《南華經解》云：“突然而起，參差錯落，如疎雨點蕉之聲。重重徵究，連用五個‘孰’字，劈面致詰，愚者亦當醒眼。”而巫咸的答語“天有六極五常，帝王順之則治，逆之則凶”云云，説的都是世間吉凶禍福之事，似乎與所問並無内在關聯。文中之“帝王”亦爲晚出之詞語，前文已有論及。蓋文中所問所答非一時之語，後人因巫咸知天，故託以答。張恒壽云：“自‘巫咸祒曰’句以下解答之辭，和上面提出的問題，絶不相稱。”[①] 前者語似《天問》，蓋成於屈子之時，後者可能寫於戰國晚期。

第二部分從“商大宰蕩問仁於莊子”至“是以道不渝”。此節作者通過大宰蕩與莊子的對話，對仁孝等問題進行了討論。文中指出，若以親愛爲仁，那麽虎狼也是講仁的，因爲虎毒不食子，虎狼亦父子相親，怎麽能説虎狼不仁呢？故曰“虎狼，仁也”。這種表現手法與莊子“荒唐之言”有些相似。接下來大宰蕩向莊子詢問何爲“至仁”？莊子回答説：“至仁無親。”也就是説，至仁乃是對儒家所謂仁愛的超越，此與老子

① 張恒壽：《莊子新探》，武漢，湖北人民出版社，1983，第 162 頁。

“天地不仁，以萬物爲芻狗；聖人不仁，以百姓爲芻狗”的主張相同。作者認爲“夫孝悌仁義，忠信貞廉，此皆自勉以役其德者也，不足多也”。此與内篇自然順性的主張相合，而與《天道》等篇調和儒道的文字相異。蓋此文出自莊子後學之手，寫作的時間不會晚於戰國末期。

第三部分從“北門成問於黄帝”至“道可載而與之俱也”。此節乃先秦論樂之妙文。北門成在廣漠的原野上聆聽黄帝演奏《咸池》之樂，他始聞之懼，復聞之怠，卒聞之惑，聞一曲而歷三境。宣穎《南華經解》云：“懼者駭聽，殆者息心，惑者忘己，真深於聞樂者。”此文看似論樂，實則論道。作者以“懼”“怠”“惑”分别代表修道的三個階段，即從物我相待漸次進入物我相合、物我相忘之境界。此節之行文及義理皆似内篇，應是早出的文字。

第四部分從“孔子西遊於衛”至“而夫子其窮哉”。作者借師金之口批孔子復古之愚，乃寓言耳，非實有其事。鍾泰云：“此借孔子以發其古今不同而禮法必變之論，信所謂寓言也。何以言之？考《史記·孔子世家》，孔子遊衛者凡五次：一在去魯司寇時，最早；一在匡圍之後，由蒲往（蒲，衛之西邑也）；一自陳往；一西見趙簡子，臨河而返，復入於衛；一自楚往。自蒲，自河皆東行。自陳、自楚皆北行。今曰‘孔子西遊於衛’，則是始去國時也。始去國，而道及‘伐樹於宋，削跡於衛，窮於商周，圍於陳、蔡之間’，是皆未來之事，則其非實言可知矣。”①

從義理上看，此文主要闡述禮義法度要隨著形勢的變化而變化，不可墨守成規，唯古是尊。這種歷史進化觀在内篇中尚未形成。《齊物論》云：“古之人，其知有所至矣。惡乎至？有以爲未始有物者，至矣，盡矣，不可以加矣。其次以爲有物矣，而未始有封也。其次以爲有封焉，而未始有是非也。是非之彰也，道之所以虧也。”顯然作者具有厚古薄今的傾向，與此文的觀點相左。與此文觀點相契合的當屬韓非。《五蠹》云：

> 今有構木鑽燧於夏后氏之世者，必爲鯀、禹笑矣；有決瀆於殷周之世者，必爲湯、武笑矣。然則今有美堯、舜、湯、武、禹之道於當今之世者，必爲新聖笑矣。是以聖人不期修古，不法常可，論世之事，因爲之備。……故文王行仁義而王天下，偃王行仁義而喪其國，是仁義用於古不用於今也。故曰世異則事異。

---

① 鍾泰：《莊子發微》，上海，上海古籍出版社，1988，第323頁。

此文亦有類似的論述：

> 夫水行莫如用舟，而陸行莫如用車。以舟之可行於水也而求推之於陸，則没世不行尋常。古今非水陸與？周魯非舟車與？今蘄行周於魯，是猶推舟於陸也，勞而无功，身必有殃。……故夫三皇五帝之禮義法度，不矜於同而矜於治。故譬三皇五帝之禮義法度，其猶柤棃橘柚邪！其味相反而皆可於口。故禮義法度者，應時而變者也。

從表現手法上看，此節行文簡潔生動，作者用六喻以明一理，頗具莊周文風。總體上看，此節應爲莊子後學所爲，作者受過韓非思想的影響，蓋作於戰國晚期。

第五部分從"孔子行年五十"至"天門弗開矣"。此文記述的是老聃與孔子的對話，二人主要談論了修道問題。從談話的内容上看，老聃對孔子及儒學可謂寬容，老聃曰："子來乎？吾聞子，北方之賢者也，子亦得道乎？"老聃對孔子語氣柔順，毫無責備的意思。其對儒學的態度亦然，如"仁義，先王之蘧廬也，止可以一宿而不可久處，覯而多責。古之至人，假道於仁，託宿於義，以遊逍遥之虚"。意思是説，儒家的仁義學説在求道的過程中還是可以發揮作用的，其對仁義的態度與内篇及强烈反對仁義的《駢拇》諸篇皆不相同。文中還説："怨、恩、取、與、諫、教、生、殺八者，正之器也，唯循大變无所湮者爲能用之。"認爲有道之人是可以使用怨、恩、取、與、諫、教、生、殺的，這顯然不是道家的主張。從表述上看，此節行文有些板滯，與内篇諔詭譎怪的文風不同。總體上看，此文雖然兼容儒法，其主導思想仍然是道家學説，仁義學説"止可以一宿而不可久處"，蓋稷下道家所爲，寫作的時間可能早於《駢拇》諸篇。

第六部分從"孔子見老聃而語仁義"至"不若相忘於江湖"。此文記述的也是老聃與孔子的對話，討論的是仁義問題。文中老聃對仁義的態度與上節明顯不同，老聃説："夫仁義憯然乃憤吾心，亂莫大焉。"意思是説，仁義比蚊虻還毒，擾亂人的心性，没有比仁義造成的禍亂更大的了。可見此兩節並非出自一人之手。文中有些内容與《天道》篇之表述相近：

> 孔子見老聃而語仁義。老聃曰："夫播穅眯目，則天地四方易位

矣；蚊虻噆膚，則通昔不寐矣。夫仁義憯然乃憤吾心，亂莫大焉。吾子使天下无失其朴，吾子亦放風而動，總德而立矣，又奚傑然若負建鼓而求亡子者邪？”（《天運》）

孔子曰：“要在仁義。”老聃曰：“請問：仁義，人之性邪？”孔子曰：“然。君子不仁則不成，不義則不生。仁義，真人之性也，又將奚爲矣？”老聃曰：“請問：何謂仁義？”孔子曰：“中心物愷，兼愛无私，此仁義之情也。”老聃曰：“意，幾乎後言！夫兼愛，不亦迂乎！无私焉，乃私也。夫子若欲使天下无失其牧乎？則天地固有常矣，日月固有明矣，星辰固有列矣，禽獸固有群矣，樹木固有立矣。夫子亦放德而行，循道而趨，已至矣；又何偈偈乎揭仁義，若擊鼓而求亡子焉？意，夫子亂人之性也。”（《天道》）

二文皆爲老聃批駁孔子推行仁義的言論，文中所用的比喻亦相同，如“若擊鼓而求亡子焉”（《天道》）、“又奚傑然若負建鼓而求亡子者邪”（《天運》）。所不同的是，《天道》篇中孔子與老聃關於仁義的論説在《天運》篇只用一句“孔子見老聃而語仁義”概括之，蓋《天運》乃删整《天道》而成。且《天運》此文末尾“泉涸，魚相與處於陸”一段文字又見於《大宗師》，可見《天運》此節乃雜湊之文，成於《天道》相關内容之後。

第七部分從“孔子見老聃歸”至“子貢蹴蹴然立不安”。此節記述的是老聃與孔子及子貢的對話，從内容上看，作者對三皇五帝持批判態度，且語詞激烈，與《駢拇》諸篇相近。行文上看，有些表述與《胠篋》相同：

三皇之知，上悖日月之明，下睽山川之精，中墮四時之施。其知憯於蠆蠆之尾，鮮規之獸，莫得安其性命之情者，而猶自以爲聖人，不可恥乎？（《天運》）

故上悖日月之明，下爍山川之精，中墮四時之施，惴耎之蟲，肖翹之物，莫不失其性。（《胠篋》）

《天運》此節除與《胠篋》篇有重文外，文中“性命之情”又見於《駢拇》《在宥》等篇，蓋《天運》此節與《駢拇》《胠篋》及《在宥》相關章節屬同時之作，成於戰國晚期。

第八部分從“孔子謂老聃曰”至“丘得之矣”。此節所記也是老聃與孔子間的對話，文中提出了“六經”這一概念，即“丘治《詩》《書》《禮》《樂》《易》《春秋》六經”，這是先秦諸子中最早出現“六經”這一提法。許多學者認爲“六經”是晚出的概念。南宋黄震《黄氏日抄》云：“六經之名，始於漢。而《莊子》之書稱‘六經’，意《莊子》之書亦未必盡出於莊子也。”錢穆云：“秦廷焚書，猶不以《易》與《詩》《書》同類。”① 張恒壽云：“六經名稱的確立，爲時很晚。先秦有六藝之稱，而没有六經之名。《荀子·勸學篇》云：‘始乎誦經，終乎讀禮’，可能是儒家稱經之始。這裹以經和禮相對，可知經之中没有包含禮，似乎經專指詩、書而言。禮既在經以外，可知當時没有包含禮在内的六經。此外《儒效篇》《勸學篇》都列舉詩、書、禮、春秋而没有易經。自《禮記經解》《淮南子·泰族》《春秋繁露·玉杯》《史記·太史公自序》等篇後，才列舉詩書易禮春秋，因爲易在秦代，本是卜筮之書，加入六經甚晚。所以包含易經在内的六經名稱，最初出現，不能早於秦、漢之際。”② 認爲“六經”晚出是有道理的，蓋此節文字成於秦末漢初，或者是經秦漢人删改過的先秦文字。

綜上，《天運》篇各部分之間並無内在聯繫，蓋編者雜凑而成。從内容上看，第三部分黄帝論樂形成的時間較早，其餘大多是戰國末期的文字，第八部分可能成於秦末漢初。

六、《刻意》

以首句二字名篇。本篇文意前後一貫，應成於一人之手。文章重在闡明爲人處世不可刻意而爲，而應恬淡無爲，順隨天性。唯知守性貴神者，才能成爲得道之真人。

《刻意》篇中有些語句與《文子·九守》重合，如“故曰，聖人之生也天行，其死也物化；静而與陰同德，動而與陽同波；不爲福先，不爲禍始”；“故曰，悲樂者，德之邪；喜怒者，道之過；好惡者，德之失”；“故曰：形勞而不休則弊，精用而不已則勞，勞則竭”等。在這些重合的語句中，《刻意》皆有“故曰”而《文子》没有，可見其本自《文子》無疑。

《刻意》與《天道》篇亦有重出的文字。《刻意》：“故曰，夫恬惔寂漠，虚无无爲，此天地之平而道德之質也。故曰，聖人休休焉則平易矣，

① 錢穆：《莊子纂箋》，臺北，東大圖書股份有限公司，1985，第 121 頁。

② 張恒壽：《莊子新探》，武漢，湖北人民出版社，1983，第 159～160 頁。

平易則恬惔矣。”《天道》：“夫虚静恬淡寂漠无爲者，天地之平而道德之至。故帝王聖人休焉。”張恒壽云：“‘故曰聖人休，休焉則平易矣。’這一引文，《天道》篇的作者改爲：‘故帝王、聖人休焉，休則虚，虚則實，實則倫矣。’這裏《天道》篇特别把聖人休焉，改爲聖人帝王休焉，顯示了《天道》篇首章的作者，是有意把道家所説的聖人，和帝王合而爲一，與其全章内容取得一致。而本篇則保持了聖人的原樣。”① 張氏的觀點值得商榷。

第一，《刻意》篇有“故曰”二字而《天道》没有，應該是《刻意》本自《天道》而不是相反。第二，《天道》第一部分屢次使用“帝王”一詞，如“六通四辟於帝王之德者”“帝王天子之德也”“夫帝王之德”“帝王无爲而天下功”“莫大於帝王”“故曰帝王之德配天地”等。可見“故帝王聖人休焉”應是《天道》篇的原文，而非對引文的改易。第三，《刻意》篇“聖人休休焉則平易矣”句有誤。陳碧虚《莊子闕誤》引張君房本作“聖人休焉，休則平易矣”。俞樾《莊子平議》云：“‘休焉’二字，傳寫誤倒。此本作‘故曰聖人休焉，休則平易矣’。《天道》篇‘故帝王聖人休焉，休則虚’，與此文法相似。”可見並非《天道》引自《刻意》。蓋《刻意》篇多次出現“聖人”，如“聖人之德也”“聖人之生也天行”，並没有出現過“帝王”，故作者將引文中的“帝王”删除，而不是《天道》篇的作者將“帝王”加入句中。

《刻意》篇與《淮南子》也有重文關係。《刻意》：“吹响呼吸，吐故納新，熊經鳥申，爲壽而已矣；此道引之士，養形之人，彭祖壽考者之所好也。”《淮南子·精神訓》：“若吹响呼吸，吐故内新，熊經鳥伸，鳧浴蝯躩，鴟視虎顧，是養形之人也，不以滑心。”吴汝綸《莊子點勘》云：“‘吹响呼吸’三語，割取《精神訓》文。”吴氏所言非是。《刻意》此節行文一貫，句式相同，如上文“枯槁赴淵者之所好也”“遊居學者之所好也”“致功并兼者之所好也”等，此云“彭祖壽考者之所好也”，與前文一律。而《精神訓》之末句爲“是養形之人也，不以滑心”，顯然是對《刻意》之文改易的結果。

《刻意》與《大宗師》也存在重文關係。《刻意》：“其寢不夢，其覺无憂。其神純粹，其魂不罷。”《大宗師》：“古之真人，其寢不夢，其覺无憂，其食不甘，其息深深。”《大宗師》篇是對“古之真人”的描述，此前的文字爲“古之真人，不逆寡，不雄成，不謨士。若然者，過而弗

---

① 張恒壽：《莊子新探》，武漢，湖北人民出版社，1983，第176頁。

悔，當而不自得也。若然者，登高不慄，入水不濡，入火不熱。是知之能登假於道者也若此”。此後的文字爲“真人之息以踵，衆人之息以喉”。可見《大宗師》之“其寢不夢，其覺无憂，其食不甘，其息深深”與前後文皆有内在聯繫，而《刻意》篇之“其寢不夢，其覺无憂。其神純粹，其魂不罷”只是泛論聖人，且《刻意》此文前有“故曰”二字，乃化用《大宗師》而成。

從行文上看，此篇文字刻板，全無内篇詼詭譎怪的風格。從義理上看，此篇文意膚淺，間多拼凑之語，末尾一段“夫有干越之劍者，柙而藏之，不敢用也，寶之至也。精神四達並流，无所不極，上際於天，下蟠於地，化育萬物，不可爲象，其名爲同帝。純素之道，唯神是守；守而勿失，與神爲一；一之精通，合於天倫”云云似神仙家語。王夫之《莊子解》云：“雖欲自别於導引，而其末流亦且流爲鑪火彼家之妖妄，固莊子所深鄙而不屑爲者也。且其文詞軟美膚俗，首尾結構一若後世科場文字之局度，以視内篇窮神寫生靈妙之文，若厲與西施之懸絶。”其説是也。此文成於《天道》之後，或爲秦漢人雜凑先秦文字而成。

七、《繕性》

以首句二字名篇。文章討論的是如何修養心性的問題，文意前後一貫，應爲一人所爲。文章指出，不能以俗學俗思的想法來修心養性，只有無爲順性，不以得喜，不以失悲，如此才能莫之爲而常自然。文中以恬養知及對仁義禮樂忠的論述與道家主張不符。

從行文上看，此篇文字生硬刻板，如“彼正而蒙己德，德則不冒，冒則物必失其性也”等非但表述生硬，含義亦模糊不清，與内篇不類。從義理上看，此文具有調和儒道的傾向。如：

> 夫德，和也；道，理也。德无不容，仁也；道无不理，義也；義明而物親，忠也；中純實而反乎情，樂也；信行容體而順乎文，禮也。

作者以德爲和、以道爲理、德生仁、道生義的主張顯然是在調和儒道。作者並不反對仁義禮樂，認爲道與儒的關係就是源與流的關係，此與《駢拇》等篇批駁仁義禮樂的態度相左，而與《天道》篇第一部分的主張相近。作者雖不反對仁義禮樂，但認爲如果“禮樂偏行，則天下亂矣”。作者理想的社會形態是遠古蒙昧時期。其文云：

> 古之人，在混芒之中，與一世而得澹漠焉。當是時也，陰陽和静，鬼神不擾，四時得節，萬物不傷，群生不夭，人雖有知，无所用之，此之謂至一。當是時也，莫之爲而常自然。

此與老子“雖有甲兵，无所陳之；使民復結繩而用之；甘其食，美其服，安其居，樂其俗”的主張相契合。作者認爲，從燧人、伏羲、神農、黄帝以至於今，世風日壞，道德日衰，“世喪道矣，道喪世矣，世與道交相喪也，道之人何由興乎世，世亦何由興乎道哉”，其生不逢時、時命大謬的想法非常强烈。在最後一節中，作者仍在抱怨生不逢時，無人任用：

> 古之所謂得志者，非軒冕之謂也，謂其无以益其樂而已矣。今之所謂得志者，軒冕之謂也。軒冕在身，非性命也，物之儻來，寄者也。寄之，其來不可圉，其去不可止。故不爲軒冕肆志，不爲窮約趨俗。

作者將得志與軒冕聯繫在一起，雖表面上不看重軒冕，其實内心對軒冕還是非常看重的。王夫之《莊子解》云：“且其要歸不以軒冕爲志，而嘆有道之人不興而隱處，則莊子雖非無其情，而固不屑言此以自隘。蓋不得志於時者之所假託也。”要之，《繕性》篇行文刻板，間多怨誹之辭，蓋戰國末期稷下道家的文字。

八、《秋水》

以首句二字名篇。全篇皆以寓言的方式寫就，所述義理前後貫通，乃莊子“三言”之代表作品。林雲銘《莊子因》云：“是篇大意，自内篇《齊物論》脱化出來，立解創闢，既踞絶頂山巔，運詞變幻，復擅天然神斧，此千古有數文字，開後人無數法門。”方人傑《莊子讀本》云：“讀《莊子·秋水》，真有潮海之勢，浩浩蕩蕩，不見水端，而諸君瞠乎其後矣。胡可及哉！胡可及哉！能以雋思逸筆寫深微之理，能以恒情俗態作奇幻之文，其中位置天然，節奏妙合，從來文章之家，並未有此手筆。”《秋水》共分七部分。

第一部分從開頭至“是謂返其真”。此部分由六節文字構成。

第一節從開篇至“不似爾向之自多於水乎”。作者指出，萬物與天地相比是非常藐小的，人不過是萬物之一分子，更是微不足道的。那些自以爲是的仁人任士、五帝三王，與天地萬物相比，不過是豪末之在馬體而已。

第二節從“河伯曰”至“又何以知天地之足以窮至大之域”。文中河伯提出“大天地而小豪末”的問題，作者從“夫物，量无窮，時无止，分无常，終始无故”的角度對這一問題進行了論述，指出應“小而不寡，大而不多”，意思是説物之大小皆性使之然，秋毫雖小而性足，泰山雖大而無餘，故得道者不以物小而寡之，不以物大而多之。内篇《齊物論》雖有“天下莫大於秋豪之末而大山爲小”的論述，與之相比，《秋水》此節的論述顯然要更加細緻而完備，蓋《秋水》成於《齊物論》之後。

第三節從“河伯曰”至“約分之至也”。此節討論了有形和無形的問題。文中指出：

> 夫精粗者，期於有形者也；无形者，數之所不能分也；不可圍者，數之所不能窮也。可以言論者，物之粗也；可以意致者，物之精也；言之所不能論，意之所不能察致者，不期精粗焉。

作者指出，道超越精粗、言意，乃形上不可言者也。《齊物論》對此問題亦有所涉及，即“孰知不言之辯，不道之道”。顯然，《秋水》比《齊物論》闡述得更爲深刻，此亦表明《秋水》篇晚出於《齊物論》。

第四節從“河伯曰”至“小大之家”。此節討論的内容是如何區分貴賤、大小的問題。作者指出：

> 以道觀之，物无貴賤；以物觀之，自貴而相賤；以俗觀之，貴賤不在己。以差觀之，因其所大而大之，則萬物莫不大；因其所小而小之，則萬物莫不小。知天地之爲稊米也，知豪末之爲丘山也，則差數覩矣。

作者認爲從道的角度看，萬物並無貴賤大小之别，所謂貴賤大小都是主觀的。其中“知天地之爲稊米也，知豪末之爲丘山也”，乃《齊物論》“天下莫大於秋豪之末而大山爲小”的翻版，蓋其作者存在關聯。另外，此節還討論了“争讓之禮，堯桀之行，貴賤有時，未可以爲常也”的問題，作者指出“帝王殊禪，三代殊繼。差其時，逆其俗者，謂之篡夫；當其時，順其俗者，謂之義之徒”，即没有恒常的是非貴賤，應當適時順勢而爲。對這一問題，《莊子》内篇並没有進行討論，若《秋水》此部分與《莊子》内篇爲同一作者，則此問題可能是作者晚年思考的問題。

第五節從“河伯曰”至“夫固將自化”。此節討論的是應如何爲的問題。首先，作者認爲貴賤無常勢，少多無常形，應該“无拘而志”，無私德，無私福，兼懷萬物。其次，作者指出“萬物一齊，孰短孰長”，所以要“不恃其成”，“何爲乎，何不爲乎？夫固將自化”，謂萬物皆將順任自然之理而變化，無煩顧念爲與不爲。

第六節從“河伯曰”至“是謂反其真”。此節討論的是知道的益處，即“知道者必達於理，達於理者必明於權，明於權者不以物害己。至德者，火弗能熱，水弗能溺，寒暑弗能害，禽獸弗能賊”。其中“至德者，火弗能熱”云云蓋承自《逍遥遊》“之人也，物莫之傷，大浸稽天而不溺，大旱金石流土山焦而不熱”。所不同的是，作者對至德者火弗能熱、水弗能溺的原因進行了解説，即“非謂其薄之也，言察乎安危，寧於禍福，謹於去就，莫之能害也”。蓋此節成於《逍遥遊》之後。此外，此節對“天”與“人”作出明確的解説，即“牛馬四足，是謂天；落馬首，穿牛鼻，是謂人”，即順任本性是謂天，改變本性是謂人。“天”“人”是莊子哲學中的核心概念，《莊子》内篇尚未對這兩個概念作出明確的解説，此亦表明此節文字晚出於内篇。最後，作者對此部分進行了總結，提出“无以人滅天，无以故滅命，无以得殉名”的主張，文章後面幾則寓言亦圍繞此“三无”展開論述，前後呼應，層次分明。

從時間上看，推定《秋水》第一部分作於《莊子》内篇之後，應該問題不大。至於具體的創作時間及作者，則難以確定。姚鼐《莊子章義》云：“之噲莊子同時，必不曰昔者。”羅根澤亦云：“對之噲讓國稱爲‘昔者’，可見作者距之噲讓國有相當的年代。之噲讓國，據《六國年表》在周慎靚王五年，即公元前三一六年，莊子正當其時，知著作者在莊子之後。”[①] 實際上“昔者”並不一定指年代相隔久遠，也可能指前不久發生的事，如《齊物論》之“昔者莊周夢爲胡蝶”，《天道》之“昔者子呼我牛也而謂之牛”，《知北遊》之“昔者吾問‘未有天地可知乎’”等。可見據“昔者”就認定此文作於莊子之後是不能成立的。

張恒壽云：“這一章有‘五帝之所運，三王之所争’的文句，五帝一名在《墨子》《孟子》等書中還没有出現，最早見於《荀子·非相》篇。(《荀子·大略》篇也有此名，但该篇晚出於荀子以後）大概把古代傳説中的帝王，排成次序，最後確定爲五個，這一過程，不可能産生在戰國中期以前。《莊子》中慣以古代帝王爲寓言，可能是促成‘五帝’一詞確

① 羅根澤：《〈莊子〉外雜篇探源》，《燕京學報》1936年第19期。

立的一個因素，所以運用‘五帝’一詞的文章，可能在莊子以後。”[①] 以“三王”“五帝”一詞的運用來判定此文作於莊子之後恐怕也欠妥當。因爲我們還難以證明荀子首先使用了“三王”“五帝”一詞，荀子與莊子相差不過幾十年的時間，不能排除莊子晚年使用過“三王”“五帝”一詞，且《秋水》篇無論文風還是義理，皆似莊周，所以不能排除此文爲莊周晚年創作的可能性。張氏還説：“《韓非子·顯學》篇云：‘無參驗而必之者愚也，弗能必而據之者誣也；明據先王必據堯舜，非愚則誣也。’本章也説，‘然且語而不舍者，非愚則誣也’。用愚、誣二字作爲批評詞語，很少見於他書，而《顯學》篇給這二字以最確鑿的解釋，説明這一用語，可能就是韓非所創造的。此外《五蠹》篇説‘超五帝、侔三王者，必此法也’，和本章稱三王、五帝的情況亦相近。從這些共同語辭看來，本章和《韓非子》是同時期的作品。”[②] 此説法也有些欠妥。我們先來討論一下“愚”“誣”二字的使用情況，《秋水》的原文爲“是猶師天而无地，師陰而无陽，其不可行明矣。然且語而不舍，非愚則誣也”。“愚”“誣”與上文銜接自然，且無須解説，讀者都能看明白。而《顯學》對“誣”的解説顯然有些生硬，“弗能必而據之者誣也”的意思是，不能正確判斷就引爲根據，那就是欺騙，此句條件和結論之間似乎並不存在必然的因果聯繫。因此，認爲《秋水》襲用《顯學》的論據並不充分，説《顯學》借鑒了《秋水》也未嘗不可。另外，“五帝”“三王”一詞在《荀子》中已經使用，以此論證《秋水》與《韓非子》同時顯然不能成立。

那麼《秋水》此部分的作者究竟是誰？創作的時間如何認定？從言説方式上看，此文堪稱《莊子》中“三言”文風的典型。從闡發的義理上看，與道家順隨自然的主張相合，有些主張較内篇闡述得更爲清晰，有些主張則是發内篇所未發。因此我認爲此文成於内篇之後，可能是莊周晚年的作品。又崔向注只見於《秋水》篇第一部分，蓋早期《秋水》篇只有第一部分，後面的内容可能是編者加入的。可見《秋水》第一部分乃是一篇獨立的文字，應成於一時一人。

第二部分從“夔憐蚿”至“唯聖人能之”。此寓言意在闡明物性天然，不可改變。即所謂“今予動吾天機，而不知其所以然”，“夫天機之所動，何可易邪”。此寓言與《齊物論》之“罔兩問景”所闡述的義理及文風皆近似。張恒壽云：“這種從自然界微小的生物現象或物理現象中，

---

① 張恒壽：《莊子新探》，武漢，湖北人民出版社，1983，第 185 頁。

② 張恒壽：《莊子新探》，武漢，湖北人民出版社，1983，第 186 頁。

體察出一種微妙的關係，並用以表現其哲學的趨向，是莊子哲學和文風的特點。”[①] 略有不同的是，内篇的寓言叙事完畢便戛然而止，一般不作義理的闡釋和發揮，其間的寓意留給讀者去體味，如“渾沌之死”等。此文結尾處“故以衆小不勝爲大勝也。爲大勝者，唯聖人能之”數語，是對上文的闡釋説明，與内篇寓言的行文風格有所不同。可能是莊子後期行文的風格有所變化，也可能此寓言是莊子後學的作品。

第三部分從“孔子遊於匡”至“請辭而退”。此節借孔子臨難不懼，闡述生死有命，窮通有時，天命不可違，窮通不可求，安時而聽命，方可謂聖人。此申上文“无以故滅命”。張恒壽云：“這一章所論，不外於調和命、勇二種品德，但‘勇’這一種品德，是儒家、墨家所尊尚的。……至於莊周學説，他所嚮往的是如‘槁木死灰’‘不譴是非以與世俗處’。而‘勇’這一品德，在他的道德哲學中，却没有地位，當然没有加以解釋的必要。而在前述莊子的作品中，也没有一處提到勇字，可見這是受了荀子論勇影響後的摹仿之作。”[②] 此説有待商討。

我們先來看一下荀子是如何論勇的。《荀子·榮辱》：

> 有狗彘之勇者，有賈盜之勇者，有小人之勇者，有士君子之勇者。争飲食，無廉恥，不知是非，不辟死傷，不畏衆彊，恈恈然唯利飲食之見，是狗彘之勇也。爲事利，争貨財，無辭讓，果敢而振，猛貪而戾，恈恈然唯利之見，是賈盜之勇也。輕死而暴，是小人之勇也。義之所在，不傾於權，不顧其利，舉國而與之，不爲改視，重死持義而不橈，是士君子之勇也。

荀子將“勇”分爲四種，即狗彘之勇、賈盜之勇、小人之勇、士君子之勇。作者對前三勇皆持否定態度，對捨生取義的士君子之勇持肯定態度，即所謂“先義而後利者榮，先利而後義者辱”，體現的是儒家的義利觀。而《秋水》此節顯然不是專門討論“勇”的，由於孔子被宋兵圍困時還“絃歌不惙”，子路感到不解並由此引出勇懼的話題。文中關於“夫水行不避蛟龍者，漁父之勇也；陸行不避兕虎者，獵夫之勇也；白刃交於前，視死若生者，烈士之勇也”的論述，顯然不是對“勇”的系統闡釋，也没有否定的意思，只是一種鋪陳而已，意在引出聖人之勇。作者認爲所

① 張恒壽：《莊子新探》，武漢，湖北人民出版社，1983，第 187 頁。
② 張恒壽：《莊子新探》，武漢，湖北人民出版社，1983，第 190 頁。

謂的“漁父之勇”“獵夫之勇”“烈士之勇”等不過是世人之勇，而真正的大勇應該是超越世人之勇，做到“知窮之有命，知通之有時”，即知天命者才是聖人之勇。可見《秋水》此節與《榮辱》篇關於勇的論述並無關聯，並非是對《榮辱》篇的模仿之作。從義理上看，作者關於窮通有時、順隨天命的論述與道家的主張亦相符合。張氏“而在前述莊周的作品中，也没有一處提到勇字”的説法與事實不符，《齊物論》中即有“大勇不忮”“勇忮而不成”的論述，其對“勇”的看法與此篇並無差别，張氏認爲此節非莊子派的作品的觀點是不能成立的。

第四部分從“公孫龍問於魏牟”至“乃逸而走”。學界一般認爲公孫龍小莊子五十歲左右，蓋此文爲莊子後學的作品。羅根澤云：“公孫龍雖能及見莊子，但究竟是莊子的晚輩，依梁任公先生的考訂，大約差五十幾歲(《莊子天下篇釋義》)。魏牟既與公孫龍共語，則其年輩當與公孫龍相仿。作此文者，能將二人談話載入，當然更在其後。”①

此節中有與《荀子》相關聯的地方，《荀子·正論》：“語曰：‘淺不足與測深，愚不足與謀知，坎井之鼃不可與語東海之樂。’此之謂也。”其中“坎井之鼃”指的就是此節埳井之鼃與東海之鱉的談話，《荀子》有“語曰”，《秋水》有“子獨不聞乎”，看來此二文皆本自他處。

第五部分從“莊子釣於濮水”至“吾將曳尾於塗中”。此節記述莊周拒絶楚王的聘請，表現出莊周不爲外物所累、追求自由的精神境界。司馬遷《史記》莊子本傳之“楚威王聞莊周賢，使使厚幣聘之，許以爲相”本此。有人以爲此節爲寓言，有人認爲實有其事，現難以稽考。不過據此可以想象莊周並非一個寂寞無聞之人。

第六部分從“惠子相梁”至“今子欲以子之梁國而嚇我邪”。此節的表現手法和上節“莊子釣於濮水”相同，世俗所追求的權貴，在莊子看來不過是腐鼠而已。此節重在表現莊子蔑視權貴、超凡脱俗的精神境界，蓋爲莊子後學編撰的寓言，未必是信史。

第七部分從“莊子與惠子遊於濠梁之上”至“我知之濠上也”。此寓言重在説明物與我是可以相知相通的，其與《齊物論》之莊周夢蝶異曲同工，即所謂“物化”者也。此乃道家天人合一之理論基礎。物與我只有彼此敞開，才能人魚相知、周蝶同夢。若物與我不能彼此敞開，那麽只能是物我相待，世界之萬物只能彼此孤立地存在，如何能萬物一體、天人合一？所以説此寓言具有重大的理論意義。蓋辯言出自莊惠之口，

① 羅根澤：《〈莊子〉外雜篇探源》，《燕京學報》1936年第19期。

莊子弟子録之。

綜上，無論言説方式還是義理，《秋水》與内篇皆相似，此篇當出自莊周及其嫡傳弟子之手。

九、《至樂》

以首句二字名篇。此文首句爲"天下有至樂无有哉"，有的學者認爲不取句首之"天下"而以句中之"至樂"名篇，是因爲《莊子》已有《天下》篇，其實不然。此篇首節探討的正是"至樂"問題，而首句中正好出現了此二字，故以之名篇。《莊子》中類似的情況還有《胠篋》《在宥》等篇。前文對《莊子》的篇名問題進行過專題討論，此不贅言。

《至樂》共分六部分，各部分之間並無内在關聯，蓋編者雜凑而成。此篇向秀無注，崔譔注只見於第一、第三部分。蓋此篇形成初期並不具有現在的規模，可能開始時《至樂》只有今本第一部分的内容，崔譔本增入今本第三部分内容，至司馬彪時，《至樂》篇已增至今本的規模。

第一部分從"天下有至樂无有哉"至"人也孰能得无爲哉"。此部分談論的是"至樂"問題，即作者所謂"天下有至樂无有哉"。文中指出，世俗之所尊所樂者，無非富貴壽善並進而使身安味厚服美色好音妙。然而求富者一生辛苦勞作，求貴者整日思慮心神不寧，求壽者整日神志不清，完全體會不到生存的意義，而求善的烈士不能使其身存。故世俗所謂至樂非樂也，人應法天則地以無爲爲樂。得道者不以俗樂爲樂，不以俗譽爲譽，故曰"至樂无樂，至譽无譽"。

羅根澤云："此篇的意思，一言以蔽之曰：'以死爲至樂。'所以説：'人之生也，與憂俱生，壽者惛惛，久憂不死，何苦也！其爲形也亦遠矣。'"羅氏指出，以死爲樂是老子的思想，老子"以有身爲禍患的根苗，説：'貴大患若身。……何謂貴大患若身？吾所以有大患者，爲吾有身；及吾無身，吾有何患？'（第十三章）欲求無身，只有死之一途，所以老子言生之苦，此篇則進而言死之樂。所以是老子一派的思想"。①

羅氏的主張並不正確。首先此部分並没有"以死爲至樂"，文中"人之生也，與憂俱生"云云者，是説追求長壽、貪生戀世者不能順性之自然，故而其生愈長，其憂愈久，其苦愈甚也。作者批判的對象是追求壽

① 羅根澤：《〈莊子〉外雜篇探源》，《燕京學報》1936年第19期。

考的世俗之人，而不是在論述以死爲至樂。其次，以死爲樂並非老子的主張。老子所謂“貴大患若身”的“若”是“乃”的意思，是説人之所以寵辱若驚、患得患失，乃是有“身”的緣故。這裏的“身”並非指人自然之生命，而是指喪失真性、追逐名利的情欲之“我”，即《齊物論》中“吾喪我”之“我”。道家所主張的“無我”“忘我”，是讓人不要爲外物所累的意思。老子所説的“及吾無身，吾有何患”，是説人達到無私忘我的境界時，便可無患，而不是説讓人捨棄生命①，羅氏的理解顯然是對老子的誤讀。

從文體上看，此節通篇議論，與其他各節借寓言以明理之言説方式不同，顯非一人之作。從義理上看，作者以無爲爲至樂，其主張與内篇有别。《莊子》内篇强調自然，“無爲”並不是内篇的核心詞語，只在《逍遥遊》“彷徨乎无爲其側”，《大宗師》“无爲无形”“逍遥乎无爲之業”中出現過。“無爲”是《老子》的核心詞語，共使用十六次，如“是以聖人處无爲之事”“爲无爲”等。又文中“天无爲以之清，地无爲以之寧”，語出《老子》三十九章“天得一以清，地得一以寧”；“天地无爲也，而无不爲也”，語出《老子》三十七章“道常无爲而无不爲”，可見作者受老子的影響更大一些，蓋戰國末期尚老者的文字，不是莊子及其嫡傳弟子的作品。

第二部分從“莊子妻死”至“故止也”。此節記述的是莊子與惠施的對話。莊子的妻子死了，惠子前往吊唁。惠子看見莊子非但不悲傷，反而鼓盆而歌，完全違背了世俗的觀念，無法理解。從所記内容上看，此節蓋非寓言，或實有其事。因爲“莊子妻死”是生活中必然要發生的事，如果莊子妻未死，作者是不可能以之爲素材進行創作的，同時很難想象莊子“箕踞鼓盆”是作者憑空杜撰出來的，所以莊子鼓盆這一流傳千古的故事可能有現實的依據。從表現手法上看，其亦與莊子諔詭譎怪之文風相符。從時間上看，此文必定作於莊子妻死之後，蓋出自莊子或其弟子之手，應爲内篇之後的作品。從義理上看，此文意在闡述人之生死就像四季更替一樣，是自然而然的事，其與《大宗師》“孰能以无爲首，以生爲脊，以死爲尻，孰知死生存亡之一體者，吾與之友矣”相表裏。所不同的是，此文提出了“氣”這一概念，即“察其始而本无生，非徒无生也而本无形，非徒无形也而本无氣。雜乎芒芴之間，變而有氣，氣變而有形，形變而有生”。對於氣生形、形有生這一演化的方式，内篇並無

① 聶中慶：《郭店楚簡〈老子〉研究》，北京，中華書局，2004，第265～270頁。

具體的闡述。《人間世》："无聽之以耳而聽之以心，无聽之以心而聽之以氣！聽止於耳，心止於符。氣也者，虚而待物者也。"文中所説的"氣"似乎是獨立於形骸之外的存在，但没有講氣是形的基礎和前提。《秋水》"自以比形於天地，而受氣於陰陽"，文中的"氣"與《至樂》此節"氣"的含義近似，其創作的時間蓋亦相近，可能是莊子晚年的作品，也可能出自莊子嫡傳弟子之手。

第三部分從"支離叔與滑介叔觀於冥伯之丘"至"我又何惡焉"。此節文字與《大宗師》在表述上存在關聯，比較如下：

> 支離叔曰："子惡之乎？"滑介叔曰："亡，予何惡！生者，假借也。假之而生生者，塵垢也。死生爲晝夜。且吾與子觀化而化及我，我又何惡焉！"（《至樂》）
>
> 子祀曰："女惡之乎？"曰："亡，予何惡！浸假而化予之左臂以爲雞，予因以求時夜；浸假而化予之右臂以爲彈，予因以求鴞炙；浸假而化予之尻以爲輪，以神爲馬，予因以乘之，豈更駕哉！且夫得者，時也；失者，順也。安時而處順，哀樂不能入也。此古之所謂縣解也。而不能自解者，物有結之。且夫物不勝天久矣，吾又何惡焉！"（《大宗師》）

顯然，無論從内容到形式，二文皆存在關聯，很可能出自一人之手。另外，《至樂》此節之"支離叔"蓋即《人間世》之"支離疏"，"支離叔"（支離疏）乃作者虚構之人物，只在《至樂》及《人間世》中出現過，故其出自一人之手的可能性非常大。因爲如此稀奇古怪的名字，不可能被不同的人虚構。再者《莊子》中此人名只出現過兩次，且其表現手法及義理皆相似，故當爲一人所爲。若此説成立，則《莊子》外雜篇亦當有莊周晚年的作品，《莊子》外雜篇皆非莊子所作的説法恐怕有些絶對了。

第四部分從"莊子之楚"至"吾安能棄南面王樂而復爲人閒之勞乎"。此文與《至樂》第六部分在寫法上存在關聯。此文的開頭是："莊子之楚，見空髑髏，髐然有形，撽以馬捶，因而問之。"第六部分的開頭是："列子行，食於道從，見百歲髑髏，攓蓬而指之曰。"二者寫法雖近似，但所言之義理並不相同。列子與髑髏的對話，意在闡明生死一貫的道理；而此節作者却以生爲苦，以死爲樂。莊子認爲人之生死就像四時更迭、晝夜交替一樣，是自然而然的事。《齊物論》雖有"予惡乎知説生之非惑也！予惡乎知惡死之非弱喪而不知歸者邪”的論述，作者的用意在於讓人們不要貪生怕死，並没有以生爲苦、以死爲樂的意思。可見此文不是莊子的手筆，也不是莊子嫡派的作品。文中説“子之談者似辯士”，却有幾分道理。如：

> 夫子貪生失理，而爲此乎？將子有亡國之事，斧鉞之誅，而爲此乎？將子有不善之行，愧遺父母妻子之醜，而爲此乎？將子有凍餒之患，而爲此乎？將子之春秋故及此乎？

作者行文鋪張繁複，頗具戰國策士之風，故此段文字可能出自戰國辯士之手。

第五部分從“顔淵東之齊”至“是之謂條達而福持”。此文與《人間世》“顔回見仲尼”“顔闔將傅衛靈公大子”所記述的内容相近；其中“鳥聞之而飛，獸聞之而走”云云與《齊物論》之“毛嬙麗姬，人之所美也；魚見之深入，鳥見之高飛，麋鹿見之決驟”亦相近，蓋此文仿内篇而成。文中“昔者管子有言，丘甚善之，曰：‘褚小者不可以懷大，綆短者不可以汲深’”，不見於今本《管子》。《荀子·榮辱》云：“故曰：‘短綆不可以汲深井之泉，知不幾者不可與及聖人之言。’”蓋今本《管子》有佚文，《荀子》有“故曰”二字，蓋亦本自《管子》佚篇。又《至樂》篇所記“海鳥止於魯郊”的寓言，《達生》篇亦有所記載，然其語句、語序多有不同。蓋此寓言當時流傳較廣，爲人所熟知，既非《至樂》本自《達生》，亦非《達生》本自《至樂》。

第六部分從“列子行”至“皆入於機”。此部分由兩節文字構成，第一節從“列子行”至“予果歡乎”。此節文字重出於《列子·天瑞》，辨析如下：

> 列子行，食於道從，見百歲髑髏，攓蓬而指之曰：“唯予與汝知而未嘗死，未嘗生也。若果養乎？予果歡乎？”（《至樂》）
>
> 子列子適衛，食於道，從者見百歲髑髏，攓蓬而指，顧謂弟子百豐曰：“唯予與彼知而未嘗生未嘗死也。此過養乎？此過歡乎？”（《列子·天瑞》）

第一，《天瑞》篇首句“子列子適衛”，《至樂》篇作“列子行”，結合下文，《天瑞》篇之記述顯然更爲合理。謂“子列子”，説明是列子弟子的記述，這不但與下文“顧謂弟子百豐”相呼應，且與《列子》書相吻合。而《莊子》引述其文，再謂“子列子”顯然是不合適的，故只謂“列子”而不謂“子列子”。又《天瑞》“適衛”，《至樂》作“行”，兩者相較，前者不但表述明確，而且與上下文有内在聯繫。上文言列子“將嫁於衛”，正與此“適衛”相合。另外，“適衛”意味著路途遥遠，故“食於道”；而“行”只意味著出行，並無遠近之别。

第二，《天瑞》篇“食於道，從者見百歲髑髏”，《至樂》篇作“食於道從，見百歲髑髏”。“食於道”即食於途中，表述清楚明了；而“食於道從”則不知所云。奚侗《莊子補注》云：“《列子·天瑞》篇：‘子列子適衛，食於道，從者見百歲髑髏。’本書‘從’字下有挩簡，文意遂不明白。《釋文》引司馬云：‘從，道旁也。’以‘從’字屬上句，而强解以就之，非是。”

第三，《天瑞》比《至樂》多出“顧謂弟子百豐”一句，《列子》中列子弟子“百豐”其名只在這裏出現過一次，當非虚構。若是《列子》襲用《莊子》，絶不可能多出此句。我認爲是《至樂》篇的作者在引用《天瑞》篇此段文字時對原文有所改造，即將列子師徒間的活動改成列子單獨與髑髏的對話，故將“從者”及“顧謂弟子百豐”删除，而抄寫時只去其“者”而未去“從”，以至“從”字上下無著，不得已而屬上讀，並强解作“道旁”。

第二節從“種有幾”至“皆入於機”。此節文字亦重出於《列子·天瑞》，辨析如下：

> 種有幾，得水則爲㡭，得水土之際則爲鼃蠙之衣，生於陵屯則爲陵舄，陵舄得鬱棲則爲烏足，烏足之根爲蠐螬，其葉爲胡蝶。胡蝶胥也化而爲蟲，生於竈下，其狀若脱，其名爲鴝掇。鴝掇千日爲鳥，其名爲乾餘骨。乾餘骨之沫爲斯彌，斯彌爲食醯。頤輅生乎食醯，黄軦生乎九猷，瞀芮生乎腐蠸，羊奚比乎不箰，久竹生青寧；青寧生程，程生馬，馬生人，人又反入於機。萬物皆出於機，皆入於機。（《至樂》）
>
> 種有幾：若鼃爲鶉，得水爲㡭，得水土之際，則爲鼃蠙之衣。生於陵屯，則爲陵舄。陵舄得鬱棲，則爲烏足。烏足之根爲蠐螬，其葉爲蝴蝶。蝴蝶胥也，化而爲蟲，生竈下，其狀若脱，其名曰鴝掇。鴝掇千日，化而爲鳥，其名曰乾餘骨。乾餘骨之沫爲斯彌。斯彌爲食醯頤輅。食醯頤輅生乎食醯黄軦，食醯黄軦生乎九猷。九猷

生乎瞀芮，瞀芮生乎腐蠸。羊肝化爲地皋，馬血之爲轉鄰也，人血之爲野火也。鷂之爲鸇，鸇之爲布穀，布穀久復爲鷂也，燕之爲蛤也，田鼠之爲鶉也，朽瓜之爲魚也，老韭之爲莧也，老羭之爲猨也，魚卵之爲蟲，亶爰之獸自孕而生曰類，河澤之鳥視而生曰鶂。純雌其名大腰，純雄其名稚蜂。思士不妻而感，思女不夫而孕。后稷生乎巨跡，伊尹生乎空桑。厥昭生乎濕，醯雞生乎酒。羊奚比乎不筍。久竹生青寧，青寧生程，程生馬，馬生人。人久入於機。萬物皆出於機，皆入於機。(《列子·天瑞》)

從“種有幾”至“乾餘骨之沫爲斯彌”,《莊》《列》基本相同。其下《莊》文爲“斯彌爲食醯。頤輅生乎食醯，黄軦生乎九猷，瞀芮生乎腐蠸”,《列》文爲“斯彌爲食醯頤輅。食醯頤輅生乎食醯黄軦，食醯黄軦生乎九猷。九猷生乎瞀芮，瞀芮生乎腐蠸”，兩文相較，《列》文條理清晰，表述清楚；而《莊》文則表述不清，疑有脱誤。其下《列》文比《莊》文多出“羊肝化爲地皋……醯雞生乎酒”等一百三十五字。王叔岷云:《列子》“自‘馬血之爲轉鄰也’至‘魚卵之爲蟲’節，《儀禮·公食大夫禮》賈疏、《藝文類聚》八七及九一、《初學記》二八及三〇、《御覽》八六九、八八七、九二四、九二六、九三五及九七八、《事類賦》二七《果部》二注、《廣韻》平聲一及去聲四、《中天記》五九，各分引爲《莊子》文，今本皆佚。《列子》書出於東晋，鈔襲《莊子》甚多，此文或存《莊子》之舊與?‘亶爰之獸’至‘醯雞生乎酒’節，或亦鈔襲《莊子》，惟未得旁證，未敢輕斷，姑存疑焉”[①]。據王氏考證，自“馬血之爲轉鄰也”至“魚卵之爲蟲”，乃《莊子》佚文。王氏謂《列子》抄襲《莊子》，然今本《莊子》在東晋以前早已形成，“書出於東晋”的《列子》如何抄得這些佚文?且“亶爰之獸”至“醯雞生乎酒”一段，並無《莊子》佚文的旁證，顯非《列子》襲自《莊子》。唯一合理的解釋是《莊子》襲用《列子》並間有脱簡，而不是《列子》抄襲《莊子》。

綜上，《至樂》第一部分與此文其他部分皆不類。從文體上看，此部分通篇議論，與其他各節借寓言以明理之言説方式不同。從義理上看，此部分附會老子之言，以無爲爲至樂，詞浮意淺，非莊子語。其後“莊子妻死”“支離叔”兩段文字皆“謬悠之説，荒唐之言，无端崖之辭”，蓋爲莊子或嫡傳弟子之文。“莊子之楚”一節蓋爲戰國辯士的文字，“顏

① 王叔岷:《莊子校詮》，北京，中華書局，2007，第662～663頁。

淵東之齊”一節蓋莊子後學雜湊而成，此後的文字皆襲自《列子》。可見《至樂》篇非成於一時一人。此篇無向秀注，崔譔注只見於第一、第三部分，蓋此篇編成的年代較晚，至《莊子》五十二篇本編成之後，《至樂》篇才形成現在的規模。

十、《達生》

以首句二字名篇。文中討論的主要問題是如何才能通曉性命之情。作者認爲，通曉性命之情者，不務其内，不求其外，唯順性之自然而已矣。全文由十三部分構成。此篇向秀無注，崔譔注只出現在第四和十一部分，看來此篇乃後世治莊者陸續編輯而成。

第一部分從“達生之情者”至“反以相天”。此部分爲全篇之綱要，討論的主要問題是如何“養形”。作者指出，“養形必先之以物，物有餘而形不養者有之矣”。看來對於養形來説，物並不是最重要的。人之死生取決於自然，“生之來不能却，其去不能止”，並不是養形就可以長生。所以要走出世俗養形的誤區，“夫欲免爲形者，莫如棄世”，所謂“棄世”就是超脱世俗，如此方能“與天爲一”，是之謂“能移”，即與自然同化。此文蓋出自莊子後學之手。

第二部分從“子列子問關尹曰”至“民幾乎以其真”。此文輯自《列子·黄帝》，云“子列子”者，必出自列子弟子之手。鍾泰云：“其稱‘子列子’者，自是其門下記述師説，故有此稱。意此節與《讓王》篇所引，皆原《列子》書之舊，襲其本文，未加改易，故亦云‘子列子’，無他意也。”[①] 又《黄帝》篇此文至“聖人藏於天，故莫之能傷也”止，文意已完。《達生》篇多出“復讎者不折鏌干，雖有忮心者不怨飄瓦，是以天下平均。故无攻戰之亂，无殺戮之刑者，由此道也。不開人之天，而開天之天，開天者德生，開人者賊生。不厭其天，不忽於人，民幾乎以其真”一段文字，其與上文所論之形神關係不相屬。此段討論戰伐的文字蓋爲《達生》編者輯自他處，後人不能詳察，誤將此節與上文合爲一處，變成了關尹説的話。若是《列子》抄《莊子》，必然會抄録此段文字。《列子》無此文，説明不是《列子》抄《莊子》，而是《莊子》襲自《列子》。

《列子·黄帝》所謂“至人潛行不空，蹈火不熱，行乎萬物之上而不慄”，《逍遥遊》《齊物論》亦有相近的表述，如《逍遥遊》“之人也，物莫之傷，大浸稽天而不溺，大旱金石流土山焦而不熱”；《齊物論》“至人

---

① 鍾泰：《莊子發微》，上海，上海古籍出版社，1988，第413頁。

神矣！大澤焚而不能熱，河漢沍而不能寒”。與《莊子》不同的是，《列子》對這種現象産生的原因進行了解説，即“是純氣之守也，非智巧果敢之列……”羅根澤云：“我們知道一種道理的創造者，每不能逐處説得邃密周詳；逐處説得邃密周詳，每要等待他的忠實而有才能的信徒（不一定是親炙弟子）。此篇之於《内篇》，正是如此，所以不是莊子作，而是莊子的弟子或後學所作。”[①] 學者大多贊同羅氏的説法，其實不然。首先，此節文字並非是對内篇《逍遥遊》《齊物論》的闡發，而是輯自《列子·黄帝》。其次，是《逍遥遊》《齊物論》借鑒了《黄帝》篇對至人的描寫，而不是相反。《黄帝》篇既描寫了至人的神奇，也對這種神奇的現象作出了解釋，並無不妥。《逍遥遊》《齊物論》只想借鑒描寫至人的神奇，若再囉囉嗦嗦地對至人神奇的原因進行一番表述，反倒影響了文章的效果。所以認爲現象在先、解説在後的説法不能成立。

第三部分從“仲尼適楚”至“其痀僂丈人之謂乎”。此文亦見於《列子·黄帝》，兩文相較，《黄帝》篇多出“丈人曰：‘汝逢衣徒也，亦何知問是乎？修汝所以，而後載言其上’”。審文意，此段文字與上文存在關聯，並非後來加入的文字。許抗生云：“有了這最後一句，《黄帝篇》比《達生篇》上下文字比較完整。《莊子·達生》很可能是在抄襲《列子·黄帝篇》時少抄了最後一句。”[②] 殷敬順《釋文》云：“《禮記·儒行》篇曰：‘丘少居魯，衣逢掖之衣。長居宋，冠章甫之冠。’鄭玄注云：‘逢猶大也，謂大掖之衣。’向秀曰：‘儒服寬而長大者。’”可見《莊子》向秀注本是有此段文字的。蓋古本《莊子》録有此句，郭象本或删或脱此文，並不是張湛後增的文字。

又《黄帝》“乃疑於神”，《達生》誤抄爲“乃凝於神”。俞樾《莊子平議》云：“‘凝’當作‘疑’。下文‘梓慶削木爲鐻，鐻成，見者驚猶鬼神’，即此所謂‘乃疑於神’也。《列子·黄帝》篇正作‘疑’。張湛注曰：‘意專則與神相似者也。’可據以訂正。”俞説是。可見《達生》篇“仲尼適楚”之寓言乃編者輯自《列子》，並不是莊子或其後學的文字。

第四部分從“顔淵問仲尼曰”至“凡外重者内拙”。《列子·黄帝》亦有此段文字，辨析如下：

---

① 羅根澤：《〈莊子〉外雜篇探源》，《燕京學報》1936年第19期。

② 許抗生：《〈列子〉考辨》，陳鼓應主編：《道家文化研究》第一輯，上海，上海古籍出版社，1992，第353頁。

顔淵問仲尼曰："吾嘗濟乎觴深之淵，津人操舟若神。吾問焉，曰：'操舟可學邪?'曰：'可。善游者數能。若乃夫没人，則未嘗見舟而便操之也。'吾問焉而不吾告，敢問何謂也?"仲尼曰："善游者數能，忘水也。若乃夫没人之未嘗見舟而便操之也，彼視淵若陵，視舟之履猶其車卻也。覆卻萬方陳乎前而不得入其舍，惡往而不暇！以瓦注者巧，以鉤注者憚，以黄金注者殙。其巧一也，而有所矜，則重外也。凡外重者内拙。"(《達生》)

顔回問乎仲尼曰："吾嘗濟乎觴深之淵矣，津人操舟若神。吾問焉，曰：'操舟可學邪?'曰：'可。能游者可教也，善游者數能。乃若夫没人，則未嘗見舟而謖操之者也。'吾問焉，而不告。敢問何謂也?"仲尼曰："譩！吾與若玩其文也久矣，而未達其實，而固且道與? 能游者可教也，輕水也；善游者之數能也，忘水也。乃若夫没人之未嘗見舟也而謖操之也，彼視淵若陵，視舟之覆猶其車卻也。覆卻萬物方陳乎前而不得入其舍。惡往而不暇? 以瓦摳者巧，以鉤摳者憚，以黄金摳者惛。巧一也，而有所矜，則重外也。凡重外者拙内。"(《列子·黄帝》)

《達生》"顔淵"，《黄帝》篇作"顔回"，"顔回"爲是。王叔岷云："《白帖》三、《合璧事類·外集》五八引顔淵並作顔回，與成疏合，《列子》亦作顔回。"[①] 又《黄帝》比《達生》多出"能游者可教也"及"吾與若玩其文也久矣，而未達其實，而固且道與? 能游者可教也，輕水也"數句，蓋《達生》此文節略《黄帝》而成。《達生》篇的編者認爲對"善游者"及"没人"的論述已申明義理，故有意略去"能游者"。而"吾與若玩其文也久矣，而未達其實，而固且道與"諸句更是有些偏離"操舟"是否可學這一話題，其被節略更是意料之中的事。如果認爲這幾句是《黄帝》篇的作者抄《達生》時有意添加的，顯然有違常理。

《達生》"則未嘗見舟而便操之也"，《黄帝》作"則未嘗見舟而謖操之者也"。《爾雅·釋言》："謖，起也。"從表達上看，"謖操之"比"便操之"更形象，但由於"謖"並不是一個常用詞，《莊子》中没出現過，故《達生》的編者將其更换爲常用的"便"字。如果《黄帝》篇的作者將常用的"便"字换成很少使用的"謖"字，那才是不可思議的事。

《達生》"覆卻萬方陳乎前而不得入其舍"，《黄帝》作"覆卻萬物方

① 王叔岷：《莊子校詮》，北京，中華書局，2007，第679頁。

陳乎前而不得入其舍”。俞樾《莊子平議》云：“‘萬’下脱‘物’字。此本以‘覆卻萬物’爲句，‘方陳乎前而不得入其舍’爲句。方者，並也。方之本义爲兩舟相並，故‘方’有‘並’義。……方陳乎前，謂萬物並陳乎前也。今上句脱‘物’字，而以‘方’字屬上讀，則所謂‘陳前’者，果何指歟？郭注曰‘覆卻雖多，而猶不以經懷’，是其所據本有‘物’字。蓋正文是‘萬物’，故以多言。若如今本作‘萬方’，當以廣大言，不當以多言也。《列子·黄帝》篇正作‘覆卻萬物方陳乎前而不得入其舍’，可據以訂正。”俞説是。

《達生》“則重外也。凡外重者内拙”，《黄帝》篇作“則重外也。凡重外者拙内”。上文言“重外”，下文當對之以“拙内”，《達生》篇乃抄寫時誤倒。王叔岷云：“案唐寫本‘外重’作‘重外’。若作‘重外’，則‘内拙’當作‘拙内’，文乃相對。《列子》正作‘凡重外者拙内’。唐寫本此篇多與《列子》合，或本作‘凡重外者拙内’，寫者倒書‘拙内’爲‘内拙’與?”[①] 可見此節文字輯自《列子·黄帝》。

又《吕氏春秋·去尤》云：“莊子曰：‘以瓦投者翔，以鉤投者戰，以黄金投者殆。其祥一也，而有所殆者，必外有所重者也。外有所重者，泄蓋内掘。’”《吕》文明謂“莊子曰”，則其本自《莊子》無疑。察二文差別明顯，蓋引者只憑記憶引《莊》文之大略，或非本自今本《莊子》。經上文辨析，《達生》此文乃輯自《列子·黄帝》，故《吕》文所謂“莊子曰”只能説明《吕》文成於《莊》文之後，並不能證明所引文字出自莊子之手。

第五部分從“田開之見周威公”至“而不知爲之戒者，過也”。此文意在闡明修身養性之理。文中單豹修其内而虎攻其外，張毅求其外而病傷其内，故過分追求養内或養外皆非正道，只有内不求生，外去物累，才能盡其天年。《吕氏春秋·必己》亦載單豹、張毅之事，比較如下：

> 田開之曰：“魯有單豹者，巖居而水飲，不與民共利，行年七十而猶有嬰兒之色，不幸遇餓虎，餓虎殺而食之。有張毅者，高門縣薄，无不走也，行年四十而有内熱之病以死。豹養其内而虎食其外，毅養其外而病攻其内，此二子者，皆不鞭其後者也。”（《達生》）
>
> 張毅好恭，門閭帷薄聚居衆無不趨，輿隸姻媾小童無不敬，以定其身，不終其壽，内熱而死。單豹好術，離俗棄塵，不食穀實，

① 王叔岷：《莊子校詮》，北京，中華書局，2007，第683頁。

不衣芮温，身處山林巖堀，以全其生，不盡其年，而虎食之。（《吕氏春秋·必己》）

《達生》爲田開之與周威公之對話，情節完整。其中“魯有單豹者”，《吕》作“單豹好術”；張毅“行年四十而有内熱之病以死”，《吕》作“不終其壽，内熱而死”，《達生》明確指出單豹的國籍以及張毅的壽數，可見並非《達生》襲自《吕氏春秋》。由於二文區别較大，是否爲《吕氏春秋》化用《莊》文亦難確定。蓋單豹、張毅之事古書多有記述，《吕氏春秋》不過述其大略而已。《達生》此文蓋亦輯自他書，並不是原創的文字。而此節“仲尼曰”以下文字與上文並無内在關聯，應該是編者輯自他書，後人不察，將其列入田開之與周威公的對話中。

第六部分從“祝宗人玄端以臨牢筴”至“所異彘者何也”。此寓言與《秋水》篇“吾聞楚有神龜，死已三千歲矣，王巾笥而藏之廟堂之上。此龜者，寧其死爲留骨而貴乎？寧其生而曳尾於塗中乎”屬同類寓言。略有不同的是，此寓言多出“自爲謀”一層意思，即“爲彘謀，曰不如食以糠糟而錯之牢筴之中。自爲謀，則苟生有軒冕之尊，死得於豫楯之上、聚僂之中”。世俗之人給别人講道理講得頭頭是道，當自己遇到外物的誘惑時則寧願捨棄生命而取之。與《秋水》“楚有神龜”相比，此文之寓言更爲深刻。蓋此文成於《秋水》之後，是莊子弟子的作品。

第七部分從“桓公田於澤”至“不終日而不知病之去也”。此故事主要是説人的災病並非來自外物，而是心病所致，故調節好心情對於修養心性也十分重要。從義理上看，此文與内篇的主張没有什麽關聯，蓋非莊子及其後學的作品。從内容上看，此文記述的是桓公遇鬼之事，其中對於諸鬼的描述甚詳，如“沈有履，竈有髻。户内之煩壤，雷霆處之；東北方之下者，倍阿鮭蠪躍之；西北方之下者，則泆陽處之。水有罔象，丘有峷，山有夔，野有彷徨，澤有委蛇”。此寓言蓋《達生》編者輯自他書，應該不是編者自己杜撰的。

第八部分從“紀渻子爲王養鬭雞”至“反走矣”。此寓言亦見於《列子·黄帝》，《達生》“紀渻子爲王養鬭雞”，《黄帝》篇作“紀渻子爲周宣王養鬥雞”。《達生》篇記述模糊，其中的“王”不知爲何王，《黄帝》篇明確記載爲“周宣王”養鬥雞。可見不是《黄帝》襲自《達生》而是《達生》抄自《黄帝》。

第九部分從“孔子觀於吕梁”至“不知吾所以然而然，命也”。此文重出於《列子·黄帝》，辨析如下：

孔子觀於吕梁，縣水三十仞，流沫四十里，黿鼉魚鱉之所不能游也。見一丈夫游之，以爲有苦而欲死也，使弟子並流而拯之。數百步而出，被髮行歌而游於塘下。孔子從而問焉，曰："吾以子爲鬼，察子則人也。請問，蹈水有道乎？"曰："亡，吾无道。吾始乎故，長乎性，成乎命。與齊俱入，與汩偕出，從水之道而不爲私焉。此吾所以蹈之也。"孔子曰："何謂始乎故，長乎性，成乎命？"曰："吾生於陵而安於陵，故也；長於水而安於水，性也；不知吾所以然而然，命也。"（《達生》）

孔子觀於吕梁，懸水三十仞，流沫三十里，黿鼉魚鱉之所不能游也。見一丈夫游之，以爲有苦而欲死者也，使弟子並流而承之。數百步而出，被發行歌，而游於棠行。孔子從而問之，曰："吕梁懸水三十仞，流沫三十里，黿鼉魚鱉所不能游。向吾見子道之，以爲有苦而欲死者，使弟子並流將承子。子出而被髮行歌，吾以子爲鬼也。察子，則人也。請問蹈水有道乎？"曰："亡，吾無道。吾始乎故，長乎性，成乎命，與齎俱入，與汩偕出。從水之道而不爲私焉，此吾所以道之也。"孔子曰："何謂始乎故，長乎性，成乎命也？"曰："吾生於陵而安於陵，故也；長於水而安於水，性也；不知吾所以然而然，命也。"（《列子·黄帝》）

首先，《黄帝》篇比《達生》多出"吕梁懸水三十仞，流沫三十里，黿鼉魚鱉所不能游。向吾見子道之，以爲有苦而欲死者，使弟子並流將承子。子出而被髮行歌"一段。蓋由於此段文字與此節開頭的文字基本相同，故《達生》篇的編者將其删節。若謂此節《黄帝》抄自《達生》，則抄者完全没有必要重抄此段文字。其次，《黄帝》篇"流沫三十里"，《達生》篇作"流沫四十里"，蓋"三十里"與上文"三十仞"重複，故《達生》篇將其改爲"流沫四十里"。再次，《黄帝》篇"而游於棠行"，《達生》作"而游於塘下"。《列子》張湛注："'棠'當作'塘'，'行'當作'下'。"王叔岷云："《列子》蓋本作'棠下'，下之作行，涉上'行歌'而誤也。"[①] 顯見，是《達生》將"棠行"改爲"塘下"，而不是《黄帝》將"塘下"改爲"棠行"。此節文字爲《達生》輯自《黄帝》，當無可疑。

第十部分從"梓慶削木爲鐻"至"其是與"。梓慶爲鐻是《莊子》中較爲有名的寓言故事，作者意在闡明去人欲、順天理、任物性的道理。

① 王叔岷：《莊子校詮》，北京，中華書局，2007，第702頁。

梓慶“齊三日，而不敢懷慶賞爵禄；齊五日，不敢懷非譽巧拙；齊七日，輒然忘吾有四枝形體也”的修道工夫，與内篇《人間世》《大宗師》相發明。《人間世》之“若一志，无聽之以耳而聽之以心，无聽之以心而聽之以氣。聽止於耳，心止於符”；《大宗師》之“吾猶守而告之，參日而後能外天下；已外天下矣，吾又守之，七日而後能外物；已外物矣，吾又守之，九日而後能外生”等，講的都是此類工夫。此文蓋出自莊子或其嫡傳弟子之手。

第十一部分從“東野稷以御見莊公”至“故曰敗”。作者通過對東野稷“其馬力竭矣，而猶求焉”這一做法的批判，闡明順物之性的道理。《吕氏春秋·適威》《荀子·哀公》亦載此事，辨析如下：

> 東野稷以御見莊公，進退中繩，左右旋中規。莊公以爲文弗過也，使之鉤百而反。顏闔遇之，入見曰：“稷之馬將敗。”公密而不應。少焉，果敗而反。公曰：“子何以知之?”曰：“其馬力竭矣，而猶求焉，故曰敗。”(《達生》)
>
> 東野稷以御見莊公，進退中繩，左右旋中規。莊公曰：“善。”以爲造父不過也，使之鉤百而少及焉。顏闔入見。莊公曰：“子遇東野稷乎?”對曰：“然。臣遇之。其馬必敗。”莊公曰：“將何敗?”少頃，東野之馬敗而至。莊公召顏闔而問之曰：“子何以知其敗也?”顏闔對曰：“夫進退中繩，左右旋中規，造父之御，無以過焉。鄉臣遇之，猶求其馬，臣是以知其敗也。”(《吕氏春秋·適威》)
>
> 定公問於顏淵曰：“東野子之善馭乎?”顏淵對曰：“善則善矣!雖然，其馬將失。”定公不悦，入謂左右曰：“君子固讒人乎!”三日而校來謁，曰：“東野畢之馬失，兩驂列，兩服入廄。”定公越席而起曰：“趨駕召顏淵!”顏淵至。定公曰：“前日寡人問吾子，吾子曰：‘東野畢之馭，善則善矣!雖然，其馬將失。’不識吾子何以知之?”顏淵對曰：“臣以政知之。昔舜巧於使民，而造父巧於使馬。舜不窮其民，造父不窮其馬，是以舜無失民，造父無失馬也。今東野畢之馭，上車執轡，銜體正矣；步驟馳騁，朝禮畢矣；歷險致遠，馬力盡矣。然猶求馬不已，是以知之也。”定公曰：“善!可得少進乎?”顏淵對曰：“臣聞之，鳥窮則啄，獸窮則攫，人窮則詐。自古及今，未有窮其下而能無危者也。”(《荀子·哀公》)

三文各不相同。比較而言，《達生》與《吕氏春秋》相近，《荀子》非但文字相異，人名亦不相同，如“東野稷”作“東野畢”，“莊公”作“定公”，“顔闔”作“顔淵”等。從内容上看，《達生》行文簡潔，寓理於事，頗具莊子文風；而《吕氏春秋》《荀子》不但行文繁衍，文末還綴有闡釋的文字。如《吕氏春秋》之“故亂國之使其民，不論人之性，不反人之情，煩爲教而過不識，數爲令而非不從，巨爲危而罪不敢，重爲任而罰不勝……”以及《荀子》之“臣以政知之。昔舜巧於使民，而造父巧於使馬。舜不窮其民，造父不窮其馬，是以舜無失民，造父無失馬也。今東野畢之馭，上車執轡，銜體正矣；步驟馳騁，朝禮畢矣；歷險致遠，馬力盡矣。然猶求馬不已，是以知之也”等。由此看來，《達生》篇當爲早出的文字。蓋東野稷善馭是戰國時廣爲流傳的故事，並形成了不同的版本，《達生》篇所記是否爲原創尚難確定。

第十二部分從“工倕旋而蓋規矩”至“忘適之適也”。作者指出，忘腳則鞋無不適，忘腰則帶無不適，忘我則無所謂適不適，故無所謂適與不適才是真正的適。在莊子哲學中，“忘”是修道、體道的重要門徑，如《德充符》之“故德有所長而形有所忘，人不忘其所忘而忘其所不忘，此謂誠忘”；《大宗師》之“魚相忘乎江湖，人相忘乎道術”“回忘仁義矣”“回忘禮樂矣”“回坐忘矣”等，可見此節當爲莊子或其弟子的作品。

第十三部分從“有孫休者”至“彼又惡能无驚乎哉”。從内容上看，此節講述俗人怨天尤人，牢騷滿腹，不可與之語至道。間多與他篇相同之語，如“忘其肝膽，遺其耳目，芒然彷徨乎塵垢之外，逍遥乎无事之業”，語同《大宗師》；“今汝飾知以驚愚，修身以明汙，昭昭乎若揭日月而行也”，語同《山木》；“有鳥止於魯郊”一段文字，亦見於《至樂》。文中所言“今休款啓寡聞之民也，吾告以至人之德，譬之若載鼷以車馬，樂鴳以鐘鼓也，彼又惡能无驚乎哉”，與《至樂》“吾恐回與齊侯言堯舜黄帝之道，而重以燧人神農之言。彼將内求於己而不得，不得則惑人，惑則死”之表現手法亦相近。蓋此文乃後人雜凑他篇而成，此文與《至樂》“顔淵東之齊”一段文字可能出自一人之手。

綜上，《達生》篇乃雜輯他書而成。其中首節文字出自編者之手，篇中寓言多輯自《列子》，如“列子問關尹”“仲尼適楚”“顔淵問仲尼”“紀渻子爲王養鬬雞”“孔子觀於吕梁”等。《莊子》其書采自《列子》的寓言最多，這不但説明今傳《列子》非僞，而且説明《列子》寓言對莊子文風的形成産生了重要影響。

十一、《山木》

此文取篇首“莊子行於山中，見大木”中“山木”二字名篇。從内容上看，篇中大部分寓言是討論處世之道的，與《人間世》所討論的内容有相通之處。全篇共分九部分。

第一部分從“莊子行於山中”至“其唯道德之鄉乎”。《吕氏春秋·必己》亦載此文，辨析如下：

> 莊子行於山中，見大木，枝葉盛茂，伐木者止其旁而不取也。問其故，曰：“无所可用。”莊子曰：“此木以不材得終其天年。”夫子出於山，舍於故人之家。故人喜，命豎子殺雁而烹之。豎子請曰：“其一能鳴，其一不能鳴，請奚殺？”主人曰：“殺不能鳴者。”明日，弟子問於莊子曰：“昨日山中之木，以不材得終其天年；今主人之雁，以不材死；先生將何處？”莊子笑曰：“周將處乎材與不材之間。材與不材之間，似之而非也，故未免乎累。若夫乘道德而浮遊則不然。无譽无訾，一龍一蛇，與時俱化，而无肯專爲；一上一下，以和爲量，浮遊乎萬物之祖；物物而不物於物，則胡可得而累邪！此神農黄帝之法則也。若夫萬物之情，人倫之傳，則不然。合則離，成則毁；廉則挫，尊則議，有爲則虧，賢則謀，不肖則欺，胡可得而必乎哉！悲夫！弟子志之，其唯道德之鄉乎！”（《山木》）
>
> 莊子行於山中，見木甚美，長大，枝葉盛茂，伐木者止其旁而弗取，問其故，曰：“無所可用。”莊子曰：“此以不材得終其天年矣。”出於山，及邑，舍故人之家。故人喜，具酒肉，令豎子爲殺鴈饗之。豎子請曰：“其一鴈能鳴，一鴈不能鳴，請奚殺？”主人之公曰：“殺其不能鳴者。”明日，弟子問於莊子曰：“昔者山中之木以不材得終天年，主人之鴈以不材死，先生將何以處？”莊子笑曰：“周將處於材、不材之間。材、不材之間，似之而非也，故未免乎累。若夫道德則不然：無訝無訾，一龍一蛇，與時俱化，而無肯專爲；一上一下，以禾爲量，而浮游乎萬物之祖，物物而不物於物，則胡可得而累？此神農、黄帝之所法。若夫萬物之情、人倫之傳則不然：成則毁，大則衰，廉則剉，尊則虧，直則骫，合則離，愛則隳，多智則謀，不肖則欺，胡可得而必？”（《吕氏春秋·必己》）

《莊》“夫子出於山”，《吕》作“出於山”，無“夫子”爲是。《經典釋文》："夫者，夫子，謂莊子也。本或即作夫子。"《釋文》本無"子"字。王叔岷云："無'子'字者是也。惟'夫'乃'矣'字之誤，當屬上絶句，上文'此木以不材得終其天年'下，《御覽》九五二所引，及《吕氏春秋·必己》篇並有'矣'字，是其明證。因'矣'誤爲'夫'，後人遂於'夫'下妄加'子'字，以之屬下讀，既稱'夫子'，則此章易誤爲莊徒所述矣。《藝文類聚》九一、《意林》、《御覽》九一七、《事類賦》一九禽部二注引此皆無'夫子'二字，《吕氏春秋》同。"①

《莊》"舍於故人之家"，《吕》作"及邑，舍故人之家"，後者爲是。王叔岷云："《藝文類聚》《御覽》《事類賦》注引'山'下皆有'及邑'二字，《吕氏春秋》亦同。"又云："《文選》盧子諒《贈劉琨》詩注、《藝文類聚》《意林》《御覽》、《事類賦》注、《事文類聚》後集四六、《合璧事類别集》六六、《韻府群玉》一五引此皆無'於'字，《吕氏春秋》同。"②

《莊》"命豎子殺雁而烹之"，《吕》作"具酒肉，令豎子爲殺鴈饗之"，後者爲是。王叔岷云："《御覽》、《事類賦》注引'喜'下並有'具酒肉'三字，《吕氏春秋》同。《文選》注、《藝文類聚》、《御覽》引'命'皆作'令'，'鴈'下無'而'字，《吕氏春秋》亦同。"③《莊》文"烹"蓋"享"之誤。王念孫《讀書雜誌·餘編》云："'享'與'饗'通。《吕氏春秋·必己》篇作'令豎子爲殺鴈饗之'，是其證也。"

《莊》"今主人之雁"，《吕》作"主人之鴈"，無"今"爲是。王叔岷云："上文所言木與鴈，皆昨日之事，則'主人之鴈'上不當有'今'字，蓋淺人妄加。《文選》注、《藝文類聚》《意林》《御覽》《事文類聚》《合璧事類》《韻府群玉》二及一五引皆無'今'字，《吕氏春秋》同。"④

《吕》文末之"胡可得而必"乃是對此篇首句"外物不可必"的呼應語，《必己》篇所記諸事之後皆有"外物豈可必哉"之評語，前後一貫。而《莊》文"胡可得而必乎哉"一句與前後皆無呼應，頗顯突兀，其襲自《吕覽》無疑。張恒壽云："《必己》篇每引述一個例證之後，總要加幾句論斷，不應開首引了《山木》篇莊子故事後，偏没有一句解釋，便直接提出第二個例證。所以《山木》篇這一段末尾的幾句，一定是《吕覽》的議論，而不是《山木》篇的原文。"⑤

① 王叔岷：《莊子校詮》，北京，中華書局，2007，第718～719頁。
② 王叔岷：《莊子校詮》，北京，中華書局，2007，第719頁。
③ 王叔岷：《莊子校詮》，北京，中華書局，2007，第720頁。
④ 王叔岷：《莊子校詮》，北京，中華書局，2007，第720頁。
⑤ 張恒壽：《莊子新探》，武漢，湖北人民出版社，1983，第209～210頁。

從義理上講，《莊子》内篇多次論述無用之用，如《逍遥遊》之“大瓠之種”“不龜手之藥”“吾有大樹”等，意在闡明無用之大用。内篇並没有論述過無用之患，而此節却講鴈因不能鳴而被殺，論述無用亦不免於禍患，與内篇之主旨有較大差異，蓋此文的作者既非莊子亦非其弟子。

從時間上看，上文已經論證，此文乃《山木》編者輯自《吕氏春秋》，由此可見《山木》篇編成的時間不會早於《吕氏春秋》。《山木》編者之所以采輯此文，可能因爲文中出現了“莊子”。《吕氏春秋》此文蓋亦襲自他書，其來源已不可考。不過可以肯定的是，其來源不會是《莊子》，否則此篇編者不會從《吕氏春秋》中抄録此文。

從文意上看，此文行至“則胡可得而累”，文意已完。其後“此神農黄帝之所法。若夫萬物之情、人倫之傳則不然：成則毁，大則衰，廉則剉，尊則虧，直則骫，合則離，愛則隳，多智則謀，不肖則欺，胡可得而必”當爲《必己》篇編者的評語。最後“悲夫，弟子志之，其唯道德之鄉乎”數句，顯然是後加入的。大概有兩種可能：一是讀者的評語或注語誤入正文，二是《山木》編者加入的文字，前一種可能性更大一些。

第二部分從“市南宜僚見魯侯”至“其孰能害之”。作者指出，有物則有累，有國則有憂。魯侯之有魯國，就像豐狐文豹擁有美麗的皮毛一樣，只會給自己帶來憂患和災禍，所以只有抛棄物累、無私無欲才能到達逍遥的彼岸——建德之國。作者所要宣揚的是虚己以遊世的主張。

從寫法上看，文中“南越有邑焉，名爲建德之國。其民愚而朴，少私而寡欲；知作而不知藏，與而不求其報；不知義之所適，不知禮之所將；猖狂妄行，乃蹈乎大方；其生可樂，其死可葬。吾願君去國捐俗，與道相輔而行”等表述平衍直白，與莊子文風差别很大，顯然不是莊子的手筆。

從内容上看，文中言：“故有人者累，見有於人者憂。故堯非有人，非見有於人也。”作者稱美堯，亦與内篇有别。内篇中，堯並不是一個稱美的對象。如《逍遥遊》“是其塵垢粃糠，將猶陶鑄堯舜者也”；《人間世》“昔者堯攻叢枝、胥敖，禹攻有扈，國爲虚厲，身爲刑戮，其用兵不止，其求實無已”；《大宗師》“與其譽堯而非桀也，不如兩忘而化其道”“夫堯既已黥汝以仁義，而劓汝以是非矣，汝將何以遊夫遥蕩恣睢轉徙之塗乎”等。尊堯是儒家做的事，由此可以推知此文蓋爲戰國末期道家中近儒者的文字。

第三部分從“北宫奢爲衛靈公賦斂以爲鐘”至“而況有大塗者乎”。作者通過北宫奢賦斂造鐘之事，指出虚己無爲、順其自然，則萬物遂成。

文中出現的“北宫奢”“衛靈公”“王子慶忌”等，蓋非虚構，可能實有其事。因爲北宫奢虚己順物的做法與道家主張相符，故編者將其輯入此篇。

第四部分從“孔子圍於陳蔡之間”至“而況人乎”。作者指出，直木先伐，甘泉先竭；飾智驚俗，自異於世，必遭禍患。離形去智，不求功名，才是長生久視之道。文中“自伐者无功”一段與《管子》同，辨析如下：

> 昔吾聞之大成之人曰：“自伐者无功。功成者墮，名成者虧。孰能去功與名而還與衆人！”(《山木》)
>
> 故曰功成者隳，名成者虧。故曰孰能棄名與功，而還與衆人同。(《管子·白心》)

《莊子》謂“昔吾聞之大成之人”，可見其襲自他書無疑。奚侗《莊子補注》云：“《管子》以隳、虧爲韻，功、同爲韻。本書功、名二字誤倒，‘人’下又捝‘同’字，既失其義，又失其韻矣，當據《管子》訂補。”可見此文襲自《管子·白心》。而《管子》亦云“故曰”，蓋其文化用《老子》而成。“功成者隳”，《老子》二章“爲而不恃，功成而弗居”、九章“功成身退，天之道”；“名成者虧”，《老子》四十四章“名與身孰親？身與貨孰多？得與亡孰病？是故甚愛必大費，多藏必厚亡”；“孰能棄名與功，而還與衆人同”，《老子》五十六章“挫其鋭，解其紛，和其光，同其塵，是謂玄德”。從作者尊稱管子爲“大成之人”來看，此文可能是熟知老子的稷下先生寫的。文中混同於世的主張更近於和光同塵的老子，與逍遥於塵垢之外的莊子還是有所不同的。

第五部分從“孔子問子桑雽”至“固不待物”。此節論述的是交友之道。作者將人際交往分爲君子之交和小人之交，君子之交任其天性，故清淡如水；小人之交出自利害，故甜似美酒。文中之“子桑雽”蓋即《大宗師》之“子桑户”，彼文云：“莫然有閒而子桑户死，未葬。孔子聞之，使子貢往侍事焉”，此文作者見《大宗師》載孔子與子桑户有往來，故爲此文。“子桑户”蓋爲《大宗師》作者杜撰的人物，此篇因之，可見此文成於内篇之後。蓋因《大宗師》篇有“魚相忘乎江湖，人相忘乎道術”“天之小人，人之君子”之語，故有此文“君子之交淡若水，小人之交甘若醴；君子淡以親，小人甘以絶”的論述，可見此文對内篇的主張有所繼承和發揚，蓋莊子後學所爲。總體上看，此文不如《大宗師》意境高遠，彼文“假於異物，託於同體；忘其肝膽，遺其耳目，反覆終始，不知端倪；芒然彷徨乎塵垢之外，逍遥乎无爲之業”之議論，展現出作者的超然追求與氣象，是此文作者所無法比擬的。

第六部分從“莊子衣大布而補之”至“徵也夫”。此文主要表達了生不逢時、不被任用的怨恨之情，與内篇不類。内篇的神人是超拔於塵世之外的，如《逍遥遊》神人之“塵垢粃糠，將猶陶鑄堯舜者也，孰肯以物爲事”，而此文却説“此所謂非遭時也”，“處勢不便，未足以逞其能也”，這種懷才不遇的悵恨之情與道家的追求相去甚遠，此文不是莊子學派的作品，蓋出於戰國策士之手。張恒壽云：“莊子‘衣大衣而補之’一章，類似戰國策士之言，和《莊子》他文不相類。”① 其説是。

第七部分從“孔子窮於陳蔡之間”至“聖人晏然體逝而終矣”。此文講的是盡人事、聽天命的道理。《山木》篇共有三段文字與孔子有關，即第四、第五、第七部分。此三部分中孔子所處的境遇相同，即“孔子窮於陳蔡之間，七日不火食”及“吾再逐於魯，伐樹於宋，削迹於衛，窮於商周，圍於陳蔡之間”，且文中兩次以鳥爲喻，即第四部分“東海有鳥焉，其名曰意怠。其爲鳥也，翂翂翐翐，而似无能；引援而飛，迫脅而棲；進不敢爲前，退不敢爲後，食不敢先嘗，必取其緒。是故其行列不斥，而外人卒不得害，是以免於患”及第七部分“故曰，鳥莫知於鷾鴯，目之所不宜處不給視，雖落其實，棄之而走。其畏人也，而襲諸人間，社稷存焉爾”，可見其作者存在關聯，或爲一人所爲。

文中云：“爲人臣者，不敢去之。執臣之道猶若是，而況乎所以待天乎”，可見作者君臣觀念較深，應爲戰國末期道家學派中近儒者的文字。張恒壽云：“《山木》篇所説的‘執臣之道’，只是用作事天之道的比喻，而《人間世》篇便真説成是‘臣之事君無所逃於天地之間’了。……顯然，《山木》篇所説和莊子他篇思想，完全相合，而《人間世》篇所説，只是《山木》篇思想的誤解和歪曲。”② 此觀點有待探討。如果作者不認同這種君臣觀念，就不可能以之爲喻。從義理上看，《山木》與内篇的區别還是比較明顯的，並非“完全相合”。

第八部分從“莊周遊於雕陵之樊”至“吾所以不庭也”。此文講述了一個逐物忘形、趨利喪真的寓言故事：

① 張恒壽：《莊子新探》，武漢，湖北人民出版社，1983，第213頁。
② 張恒壽：《莊子新探》，武漢，湖北人民出版社，1983，第211頁。

莊周遊於雕陵之樊，覩一異鵲自南方來者。翼廣七尺，目大運寸，感周之顙而集於栗林。莊周曰："此何鳥哉，翼殷不逝，目大不覩？"蹇裳躩步，執彈而留之。覩一蟬，方得美蔭而忘其身；螳螂執翳而搏之，見得而忘其形；異鵲從而利之，見利而忘其真。

劉向《説苑·正諫》亦有相似的記載：

吴王欲伐荆，告其左右曰："敢有諫者，死！"舍人有少孺子者，欲諫不敢，則懷丸操彈，遊於後園，露沾其衣，如是者三旦。吴王曰："子來何苦沾衣如此？"對曰："園中有樹，其上有蟬，蟬高居悲鳴飲露，不知螳螂在其後也！螳螂委身曲附，欲取蟬而不顧知黄雀在其傍也！黄雀延頸欲啄螳螂而不知彈丸在其下也！此三者皆務欲得其前利而不顧其後之有患也。"吴王曰："善哉！"乃罷其兵。

韓嬰《韓詩外傳》亦云："螳螂方欲食蟬，而不知黄雀在後，舉其頸欲啄而食之也。"蓋螳螂捕蟬是當時流傳較廣的一則寓言，此寓言是否出自《山木》篇還難以斷定。

第九部分從"陽子之宋"至"安往而不愛哉"。此文意在闡明自謙者得益、自矜者無功的道理。《列子·黄帝》亦載此文，辨析如下：

陽子之宋，宿於逆旅。逆旅人有妾二人，其一人美，其一人惡，惡者貴而美者賤。陽子問其故，逆旅小子對曰："其美者自美，吾不知其美也；其惡者自惡，吾不知其惡也。"陽子曰："弟子記之！行賢而去自賢之行，安往而不愛哉！"(《山木》)

楊朱過宋，東之於逆旅。逆旅人有妾二人，其一人美，其一人惡；惡者貴而美者賤。楊子問其故。逆旅小子對曰："其美者自美，吾不知其美也；其惡者自惡，吾不知其惡也。"楊子曰："弟子記之！行賢而去自賢之行，安往而不愛哉？"(《列子·黄帝》)

第一，《黄帝》篇此前一節的文字講的是"楊朱南之沛"的事，此節記述的是其之沛途經宋國時發生的事，故云"楊朱過宋"。由於是臨時經過，故而臨時住於"逆旅"。可見楊朱"南之沛"與其"過宋"有内在關聯，"過宋"與"逆旅"亦有内在關聯。而《山木》篇云"陽子之宋"，好像宋國是其目的國。這樣的話，"之宋"非但與"楊朱南之沛"無所關聯，且與下文之“逆旅”亦無内在關聯。因爲“逆旅”乃暫住之所，“過宋”者住之，“之宋”者未必住之，“之宋”意味著長時間的停留。從内容上看，《山木》篇“陽子之宋”前一節的文字講的是“莊周遊於雕陵之樊”的事，其與“陽子之宋”毫無關聯，顯然是雜凑在一起的。王叔岷云：“此章述陽子事，似不應在述莊周事後，疑本不在此篇，乃郭象所附益者與？”①

第二，《黄帝》篇“楊朱”，《山木》作“陽子”；上節“楊朱南之沛”，《寓言》篇作“陽子居南之沛”。《莊子》中對楊朱或稱陽子，或稱陽子居，與其他學派並舉時稱“楊墨”（《駢拇》）或“儒墨楊秉”（《徐无鬼》），並無“楊朱”或“楊子”的稱謂；而《列子》中或稱“楊朱”，或稱“楊子”，並無“陽子”或“陽子居”之稱謂，可見《列子》並未襲用《莊子》。又《韓非子·説林下》亦載此文，作“楊子”，顯然是據下文“楊子問其故”“楊子曰”而改“楊朱”爲“楊子”。由此看來，文本作“楊朱”，《韓非子》改作“楊子”，《莊子》改作“陽子”。

第三，《黄帝》“楊朱過宋，東之於逆旅”，《山木》篇作“陽子之宋，宿於逆旅”，《韓非子·説林下》作“楊子過於宋東之逆旅”。比較而言，《列子》《韓非子》當爲同一傳承系統。若按通常的説法，《列子》《韓非子》皆本於《莊子》，顯然是講不通的。可見《山木》此節文字襲自《列子》。

綜上，《山木》篇乃編者圍繞如何處世這一主題雜凑他篇而成。其中“陽子之宋”輯自《列子》，“莊子行於山中”輯自《吕氏春秋》。關於孔子的三段文字在内容上存在關聯，可能出自一人之手。“莊子衣大衣而補之”“莊周遊於雕陵之樊”可能是戰國策士的文字。從時間上看，《山木》編輯的時間不會早於《吕氏春秋》。

十二、《田子方》

以首句人名名篇。全篇共收録十餘則寓言，各寓言間並無内在關聯，蓋莊子後學編輯而成。篇中之寓言有的抨擊腐儒，有的闡述求道的途徑，有的描寫喪偶無待之境界，有的申明順性無爲之旨意，多數寓言與莊子旨趣相合。全篇共分十一部分。

第一部分從“田子方侍坐於魏文侯”至“夫魏真爲我累耳”。文中田子方稱頌其師東郭順子“其爲人也真，人貌而天虛，緣而葆真，清而容物。物无道，正容以悟之，使人之意也消”，魏文侯聽後慨歎道：“全德

---

① 王叔岷：《莊子校詮》，北京，中華書局，2007，第763頁。

之君子！始吾以聖知之言、仁義之行爲至矣。吾聞子方之師，吾形解而不欲動，口鉗而不欲言。吾所學者直土梗耳，夫魏真爲我累耳!”田子方對其師不過是簡單概括地描述而已，而魏文侯聽後的表現是“形解而不欲動，口鉗而不欲言”，顯然有些誇張。作者的真正意圖是通過魏文侯之口說出儒家的仁義學説不過是“土梗”而已。這種此是彼非的直白表述顯然不是莊子的手筆，應該是莊子後學捍衛道學的文字。由於其倡道而衰儒，故爲編者輯入篇中。

第二部分從“温伯雪子適齊”至“亦不可以容聲矣”。文中抨擊鄙儒繁文縟節，囿於規矩，遠離真性，即所謂“明乎禮義而陋於知人心”。魯人見温伯雪子時説以仁義，“其諫我也似子，其道我也似父”，而孔子見温伯雪子時却一言不發。子路問其故，孔子説：“若夫人者，目擊而道存矣，亦不可以容聲矣。”作者通過孔子之口贊頌道家，寫法自然含蓄，與第一部分對道家真白的稱頌相比，此節更近於莊子文風。此文所記與《吕氏春秋》略同，辨析如下：

> 温伯雪子適齊，舍於魯。……仲尼見之而不言。子路曰：“吾子欲見温伯雪子久矣，見之而不言，何邪?”仲尼曰：“若夫人者，目擊而道存矣，亦不可以容聲矣!”(《田子方》)
>
> 孔子見温伯雪子，不言而出。子貢曰：“夫子之欲見温伯雪子好矣，今也見之而不言，其故何也?”孔子曰：“若夫人者，目擊而道存矣，不可以容聲矣。”故未見其人而知其志，見其人而心與志皆見，天符同也。聖人之相知，豈待言哉?(《吕氏春秋·精諭》)

《莊》“子路”，《吕》作“子貢”，《御覽》引作“子路問焉”，成玄英疏：“仲由怪之，是故起問。”蓋本作“子路”。《莊》“吾子欲見温伯雪子久矣”，《吕》作“夫子之欲見温伯雪子好矣”，陳奇猷校釋引吴承仕云：“好讀爲孔。孔，甚也。”其説非是。即使“好”可以讀爲“孔”，孔有甚義，“甚矣”也不能説成“孔矣”。《吕》文“好”蓋“久”之誤。

孔子見温伯雪子只是《莊子》“温伯雪子適齊”章的一小部分内容，蓋因其有“目擊而道存矣，不可以容聲矣”的論述，故《吕覽》的編者截取之以明“精諭”之理，並評論説“聖人之相知，豈待言哉”。《莊》文無《吕》“不可以容聲矣”後面的評語，可以證明不是《莊》抄《吕》而是《吕》襲《莊》。可見《田子方》此節文字作於《吕氏春秋》之前。

第三部分從“顔淵問於仲尼”至“吾有不忘者存”。此文意在闡述道不可言傳，求道於外者，所得不過行跡而已。故世人相效乎言行，君子相忘乎道術，此與内篇所言之義理相合。文中“吾一受其成形，而不化以待盡”，與《齊物論》“一受其成形，不忘以待盡”大致相同。

羅根澤云：“《齊物論》説：‘日夜相代乎前，而莫知其所萌。已乎，已乎！旦暮得此，其所由以生乎？……一受其成形，不忘以待盡。與物相刃相靡，其行盡如馳，而莫之能止，不亦悲乎？’此篇也假孔子告顔淵之言説：‘日出東方而入於西極，萬物莫不比方，有目有趾者，待是而後成功，是出則存，是入則亡。萬物亦然，有待也而死，有待也而生。吾一受其成形，而不化以待盡，效物而動，日夜无隙，而不知其所終；薰然其成形，知命不能規乎其前，丘以是日徂。吾終身與汝交一臂而失之，可不哀與！’這顯然是就《齊物論》之旨加以申説。……此篇自‘吾一受其成形’至‘可不哀與’，是申説的《齊物論》的自‘一受其成形’至‘不亦悲乎’，這是很明顯的，用不著再來説明。”①

羅氏的觀點是錯誤的。《齊物論》“與物相刃相靡，其行盡如馳，而莫之能止，不亦悲乎”云云者，抨擊的是辯者整日逐於外物、論辯不已；而《田子方》“效物而動，日夜无隙，而不知其所終”等説的是順物而動、體道而行的道理，與《齊物論》所言可謂風馬牛不相及。另外，《齊物論》“一受其成形，不忘以待盡”，説的是人的成心一旦形成便不會改變。郭象注：“言性各有分，故知者守知以待終，而愚者抱愚以至死，豈有能中易其性者也。”通觀全文，莊子所論者乃是成心而非稟性，當爲成心難易。由於成心的驅使，辯者整日“與物相刃相靡，其行盡如馳，而莫之能止，不亦悲乎！終身役役而不見其成功，苶然疲役而不知其所歸，可不哀邪！人謂之不死，奚益”！而《田子方》之“吾一受其成形，而不化以待盡”，是説“我”一旦稟受造化賦予的形體，便持守此自然之性直到生命的終結，故而“效物而動，日夜无隙，而不知其所終”。可見此二文語句雖同而用意相異，蓋《田子方》化用《齊物論》或是對《齊物論》的誤讀。同時可説明《田子方》此節作於《齊物論》之後，應該是莊子弟子的作品。

第四部分從“孔子見老聃”至“吾不知天地之大全也”。此節描述老聃“形體掘若槁木，似遺物離人而立於獨也”，與《齊物論》南郭子綦“隱机而坐，仰天而嘘，荅焉似喪其耦”處的是同等的境界，即物我無待、天人合一之境界。蓋此文作者對《齊物論》的寫法有所借鑒。另文中“且

① 羅根澤：《〈莊子〉外雜篇探源》，《燕京學報》1936年第19期。

萬化而未始有極也”語同《大宗師》；“喜怒哀樂不入於胷次”與《達生》“死生驚懼不入乎其胷中”略同；“死生終始將爲晝夜”與《至樂》“死生爲晝夜”略同。蓋作者對以上諸文有所借鑒或以上諸文存在寫作上的關聯。從義理上看，此文不主張修於德，即“至人之於德也，不修而物不能離焉，若天之自高，地之自厚，日月之自明，夫何修焉”，此與内篇心齋、坐忘的工夫顯然存在差别。《大宗師》有云：“吾猶守而告之，參日而後能外天下；已外天下矣，吾又守之，七日而後能外物；已外物矣，吾又守之，九日而後能外生；已外生矣，而後能朝徹；朝徹，而後能見獨；見獨，而後能无古今；无古今，而後能入於不死不生。”可見内篇主張悟道要有一個參悟的過程，而此節的觀點應該是對内篇的發展，蓋莊子後學所爲。

第五部分從“莊子見魯哀公”至“可謂多乎”。莊子後魯哀公百二十餘年，此文乃寓言耳。從義理上看，此文與道家主張並無關涉。從寫法上看，此文頗具戰國辯士之風，蓋戰國末期策士所爲。可能因爲文中出現了“莊子”，故編者將其輯入。

第六部分從“百里奚爵禄不入於心”至“故足以動人”。此節僅三十餘字，察文意，其與上下文皆無關涉。從内容上看，此文意未竟，蓋爲脱簡之文，編者無處安插，故置於此。從義理上看，此節文重在闡明物我兩忘則功成事遂之理，應該是道家的文字。

第七部分從“宋元君將畫圖”至“是真畫者也”。此寓言描寫世人皆汲汲於名利，唯順性者超然世外，與道家性順自然的主張相合，蓋道家後學所爲。

第八部分從“文王觀於臧”至“彼直以循斯須也”。此寓言通過姜太公“其釣莫釣”“典法无更”“偏令无出”，倡老子無爲而治之旨。文中所謂“列士壞植散群，則尚同也”，蓋作者對墨家學説亦有所接受。另文中“文王於是焉以爲大師，北面而問曰：‘政可以及天下乎?’臧丈人昧然而不應，泛然而辭，朝令而夜遁，終身无聞”之記述，與《德充符》“國无宰，寡人傳國焉。悶然而後應，氾而若辭。寡人醜乎，卒授之國。無幾何也，去寡人而行”略同，蓋道家後學的文字。

第九部分從“列禦寇爲伯昏无人射”至“爾於中也殆矣夫”。此文重出於《列子·黄帝》，辨析如下：

> 列禦寇爲伯昏无人射，引之盈貫，措杯水其肘上，發之，適矢復沓，方矢復寓。當是時，猶象人也。伯昏无人曰：“是射之射，非不射之射也。嘗與汝登高山，履危石，臨百仞之淵，若能射乎?”於

是无人遂登高山，履危石，臨百仞之淵，背逡巡，足二分垂在外，揖禦寇而進之。禦寇伏地，汗流至踵。伯昏无人曰："夫至人者，上闚青天，下潛黄泉，揮斥八極，神氣不變。今汝怵然有恂目之志，爾於中也殆矣夫！"（《田子方》）

列禦寇爲伯昏無人射，引之盈貫，措杯水其肘上，發之，鏑矢復沓，方矢復寓。當是時也，猶象人也。伯昏無人曰："是射之射，非不射之射也。當與汝登高山，履危石，臨百仞之淵，若能射乎？"於是無人遂登高山，履危石，臨百仞之淵，背逡巡，足二分垂在外，揖禦寇而進之。禦寇伏地，汗流至踵。伯昏無人曰："夫至人者，上闚青天，下潛黄泉，揮斥八極，神氣不變。今汝怵然有恂目之志，爾於中也殆矣夫！"（《列子·黄帝》）

《黄帝》篇"鏑矢復沓，方矢復寓"，《田子方》作"適矢復沓，方矢復寓"，作"鏑"爲是。奚侗《莊子補注》云："《列子·黄帝》篇載此文'適'作'鏑'，是也。《説文》：'鏑，矢鋒也。'《小爾雅》：'沓，合也。'《楚辭·天問》：'天何所沓'，王逸注：'沓，合也。'《詩·秦風》：'方何爲期'，鄭箋：'方今以何時爲還期乎'，是方有今義。發之鏑矢復還，言已發者，鏑與矢復相連合。方矢猶今矢，是引而未發之矢。對已發者言，則未發者爲今矢；若以先後言，則今矢又爲後矢。方矢復寓，言後矢又寓於弦也。"王叔岷云："《御覽》引此'適'作'鏑'，唐寫本郭注'適'作'鎬'，'鎬'乃'鏑'之誤。"[①]《列子》張湛注："郭象曰：矢去也。箭鏑去復往沓。"是。郭注本亦作"鏑"。另外此節文字記述的對象是列禦寇，故其出自《列子》的可能性更大一些，蓋此文當爲《田子方》引自《列子》。

第十部分從"肩吾問於孫叔敖"至"既以與人己愈有"。此文意在闡明得道者遺死生，忘利害，故孫叔敖三爲令尹而不喜，三去令尹而不悲。《吕氏春秋》亦載此事，辨析如下：

肩吾問於孫叔敖曰："子三爲令尹而不榮華，三去之而無憂色。吾始也疑子，今視子之鼻間栩栩然，子之用心獨柰何？"孫叔敖曰："吾何以過人哉！吾以其來不可卻也，其去不可止也，吾以爲得失之非我也，而无憂色而已矣。我何以過人哉！且不知其在彼乎？其在我乎？其在彼邪亡乎我，在我邪亡乎彼。方將躊躇，方將四顧，何

① 王叔岷：《莊子校詮》，北京，中華書局，2007，第794頁。

暇至乎人貴人賤哉!”(《田子方》)

達士者，達乎死生之分。達乎死生之分，則利害存亡弗能惑矣。故晏子與崔杼盟而不變其義；延陵季子，吴人願以爲王而不用；孫叔敖三爲令尹而不喜，三去令尹而不憂；皆有所達也。有所達則物弗能惑。(《吕氏春秋·知分》)

《莊》是問答體，《吕》是論説體。《吕》通過“孫叔敖三爲令尹而不喜，三去令尹而不憂”之事跡，申明“知分”之理，並給予“有所達則物弗能惑”的評論，可見《吕》文後出。若是《莊》襲《吕》，《莊》文理當因襲《吕》文末的評語。另外，孫叔敖所説的一大段話也不可能是作者憑空編造的。

又“肩吾”其名蓋爲作者虛構，除此節外，《莊子》之《逍遥遊》《大宗師》《應帝王》中也出現了“肩吾”，可見《田子方》此節文字與内篇存在關聯，應該是《莊子》中早出的文字。

第十一部分從“楚王與凡君坐”至“則凡未始亡而楚未始存也”。此文討論的是存亡問題。作者認爲存於心者未嘗亡，失於心者未嘗存。推而言之，性存者未嘗亡，性失者未嘗存。此即《達生》所謂“形不離而生亡者有之矣”，蓋此文乃道家後學所爲。

綜上，此篇乃編者雜湊而成。其中第九部分“列禦寇爲伯昏无人射”蓋輯自《列子·黄帝》；第五部分“莊子見魯哀公”當爲戰國策士之文。其餘部分大多是道家後學的作品，其中第十部分“肩吾問於孫叔敖”與内篇存在關聯。《莊子音義》中《田子方》篇無崔向注，蓋崔向注本無《田子方》篇，此篇應爲漢初編輯五十二篇本時編入的。

十三、《知北遊》

以首句三字名篇。《莊子》外雜篇中以三字名篇者，除此篇外，皆爲人名。由於此篇句首人名只有一個字，無法名篇，故編者將“知”與其後的“北遊”二字合在一起名篇。此篇將十餘則論道的寓言編輯在一起，各寓言論道的内容多有重複，蓋非出自一人之手。全篇共分十二部分。

第一部分從“知北遊於玄水之上”至“以黄帝爲知言”。此寓言通過知與無爲謂、屈狂、黄帝的對話，闡述道不可言、言而非道之理。作者指出，道不可以智求之，故無爲謂之不知道，實乃得道者也；屈狂之忘言，近於道也；黄帝言道，終不得道。此即《齊物論》所謂“大道不稱”“道昭而不道”者也。值得注意的是，此節中間一段議論的文字與上下文不相銜接，應該是後來插入的文字，辨析如下：

知北遊於玄水之上，登隱弅之丘，而適遭无爲謂焉。知謂无爲謂曰："予欲有問乎若：何思何慮則知道？何處何服則安道？何從何道則得道？"三問而无爲謂不答也。非不答，不知答也。知不得問，反於白水之南，登狐闋之上，而睹狂屈焉。知以之言也問乎狂屈。狂屈曰："唉！予知之，將語若，中欲言而忘其所欲言。"知不得問，反於帝宫，見黄帝而問焉。黄帝曰："无思无慮始知道，无處无服始安道，无從无道始得道。"知問黄帝曰："我與若知之，彼與彼不知也，其孰是邪？"黄帝曰："彼无爲謂真是也，狂屈似之，我與汝終不近也。"

此後一段議論的文字爲：

夫知者不言，言者不知，故聖人行不言之教。道不可致，德不可至。仁可爲也，義可虧也，禮相僞也。故曰："失道而後德，失德而後仁，失仁而後義，失義而後禮。禮者，道之華而亂之首也。"故曰："爲道者日損，損之又損之，以至於无爲，无爲而无不爲也。"今已爲物也，欲復歸根，不亦難乎！其易也，其唯大人乎！生也死之徒，死也生之始，孰知其紀！人之生，氣之聚也；聚則爲生，散則爲死。若死生爲徒，吾又何患！故萬物一也。是其所美者爲神奇，其所惡者爲臭腐；臭腐復化爲神奇，神奇復化爲臭腐。故曰："通天下一氣耳。"聖人故貴一。

銜接此段的文字爲：

知謂黄帝曰："吾問无爲謂，无爲謂不應我，非不我應，不知應我也；吾問狂屈，狂屈中欲告我而不我告，非不我告，中欲告而忘之也；今予問乎若，若知之，奚故不近？"黄帝曰："彼其真是也，以其不知也；此其似之也，以其忘之也；予與若終不近也，以其知之也。"狂屈聞之，以黄帝爲知言。

知、無爲謂、屈狂、黄帝四人圍繞知所提出的問題展開討論，無爲謂三問而三不答，屈狂欲言而忘其所欲言，只有黄帝答曰："无思无慮始知道，无處无服始安道，无從无道始得道。"接下來知問黄帝："我與若知之，彼與彼不知也，其孰是邪?”黄帝回答説：“彼无爲謂真是也，狂屈似之，我與汝終不近也。”知没有聽懂黄帝的話，接著問道：“吾問无爲謂，无爲謂不應我，非不我應，不知應我也；吾問狂屈，狂屈中欲告我而不我告，非不我告，中欲告而忘之也；今予問乎若，若知之，奚故不近?”黄帝回答説：“彼其真是也，以其不知也；此其似之也，以其忘之也；予與若終不近也，以其知之也。”可見此文前後聯繫十分緊密。中間一段論述的文字，除首句“夫知者不言，言者不知，故聖人行不言之教”與前文有所關聯外，其後關於道、德、仁、義、禮的討論以及對於死生的論述，顯然與知和黄帝討論的問題無關，應該是後人的文字。有兩種可能：一種是後人解説的文字誤入正文，一種是錯簡所致。張恒壽云：“本章開首和最末二段，都是記述知和黄帝的問答，忽然在中間插入了‘夫知者不言’一大段文，就使知和黄帝的問答，不相銜接。而中間插入的話，意思也不相連貫，顯然是羼雜進去的。”[①] 其説甚是。此節除中間一段議論文外，無論文風還是義理，皆似内篇，應該是早出的文字。

第二部分從“天地有大美而不言”至“可以觀於天矣”。此文論述道乃天地萬物之本根，天道自然無爲，故天地法道而不言，四季法道而不議，萬物法道而不説，聖人法天則地，無爲無言。此文言簡義深，諳熟道之精要，當爲莊子或其嫡傳弟子的文字。

第三部分從“齧缺問道乎被衣”至“彼何人哉”。作者意在闡明去智無我，方可得道。《文子・道原》《淮南子・道應訓》亦載此文，辨析如下：

> 齧缺問道乎被衣，被衣曰：“若正汝形，一汝視，天和將至；攝汝知，一汝度，神將來舍。德將爲汝美，道將爲汝居，汝瞳焉如新生之犢而无求其故。”言未卒，齧缺睡寐。被衣大説，行歌而去之，曰：“形若槁骸，心若死灰，真其實知，不以故自持。媒媒晦晦，无心而不可與謀。彼何人哉!”(《知北遊》)
>
> 孔子問道。老子曰：“正汝形，一汝視，天和將至；攝汝知，正汝度，神將來舍，德將爲汝容，道將爲汝居。瞳兮若新生之犢，而无求其故，形若枯木，心若死灰，真其實知而不以曲故自持，恢恢无心可謀，明白四達，能无知乎?”(《文子・道原》)
>
> 齧缺問道於被衣，被衣曰：“正女形，壹女視，天和將至。攝女

① 張恒壽：《莊子新探》，武漢，湖北人民出版社，1983，第218頁。

知，正女度，神將來舍。德將來附若美，而道將爲女居。惷乎若新生之犢，而無求其故。”言未卒，齧缺繼以雂夷。被衣行歌而去，曰：“形若槁骸，心如死灰。直實不知，以故自持。墨墨恢恢，無心可與謀。彼何人哉！”故老子曰：“明白四達。能無以知乎！”（《淮南子·道應訓》）

《莊子》與《淮南子》有因承關係，《莊子》“德將爲汝美”，《淮南子》作“德將來附若美”，王念孫《讀書雜誌·淮南内篇》云：“‘德將爲若美，道將爲女居’相對爲文，若改爲‘德將來附’，則‘若美’二字，文不成義矣。”蓋《淮南子》誤抄所致。而《文子》既非抄襲《莊子》亦非抄自《淮南子》，據《淮南子》文末“故老子曰：‘明白四達。能以無知乎’”，蓋《淮南子》抄《莊子》時亦參考了《文子》。

那麽《莊子》和《文子》之間是什麽關係呢？《文子》託於孔、老問答，用以闡明老子“明白四達，能无知乎”的思想。其行文前後一貫，並無拼接的痕跡。《莊子》齧缺、被衣之問答與《文子》“老子曰”的内容相同，所不同者乃《莊子》將一段完整的論述分兩部分説出來，即齧缺睡寐之前和之後。這裏不外有兩種可能：一是《文子》化用了《莊子》，二是《莊子》改造了《文子》。齧缺和被衣是《莊子》中虚設的人物，專屬《莊子》話語系統，而孔、老則屬於大衆話語。若《莊子》襲用《文子》，可以不用改變人名；若《文子》化用《莊子》，則應改變人名。另外“形若槁骸，心若死灰”乃《齊物論》之語，蓋《文子》化用《莊子》的可能性更大一些。

第四部分從“舜問乎丞”至“又胡可得而有邪”。此節言人之死生取決於天地造化，其來不可拒，其去不可止，故人唯體道順性而已，又如何能擁有道呢！《列子·天瑞》亦載此文，辨析如下：

舜問乎丞曰：“道可得而有乎？”曰：“汝身非汝有也，汝何得有夫道？”舜曰：“吾身非吾有也，孰有之哉？”曰：“是天地之委形也；生非汝有，是天地之委和也；性命非汝有，是天地之委順也；孫子非汝有，是天地之委蜕也。故行不知所往，處不知所持，食不知所味。天地之强陽氣也，又胡可得而有邪！”（《知北遊》）

舜問乎烝曰：“道可得而有乎？”曰：“汝身非汝有也，汝何得有夫道？”舜曰：“吾身非吾有，孰有之哉？”曰：“是天地之委形也。生非汝有，是天地之委和也。性命非汝有，是天地之委順也。孫子

非汝有，是天地之委蜕也。故行不知所往，處不知所持，食不知所以。天地强陽氣也，又胡可得而有邪？”（《列子·天瑞》）

以上兩節文字基本相同。從上下文的關係考察，《天瑞》篇此前一節的文字爲“杞人憂天”，探討的是天地之形成與毀壞的事。文中說：“天，積氣耳，亡處亡氣。……地，積塊耳，充塞四虚，亡處亡塊”，“憂其壞者，誠爲大遠；言其不壞者，亦爲未是”，“壞與不壞，我不能知也。雖然，彼一也，此一也”。言人之存亡取决於天地，其與此節所謂“是天地之委形也……天地之委和也”“天地强陽氣也”有内在關聯。《天瑞》篇此後一節講的是“國氏爲盜”的故事。其文曰：“若一身庸非盜乎？盜陰陽之和以成若生，載若形；況外物而非盜哉？誠然，天地萬物不相離也，仞而有之，皆惑也。”討論的即是“汝身非汝有也”的問題。《列子》張湛注：“若其有盜耶？則我身即天地之一物，不得私而有之。……因此而言，夫天地委形，非我有也；飭愛色貌，矜伐智能，已爲惑矣。”可見此節與上節“舜問乎烝”亦有内在之關聯。而《知北遊》此節與前節“齧缺問道乎被衣”及下節“孔子問於老聃”之間並無關聯，故而此節《知北遊》襲用《天瑞》篇的可能性更大一些。

第五部分從“孔子問於老聃”至“此之謂大得”。此文首節論道，其文云：“有倫生於无形，精神生於道，形本生於精，而萬物以形相生。”作者認爲萬物的産生分爲三個階段，首先道之無生精神，其次道之有（即精）生形體，最後萬物皆生於形體，即由無而至於精，由精而至於形。内篇認爲萬物皆源自造化、自然，並無層次之别。此節對道生萬物的過程有自己的見解和認識，其成文應晚於内篇。

接下來作者討論的是生死問題。作者指出，人之生死，道使之然，氣聚則生，氣散則死，人唯順之而已。人生在世若白駒過隙，與天地相比，人生不過是一瞬間的事，還分什麽壽夭呢？世人不知體道任性，在這樣短暫的生命裹還人爲地製造出如此多的是非恩怨。故曰：“彼至則不論，論則不至。明見无值，辯不若默。”《齊物論》是從是非無常的角度去論證人應超越是非，而此文是從人生短暫的角度去看待是非問題，即“雖有壽夭，相去幾何？須臾之説也，奚足以爲堯桀之是非”。可見此文對内篇有所繼承和發展，蓋爲道家後學的文字。

第六部分從“東郭子問於莊子”至“彼爲積散非積散也”。此節作者論述道無處不在。道無偏私，無貴賤。就卑言之，道在螻蟻，道在稊稗，道在瓦甓，道在屎溺。就大言之，周遍咸三者，異名同實，其指一也，無處而非道也。《莊子》内篇還没有就道在何處這一問題展開細緻的討論，此節所言，是在内篇天道自然學説的基礎上，對道家理論進行了深入的解讀。從行文上看，作者所謂“道在屎溺”的表述與莊子的文風相合。具體説來，此節開頭至“東郭子不應”，與内篇無别，此後的文字略顯單調刻板。

第七部分從“婀荷甘與神農同學於老龍吉”至“而非道也”。此文再論道不可言，言而非道，故老龍吉終身不言道。文中婀荷甘、神農、老龍吉、弇堈弔等離奇古怪的人名蓋爲作者虚構，其與内篇之支離疏、闉跂支離無脤等人名相類。神農聞其師死“嚗然放杖而笑”，其與《大宗師》孟子反、子琴張聞子桑户死“或編曲，或鼓琴，相和而歌”的表現手法及義理皆相似。故此寓言若非莊子所爲，亦應出自其弟子之手。

第八部分從“於是泰清問乎无窮”至“不遊乎太虚”。此節論説的也是道不可言，即“道不可聞，聞而非也；道不可見，見而非也；道不可言，言而非也”。文中“道无問，問无應。无問問之，是問窮也；无應應之，是无内也”等論述，應該是對此篇首節“彼其真是也，以其不知也；此其似之也，以其忘之也；予與若終不近也，以其知之也”的進一步解説。

第九部分從“光曜問乎无有”至“何從至此哉”。此文探討道之有無的問題。文中“視之而不見，聽之而不聞，搏之而不得”，本自《老子》十四章“視之不見名曰夷，聽之不聞名曰希，搏之不得名曰微”。作者認爲得道者只有超越“有無”之域，方能進入“無無”之境。所謂“無無”者，既非有亦非無，形上者也。《莊子》内篇也有對有無問題的探討，如《齊物論》之“俄而有无矣，而未知有无之果孰有孰无也”。從哲學層面思考有無問題始於老子，《莊子》内篇對有無問題也有所涉及，此文所謂的“有無”“無無”，是對有無問題更爲深入的思考，應成於内篇之後。

第十部分從“大馬之捶鉤者”至“物孰不資焉”。此寓言與《達生》“佝僂承蜩”近似，此文云“子巧與？有道與”，彼文云“子巧乎？有道邪”；此文云“臣有守也”，彼文云“我有道也”。不同的是，《達生》篇以“用志不分”總括之，而此文意在闡明無用之用。《達生》篇“佝僂承蜩”蓋本自《列子·黄帝》，而此節文字當仿自《達生》，並對寓言的含義作出了新的解讀。

第十一部分從“冉求問於仲尼”至“亦乃取於是者也”。作者認爲古今一體，生死相依，有形之物生於無形之道，即所謂“物物者非物”，皆與道家主張相吻合。而此文末尾“聖人之愛人也終无已者，亦乃取於是者也”的論述，則不是道家的主張。《老子》五章：“天地不仁，以萬物爲芻狗；聖人不仁，以百姓爲芻狗。”《齊物論》亦云：“大仁不仁。”愛人是儒家的主張，即《天地》篇所謂“愛人利物之謂仁”，蓋此文作者對儒家學説有所接受。

第十二部分從“顔淵問乎仲尼”至“則淺矣”。此文申説《齊物論》之“物化”學説，主張順物以遊世。所謂不送不將，無所施爲之謂也。去人之情，順物之性，則幾於道矣。文中有與《則陽》相重合者：“仲尼曰：‘古之人，外化而内不化，今之人，内化而外不化。與物化者，一不化者也。’”《則陽》：“日與物化者，一不化者也，闔嘗舍之!”《知北遊》“與物化者，一不化者也”爲仲尼語，與上下文聯繫緊密；《則陽》此句乃泛泛之論，與上下文並無必然關聯，蓋《知北遊》此節早出於《則陽》。另外，此節文字與《吕覽》亦有重出的文字，即“至言去言，至爲去爲。齊知之所知，則淺矣”。《吕氏春秋·精諭》：“故至言去言，至爲去爲，淺智之所争則末矣。”《精諭》篇此句前多一“故”字，當本自《知北遊》。蓋《知北遊》此文早於《則陽》及《吕覽》相關文字。

綜上，《知北遊》乃雜輯而成。從内容及表現手法上看，第一部分“知北遊於玄水之上”（除去中間議論的文字）及第六部分“東郭子問於莊子”前半段，應爲《莊子》中早出的文字，也可能是莊子晚年的作品。

第七章　《莊子》雜篇篇章作者研究

從時間上講，《莊子》雜篇應成於内篇之後。我們今天看到的雜篇，並不是司馬彪五十二篇本（内篇七，外篇二十八，雜篇十四，解説三）中的雜篇，而是郭象删整後形成的雜篇。原始雜篇因過於雜亂，多數都被郭象删除了，所以我們看到的雜篇並非以雜著稱，其中包含崔向本外篇的内容。

一、《庚桑楚》

以首句人名名篇。此篇前兩個部分記述了庚桑楚與弟子及老聃與南榮趎的對話，討論養生修道之法。此後的文字散亂無章，義理不清，蓋雜湊而成，與内篇文風不類。

第一部分從“老聃之役有庚桑楚者”至“惡有人災也”。此部分分爲兩節。

第一節記述了庚桑楚與弟子的對話。其文云：

> 舉賢則民相軋，任知則民相盗。之數物者，不足以厚民。民之於利甚勤，子有殺父，臣有殺君，正晝爲盗，日中穴阫。吾語女，大亂之本，必生於堯舜之間，其末存乎千世之後。千世之後，其必有人與人相食者也！

文中對堯舜的抨擊甚爲猛烈，内篇雖不崇尚堯舜，但絶無此猛烈之語。此文與《駢拇》諸篇的表述有些類似，如《駢拇》：“自三代以下者，天下莫不以物易其性矣。小人則以身殉利，士則以身殉名，大夫則以身殉家，聖人則以身殉天下。故此數子者，事業不同，名聲異號，其於傷性以身爲殉，一也。”《馬蹄》：“及至聖人，屈折禮樂以匡天下之形，縣跂仁義以慰天下之心，而民乃始踶跂好知，争歸於利，不可止也。此亦聖人之過也。”蓋此文與《駢拇》諸篇同時。

第二節記述了庚桑楚的弟子南榮趎與老聃的對話，討論的主要内容是“衛生”問題。道家主張齊生死，順自然，養生長壽並不是道家所追求的。彭祖可謂長壽了，而《逍遥遊》却説：“上古有大椿者，以八千歲爲春，八千歲爲秋。而彭祖乃今以久特聞，衆人匹之，不亦悲乎！”意思是説，彭祖的壽數與大椿相比，不過是瞬間而已，而世人一談到長壽就拿彭祖作比較，豈不是太可悲了嗎！《刻意》亦云：“吹呴呼吸，吐故納新，熊經鳥申，爲壽而已矣；此道引之士，養形之人，彭祖壽考者之所好也。……不道引而壽，无不忘也，无不有也，澹然无極而衆美從之。此天地之道，聖人之德也。”可見道家是不主張刻意爲壽的。

此節文字多引用老子語，如“能抱一乎？能勿失乎”，承《老子》十章之“載營魄抱一，能无離乎”；“能止乎？能已乎”，承《老子》三十二章之“夫亦將知止，知止可以不殆”、九章之“持而盈之，不如其已”；“能兒子乎？兒子終日嗥而嗌不嗄，和之至也；終日握而手不掜，共其德也”，承《老子》五十五章之“含德之厚，比於赤子。毒蟲不螫，猛獸不據，攫鳥不搏。骨弱筋柔而握固。未知牝牡之合而朘作，精之至也。終日號而不嗄，和之至也”。老子的意思是讓人們少私寡欲，持守天性，並不是在講養生問題。此節作者附會老子語以論養生，蓋出自道家養生派之手。總體上看，《庚桑楚》第一部分乃道家中追求避世養生者所爲。文中有重出於《管子》的文字，辨析如下：

老子曰：“衛生之經，能抱一乎？能勿失乎？能无卜筮而知吉凶乎？能止乎？能已乎？能舍諸人而求諸己乎？”（《庚桑楚》）

能專乎？能一乎？能毋卜筮而知凶吉乎？能止乎？能已乎？能毋問於人而自得之於己乎？（《管子·心術下》）

能摶乎？能一乎？能無卜筮而知吉凶乎？能止乎？能已乎？能勿求諸人而自得之己乎？（《管子·内業》）

從内容上看，《庚桑楚》行文前後一貫，且明確指出本自《老子》，文中也多次引用《老子》語，下文更有“能翛然乎？能侗然乎？能兒子乎”諸句與上文相呼應，應當是《管子》襲自《莊子》。另《心術下》此文上句爲“不亂於天下，而天下治”，其與“能專乎？能一乎”云云者不相銜接，蓋爲錯簡重出。由此看來，《庚桑楚》此部分文字不會晚於《管子》中相關的文字。

第一部分之後的文字頗爲叢雜。從内容上看，多爲解説内篇的文字，有的像講稿，有的像心得。從寫法及詞語的運用上看，各節文字在表述上有些類似。作者喜歡用判斷語句進行解説，如“宇泰定者，發乎天光。發乎天光者，人見其人”；“學者，學其所不能學也；行者，行其所不能行也；辯者，辯其所不能辯也”；“有實而无乎處者，宇也；有長而无本剽者，宙也”；“貴富顯嚴名利六者，勃志也。容動色理氣意六者，謬心也。惡欲喜怒哀樂六者，累德也。去就取與知能六者，塞道也”等。在表述上有些句子澀滯難通，正如林雲銘《莊子因》所説，此篇“文頗艱澀破碎，卒然讀之，蒙然而已”。各家對此部分的劃分各不相同，由於此部分文字各節之間並無關聯，具有語叢的性質，可能出自一人之手，故最好以一個整體對待之，不再分章，可分爲若干節。根據内容此部分文字可分爲八節。

第一節從“宇泰定者”至“謂之天子”。此節蓋爲闡發内篇《人間世》的文字。《人間世》云：“瞻彼闋者，虚室生白，吉祥止止。夫且不止，是之謂坐馳。夫徇耳目内通而外於心知，鬼神將來舍，而況人乎！是萬物之化也，禹舜之所紐也，伏戲几蘧之所行終，而況散焉者乎！”此文“宇泰定者，發乎天光”，即《人間世》之“瞻彼闋者，虚室生白”；“有恒者，人舍之”，即《人間世》“徇耳目内通而外於心知，鬼神將來舍，而況人乎”；“天之所助，謂之天子”，即《人間世》“禹舜之所紐也，伏戲几蘧之所行終”，蓋此節文字爲《人間世》講稿中的部分文字。

第二節從“學者，學其所不能學也”至“心則使之也”。此節内容有些散亂，作者先論述道不能學、不能行、不能辯，故“知止乎其所不能知，至矣”。此即《齊物論》之“故知止其所不知，至矣。孰知不言之辯，不道之道”者也。接下來，作者論述人唯順性而已，不應求福而避禍，即“備物以將形，藏不虞以生心，敬中以達彼，若是而萬惡至者，皆天也，而非人也”，此即《大宗師》“且夫得者，時也；失者，順也。安時而處順，哀樂不能入也”。

從行文及詞語的運用上看，文中“天鈞敗之”之“天鈞”，取自《齊物論》“是以聖人和之以是非而休乎天鈞”。文中“不足以滑成，不可内於靈臺”，襲自《德充符》“故不足以滑和，不可入於靈府”。張恒壽認爲《德充符》句前有“故”字，説明是《德充符》引用《庚桑楚》，其説非是。此“故”字承接上文“死生存亡，窮達貧富，賢與不肖，毁譽，飢渴寒暑，是事之變，命之行也；日夜相代乎前，而知不能規乎其始者也”，並不是引用的意思。

文中“兵莫憯於志，鏌鋣爲下；寇莫大於陰陽，无所逃於天地之間”與《文子·道原》“故兵莫憯乎志，鏌鋣爲下，寇莫大於陰陽，而枹鼓爲細”相重合。《淮南子·繆稱訓》亦録有此文，即“故曰：兵莫憯於意志，莫邪爲下；寇莫大於陰陽，枹鼓爲小”。顯然，《文子》與《淮南子》有因承關係，《淮南子》有“故曰”二字，其襲自《文子》無疑。從行文上看，“鏌鋣爲下”與“枹鼓爲細”對文，而《莊子》“无所逃於天地之間”顯然是解説“寇莫大於陰陽”的，其與“鏌鋣爲下”並没有形成對文。既然《文子》《淮南子》皆非本自《莊子》，那麽合理的解釋是《莊子》襲用《文子》。

第三節從“道通”至“聖人藏乎是”。此節行文散亂，澀滯難通，如“所惡乎分者，其分也以備；所以惡乎備者，其有以備。故出而不反，見其鬼；出而得，是謂得死。滅而有實，鬼之一也”等，皆不知所云。此文更像是一份講授提綱，中間省略一些内容。開頭“道通，其分也，其成也毁也”數語本自《齊物論》“道通爲一。其分也，成也；其成也，毁也。凡物无成與毁，復通爲一”，間多省略，故義理不清。《齊物論》的意思是從道的角度看，萬物皆自然天成，其本性都是相通的。如果人爲地區别萬物，就會産生高低貴賤的差别，這實際上是對物之本性的毁損。從這個視角出發，我們才能理解作者所謂“所惡乎分者，其分也以備；所以惡乎備者，其有以備”。這句話的意思是説，物我二分則求備於其身，然性自天成，若求性外之備則毁其性也，故有道者物我合一而惡乎其分也。有道者之所以惡於備，乃因爲性自天成，無須求備，有備則毁其性也。此節的注釋之所以五花八門，就是因爲没有對作者省略的部分作出正確的解讀。

第四節從“古之人”至“非一也”。文中“古之人，其知有所至矣。惡乎至？有以爲未始有物者，至矣，盡矣，弗可以加矣！其次以爲有物矣”重出於《齊物論》；“以无有爲首，以生爲體，以死爲尻；孰知有无死生之一守者，吾與之爲友”重出於《大宗師》。蓋此節雜湊内篇而成。

第五節從“有生黬也”至“是蜩與學鳩同於同也”。此節討論的是“移是”問題。作者指出，世人皆以己爲是，以彼爲非，而不能超越是非，緣道而行，這種情況就像蜩與學鳩一樣自以爲是。蜩與學鳩出自《逍遥遊》，則此文當成於内篇之後。

第六節從“蹍市人之足”至“虚則无爲而无不爲也”。作者以踩脚爲喻，闡明至仁無親之理。文中有重出於《吕氏春秋》者：

> 徹志之勃，解心之謬，去德之累，達道之塞。貴富顯嚴名利六者，勃志也。容動色理氣意六者，謬心也。惡欲喜怒哀樂六者，累

德也。去就取與知能六者，塞道也。此四六者，不盪胷中則正，正則静，静則明，明則虚，虚則无爲而无不爲也。(《庚桑楚》)

先王不能盡知，執一而萬物治。使人不能執一者，物感之也。故曰通意之悖，解心之繆，去德之累，通道之塞。貴富顯嚴名利六者，悖意者也。容動色理氣意六者，繆心者也。惡欲喜怒哀樂六者，累德者也。智能去就取舍六者，塞道者也。此四六者不蕩乎胷中則正。正則静，静則清明，清明則虚，虚則無爲而無不爲也。(《吕氏春秋·有度》)

《吕》文有“故曰”二字，《莊》文没有，蓋《吕覽》襲自《庚桑楚》，此節文字當成於《吕覽》之前。

第七節從“道者，德之欽也”至“无有也”。此節旨在申明人應當去智無我，法天順性。值得注意的是，此文對“聖人”的態度與内篇有所不同，在《逍遥遊》《齊物論》等篇中，聖人乃理想的人格形態，而此文對“聖人”的評價是“聖人工乎天而拙乎人”，即聖人雖善於取法天道却不能無爲晦跡，使人不譽己。此乃《天運》篇所謂“兼忘天下易，使天下兼忘我難”，可見作者對聖人是有所否定的。而作者心目中的理想人格是所謂的“全人”，即“夫工乎天而俍乎人者，唯全人能之”。從學術發展的軌跡看，道家學派從尊崇聖人到對聖人有微詞再到抨擊聖人，有一個演變的過程。由此看來，此節文字當作於内篇之後、《駢拇》諸篇之前。另外，此節中有一段文字與《韓非子》重合，即“一雀適羿，羿必得之，威也。以天下爲之籠，則雀無所逃”。《韓非子·難三》：“故宋人語曰：‘一雀過羿，羿必得之，則羿誣矣。以天下爲之羅，則雀不失矣。’”莊子爲宋國人，《韓非子》謂“故宋人語曰”，則其本自《莊子》無疑，此節作於《韓非子》之前。

第八節從“介者拸畫”至“聖人之道”。此節論述只有遺死生、外非譽者方能忘我任性，順其自然。值得思考的是，作者將“介者”和“胥靡”這樣的刑餘之人和犯人視爲“外非譽”“遺死生”的人，這在内篇還未出現過。《逍遥遊》中的宋榮子雖未汲汲於世，但還是“定乎内外之分，辯乎榮辱之境”，未能外非譽、遺死生，而那些“知效一官，行比一鄉，德合一君，而徵一國”者，在作者眼裏不過是汲汲於功名的俗人罷了。此節作者認爲喪失了自尊的人才能“外非譽”“遺死生”，這與内篇“至人无己，神人无功，聖人无名”的論述存在較大差異，蓋道家後學申説内篇的文字。

綜上，《庚桑楚》篇由兩部分文字組成。第一部分記述了庚桑楚與弟子及老子與庚桑楚之弟子的談話。此後的部分，文字頗爲散亂，行文上澀滯不通，很像講授的提綱，不像是要發表的文字。從義理及行文上看，此部分文字可能出自一人之手。

二、《徐无鬼》

以首句人名名篇。該篇由十幾則寓言組成，各寓言間並無内在關聯，蓋編者雜湊而成，非一時一人之作。從内容上看，多是申明道家無爲順性之主張，批駁儒家仁義禮智之虚僞。全篇由十三部分構成。

第一部分從"徐无鬼因女商見魏武侯"至"君將惡乎用夫偃兵哉"。此部分分爲兩節，第一節中徐無鬼以相狗馬爲喻，指出忘我無待、"若亡其一"乃人之真性情也。《詩》《書》《禮》《樂》，不過是陳跡而已。武侯久未聞真人之言，今雖只聞相狗馬之術，便能啓其悟道之心。言人皆嚮往自然天性，但由於世人逐物不已，日失其性，故迷途難返。文中使用了"性命之情"，蓋其與《駢拇》《馬蹄》等篇是同時的文字。文中"直者中繩，曲者中鉤，方者中矩，圓者中規"之表述，蓋亦本自《馬蹄》篇之"陶者曰：'我善治埴，圓者中規，方者中矩。'匠人曰：'我善治木，曲者中鉤，直者應繩。'"

第二節中對國君及仁義學説有所指責和批判，如"君獨爲萬乘之主，以苦一國之民，以養耳目鼻口"，"愛民，害民之始也；爲義偃兵，造兵之本也……君雖爲仁義，幾且僞哉"，"殺人之士民，兼人之土地，以養吾私與吾神者，其戰不知孰善"等。此節雖與第一節的表現手法有所不同，但與《駢拇》等篇激烈抨擊聖智的言辭相比，還存在較大差異。

第二部分從"黄帝將見大隗乎具茨之山"至"稱天師而退"。此"黄帝迷途"與《天地》篇之"黄帝遺珠"異曲同工。寓言中黄帝向牧童請教如何"爲天下"？牧童兩次回答"亦若此而已"，即無爲順性而已。黄帝還是没明白，最後小童説"亦去其害馬者而已矣"。意思是説，要去除損害馬之自然天性的做法，即《馬蹄》篇之"燒之，剔之，刻之，雒之"者也，言治天下者勿害民之天性。此寓言之義理及言説方式皆與内篇無異，蓋出自莊子或嫡傳弟子之手。

第三部分從"知士无思慮之變則不樂"至"悲夫"。此節爲議論文，作者指責社會上各行各業的人皆逐於外物而不能反其真。宣穎《南華經解》云："一筆寫出十九種人，情溺於所向，各不自禁，波靡一生，無由拔腳。真覺可哂可涕。"其實内篇批判的對象主要是辯者，對農工百姓非但没有指責，還多有稱道。如解牛之庖丁、支離疏、兀者王駘、叔山無趾、哀駘它等等。此文云："農夫无草萊之事則不比，商賈无市井之事則不比。庶人有旦暮之業則勸，百工有器械之巧則壯"，打擊面太大，與内篇有别。從行文上看，作者喜用"士"字，如知士、辯士、察士、招世之士、中民之士、筋力之士、勇敢之士、兵革之士、枯槁之士、法律之士、禮教之士、仁義之士等。"××之士"這一表達方式在内篇中没有出現過，《天道》篇出現過"山林之士"，《刻意》篇出現過"平世之士"，《讓王》篇出現過"布衣之士"，《盜跖》篇出現過"絶俗過世之士"，《天下》篇出現過"一曲之士"，這些文字可能都是同時代的作品。

第四部分從"莊子曰"至"未始離於岑而足以造於怨也"。此節所記爲莊子與惠子的對話，莊子批評儒、墨、楊、秉及惠子等辯者皆自以爲是、捨本逐末。《莊子》中莊周與惠子的交往並非後人杜撰，多出自莊子或其嫡傳弟子之手。此節所言之義理及行文風格皆與内篇無别，文中"齊人蹢子於宋""求唐子也而未始出域""夜半於无人之時而與舟人鬬"等寓言故事，皆簡短辛辣、寓意深刻，體現了莊子的文風，當爲《莊子》中早期形成的文字。又此節"於是爲之調瑟，廢一於堂，廢一於室，鼓宫宫動，鼓角角動，音律同矣"數語，與《吕氏春秋·應同》"類固相召，氣同則合，聲比則應。鼓宫而宫動，鼓角而角動"有重合之處。《莊子》"鼓宫宫動，鼓角角動"是故事中的具體動作，而《吕覽》不過是泛論之語，顯然是《吕氏春秋》襲自《莊子》，可見此節爲《吕氏春秋》以前的文字。

第五部分從"莊子送葬"至"吾无與言之矣"。此節記述莊子送葬時路過惠子墓，睹物思人，便爲弟子們講述了匠石運斤成風的寓言故事。此寓言内容誇張怪誕，文筆簡潔靈動，情感真切質樸，在《莊子》的寓言中亦爲上乘之作，蓋非莊子莫能爲。宣穎《南華經解》云："鍾期死，伯牙不復琴；郢人死，匠石不復斲；惠施死，莊子無與言。嗚呼！人生在世，雖挾絶技，又惡可以獨適乎哉！"

第六部分從"管仲有病"至"則隰朋可"。《列子·力命》亦載此文，辨析如下：

> 管仲有病，桓公問之曰："仲父之病病矣，可不謂云，至於大病，則寡人惡乎屬國而可？"管仲曰："公誰欲與？"公曰："鮑叔牙。"曰："不可。其爲人絜廉善士也。其於不己若者不比之，又一聞人之過，終身不忘。使之治國，上且鉤乎君，下且逆乎民。其得罪於君也，將弗久矣！"公曰："然則孰可？"對曰："勿已，則隰朋

可。其爲人也，上忘而下畔，愧不若黄帝而哀不己若者。以德分人謂之聖，以財分人謂之賢。以賢臨人，未有得人者也；以賢下人，未有不得人者也。其於國有不聞也，其於家有不見也。勿已，則隰朋可。”（《徐无鬼》）

管夷吾鮑叔牙二人相友甚戚，同處於齊。管夷吾事公子糾，鮑叔牙事公子小白。齊公族多寵，嫡庶並行。國人懼亂。管仲與召忽奉公子糾奔魯，鮑叔奉公子小白奔莒。既而公孫無知作亂，齊無君，二公子争入。管夷吾與小白戰於莒，道射中小白帶鉤。小白既立，脅魯殺子糾，召忽死之，管夷吾被囚。鮑叔牙謂桓公曰：“管夷吾能，可以治國。”桓公曰：“我讎也，願殺之。”鮑叔牙曰：“吾聞賢君無私怨，且人能爲其主，亦必能爲人君。如欲霸王，非夷吾其弗可。君必舍之！”遂召管仲。魯歸之齊，鮑叔牙郊迎，釋其囚。桓公禮之，而位於高國之上，鮑叔牙以身下之，任以國政，號曰仲父。桓公遂霸。管仲嘗歎曰：“吾少窮困時，嘗與鮑叔賈，分財多自與；鮑叔不以我爲貪，知我貧也。吾嘗爲鮑叔謀事而大窮困，鮑叔不以我爲愚，知時有利不利也。吾嘗三仕，三見逐於君，鮑叔不以我爲不肖，知我不遭時也。吾嘗三戰三北，鮑叔不以我爲怯，知我有老母也。公子糾敗，召忽死之，吾幽囚受辱，鮑叔不以我爲無恥，知我不羞小節而恥名不顯於天下也。生我者父母，知我者鮑叔也！”此世稱管鮑善交者，小白善用能者。然實無善交，實無用能也。實無善交實無用能者，非更有善交，更有善用能也。召忽非能死，不得不死；鮑叔非能舉賢，不得不舉；小白非能用讎，不得不用。及管夷吾有病，小白問之，曰：“仲父之病病矣，可不諱云。至於大病，則寡人惡乎屬國而可？”夷吾曰：“公誰欲歟？”白曰：“鮑叔牙可。”曰：“不可；其爲人也，潔廉善士也，其於不己若者不比之人，一聞人之過，終身不忘。使之理國，上且鉤乎君，下且逆乎民。其得罪於君也，將弗久矣。”小白曰：“然則孰可？”對曰：“勿已，則隰朋可。其爲人也，上忘而下不叛，愧其不若黄帝而哀不己若者。以德分人謂之聖人，以財分人謂之賢人。以賢臨人，未有得人者也；以賢下人者，未有不得人者也。其於國有不聞也，其於家有不見也。勿已，則隰朋可。”然則管夷吾非薄鮑叔也，不得不薄；非厚隰朋也，不得不厚。厚之於始，或薄之於終；薄之於終，或厚之於始。厚薄之去來，弗由我也。（《列子·力命》）

第一，《力命》篇講述的是一個完整的故事，而《徐无鬼》只截取其中的片段來説明管仲之舉薦出以公心，不徇私情。實際上是因爲有了上文“生我者父母，知我者鮑叔”的記述，管仲薦人不徇私情方得以體現。也就是説，如果只讀《徐无鬼》而不讀《力命》篇，我們對管仲薦人不徇私情就不會有深刻的領會。從這個意義上講，《力命》篇此章乃有機之整體，非雜凑之作。而《徐无鬼》與前文“莊子送葬”及後文“吴王浮於江”皆無關聯，《徐无鬼》截取自《力命》篇蓋無可疑。

第二，就兩篇相重合的文字而言，《力命》“及管夷吾有病”，《徐无鬼》作“管仲有病”。《力命》篇承接上文，“及”字不可省；而《徐无鬼》將此句作爲文章的開頭，故有意將“及”字删除。又《力命》篇稱管仲爲“管夷吾”，稱桓公爲“小白”，前後一貫，而《徐无鬼》作“管仲”“桓公”，此亦表明《力命》篇非襲自《徐无鬼》。

《力命》篇“可不諱”，《徐无鬼》作“可不謂”，“謂”當作“諱”，形近而誤。奚侗《莊子補注》云：“‘謂’當作‘諱’。《管子·戒》篇：‘仲父之疾甚矣，若不可諱也’，《小稱》篇：‘仲父之病病矣，若不可諱而不起此病也’，《列子·力命》篇：‘仲父之病病矣，可不諱云’，張湛注：‘言病之甚不可復諱而不言也。’《吕覽·貴公》篇：‘仲父之病潰甚，國人弗諱’，文各小異而義則同，皆可爲‘謂’當作‘諱’之證。”

《力命》篇“其於不己若者不比之人，一聞人之過，終身不忘”，《徐无鬼》作“其於不己若者不比之，又一聞人之過，終身不忘”。《徐无鬼》“又”乃“人”之誤。孫詒讓《劄迻》云：“此‘又’當爲‘人’。‘不比之人’句斷，言不得齒於人也。《列子·力命》篇云：‘……其於不己若者不比之人，一聞人之過，終身不忘。’《吕氏春秋·貴公》篇：‘管仲曰：鮑叔牙之爲人也，清廉潔直，視不己若者不比於人。’高注云：‘比，方也。’並與此書同，可據以校正。’”其説是。

《力命》篇“上忘而下不叛”，《徐无鬼》作“上忘而下畔”。《徐无鬼》脱“不”字。陸德明《莊子音義》：“言在上不自高，於下無背者也。”其所見本當有“無”字。宣穎《南華經解》：“《列子》作‘下不畔’，此處漏一‘不’字也。上忘者，不自矜其能，故在己上者與之相忘；下不畔者，泛愛衆，故在己下者，不見德而亦不忍畔之。”

第三，《力命》篇“則隰朋可”後有“然則管夷吾非薄鮑叔也，不得不薄；非厚隰朋也，不得不厚。厚之於始，或薄之於終；薄之於終，或厚之於始。厚薄之去來，弗由我也”一段文字，《徐无鬼》無。此段文字乃上文“召忽非能死，不得不死；鮑叔非能舉賢，不得不舉；小白非能用讐，不得不用”之呼應語，用以闡發作者之“命定”思想，不可或缺。《徐无鬼》删節上文亦必删去此段文字，否則便有突兀之感。以上論證説明《徐无鬼》中此段文字截取自《力命》篇，而不是《力命》襲自《徐无鬼》，然後在其文前後增加了數倍於《莊》文的文字。

此外，《吕氏春秋·貴公》亦載有類似的文字：

> 管仲有病，桓公往問之，曰：“仲父之病矣，漬甚，國人弗諱，寡人將誰屬國?”管仲對曰：“昔者臣盡力竭智，猶未足以知之也，今病在於朝夕之中，臣奚能言?”桓公曰：“此大事也，願仲父之教寡人也。”管仲敬諾，曰：“公誰欲相?”公曰：“鮑叔牙可乎?”管仲對曰：“不可。夷吾善鮑叔牙，鮑叔牙之爲人也：清廉潔直，視不己若者，不比於人；一聞人之過，終身不忘。”“勿已，則隰朋其可乎?”“隰朋之爲人也：上志而下求，醜不若黄帝，而哀不己若者；其於國也，有不聞也；其於物也，有不知也；其於人也，有不見也。勿已乎，則隰朋可也。”夫相，大官也。處大官者，不欲小察，不欲小智，故曰：大匠不斲，大庖不豆，大勇不鬭，大兵不寇。桓公行公去私惡，用管子而爲五伯長；行私阿所愛，用豎刀而蟲出於户。人之少也愚，其長也智，故智而用私，不若愚而用公。日醉而飾服，私利而立公，貪戾而求王，舜弗能爲。

比較《莊》《列》《吕》三者重文部分，《吕》文表述多有不同。如《吕》文比《莊》《列》多出“‘昔者臣盡力竭智，猶未足以知之也，今病在於朝夕之中，臣奚能言?’桓公曰：‘此大事也，願仲父之教寡人也。’管仲敬諾”諸句，比《莊》《列》少“使之治國，上且鉤乎君，下且逆乎民，其得罪於君也，將弗久矣”諸句。蓋此故事流傳較廣，流傳的文本也不盡相同，《列子》《莊子》屬於同一傳承系統，《吕覽》則另有所本。

第七部分從“吴王浮於江”至“三年而國人稱之”。此寓言描寫吴王登狙之山，衆狙見之皆走，唯有一狙自恃其能而現巧於王，結果被亂箭射死。寓言短小精練，諷喻辯者自以爲是，應爲莊子學派的作品。

第八部分從“南伯子綦隱几而坐”至“其後而日遠矣”。此節與《齊物論》之開篇在文字上有重合之處，辨析如下：

> 南郭子綦隱机而坐，仰天而嘘，荅焉似喪其耦。顔成子游立侍

乎前，曰："何居乎？形固可使如槁木，而心固可使如死灰乎？今之隱机者，非昔之隱机者也。"子綦曰："偃，不亦善乎，而問之也！今者吾喪我，汝知之乎？女聞人籟而未聞地籟，女聞地籟而未聞天籟夫！"(《齊物論》)

南伯子綦隱几而坐，仰天而噓。顔成子入見曰："夫子，物之尤也。形固可使若槁骸，心固可使若死灰乎？"曰："吾嘗居山穴之中矣。當是時也，田禾一覩我，而齊國之衆三賀之。我必先之，彼故知之；我必賣之，彼故鬻之。若我而不有之，彼惡得而知之？若我而不賣之，彼惡得而鬻之？嗟乎！我悲人之自喪者，吾又悲夫悲人者，吾又悲夫悲人之悲者，其後而日遠矣。"(《徐无鬼》)

第一，《徐无鬼》此節文字較《齊物論》多出"夫子，物之尤也"句。此句非道家語，因爲道家主張和光同塵，"物之尤"並不是道家所要追求的。另外《齊物論》在"形固可使如槁木，而心固可使如死灰乎"之後有"今之隱机者，非昔之隱机者也"，表明南郭子綦只是今天才表現出形如槁木、心如死灰的樣態，而不是每日如此。而《徐无鬼》給人的感覺是南伯子綦每天都形如槁木、心如死灰，顯然《齊物論》的行文更爲自然。

第二，從義理上看，《齊物論》通過南郭子綦形如槁木、心如死灰之樣態引出"喪其耦""吾喪我"這一哲學命題，整篇《齊物論》就是圍繞這一命題展開討論的。所謂"喪其耦"就是無所待，所謂"吾喪我"就是超越情欲之我返歸本真之我，作者首先通過人籟、地籟、天籟對這一問題展開討論。而《徐无鬼》下面的文字却是"吾嘗居山穴之中矣"，刻意居山穴以避世顯然不是道家的追求，《刻意》篇云："刻意尚行，離世異俗，高論怨誹，爲亢而已矣。此山谷之士，非世之人，枯槁赴淵者之所好也。"看來此節雖然與《齊物論》在行文上有重合之處，但其討論的問題並無關聯，蓋此文之作者不過是借《齊物論》明理，其成於《齊物論》之後是没有問題的。

第九部分從"仲尼之楚"至"大人之誠"。孫叔敖與孔子不同時，市南宜僚也未嘗仕楚，此文乃寓言耳。從内容上看，此文意在申明内篇至言無言、至人無名的道理，没什麽新意。從行文上看，此文多爲泛論之言，與莊子的風格不類。

第十部分從"子綦有八子"至"然身食肉而終"。此節講述了九方歅爲子綦之子相面的故事。作者認爲，終身食肉飲酒，非體道者之所求。

至人性順自然，無欲無求，酒肉不過是世俗之欲求而已，安可謂福邪？文中有一段文字與《庚桑楚》相重合：

> 吾所與吾子遊者，遊於天地。吾與之邀樂於天，吾與之邀食於地；吾不與之爲事，不與之爲謀，不與之爲怪；吾與之乘天地之誠而不以物與之相攖，吾與之一委蛇而不與之爲事所宜。(《徐无鬼》)
>
> 夫至人者，相與交食乎地而交樂乎天，不以人物利害相攖，不相與爲怪，不相與爲謀，不相與爲事。(《庚桑楚》)

從行文上看，《徐无鬼》篇顯然更爲流暢，且與文意相符。《庚桑楚》篇只是抽象地描寫至人，且文中"相與"二字很難落實。古人引書多憑記憶，故二文語序略有不同。《徐无鬼》"吾不與之爲事，不與之爲謀，不與之爲怪"，《庚桑楚》作"不相與爲怪，不相與爲謀，不相與爲事"，《徐无鬼》由"爲事"到"爲謀"再到"爲怪"顯然更符合事物發展的邏輯。此文當爲《庚桑楚》襲自《徐无鬼》，《徐无鬼》此節成於《庚桑楚》相關文字之前。

第十一部分從"齧缺遇許由"至"夫唯外乎賢者知之矣"。此節抨擊仁義賢者，與《駢拇》諸篇屬同類文字。文中説："齧缺遇許由，曰：'子將奚之？'曰：'將逃堯。'"齧缺始見於《齊物論》，許由始見於《逍遥遊》。所謂"將逃堯"者，即《逍遥遊》所謂堯讓天下於許由，許由弗受。作者由此演繹出此節文字，可見其成於内篇之後。另外文中"後世其人與人相食與"蓋本自《庚桑楚》"大亂之本，必生於堯舜之間，其末存乎千世之後。千世之後，其必有人與人相食者也"。《庚桑楚》之行文前後存在邏輯聯繫，語氣十分堅定。此文將"千世之後"改成"後世"，將"必"及判斷語氣詞"也"改成推測語氣詞"其"和"與"，改動的痕跡十分明顯，且其與上文"夫堯，畜畜然仁，吾恐其爲天下笑"亦無必然聯繫。此節當成於《庚桑楚》相關章節之後。

第十二部分從"有暖姝者"至"何可勝言"。作者指出，世人對生活的追求各不相同：有沾沾自喜者，有苟且偷安者，有勞苦不堪者。其所求雖不相同，然其傷身害性却是一樣的。真人無私無求，抱德煬和，因順自然。文中有些描寫頗具莊子神韻，如"濡需者，豕蝨是也，擇疏鬣自以爲廣宫大囿，奎蹏曲隈，乳間股脚，自以爲安室利處，不知屠者之一旦鼓臂布草操煙火，而已與豕俱焦也"。作者不但對生活觀察得細緻入微，而且描寫得簡潔傳神，與内篇無别。文中所謂"而未知未始有物也”，是指《齊物論》“古之人，其知有所至矣。惡乎至？有以爲未始有物者，至矣，盡矣，不可以加矣”。文中“於魚得計”蓋指《大宗師》之“魚相忘乎江湖，人相忘乎道術”。此文當作於内篇之後。

第十三部分從“句踐也以甲楯三千棲於會稽”至“是尚大不惑”。此節文字頗爲散亂，間多澀滯難解之處，似編者將散亂之簡綴合後形成的文字。

此節開頭云：“句踐也以甲楯三千棲於會稽。唯種也能知亡之所以存，唯種也不知其身之所以愁”，好像講的是勾踐與文種之間“蜚鳥盡，良弓藏；狡兔死，走狗烹”的事。可下文却説“故曰，鴟目有所適，鶴脛有所節，解之也悲”，與上文並無聯繫，使人不知所云。所謂“鴟目有所適”，即《秋水》篇“鴟鵂夜撮蚤，察毫末，晝出瞋目而不見丘山，言殊性也”；所謂“鶴脛有所節，解之也悲”，即《駢拇》篇“鶴脛雖長。斷之則悲”，這兩句講的是物性各不相同，不能人爲加以改變，其與此節開頭“句踐”云云者並無關聯。接下來又説：“故曰，風之過河也有損焉，日之過河也有損焉。”所謂“故曰”，應當是上文的結語，而“風之過”云云者使人有突兀之感，搞不清其與上文有何關聯。文中有些文字澀滯難通，如“其問之也，不可以有崖，而不可以无崖。頡滑有實，古今不代，而不可以虧”等，很難理解作者想表達的意思。

總之，此節文字無論義理還是行文都與内篇有較大差别。其中有一段文字與《文子》相重合：

> 故足之於地也踐，雖踐，恃其所不蹍而後善博也；人之於知也少，雖少，恃其所不知而後知天之所謂也。(《徐无鬼》)
>
> 足所踐者淺，然待所不踐而後能行，心所知者褊，然待所不知而後能明。(《文子·上德》)

《淮南子·説林訓》亦載此文：

> 足以蹍者淺矣，然待所不蹍而後行；智所知者褊矣，然待所不知而後明。

從行文上看，《文子》與《淮南子》有因承關係，二者皆非抄自《莊子》，則此段文字應是《莊子》化用《文子》。總的看來，此節文字蓋雜凑散簡而成。據文中“故曰，鴟目有所適，鶴脛有所節，解之也悲”之表述，此文蓋成於《秋水》《駢拇》之後。

綜上，《徐无鬼》乃編者雜湊而成。其中“黄帝將見大隗乎具茨之山”“射者非前期而中”“莊子送葬”等章節與内篇相類，形成的時間較早；“管仲有病”一節襲自《列子·力命》；餘下的多爲戰國晚期的文字。

三、《則陽》

以首句人名名篇。篇中各章節之間並無聯繫，蓋出於編者之手，非一時一人之作。從内容上看，有的論述聖人虚己去智，體認自然；有的主張休兵止鬥，緣道而行；有的申明修養形性；有的討論知與不知；最後一段討論的是同異、“或使” “莫爲”、言意之關係，全篇由九部分構成。

第一部分從“則陽游於楚”至“故曰待公閲休”。文中記述則陽汲汲於利禄功名，“顛冥乎富貴之地”，與之交往，非但不能有益於德行的修養，反而會使德行受到損傷。與之相對的人物是公閲休，他“冬則擉鼈於江，夏則休乎山樊。有過而問者，曰：‘此予宅也’”。作者塑造的這一形象給人一種刻意避世的感覺，即《刻意》所謂“就藪澤，處閒曠，釣魚閒處，无爲而已矣；此江海之士，避世之人，閒暇者之所好也”，並非體道任性之人。此文蓋莊子後學所爲。

第二部分從“聖人達綢繆”至“无内无外”。此文泛論無爲順性之理。作者指出，聖人體道順物，乃性使之然，非有意而爲也。若有意而爲則用其心智，非順性也。文中“冉相氏得其環中以隨成”之“環中”，本自《齊物論》“彼是莫得其偶，謂之道樞。樞始得其環中，以應无窮”。“環中”意同“天鈞”，皆《齊物論》作者首創的哲學概念，此節因之。又文中“日與物化者，一不化者也”，蓋本自《知北遊》“與物化者，一不化者也”。文中“夫聖人未始有天，未始有人，未始有始，未始有物”之“未始有物”，蓋本自《齊物論》之“古之人，其知有所至矣。惡乎至？有以爲未始有物者，至矣，盡矣，不可以加矣”。《齊物論》“未始有物”代表物我不分之最高境界，其次“有物”，其次“有分”。可見“未始有物”首創於《齊物論》。《則陽》此節義理上無甚新意，寫法上亦板滯無奇，蓋莊子後學雜引他篇而成。另外文中從“湯得其司御門尹登恒爲之傅之”至“无内无外”，文意不完，似有闕簡。林雲銘《莊子因》云：“自‘湯得其司御’至此，詞句轇葛不清，恐有脱落錯簡，諸解紛紛附會，總説不清。余姑曲爲之説，然亦不免附會矣。”

第三部分從“魏瑩與田侯牟約”至“譬猶一吷也”。文中稱“魏瑩”

而不稱“魏惠王”或“梁惠王”，當作於魏罃在位之時。其中觸蠻相争的寓言故事最能體現莊子文風：“有國於蝸之左角者曰觸氏，有國於蝸之右角者曰蠻氏。時相與争地而戰，伏尸數萬，逐北旬有五日而後反。”此即《天下》篇所謂“謬悠之説，荒唐之言，无端崖之辭”者也。作者意在表明，以道觀之，世間之征伐是如此渺小。莊子與梁惠王同時，故此文可能成於莊子之手。

第四部分從“孔子之楚”至“其室虚矣”。文中言市南宜僚“方且與世違而心不屑與之俱”，“彼且以丘爲佞人也。夫若然者，其於佞人也羞聞其言，而況親見其身乎”，可見其尚有是非愛憎之情，與道家遺是非、順物性的主張還有不小的差距。市南宜僚其人在《莊子》中共出現過三次，分别在《山木》《徐无鬼》和《則陽》。《山木》中市南宜僚勸魯侯拋棄物累，如此才能到達逍遥的彼岸——建德之國；《徐无鬼》篇意在申明内篇至言無言、至人無名的道理。此三文平淡無奇，寫法相近，與内篇不類，蓋出自一人之手。

第五部分從“長梧封人問子牢曰”至“内熱溲膏是也”。作者認爲，修養形性如同種莊稼一樣，勿魯莽滅裂，否則不斷增長的嗜欲便會吞噬人之天性，使人病入膏肓，不可救藥。此寓言立意無新，表述直白，與内篇不類。

第六部分從“柏矩學於老聃”至“於誰責而可乎”。此節揭露社會現實，抨擊統治者。作者指出當今社會“匿爲物而愚不識，大爲難而罪不敢，重爲任而罰不勝，遠其塗而誅不至。民知力竭，則以僞繼之，日出多僞，士民安取不僞”，故而民遭刑戮，君之過也。君爲僞，民安得不僞。此文只是直白地揭露現實，與義理無涉，行文亦與内篇不類，蓋莊子後學仿内篇《人間世》而作。

第七部分從“蘧伯玉行年六十而六十化”至“此所謂然與然乎”。此節論述知有限而物無窮，人只有憑藉其所不知才能修正和拓展現有的知。人應當與日俱進，順物而化，若固守其知而不知變，則怠矣。此節開頭與《寓言》篇的記述（除人物外）基本相同，即“莊子謂惠子曰：‘孔子行年六十而六十化，始時所是，卒而非之，未知今之所謂是之非五十九非也’”。總體上看，二文立意基本一致，且文末皆使用“已乎已乎”，蓋出自一人之手，具體寫作時間難以推定。

第八部分從“仲尼問於大史大弢”至“之二人何足以識之”。此節討論衛靈公的謚號爲何是“靈”字。通過三人的回答，作者意在闡明物有天理，事有天然，不得以己意忖度之，即“夫靈公之爲靈也久矣”。從行文上看，此節似出自史官之手，與莊子文風不類，蓋因其所言之義理與道家相近，故編者將其輯録。

第九部分從“少知問於大公調”至“議有所極”。作者通過少知與大公調的問答，討論合異散同、或使莫爲等名家的論題。從義理上看，作者是從道家的立場出發來評述名家主張，可知此文出自道家之手。從行文上看，此文句式整齊，長於説理，與莊子文風不類。其間記述的戰國名家辯題具有十分珍貴的史料價值。

綜上，《則陽》篇乃編者雜湊而成，其間多爲莊子後學的文字。“魏瑩與田侯牟約”一段當爲此篇中早出的文字，其中“觸蠻相争”的寓言想象豐富，文筆誇張，言簡意深，最能體現莊子文風。

四、《外物》

以首句二字名篇。該篇各章節並無關聯，蓋編者雜湊而成，非一時一人之作。從内容上看，或主張隨物任性，或譏刺儒學，或闡述無用之用，或論證言意之辨。全篇共分八部分。

第一部分從“外物不可必”至“於是乎有僓然而道盡”。此文論述外物無定準，故忠未必信，孝未必愛。世人不能超脱於利害得失，因而心緒煩躁，傷形害性。其中有些文字重出於《吕氏春秋》，辨析如下：

> 外物不可必，故龍逢誅，比干戮，箕子狂，惡來死，桀紂亡。人主莫不欲其臣之忠，而忠未必信，故伍員流於江，萇弘死於蜀，藏其血三年而化爲碧。人親莫不欲其子之孝，而孝未必愛，故孝己憂而曾參悲。(《外物》)
>
> 外物不可必，故龍逄誅，比干戮，箕子狂，惡來死，桀紂亡。人主莫不欲其臣之忠，而忠未必信，故伍員流乎江，萇弘死，藏其血三年而爲碧。親莫不欲其子之孝，而孝未必愛，故孝己疑，曾子悲。(《吕氏春秋·必己》)

《吕氏春秋》皆以意名篇，一般開頭即闡明主題。如《慎人》篇“功名大立，天也。爲是故，因不慎其人，不可”；《遇合》篇“凡遇，合也。時不合，必待合而後行”等。此《必己》篇亦然，開頭即云“外物不可必”，下文舉例以實之，可見此文是《莊》襲《吕》。另外文中“人主莫不欲其臣之忠”等表述也與莊旨不符。張恒壽云：“‘人主’一詞，在《孟子》書中還未出現，到了《荀子》《吕氏春秋》《韓非子》等書中才成爲習用之詞。這一詞是戰國後期對國君的稱謂，和後世稱‘上’‘主上’‘皇上’等詞的意義相似，皆是臣僚屬下尊事其主的稱謂。在《莊子》書中早出可信的各篇之中，他對於統治者總表示山谷之人的疏遠輕視態度，絶少採用這種稱謂。”① 其説是。《莊子》中“人主”只出現過這一次，《孟子》中没有出現過，《吕氏春秋》中出現過八十二次。從“木與木相摩則然”至文末，文意散亂，表述澀滯不暢，蓋編者綴合的文字。

第二部分從“莊周家貧”至“曾不如早索我於枯魚之肆”。此寓言對僞善之人給予無情的嘲諷，文筆辛辣暢快，情節跌宕起伏，實乃無端崖之辭，蓋出自莊周之手。從詞語的使用上看，作者喜用“忿然作色”，如“莊周忿然作色曰”“鮒魚忿然作色曰”。《莊子》中還有一處使用過“忿然作色”，即《天地》篇“爲圃者忿然作色而笑曰：‘吾聞之吾師，有機械者必有機事，有機事者必有機心……’”此節亦爲早出之文。另外，文中作爲語氣詞使用的“鮒魚來”中的“來”字，用法也很特别，《莊子》中只有《人間世》中的“嘗以語我來”“子其有以語我來”與此用法相同，可見此節文字早出。

第三部分從“任公子爲大鉤巨緇”至“其不可與經於世亦遠矣”。此寓言意在闡明志高遠者不計眼前之得失，逐小利者竟趨於溝瀆。羅根澤據文中之“縣令”推斷此文爲西漢作品，其實不然。文中的“縣”通“懸”，縣令就是懸賞的告示，此指獎賞。“飾小説以干縣令，其於大達亦遠矣”，意思是説粉飾自己的淺識陋説以求得到賞賜的人，其與大道間的距離實在是太遥遠了。就官職“縣令”而言，韓非《五蠹》有“今之縣令，一日身死，子孫累世絜駕，故人重之”的記載，故以“縣令”斷此文爲西漢的作品是不能成立的。此文諷刺世俗中蠅營狗苟之人，描寫誇張，想象豐富，蓋莊子後學的作品。

第四部分從“儒以《詩》《禮》發冢”至“无傷口中珠”。此寓言諷刺儒者盜墓時還引經據典，文筆辛辣，描寫生動，言簡意深，是《莊子》寓言中不可多得的上乘之作。羅根澤云：“‘儒以《詩》《書》發冢’，似是漢武帝尊重儒術，推崇五經以後的事情。古文經的出現，有的得自船頭，有的得自破壁，利禄所至，贋僞遂生。漢武帝在秦火之後，詔求亡經，儒者遂以《詩》《書》發冢，是很有可能的勾當。”② 此説差矣。文中所説的“儒以《詩》《禮》發冢”，是説儒者盜墓時引經據典，諷刺所

---

① 張恒壽：《莊子新探》，武漢，湖北人民出版社，1983，第 268 頁。

② 羅根澤：《〈莊子〉外雜篇探源》，《燕京學報》1936 年第 19 期。

謂經典乃盜之資耳。此文盜墓者要盜取的是死者口中珠，並不是什麼《詩》《書》。宣穎《南華經解》云："所事者《詩》《禮》，而爲發冢之行，甚言僞儒之托斯文而蹈穢行也。"從寫法及寓意上看，此文若非莊子所爲，亦當出自其嫡傳弟子之手。

第五部分從"老萊子之弟子出薪"至"柰何哉其載焉終矜爾"。此節記述老萊子與孔子的對話，内容上無非是棄仁義遺是非，並無新意。行文上亦澀滯不暢，與内篇不類。文中説"去汝躬矜與汝容知，斯爲君子矣"，《莊子》内篇崇尚的是至人、神人、聖人，"君子"並不是尊崇的對象。蓋此文並非莊子或其嫡傳弟子的作品。又文中"與其譽堯而非桀，不如兩忘而閉其所譽"與《大宗師》"與其譽堯而非桀，不如兩忘而化其道"略同。從上下文的關係看，《大宗師》此前的文字爲"泉涸，魚相與處於陸，相呴以濕，相濡以沫，不如相忘於江湖"，上下文聯繫緊密；而此節前面的文字爲"相引以名，相結以隱"，即庸者以名聲相招引，以私利相勾結，其與下文"與其譽堯而非桀，不如兩忘而閉其所譽"並無必然聯繫，可見其襲自《大宗師》，當成於内篇之後。

第六部分從"宋元君夜半而夢人被髮闚阿門"至"與能言者處也"。此寓言意在闡明智有所困，神有不及，"去小知而大知明"，只有離形去智，才能性返自然。《莊子》中與"宋元君"相關涉的寓言有三則，除此篇外，還有《田子方》之"宋元君將畫圖"和《徐无鬼》之"莊子送葬，過惠子之墓"。從内容上看，三則寓言大體相似而以"莊子送葬"的藝術成就爲最高。莊子是宋國人，寓言中的宋元君可能與此有關。從這個角度看，三則寓言應爲早出的文字，有可能出自莊子之手。

第七部分從"惠子謂莊子"至"然則无用之爲用也亦明矣"。此文論證無用之用，即没有無用就没有有用，無用乃有用之前提。文中"天地非不廣且大也，人之所用容足耳。然則廁足而墊之致黄泉，人尚有用乎"與《徐无鬼》"故足之於地也踐，雖踐，恃其所不蹍而後善博也"所言略同，而《徐无鬼》此文蓋本自《文子·上德》，前文已有論述。如此看來，此節文字應該不會早於《徐无鬼》篇相關文字，蓋作於戰國晚期。

第八部分從"莊子曰"至"吾安得夫忘言之人而與之言哉"。此部分可分爲三節：

第一節從開頭至"君子未嘗過而問焉"。此節内容較爲散亂，義理不清。究其大略，大概是論述今古不同，勢使之然，故至人應隨物而化，順性而遊。文中"德溢乎名，名溢乎暴，謀稽乎誸，知出乎争"與《人間世》"德蕩乎名，知出乎争"略同。《人間世》此前的文字爲"且若亦知夫德之所蕩，而知之所爲出乎哉”，此後的文字爲“名也者，相軋也；知也者，争之器也。二者凶器，非所以盡行也”，前後聯繫十分緊密，此節化用《人間世》似無可疑，此文應寫於内篇之後。

又文中“聖人之所以駴天下，神人未嘗過而問焉；賢人所以駴世，聖人未嘗過而問焉；君子所以駴國，賢人未嘗過而問焉；小人所以合時，君子未嘗過而問焉”與《文子·微明》“故聖人所以動天下者，真人未嘗過焉，賢人所以矯世俗者，聖人未嘗觀焉”略同。《淮南子·俶真訓》亦録此文，即“聖人之所以駭天下者，真人未嘗過焉；賢人之所以矯世俗者，聖人未嘗觀焉”。很明顯，《文子》與《淮南子》有因承關係，二者皆非抄自《莊子》。另《文子》此文前有“聖人者以目視，以耳聽，以口言，以足行。真人者，不視而明，不聽而聰，不行而從，不言而公”諸句，其與“故聖人所以動天下者，真人未嘗過焉；賢人所以矯世俗者，聖人未嘗觀焉”聯繫甚密，進一步證明《文子》此段文字早出，《莊子》襲自《文子》。蓋此節雜輯他篇而成，故而文意散亂，義理不明。

第二節從“演門有親死者”至“申徒狄因以踣河”。此節論述世人累於名利，以至於傷身害性。文中“堯與許由天下，許由逃之”，即《逍遥遊》之“堯讓天下於許由”，此文作於内篇之後。

第三節從“荃者所以在魚”至文末，討論的是言意之關係。作者認爲常人以言求道，至人悟道忘言。此節語詞雋永，言簡意深，蓋出自莊子之手。

綜上，《外物》篇乃雜凑之作，其中有的段落和語句襲自《吕氏春秋》和《文子》。其中“莊周家貧”“儒以《詩》《禮》發冢”“荃者所以在魚”是早出的文字，其餘各章節蓋爲戰國末期的作品。

五、《寓言》

以首句二字名篇。篇中各章節意不相屬，蓋編者雜凑而成，有些内容已見於他篇。文中對“三言”的論述是全篇的重點，深入理解“三言”對於正確解讀《莊子》具有重要意義。全篇共分六部分。

第一部分從“寓言十九”至“天倪也”。此文闡述莊子之言説方式，即所謂的寓言、重言和卮言。“三言”的本質就是無成心之言，即作者不以個人的偏見品評事物，而是依據自然而言説，自然有所顯現人才能有所言，故曰“言无言，終身言，未嘗不言；終身不言，未嘗不言”耳。《天下》篇之“以卮言爲曼衍，以重言爲真，以寓言爲廣”即本此。此文與《齊物論》有交集之處：

卮言日出，和以天倪，因以曼衍，所以窮年。不言則齊，齊與言不齊，言與齊不齊也，故曰无言。言无言，終身言，未嘗不言；終身不言，未嘗不言。有自也而可，有自也而不可；有自也而然，有自也而不然。惡乎然？然於然。惡乎不然？不然於不然。惡乎可？可於可。惡乎不可？不可於不可。物固有所然，物固有所可，无物不然，无物不可。非卮言日出，和以天倪，孰得其久！萬物皆種也，以不同形相禪，始卒若環，莫得其倫，是謂天均。天均者，天倪也。(《寓言》)

可乎可，不可乎不可。道行之而成，物謂之而然。惡乎然？然於然。惡乎不然？不然於不然。物固有所然，物固有所可。无物不然，无物不可。(《齊物論》)

《寓言》篇之"有自也而可，有自也而不可；有自也而然，有自也而不然"，意思是説此物據此而可，彼物據此則不可；彼物據此而然，此物據此則不然，言萬物各具天性，順之者昌，逆之者亡。下文"惡乎然？然於然。惡乎不然？不然於不然。惡乎可？可於可。惡乎不可？不可於不可。物固有所然，物固有所可，无物不然，无物不可"諸句與上文聯繫十分緊密，也是對上文的進一步解説。《齊物論》此節開頭即云"可乎可，不可乎不可"，給人以突兀之感。據下文"惡乎然？然於然。惡乎不然？不然於不然"，此"可乎可，不可乎不可"句蓋由《寓言》"惡乎可？可於可。惡乎不可？不可於不可"縮略而成。顯然，《齊物論》此段文字本自《寓言》，蓋無可疑。

何謂和之以天倪？曰：是不是，然不然。是若果是也，則是之異乎不是也亦无辯；然若果然也，則然之異乎不然也亦无辯。化聲之相待，若其不相待，和之以天倪，因之以曼衍，所以窮年也。忘年忘義，振於无竟，故寓諸无竟。(《齊物論》)

《齊物論》此節有錯簡，王叔岷云："褚伯秀《義海纂微》引吕惠卿注後附説云：'"化聲之相待"至"所以窮年也"，合在"何謂和之以天倪"之上，簡編脱略，誤次於此，觀文意可知。'其説極是。"[1] 審文義，"化聲之相待"等二十五字與上文"而待彼也邪"等文字語義相屬，而

[1] 王叔岷：《莊子校詮》，北京，中華書局，2007，第93頁。

“何謂和之以天倪”與“和之以天倪，因之以曼衍，所以窮年也”語義相承，褚説是。“化聲之相待”等二十五字爲一簡之文字，蓋錯簡所致。此節正確的語序應該是：

> 化聲之相待，若其不相待，和之以天倪，因之以曼衍，所以窮年也。何謂和之以天倪？曰：是不是，然不然。是若果是也，則是之異乎不是也亦无辯；然若果然也，則然之異乎不然也亦无辯。忘年忘義，振於无竟，故寓諸无竟。

《寓言》篇上文“重言十七，所以已言也”，此文“卮言日出，和以天倪，因以曼衍，所以窮年”，其中“所以窮年”與“所以已言也”對文。可見“所以窮年”是對“卮言日出”的解説，也就是説，此段文字當首出於《寓言》，《齊物論》引説之。且《齊物論》有“何謂和之以天倪？曰：是不是，然不然”諸句，此乃是對“和以天倪”的解説，可見其晚出。

又《寓言》云：“萬物皆種也，以不同形相禪，始卒若環，莫得其倫，是謂天均。天均者，天倪也。”意思是説，萬物各自有其不同的種類，各物種皆以其自身特有的物性相傳續，物之相禪終而復始、循環往復，没有誰知道萬物是如何演化的，這就是自然天理。這裹所説的“天均”與“天倪”的意思相同，都是自然的含義。文中提出並界定了“天均”這一概念，《齊物論》“是以聖人和之以是非而休乎天鈞”中運用了“天鈞”這一概念，其文當晚於《寓言》。

張恒壽云：“‘天鈞’一詞，也只見於《齊物論》篇。《寓言》篇首章説：‘是謂天均，天均者天倪也。’分明是用‘天倪’來解釋‘天鈞’。這種直接詮釋《齊物論》的術語，只在本篇最爲明顯。《齊物論》中‘何謂和之以天倪’一大段，和上文不銜接，姚鼐《章義》説此八十四字應在《寓言》篇，所論甚是。”① 張氏認爲《寓言》篇用“天倪”來解釋《齊物論》之“天鈞”的觀點是錯誤的。因爲對“天鈞”的解説是“萬物皆種也，以不同形相禪，始卒若環，莫得其倫，是謂天均”，“天均者，天倪也”是指這裹所説的“天均”和上文所説的“天倪”是同樣的意思，是對“天倪”含義的界定。可見是《齊物論》引用《寓言》篇所提出的“天均”這一術語而不是相反，因爲提出一個新的哲學術語首先要對其含

① 張恒壽：《莊子新探》，武漢，湖北人民出版社，1983，第279頁。

義進行界定，以便讀者理解和使用。張氏所説“《齊物論》中‘何謂和之以天倪’一大段，和上文不銜接”，乃錯簡所致。

總之，各種證據顯示《寓言》首節早出於《齊物論》相關文字。據“天倪”一詞只出現在《寓言》和《齊物論》中，“天鈞”一詞只出現在《寓言》《齊物論》及《庚桑楚》中，可以推測《寓言》首節與《齊物論》相關章節應爲一人所爲，蓋皆出自莊周之手。

第二部分從“莊子謂惠子曰”至“吾且不得及彼乎”。此節作者假託孔子以譏惠子之恃巧善辯、“勤志服知”。文中“孔子行年六十而六十化”與《則陽》“蘧伯玉行年六十而六十化”所記基本相同，蓋其作者相關聯，詳見《則陽》篇。

第三部分從“曾子再仕而心再化”至“如觀雀蚊虻相過乎前也”。作者指出，曾子所謂“吾及親仕，三釜而心樂；後仕，三千鍾而不洎，吾心悲”者，乃是爲情所羈、爲物所累，因此不能做到“視三釜三千鍾，如觀雀蚊虻相過乎前也”。此文行文及義理皆似内篇，蓋出自莊子弟子之手。

第四部分從“顔成子游謂東郭子綦曰”至“若之何其有鬼邪”。此文論述體道者無爲任性，順其自然，無所謂適與不適、命與非命、鬼與不鬼。其中“顔成子游謂東郭子綦”，當本自《齊物論》之“南郭子綦隱”和“顔成子游”。文中“自吾聞子之言，一年而野，二年而從，三年而通，四年而物，五年而來，六年而鬼入，七年而天成，八年而不知死、不知生，九年而大妙”云云者，蓋化用《大宗師》之“吾獨守而告之，參日而後能外天下。已外天下矣，吾又守之，七日而後能外物。已外物矣，吾又守之，九日而後能外生。已外生矣，而後能朝徹。朝徹，而後能見獨。見獨，而後能无古今。无古今，而後能入於不死不生”。此節行文有些刻板，表述也有些澀滯不暢，如“勸公，以其死也，有自也；而生陽也，无自也”等，蓋莊子後學仿内篇之作。

第五部分從“衆罔兩問於景曰”至“又何以有問乎”。此寓言論説罔兩待影，影待於形，形待於造化自然。來也不能拒，去也不能止，惡知其所以然?《齊物論》亦載此寓言，辨析如下：

> 衆罔兩問於景曰：“若向也俯而今也仰，向也括而今也被髮，向也坐而今也起，向也行而今也止，何也?”景曰：“搜搜也，奚稍問也！予有而不知其所以。予，蜩甲也，蛇蜕也，似之而非也。火與日，吾屯也；陰與夜，吾代也。彼吾所以有待邪，而况乎以有待者

乎！彼來則我與之來，彼往則我與之往，彼强陽則我與之强陽。强陽者，又何以有問乎？”（《寓言》）

罔兩問景曰：“曩子行，今子止；曩子坐，今子起。何其无特操與？”景曰：“吾有待而然者邪？吾所待又有待而然者邪？吾待蛇蚹蜩翼邪？惡識所以然？惡識所以不然？”（《齊物論》）

二者相較，《齊物論》行文簡潔，義理明晰；而《寓言》篇行文有些囉嗦，義理也不够清晰，《齊物論》應該是在修改《寓言》的基礎上形成的。如果是《寓言》襲自《齊物論》，不可能抄成如此繁複囉嗦的文字。如《齊物論》之“曩子行，今子止；曩子坐，今子起”，行文簡潔清晰明快，文意已足；而《寓言》之“若向也俯而今也仰，向也括而今也被髮，向也坐而今也起，向也行而今也止”，同樣的意思却多出許多無用之語，可見其並非襲自《齊物論》。蓋二文的作者相同，《寓言》篇蓋爲初稿，《齊物論》是修改後的文字，可能都出自莊子之手。

第六部分從“陽子居南之沛”至“舍者與之争席矣”。《列子・黄帝》亦載此文，辨析如下：

陽子居南之沛，老聃西遊於秦，邀於郊，至於梁而遇老子。老子中道仰天而歎曰：“始以汝爲可教，今不可也。”陽子居不答。至舍，進盥漱巾櫛，脱屨户外，膝行而前，曰：“向者弟子欲請夫子，夫子行不閒，是以不敢。今閒矣，請問其過。”老子曰：“而睢睢盱盱，而誰與居？大白若辱，盛德若不足。”陽子居蹵然變容曰：“敬聞命矣！”其往也，舍者迎將，其家公執席，妻執巾櫛，舍者避席，煬者避竈。其反也，舍者與之争席矣。（《寓言》）

楊朱南之沛，老聃西遊於秦，邀於郊。至梁而遇老子。老子中道仰天而歎曰：“始以汝爲可教，今不可教也。”楊朱不答。至舍，進涫漱巾櫛，脱履户外，膝行而前，曰：“向者夫子仰天而歎曰：‘始以汝爲可教，今不可教。’弟子欲請夫子辭，行不間，是以不敢。今夫子間矣，請問其過。”老子曰：“而睢睢而盱盱，而誰與居？大白若辱，盛德若不足。”楊朱蹙然變容曰：“敬聞命矣。”其往也，舍迎將家，公執席，妻執巾櫛；舍者避席，煬者避竈。其反也，舍者與之争席矣。（《列子・黄帝》）

第一，《黄帝》篇“楊朱”，《寓言》作“陽子居”。《莊子》中無“楊朱”

其名，楊朱或作“陽子”，或作“陽子居”。蓋《寓言》編者本《應帝王》“陽子居見老聃”，改“楊朱”爲“陽子居”。又《黄帝》“向者夫子仰天而歎曰：‘始以汝爲可教，今不可教。’弟子欲請夫子辭，行不間，是以不敢。今夫子間矣，請問其過”，《寓言》篇作“向者弟子欲請夫子，夫子行不閒，是以不敢。今閒矣，請問其過”。《寓言》篇比《黄帝》篇少“向者夫子仰天而歎曰：‘始以汝爲可教，今不可教’”數句。若謂《黄帝》襲《寓言》，則没有必要將上文出現過的文字重抄於此，《寓言》此段顯然是删改《黄帝》後形成的文字。

第二，《黄帝》“至梁而遇老子”，《寓言》作“至於梁而遇老子”。王叔岷云：“古鈔卷子本‘至’下無‘於’字，《列子》同。”《黄帝》“進涫漱巾櫛”，《寓言》作“進盥漱巾櫛”。“涫”本是沸的意思，此假借爲“盥”。若《黄帝》襲《寓言》，斷不能將“盥”字抄成“涫”字，因爲《列子》前蓋無“涫”借爲“盥”的用法，合理的解釋只能是《寓言》將借字改成本字。《黄帝》“而睢睢而盱盱”，《寓言》作“而睢睢盱盱”。王叔岷云：“古鈔卷子本‘盱盱’上有‘而’字，當從之。蘇軾《莊子祠記》、《事文類聚》别集二四、《合璧事類》續集四二引此皆作‘而盱盱’。《列子》同。”《黄帝》“其往也，舍迎將家，公執席”，《寓言》作“其往也，舍者迎將，其家公執席”。王叔岷云：“‘家’字屬上絶句，文意較長。《列子》張湛注讀‘舍迎將家’爲句，云：‘客舍家也。’（王氏《集解》從張注）古鈔卷子本‘舍’下無‘者’字，‘家’上無‘其’字，與《列子》同，今本‘者’字，蓋涉下文‘舍者’而衍。《御覽》一八六引‘家’上亦無‘其’字，今本‘其’字，蓋涉上文‘其往也’而衍。”[①] 可見並非《列子》襲自《莊子》，而是《莊子》襲自《列子》。

綜上，《寓言》篇亦爲編者雜凑的文字。其中有些内容與《齊物論》相關涉，“寓言十九”及“衆罔兩問於景”章應早出於《齊物論》相關文字，蓋其作者相關聯。這一現象在《莊子》外雜篇中很少遇到，應引起研究者的重視。

六、《讓王》

此篇由十五則寓言雜凑而成，前人多疑其爲僞作。蘇軾《莊子祠堂記》云：“至於《讓王》《説劍》，皆淺陋不入於道。”林希逸、王夫之、宣穎等人亦贊同此説。今人或認爲《讓王》是僞作，或認爲《讓王》非

① 王叔岷：《莊子校詮》，北京，中華書局，2007，第1108、1109、1110頁。

僞，尚無定説。與其他外雜篇相比，《讓王》確實存在不同之處。

從篇名上看，《讓王》篇之前皆以首句名篇，而《讓王》却是以意名篇，這種命名方式要晚於以首句名篇者。從内容上看，此篇圍繞讓王、貴生這一主題雜凑諸文，宣揚“生”貴於萬物，以天下易其雙臂而不爲也。這些觀點顯然與莊學棄生死、遺是非之主張不相吻合，不是莊子學派的作品。《讓王》另一個重要的不同之處在於此篇大部分文字都重出於《吕氏春秋》，是《讓王》抄襲《吕氏春秋》還是《吕氏春秋》抄襲《讓王》，尚存争議。張恒壽認爲是《讓王》抄襲《吕覽》，王叔岷《莊子校詮》認爲是《吕覽》因襲《讓王》。我認爲深入細緻地比勘《讓王》與《吕覽》重出的文字是判定《讓王》篇形成年代的關鍵所在，而此前對這一問題的研究還不够深入，其結論也缺乏説服力。鑒於此，筆者擬對《讓王》《吕氏春秋》之重文逐一進行比勘論證，以期得出較爲客觀的結論。

（一）

> 堯以天下讓許由，許由不受。又讓於子州支父，子州支父曰：“以我爲天子，猶之可也。雖然，我適有幽憂之病。方且治之，未暇治天下也。”夫天下至重也，而不以害其生，又況他物乎！唯无以天下爲者，可以託天下也。（《讓王》）
>
> 堯以天下讓於子州支父。子州支父對曰：“以我爲天子猶可也。雖然，我適有幽憂之病，方將治之，未暇在天下也。”天下，重物也，而不以害其生，又況於它物乎？惟不以天下害其生者也，可以託天下。（《吕氏春秋・貴生》）

《莊》“堯以天下讓許由，許由不受。又讓於子州支父”，《吕》作“堯以天下讓於子州支父”，若是《吕》抄《莊》，不應漏抄“堯以天下讓許由”之事。蓋因《齊物論》載“堯讓天下於許由”，故《讓王》篇的編者將二事合而爲一。

從行文特點看，《吕氏春秋》往往是開宗明義，然後通過事實加以證明，最後進行點評。《貴生》篇開頭即已闡明“聖人深慮天下，莫貴於生”，接著用堯讓天下的故事來闡明貴生之理，然後點評説“天下，重物也，而不以害其生，又況於它物乎”。而《莊子》的行文往往是前無點題，後無評語，讀者需要自己去體悟寓言故事所藴含的道理。可見此文完全符合《吕氏春秋》的行文特點，是《莊子》襲自《吕覽》，且所謂

“貴生”也與莊學順性之自然的主張存在明顯不同。

（二）

舜以天下讓其友石户之農。石户之農曰：“捲捲乎后之爲人，葆力之士也！”以舜之德爲未至也。於是夫負妻戴，攜子以入於海，終身不反也。……舜以天下讓其友北人无擇，北人无擇曰：“異哉后之爲人也，居於畎畝之中而遊堯之門！不若是而已，又欲以其辱行漫我。吾羞見之。”因自投清泠之淵。

湯將伐桀，因卞隨而謀，卞隨曰：“非吾事也。”湯曰：“孰可？”曰：“吾不知也。”湯又因瞀光而謀，瞀光曰：“非吾事也。”湯曰：“孰可？”曰：“吾不知也。”湯曰：“伊尹何如？”曰：“强力忍垢，吾不知其他也。”湯遂與伊尹謀伐桀，剋之。以讓卞隨，卞隨辭曰：“后之伐桀也謀乎我，必以我爲賊也；勝桀而讓我，必以我爲貪也。吾生乎亂世，而无道之人再來漫我以其辱行，吾不忍數聞也。”乃自投椆水而死。湯又讓瞀光，曰：“知者謀之，武者遂之，仁者居之，古之道也。吾子胡不立乎？”瞀光辭曰：“廢上，非義也；殺民，非仁也；人犯其難，我享其利，非廉也。吾聞之曰：‘非其義者，不受其祿，无道之世，不踐其土。’況尊我乎！吾不忍久見也。”乃負石而自沈於廬水。（《讓王》）

舜讓其友石户之農。石户之農曰：“棬棬乎后之爲人也，葆力之士也。”以舜之德爲未至也，於是乎夫負妻戴攜子以入於海，去之終身不反。舜又讓其友北人無擇。北人無擇曰：“異哉后之爲人也，居於甽畝之中，而游入於堯之門。不若是而已，又欲以其辱行漫我，我羞之。”而自投於蒼領之淵。

湯將伐桀，因卞隨而謀。卞隨辭曰：“非吾事也。”湯曰：“孰可？”卞隨曰：“吾不知也。”湯又因務光而謀。務光曰：“非吾事也。”湯曰：“孰可？”務光曰：“吾不知也。”湯曰：“伊尹何如？”務光曰：“彊力忍訽，吾不知其他也。”湯遂與伊尹謀夏伐桀，克之，以讓卞隨。卞隨辭曰：“后之伐桀也，謀乎我，必以我爲賊也。勝桀而讓我，必以我爲貪也。吾生乎亂世，而無道之人再來訽我，吾不忍數聞也。”乃自投於潁水而死。湯又讓於務光曰：“智者謀之，武者遂之，仁者居之，古之道也。吾子胡不位之？請相吾子。”務光辭曰：“廢上，非義也。殺民，非仁也。人犯其難，我享其利，非廉也。吾聞之：‘非其義，不受其利；無道之世，不踐其土。’況於尊我乎？吾不忍久見也。”乃負石而沈於募水。

故如石户之農、北人無擇、卞隨、務光者，其視天下若六合之外，人之所不能察；其視富貴也，苟可得已，則必不之賴；高節厲行，獨樂其意，而物莫之害；不漫於利，不牽於埶，而羞居濁世；惟此四士者之節。若夫舜、湯，則苞裹覆容，緣不得已而動，因時而爲，以愛利爲本，以萬民爲義。譬之若釣者，魚有小大，餌有宜適，羽有動静。（《吕氏春秋·離俗》）

《吕》文“舜讓其友石户之農”與“舜又讓其友北人無擇”兩段文字前後相接。蓋因石户之農不接受，故舜又讓於北人無擇，前後銜接自然，且此兩段文字對舜描述的句式亦相同，即前文之“捲捲乎后之爲人也”與後文“異哉后之爲人也”相對應，可見此兩段文字本應如《吕》文那樣前後相連。而《莊》文却將“舜讓其友石户之農”次於《讓王》一章，將“舜又讓其友北人無擇”次於《讓王》十三章，由於《莊》文編者將《吕》文相接的兩段文字拆開，所以將《吕》文“舜又讓”的“又”字删除。依常理，舜讓於石户之農而不受，接著又讓於北人無擇，這兩件事情是接連發生的，本應如《吕》文那樣放在一起叙述，《讓王》篇的編者爲什麽要將相連的兩段文字分開呢？可能是因爲“石户之農”的結局是隱居於海，而北人無擇的結局是“自投於蒼領之淵”，其與卞隨之“自投椆水而死”、瞀光之“負石而自沈於廬水”的結局相同，故將其次於“湯將伐桀”一段的前面。

另外，《吕》文末有“故如石户之農、北人無擇、卞隨、務光者，其視天下若六合之外，人之所不能察”等評語，足以證明“石户之農”本與“北人無擇”“卞隨”“務光”等相銜接，將其拆開乃《讓王》編者所爲，此段文字無疑是《莊》襲《吕》。

（三）

大王亶父居邠，狄人攻之；事之以皮帛而不受，事之以犬馬而不受，事之以珠玉而不受，狄人之所求者土地也。大王亶父曰：“與人之兄居而殺其弟，與人之父居而殺其子，吾不忍也。子皆勉居矣！爲吾臣與爲狄人臣奚以異！且吾聞之，不以所用養害所養。”因杖筴而去之。民相連而從之，遂成國於岐山之下。夫大王亶父，可謂能尊生矣。能尊生者，雖貴富不以養傷身，雖貧賤不以利累形。今世之人，居高官尊爵者，皆重失之，見利輕亡其身，豈不惑哉！（《讓王》）

太王亶父居邠，狄人攻之，事以皮帛而不受，事以珠玉而不肯，狄人之所求者地也。太王亶父曰："與人之兄居而殺其弟，與人之父處而殺其子，吾不忍爲也。皆勉處矣，爲吾臣與狄人臣奚以異？且吾聞之：不以所以養害所養。"杖策而去，民相連而從之，遂成國於岐山之下。太王亶父可謂能尊生矣。能尊生，雖富貴不以養傷身，雖貧賤不以利累形。今受其先人之爵禄，則必重失之。生之所自來者久矣，而輕失之，豈不惑哉？(《吕氏春秋·審爲》)

《淮南子·道應訓》亦載此段文字。三文相較，《吕》《淮南子》皆無"事之以犬馬而不受"句；《莊》"狄人之所求者土地也"，《吕》《淮南子》皆無"土"字；《莊》"子皆勉居矣"，《吕》《淮南子》皆無"子"字；《莊》"夫大王亶父"，《吕》《淮南子》皆無"夫"字。蓋《吕氏春秋》《淮南子》相因，皆非本自《莊子》。

《莊子》與《吕氏春秋》更爲重要的區别在於，《吕氏春秋》往往在叙事之後要加上作者的評語，而《莊》文則不加評語。張恒壽云："《莊子》文重在假借故事以表現意境，所以記事多似未盡，記事以後，往往不再評論；《吕氏春秋》重在引故事以證明其議論，記事完後，一定要加以説明論斷。……可見上述《讓王》篇用'可謂××矣'形式結束故事的幾章，是抄自《吕氏春秋》，無可懷疑。"① 此言極是。"可謂"一詞在《吕氏春秋》中出現過六十七次，多用於人物評論；"可謂"在《莊子》中使用過十九次，其中明確用於人物評論的有四次，而此四次皆重出於《吕氏春秋》，可見其本自《吕氏春秋》無疑。

另外，《淮南子》此段文字之後較《吕》《莊》多出"故老子曰：'貴以身爲天下，焉可以託天下；愛以身爲天下，焉可以寄天下矣'"數句，蓋爲編者所加，同時表明《莊》文不是襲自《淮南子》而是襲自《吕氏春秋》。

(四)

越人三世弒其君，王子搜患之，逃乎丹穴。而越國無君，求王子搜不得，從之丹穴。王子搜不肯出，越人薰之以艾，乘以王輿。王子搜援綏登車，仰天而呼曰："君乎君乎！獨不可以舍我乎！"王子搜非惡爲君也，惡爲君之患也。若王子搜者，可謂不以國傷生矣，

① 張恒壽：《莊子新探》，武漢，湖北人民出版社，1983，第288、289頁。

此固越人之所欲得爲君也。(《讓王》)

越人三世殺其君，王子搜患之，逃乎丹穴。越國無君，求王子搜而不得，從之丹穴。王子搜不肯出，越人薰之以艾，乘之以王輿。王子搜援綏登車，仰天而呼曰："君乎，獨不可以舍我乎!"王子搜非惡爲君也，惡爲君之患也。若王子搜者，可謂不以國傷其生矣，此固越人之所欲得而爲君也。(《吕氏春秋·貴生》)

《莊》文中有"可謂××矣"("可謂不以國傷生矣")之句式，可見此段文字是《莊》襲《吕》。另外，《貴生》篇此文前的文字爲"惟不以天下害其生者也，可以託天下"，而此文末"若王子搜者，可謂不以國傷其生矣，此固越人之所欲得而爲君也"諸評語正是對上文"惟不以天下害其生者也，可以託天下"的闡釋，此亦證明這段文字本屬《貴生》篇。因其記述了王子搜不願爲王的故事，故《讓王》篇的編者將其輯入。

(五)

韓魏相與争侵地。子華子見昭僖侯，昭僖侯有憂色。子華子曰："今使天下書銘於君之前，書之言曰：'左手攫之則右手廢，右手攫之則左手廢，然而攫之者必有天下。'君能攫之乎?"昭僖侯曰："寡人不攫也。"子華子曰："甚善！自是觀之，兩臂重於天下也，身亦重於兩臂。韓之輕於天下亦遠矣，今之所争者，其輕於韓又遠。君固愁身傷生以憂戚不得也!"僖侯曰："善哉！教寡人者衆矣，未嘗得聞此言也。"子華子可謂知輕重矣。(《讓王》)

韓魏相與争侵地。子華子見昭釐侯，昭釐侯有憂色。子華子曰："今使天下書銘於君之前，書之曰：'左手攫之則右手廢，右手攫之則左手廢，然而攫之必有天下。'君將攫之乎？亡其不與?"昭釐侯曰："寡人不攫也。"子華子曰："甚善。自是觀之，兩臂重於天下也，身又重於兩臂。韓之輕於天下遠，今之所争者，其輕於韓又遠，君固愁身傷生以憂之，戚不得也?"昭釐侯曰："善。教寡人者衆矣，未嘗得聞此言也。"子華子可謂知輕重矣。知輕重，故論不過。(《吕氏春秋·審爲》)

《莊》文中有"可謂××矣"("子華子可謂知輕重矣")之句式，可見此段文字是《莊》襲《吕》。另外，《吕》文"君將攫之乎"後較《莊》文多出"亡其不與"；"子華子可謂知輕重矣"後較《莊》文多出"知輕重，故論不過”，蓋《讓王》編者襲《吕》時將其删除，使文字表述更加簡潔。

（六）

魯君聞顔闔得道之人也，使人以幣先焉。顔闔守陋閭，苴布之衣而自飯牛。魯君之使者至，顔闔自對之。使者曰：“此顔闔之家與?”顔闔對曰：“此闔之家也。”使者致幣，顔闔對曰：“恐聽者謬而遺使者罪，不若審之。”使者還，反審之，復來求之，則不得已。故若顔闔者，真惡富貴也。

故曰，道之真以治身，其緒餘以爲國家，其土苴以治天下。由此觀之，帝王之功，聖人之餘事也，非所以完身養生也。今世俗之君子，多危身棄生以殉物，豈不悲哉！凡聖人之動作也，必察其所以之與其所以爲。今且有人於此，以隨侯之珠彈千仞之雀，世必笑之。是何也？則其所用者重而所要者輕也。夫生者，豈特隨侯之重哉！（《讓王》）

魯君聞顔闔得道之人也，使人以幣先焉。顔闔守閭，鹿布之衣，而自飯牛。魯君之使者至，顔闔自對之。使者曰：“此顔闔之家邪?”顔闔對曰：“此闔之家也。”使者致幣，顔闔對曰：“恐聽繆而遺使者罪，不若審之。”使者還反審之，復來求之，則不得已。故若顔闔者，非惡富貴也，由重生惡之也。世之人主，多以富貴驕得道之人，其不相知，豈不悲哉！

故曰：道之真，以持身；其緒餘，以爲國家；其土苴，以治天下。由此觀之，帝王之功，聖人之餘事也，非所以完身養生之道也。今世俗之君子，危身棄生以徇物，彼且奚以此之也？彼且奚以此爲也？凡聖人之動作也，必察其所以之與其所以爲。今有人於此，以隨侯之珠彈千仞之雀，世必笑之，是何也？所用重，所要輕也。夫生豈特隨侯珠之重也哉？（《吕氏春秋·貴生》）

此段文字先敘事後評論，符合《吕氏春秋》的寫作風格，應是《莊》襲《吕》。又“故若××者”（“故若顔闔者”）這種評論方式，《莊子》只此一例，而《吕氏春秋》除此文外，尚有《君守》“故若大師文者，以其獸者先之，所以中之也”；《驕恣》“故若簡子者，能後以理督責於其臣矣”。可見“故若××者”亦是《吕氏春秋》使用的評論方式之一。

另外，與《吕氏春秋》相比，《莊》文“恐聽者謬而遺使者罪”中

"聽"後衍"者"字，致使文意不通。俞樾《莊子平議》云："上'者'字衍文。'恐聽謬而遺使者罪'，恐其以誤聽得罪也。聽即使者聽之，非聽者一人，使者一人也。《吕氏春秋·貴生》篇正作'恐聽繆而遺使者罪'。"《莊》文"故若顔闔者，真惡富貴也"，《吕》文作"故若顔闔者，非惡富貴也，由重生惡之也"，《吕》文爲是。因爲《吕氏春秋》此段文字前記述的是"越人三世殺其君"，並評論説"王子搜非惡爲君也，惡爲君之患也"，二文皆用"非惡××也"（"非惡富貴也""非惡爲君也"）之句式，行文一律。奚侗《莊子補注》云："若依本文以顔闔爲真惡富貴，則語意率然，亦與書旨不合。《吕覽·貴生》篇'故若顔闔者，非惡富貴也，由重生惡之也'文義較完，當據以訂正。"其説是。又《莊》文"豈特隨侯之重哉"中"隨侯"下脱"珠"字。俞樾《莊子平議》云："隨侯下當有'珠'字。若無'珠'字，文義不足。《吕氏春秋·貴生》篇作'夫生豈特隨侯珠之重也哉！'當據補。"綜上，此段文字應是《讓王》篇的編者抄自《吕氏春秋》。

（七）

子列子窮，容貌有饑色。客有言之於鄭子陽者，曰："列禦寇，蓋有道之士也，居君之國而窮，君無乃爲不好士乎？"鄭子陽即令官遺之粟。子列子見使者，再拜而辭。使者去，子列子入，其妻望之而拊心曰："妾聞爲有道者之妻子，皆得佚樂，今有飢色。君過而遺先生食，先生不受，豈不命邪！"子列子笑謂之曰："君非自知我也，以人之言而遺我粟，至其罪我也又且以人之言，此吾所以不受也。"其卒，民果作難而殺子陽。（《讓王》）

子列子窮，容貌有饑色。客有言之於鄭子陽者，曰："列禦寇，蓋有道之士也，居君之國而窮，君無乃爲不好士乎？"鄭子陽令官遺之粟數十秉。子列子出見使者，再拜而辭。使者去，子列子入，其妻望而拊心曰："聞爲有道者妻子，皆得逸樂。今妻子有饑色矣，君過而遺先生食，先生又弗受也，豈非命也哉！"子列子笑而謂之曰："君非自知我也，以人之言而遺我粟也，至已而罪我也，有罪且以人言，此吾所以不受也。"其卒民果作難，殺子陽。（《吕氏春秋·觀世》）

《列子·説符》亦載此段文字。《列子》多稱列子爲"子列子"，乃其門徒所記，無足怪。而《莊子》此篇四稱"子列子"，蓋本自《列子》無疑。又《列子·天瑞》云："子列子居鄭圃，四十年人無識者，國君卿大夫眎之，猶衆庶也。”此記述與《説符》所謂“子列子窮，容貌有飢色”有内在關聯。而《讓王》篇則是將十五個宣揚安貧樂道、潔身自好、輕利避世的故事雜湊在一起，蓋莊子後學所爲。此亦説明此段文字乃《讓王》摘自《説符》，或襲自《吕氏春秋》，《吕氏春秋》亦本自《説符》。

鍾泰在注釋《達生》“子列子問關尹曰”時説：“本書於列子或稱子，或稱名，其稱子者，如内篇《逍遥遊》《應帝王》是，其稱名者，如外篇《田子方》、雜篇《列禦寇》是，惟此則稱‘子列子’，《讓王》篇亦然。依《春秋》公羊家説，凡以子冠於氏上而稱子某子者，乃弟子所以稱其本師。莊子於禦寇，無授受之誼，其作此稱甚可異。考此節文見於《列子》書《黄帝篇》，《讓王篇》文則見《説符篇》，皆稱‘子列子’。今《列子》書雖晚出，要當有所據依，非盡僞撰，其稱‘子列子’者，自是其門下記述師説，故有此稱。意此節與《讓王篇》所引，皆原《列子》書之舊，襲其本文，未加改易，故亦云‘子列子’，無他意也。”①

（八）

> 中山公子牟謂瞻子曰：“身在江海之上，心居乎魏闕之下，柰何?”瞻子曰：“重生。重生則利輕。”中山公子牟曰：“雖知之，未能自勝也。”瞻子曰：“不能自勝則從，神无惡乎？不能自勝而强不從者，此之謂重傷。重傷之人，无壽類矣。”魏牟，萬乘之公子也，其隱巖穴也，難爲於布衣之士；雖未至乎道，可謂有其意矣。（《讓王》）
>
> 中山公子牟謂詹子曰：“身在江海之上，心居乎魏闕之下，奈何?”詹子曰：“重生。重生則輕利。”中山公子牟曰：“雖知之，猶不能自勝也。”詹子曰：“不能自勝則縱之，神無惡乎。不能自勝而强不縱者，此之謂重傷。重傷之人無壽類矣。”（《吕氏春秋·審爲》）

《淮南子》亦重出此段文字。《莊子》“瞻子”，《淮南子》《吕氏春秋》作“詹子”；《莊子》“利輕”“未能自勝也”，《淮南子》《吕氏春秋》作“輕利”“猶不能自勝”，則《淮南子》襲自《吕氏春秋》的可能性更大。奇怪的是，《莊》文末有評語而《吕》文却没有評語，而《莊》文“可謂××矣”（“可謂有其意矣”）却用的是《吕氏春秋》的代表性句式。查《審爲》篇共記述三個故事，前兩個文末都有評語，即“太王亶父可謂能尊生矣”“子華子可謂知輕重矣”，唯獨此文無評語。我懷疑今本《吕氏

① 鍾泰：《莊子發微》，上海，上海古籍出版社，1988，第413頁。

春秋》此段文字可能有脱文，《讓王》之評語“魏牟，萬乘之公子也，其隱巖穴也，難爲於布衣之士；雖未至乎道，可謂有其意矣”可能就是《審爲》篇的評語，《莊》襲《吕》時此文尚在，至修《淮南子》時此文已脱，因《淮南子》亦無此評語。

（九）

孔子窮於陳蔡之間，七日不火食，藜羹不糝，顔色甚憊，而弦歌於室。顔回擇菜，子路子貢相與言曰：“夫子再逐於魯，削跡於衛，伐樹於宋，窮於商周，圍於陳蔡，殺夫子者无罪，藉夫子者无禁。弦歌鼓琴，未嘗絶音，君子之无恥也若此乎?”顔回无以應，入告孔子。孔子推琴喟然而歎曰：“由與賜，細人也。召而來，吾語之。”子路子貢入。子路曰：“如此者可謂窮矣!”孔子曰：“是何言也！君子通於道之謂通，窮於道之謂窮。今丘抱仁義之道以遭亂世之患，其何窮之爲！故内省而不窮於道，臨難而不失其德，天寒既至，霜雪既降，吾是以知松柏之茂也。陳蔡之隘，於丘其幸乎!”孔子削然反琴而弦歌，子路扢然執干而舞。子貢曰：“吾不知天之高也，地之下也。”古之得道者，窮亦樂，通亦樂。所樂非窮通也，道德於此，則窮通爲寒暑風雨之序矣。故許由娱於潁陽而共伯得乎共首。（《讓王》）

孔子窮於陳蔡之間，七日不嘗食，藜羹不糝。宰予備矣，孔子弦歌於室，顔回擇菜於外。子路與子貢相與而言曰：“夫子逐於魯，削跡於衛，伐樹於宋，窮於陳蔡，殺夫子者無罪，藉夫子者不禁，夫子弦歌鼓舞，未嘗絶音，蓋君子之無所醜也若此乎?”顔回無以對，入以告孔子。孔子憱然推琴，喟然而歎曰：“由與賜，小人也。召，吾語之。”子路與子貢入。子貢曰：“如此者可謂窮矣。”孔子曰：“是何言也？君子達於道之謂達，窮於道之謂窮。今丘也拘仁義之道，以遭亂世之患，其所也，何窮之謂？故内省而不疚於道，臨難而不失其德。大寒既至，霜雪既降，吾是以知松柏之茂也。昔桓公得之莒，文公得之曹，越王得之會稽。陳蔡之阨，於丘其幸乎!”孔子烈然返瑟而弦，子路抗然執干而舞。子貢曰：“吾不知天之高也，不知地之下也。”古之得道者，窮亦樂，達亦樂。所樂非窮達也，道得於此，則窮達一也，爲寒暑風雨之序矣。故許由虞乎潁陽，而共伯得乎共首。（《吕氏春秋・慎人》）

《莊》"顔回擇菜"，《吕》作"顔回擇菜於外"，《吕》文是。奚侗《莊子補注》云："《吕覽·慎人》篇'擇菜'下有'於外'二字，'擇菜於外'與上文'弦歌於室'相因。證以下文'顔回無以應，入告孔子'，益見本書捝'於外'二字，當據《吕覽》補之。"《莊》"窮於商周，圍於陳蔡"，《吕》作"窮於陳蔡"，王叔岷云："古鈔卷子本無'商周圍於'四字，《御覽》四八六引同，《吕氏春秋》亦無此四字。《風俗通》作'今復見厄於此'，此即指陳蔡，亦不言商周。"①

《莊》"故内省而不窮於道"，《吕》作"故内省而不疚於道"，"疚"爲是。王叔岷云："《吕氏春秋》《風俗通》'窮'並作'疚'，此作'窮'，疑涉上'其何窮之爲'而誤。《論語·顔淵》篇：'子曰：内省不疚，夫何憂何懼！'"②

《莊》"天寒既至"，《吕》作"大寒既至"，"大寒"爲是。俞樾《莊子平議》云："'天'乃'大'字之誤。《國語·魯語》'大寒降'，韋昭注曰：'謂季冬建丑之月，大寒之後也。'若作'天寒既至'，失其義矣。《吕氏春秋·慎人》篇亦載此事，正作'大寒'。"《淮南子·俶真訓》《風俗通》亦作"大"。

《莊》"陳蔡之隘"句前，《吕》文多出"昔桓公得之莒，文公得之曹，越王得之會稽"十七字，蓋《莊》文有脱簡，下文"陳蔡之隘，於丘其幸乎"正承此數句而言。王叔岷云："《荀子·宥坐》篇'孔子厄於陳蔡之間'章亦云：'昔晋公子重耳霸心生於曹，越王句踐霸心生於會稽，齊桓公小白霸心生於莒。'《家語·在厄》篇亦云：'是以晋重耳之有霸心生於曹衛，越王句踐之有霸心生於會稽。'咸可證今本此下有脱文。"③

《莊》"孔子削然反琴而弦歌，子路扢然執干而舞"，《吕》作"孔子烈然返瑟而弦，子路抗然執干而舞"。蓋"削"乃"列"之誤，"扢"乃"抗"之誤。陳奇猷云："《文選》張平子《西京賦》'鍔鍔列列'注：李善曰'皆高貌'，列、烈同，則'烈然'蓋形容高抗也，此謂孔子之志氣高抗耳。《莊子》'削'字疑即'列'字之譌。……抗讀'高抗'之抗，'抗然'形容子路之志氣。上文子路與子貢之言，意志頹喪，經孔子激

① 王叔岷：《莊子校詮》，北京，中華書局，2007，第1152頁。
② 王叔岷：《莊子校詮》，北京，中華書局，2007，第1153頁。
③ 王叔岷：《莊子校詮》，北京，中華書局，2007，第1154頁。

發，意志轉而堅强，故知此‘抗燃’係謂子路之志氣高抗也。”[①] 其説是，“烈然”與“抗燃”對文。

《莊》“道德於此，則窮通爲寒暑風雨之序矣”，《吕》作“道得於此，則窮達一也，爲寒暑風雨之序矣”，《莊》“德”當作“得”。俞樾《莊子平議》云：“‘德’當作‘得’。《吕氏春秋·慎人》篇作‘道得於此，則窮達一也，爲寒暑風雨之序矣。’疑此文‘窮達’下，亦當有‘一也’二字，而今奪之。”高山寺本“德”作“得”。

綜上，《莊》文晚出跡象明顯，此段文字爲《讓王》編者襲自《吕氏春秋》。

（十）

昔周之興，有士二人處於孤竹，曰伯夷、叔齊。二人相謂曰：“吾聞西方有人，似有道者，試往觀焉。”至於岐陽，武王聞之，使叔旦往見之，與盟曰：“加富二等，就官一列。”血牲而埋之。二人相視而笑曰：“嘻，異哉！此非吾所謂道也。昔者神農之有天下也，時祀盡敬而不祈喜；其於人也，忠信盡治而无求焉。樂與政爲政，樂與治爲治。不以人之壞自成也，不以人之卑自高也，不以遭時自利也。今周見殷之亂而遽爲政，上謀而下行貨，阻兵而保威，割牲而盟以爲信，揚行以説衆，殺伐以要利，是推亂以易暴也。吾聞古之士，遭治世不避其任，遇亂世不爲苟存。今天下闇，周德衰，其並乎周以塗吾身也，不如避之以絜吾行。”二子北至於首陽之山，遂餓而死焉。若伯夷叔齊者，其於富貴也，苟可得已，則必不賴。高節戾行，獨樂其志，不事於世，此二士之節也。（《讓王》）

昔周之將興也，有士二人，處於孤竹，曰伯夷、叔齊。二人相謂曰：“吾聞西方有偏伯焉，似將有道者，今吾奚爲處乎此哉？”二子西行如周，至於岐陽，則文王已殁矣。武王即位，觀周德，則王使叔旦就膠鬲於次四内，而與之盟曰：“加富三等，就官一列。”爲三書同辭，血之以牲，埋一於四内，皆以一歸。又使保召公就微子開於共頭之下，而與之盟曰：“世爲長侯，守殷常祀，相奉桑林，宜私孟諸。”爲三書同辭，血之以牲，埋一於共頭之下，皆以一歸。伯夷、叔齊聞之，相視而笑曰：“嘻，異乎哉！此非吾所謂道也。昔者

① （戰國）吕不韋著，陳奇猷校釋：《吕氏春秋新校釋》，上海，上海古籍出版社，2002，第819～820頁。

神農氏之有天下也，時祀盡敬而不祈福也。其於人也，忠信盡治而無求焉。樂正與爲正，樂治與爲治，不以人之壞自成也，不以人之庳自高也。今周見殷之僻亂也，而遽爲之正與治，上謀而行貨，阻丘而保威也。割牲而盟以爲信，因四内與共頭以明行，揚夢以説衆，殺伐以要利，以此紹殷，是以亂易暴也。吾聞古之士，遭乎治世，不避其任，遭乎亂世，不爲苟在。今天下闇，周德衰矣。與其並乎周以漫吾身也，不若避之以潔吾行。”二子北行，至首陽之下而餓焉。人之情莫不有重，莫不有輕。有所重則欲全之，有所輕則以養所重。伯夷、叔齊，此二士者，皆出身棄生以立其意，輕重先定也。（《吕氏春秋·誠廉》）

《莊》文“至於岐陽，武王聞之，使叔旦往見之，與盟曰：‘加富二等，就官一列。’血牲而埋之。二人相視而笑曰”，《吕》文作“二子西行如周，至於岐陽，則文王已殁矣。武王即位，觀周德，則王使叔旦就膠鬲於次四内，而與之盟曰：‘加富三等，就官一列。’爲三書同辭，血之以牲，埋一於四内，皆以一歸。又使保召公就微子開於共頭之下，而與之盟曰：‘世爲長侯，守殷常祀，相奉桑林，宜私孟諸。’爲三書同辭，血之以牲，埋一於共頭之下，皆以一歸。伯夷、叔齊聞之，相視而笑曰”，二文差别很大。

第一，《莊》無“則文王已殁矣”句。據前文，“吾聞西方有人，似有道者”顯然是指文王，因其（文王）似有道，故二人西行入周。及二人至，周文王已殁，武王即位。拜見文王是二人入周的目的，否則二人不會西行。可見“則文王已殁矣”句不可或缺，無此句則文章前後關係混亂，難以釐清，好像二人西行是爲了見武王。王叔岷云：“《吕氏春秋·誠廉》篇‘至於岐陽’下，更有‘則文王已殁矣’句，當從之。夷、齊至岐陽，本欲觀文王，此言文王已殁，故下文言武王使叔旦往見之。若無此句，則文意不完。”[①]

第二，《莊》無“觀周德”句。“觀”是顯示的意思，即武王爲了顯示周之德，才與膠鬲、微子開盟誓，故此句亦不可缺。據《吕氏春秋》，叔旦並不是與伯夷、叔齊盟誓，而是與膠鬲盟誓，其盟誓的地點是“四内”；下文更多出“又使保召公就微子開於共頭之下”，其誓詞爲“世爲長侯，守殷常祀，相奉桑林，宜私孟諸”。我認爲盟誓的地點“四内”

---

① 王叔岷：《莊子校詮》，北京，中華書局，2007，第1164頁。

"共頭"及具體的盟誓内容是不可能虚構的，《吕》文必有所本。很顯然，《吕氏春秋》非襲自《莊子》，而《莊》文很可能是删减《吕》文而成，删减後的文字有很多地方是矛盾的。如没有"文王已殁"，給人的印象好像二人至周是爲了拜見武王；没有"觀周德"及"就膠鬲於次四内"，好像武王聽説伯夷、叔齊來周特意派周公旦與之盟誓。假如周公是與伯夷、叔齊盟誓，若二人不贊同武王的做法及盟誓的内容，則伯夷、叔齊根本不會與之盟誓，怎麽能等到"血牲而埋之"，二人才相視而笑曰"此非吾所謂道也"。

另外，《莊》"樂與政爲政，樂與治爲治"，《吕》作"樂正與爲正，樂治與爲治"，俞樾《莊子平議》云："《吕氏春秋·誠廉》篇作'樂正與爲正，樂治與爲治。'疑此文亦當同，傳寫誤倒。"俞説是。"正"，借爲"政"；"與"，句中語氣詞，謂民樂於此政則爲此政，樂於此治則爲此治。《莊》"而遽爲政"，《吕》作"而遽爲之正與治"，王叔岷云："《吕氏春秋》'而遽爲政'作'而遽爲之正與治'。此文'政'下當補'與治'二字，承上文'樂與政爲政，樂與治爲治'而言。'政'下無'與治'二字，則文意不完。"[①]《莊》"上謀而下行貨"，《吕》作"上謀而行貨"，王念孫《讀書雜誌·莊子》云："上謀而下行貨，'下'字後人所加也。'上'與'尚'同。'上謀而行貨，阻兵而保威'，句法正相對。後人誤讀'上'爲'上下'之'上'，故加'下'字耳。《吕氏春秋·誠廉》篇正作'上謀而行貨，阻兵而保威。'"《莊》"割牲而盟以爲信"句後無"因四内與共頭以明行"句，蓋因其上文删除"王使叔旦就膠鬲於次四内"及"又使保召公就微子開於共頭之下"二事，則此句必删，否則不知所云，此亦證明《莊》文乃删節《吕》文而成。《莊》"揚行以説衆"，《吕》作"揚夢以説衆"，高誘注："宣揚武王滅殷之夢，以喜衆民。"畢沅云："事見《周書·程寤》篇，今已亡。《御覽》五百三十三載其略云：'文王去商在程，正月既生魄，太姒夢見周之庭産棘，小子發取周庭之梓樹於闕間，化爲松柏棫柞，寤驚以告文王。文王曰：召發於明堂，拜吉夢，受商之大命於皇天上帝。'""楊行"事虚，"楊夢"事實，借以宣揚周朝受命於天，蓋原文當作"揚夢以説衆"。

《莊》文最後評語"若××者"("若伯夷叔齊者")，是《吕覽》常用之句式，不過《讓王》篇的編者並没有因襲《吕覽》此篇評語，而是借用《離俗》篇的評語。《離俗》篇之評語爲：

① 王叔岷：《莊子校詮》，北京，中華書局，2007，第1165頁。

故如石户之農、北人無擇、卞隨、務光者，其視天下若六合之外，人之所不能察；其視富貴也，苟可得已，則必不之賴；高節厲行，獨樂其意，而物莫之害；不漫於利，不牽於埶，而羞居濁世；惟此四士者之節。

《讓王》篇之評語爲：

若伯夷叔齊者，其於富貴也，苟可得已，則必不賴。高節戾行，獨樂其志，不事於世。此二士之節也。

《讓王》編者不過是將《離俗》篇“石户之農、北人無擇、卞隨、務光”改爲“伯夷叔齊”而已。

以上爲《讓王》與《吕氏春秋》重出的文字。此外，“楚昭王失國”“原憲居魯”“曾子居衛”“孔子謂顔回曰”相連四章未見於《吕氏春秋》。從内容上看，此四章都是宣揚安貧樂道的，蓋亦輯自他書，具體出處已不可考。

通過以上分析，我們認爲《讓王》篇乃圍繞讓王貴生這一主題雜湊《吕氏春秋》等先秦文獻而成，其形成的年代不會早於《吕氏春秋》形成的年代。此外，《讓王》以意名篇，應該是外雜篇中形成時間較晚的篇章，其主張也與莊子學派不相符合，《莊子》結集成書亦應在《吕氏春秋》之後。

七、《盜跖》

此文以意名篇。全篇分三部分，分别爲盜跖與孔丘的對話、子張與滿苟得的對話、無足與知和的對話。

第一部分從“孔子與柳下季爲友”至“幾不免虎口哉”。此文借盜跖之口抨擊儒家之聖賢，詆毁孔子，主張及時行樂。文中指出：“天與地无窮，人死者有時，操有時之具而託於无窮之閒，忽然无異騏驥之馳過隙也。不能説其志意，養其壽命者，皆非通道者也。”此觀點爲《莊子》所僅見，顯然與道家主張不符。值得注意的是，此寓言情節曲折，人物形象生動傳神，給讀者留下了深刻的印象，開古代傳奇、小説之先河。

《荀子·非十二子》云：“縱情性，安恣孳，禽獸行，不足以合文通治；然而其持之有故，其言之成理，足以欺惑愚衆；是它囂魏牟也。”這一主張與此文的觀點吻合，蓋戰國時期有主張及時行樂的學派。

張恒壽云："自'世之所高莫若黄帝'句以下至'其行乃甚可羞也'句，多半係抄襲《吕氏春秋》而稍加改羼之作。"其主要理由是《盜跖》篇前文"然而黄帝不能致德，與蚩尤戰於涿鹿之野，流血百里。堯舜作，立群臣，湯放其主，武王殺紂。自是之後，以强陵弱，以衆暴寡"，已對黄帝、堯舜等進行了批判，下文又對他們進行抨擊，"顯然是後人抄襲《吕氏春秋》文雜羼進去的"。① 另外，張氏認爲"文王拘羑里"句在"武王伐紂"句後，和歷史順序不合；文中所謂的"六子"與文章内容存在矛盾等。此觀點有待商榷。

張氏所説的《吕氏春秋》是指《當務》篇，其文云：

> 備説非六王、五伯，以爲堯有不慈之名，舜有不孝之行，禹有淫湎之意，湯、武有放殺之事，五伯有暴亂之謀。世皆譽之，人皆諱之，惑也。故死而操金椎以葬，曰"下見六王、五伯，將穀其頭矣"。

《盜跖》自"世之所高，莫若黄帝"至"其行乃甚可羞也"：

> 世之所高，莫若黄帝，黄帝尚不能全德，而戰於涿鹿之野，流血百里。堯不慈，舜不孝，禹偏枯，湯放其主，武王伐紂，文王拘羑里。此六子者，世之所高也，孰論之，皆以利惑其真而强反其情性，其行乃甚可羞也。

比較二文，雖有相似之處，但無抄襲的痕跡。《當務》非的是"六王、五伯"，《盜跖》非的只是"六子"。若認爲《盜跖》此段抄襲《當務》，爲何不認爲前段"然而黄帝不能致德，與蚩尤戰於涿鹿之野，流血百里。堯舜作，立群臣，湯放其主，武王殺紂"云云也是抄自《當務》，可見其存在矛盾之處。另外"世之所高，莫若黄帝"與下文"世之所謂賢士，伯夷、叔齊""世之所謂忠臣者，莫若王子比干伍子胥"聯繫甚密，顯然不是羼入的文字。

關於文中的"六子"，應指黄帝、堯、舜、禹、湯、武六人，文王蓋爲後人所加。其一，文王拘羑里，非其罪也，不當責之。其二，按順序，文王當居於武王之前，今書於武王之後，後人之跡明顯。其三，前文已云"湯放其主，武王殺紂"，此處"湯放其主，武王伐紂"顯然承上文而

① 張恒壽：《莊子新探》，武漢，湖北人民出版社，1983，第 293、294 頁。

言，間無“文王拘羑里”明矣。蓋作者認爲伐紂者爲武王，故不舉文王。其四，下文亦有“此六子者”，記述的是伯夷、叔齊、鮑焦、申徒狄、介子推、尾生六人，前後“六子”相偶，故此處當爲“六子”而非“七子”。陳鼓應云：“‘文王拘羑里’一句，疑是後人妄加，當删。‘六子’即上文所説黄帝、堯、舜、禹、湯、武王六人。《闕誤》引江南古藏本‘六’作‘七’。而‘六’字唐初本不作‘七’。江南古藏本作‘七’者，後人依有‘文王’句而改（馬叙倫説）。”①

總體上看，此文蓋爲戰國末期的作品，並非秦漢之作，因爲秦漢以後此學派已經絶跡。張恒壽云：“如果在漢代，文、景以前，黄老盛行；武帝以後，儒術獨尊。所有那些恬淡無爲和仁義孝悌的言論，都和這種思想絶對相反。所以此篇首章，當成於戰國晚期，不會是秦、漢時人僞作。”②

第二部分從“子張問於滿苟得曰”至“離其患也”。文中子張與滿苟得之間的争論，代表的是儒家與莊子後學之間的辯説。子張代表儒者，主張爲行，即“子不爲行，即將疏戚无倫，貴賤无義，長幼无序；五紀六位，將何以爲别乎”。而滿苟得對儒家的批駁語詞激烈，毫不留情，此與内篇有别，與《駢拇》等篇有相似之處。如“小盜者拘，大盜者爲諸侯，諸侯之門，義士存焉”，即《胠篋》篇之“彼竊鉤者誅，竊國者爲諸侯。諸侯之門，而仁義存焉”。作者指出，求名逐利，其實一也，皆有害於性命之情。所謂忠、信、廉、義，乃傷情害性之利器，貽害無窮。蓋此文爲莊子後學所作，成於戰國之末。

第三部分從“无足問於知和曰”至“不亦惑乎”。作者主張不要追逐名利，不要放縱嗜欲，因爲“耳營鐘鼓筦籥之聲，口嗛於芻豢醪醴之味，以感其意，遺忘其業，可謂亂矣；侅溺於馮氣，若負重行而上也，可謂苦矣；貪財而取慰，貪權而取竭，静居則溺，體澤則馮，可謂疾矣；爲欲富就利，故滿若堵耳而不知避，且馮而不舍，可謂辱矣；財積而无用，服膺而不舍，滿心戚醮，求益而不止，可謂憂矣；内則疑刦請之賊，外則畏寇盜之害，内周樓疏，外不敢獨行，可謂畏矣”，故名利富貴，亂、苦、疾、辱、憂、畏之源也。作者認爲心性最爲重要，只要不損害心性，做什麽則無所謂，即“計其患，慮其反，以爲害於性，故辭而不受也，非以要名譽也。堯舜爲帝而雍，非仁天下也，不以美害生；善卷、許由

① 陳鼓應：《莊子今注今譯》，北京，中華書局，1983，第783頁。

② 張恒壽：《莊子新探》，武漢，湖北人民出版社，1983，第296頁。

得帝而不受，非虚辭讓也，不以事害己”。作者對堯舜的稱許與莊子後學抨擊堯舜的態度有别，其唯重心性的主張與内篇遺生死泯是非、順性之自然的主張亦相異，此文蓋爲道家中修心保性一派的文字，成於戰國晚期。

八、《説劍》

此文以意名篇。全篇只講述了一個故事，這在《莊子》中是很少見的。作者指出，治理國家有三種方法可以選擇，即所謂“天子之劍”“諸侯之劍”“庶人之劍”。天子之劍之核心是“制以五行，論以刑德，開以陰陽”；諸侯之劍是“以知勇士爲鋒，以清廉士爲鍔，以賢良士爲脊，以忠聖士爲鐔，以豪桀士爲夾”；庶人之劍是“蓬頭突鬢垂冠，曼胡之纓，短後之衣，瞋目而語難。相擊於前，上斬頸領，下決肝肺”。此三法與道家之主張皆無關係，非莊子及其後學之作。蓋因文中出現了“莊子”，故編者將其録入。

至於此篇的作者，學界一般認爲是戰國策士的作品。羅根澤云：“這明是縱橫家託之莊子而造出的故事，編《莊子》書的只見是莊子的事，遂拉來了。”[①] 張恒壽亦云：“《説劍》則純係戰國策士濫説。”[②] 從行文上看，確有策士文風。方勇、陸永品《莊子詮評》：“天子之劍，既順乎自然，又摻和人爲，體現了人君天人並用的基本原則，因此莊周願文王用來治世。至於諸侯之劍，以人治爲主；庶人之劍，純任人爲，則更加等而下之。可見，此番論劍，旨在勸説文王以天人並用的原則治理國家，而不要沉迷於鬥劍取樂的人爲小道，是符合莊子學説基本精神的。由於本篇是寫戰國中期趙文王的事，晚於莊子，顯然不是莊子的手筆是肯定的，但至少是莊子學派的人所寫。而自宋以來，學者疑此篇爲戰國縱横家之僞作，看來似乎是難於成立的。”[③] 此觀點值得商討。

是否爲莊子學派的作品，要看所謂“三劍”的核心是什麽。天子劍的核心内容是“制以五行，論以刑德，開以陰陽”，這顯然不屬於道家學説。諸侯劍依仗的是所謂的知勇士、清廉士、賢良士、忠聖士、豪桀士，皆非道家所崇尚的人物，更不用説庶人劍了。此篇顯然不是道家的作品。

另外，《淮南子》對《莊子》諸篇大都有所稱引，但對此篇的内容却無所涉及，則此篇可能是淮南門客編《莊子》時臨時加入的。此篇崔向無注，可見崔向本《莊子》並無《説劍》篇。

---

① 羅根澤：《〈莊子〉外雜篇探源》，《燕京學報》1936年第19期。

② 張恒壽：《莊子新探》，武漢，湖北人民出版社，1983，第287頁。

③ 方勇、陸永品：《莊子詮評》，成都，巴蜀書社，2007，第994頁。

九、《漁父》

此文以意名篇。與《説劍》篇一樣，《漁父》只講述了一個故事，故事情節生動完整，形象鮮活，頗具文學色彩。與《莊子》其他篇章相比較，此文頗爲不類，古人多以之爲僞作，蓋因其刺孔也。

從内容上看，此文基本主張是法天貴真。何謂真？作者指出："真者，精誠之至也"，"真者，所以受於天也，自然不可易也。故聖人法天貴真，不拘於俗"。可見作者所謂的"真"，即人的本性、天性，持守天性者可謂真人。作者認爲守真者不必拘於禮數，"事親以適，不論所以矣；飲酒以樂，不選其具矣；處喪以哀，无問其禮矣。禮者，世俗之所爲也"。然作者對儒家的觀念並不排斥，如"其用於人理也，事親則慈孝，事君則忠貞"，作者對儒家這種温和的態度與《駢拇》等篇痛斥儒家的態度是有所不同的。

此文只與《淮南子》有重文關係。《漁父》："真者，精誠之至也。不精不誠，不能動人。故强哭者雖悲不哀，强怒者雖嚴不威，强親者雖笑不和。真悲无聲而哀，真怒未發而威，真親未笑而和。"《淮南子·齊俗訓》："故强哭者雖病不哀，强親者雖笑不和。"《漁父》行文前後一貫，《淮南子》間引《漁父》，則此文成於《淮南子》之前蓋無可疑。不過從題目、内容及文筆上看，此文當爲晚出之作，具體作於何時難以推定，將其視爲戰國末期的作品應該不會有太大問題。此文崔向無注，蓋爲後來編入的文字。

十、《列禦寇》

以首句人名名篇。全篇各章節互不關聯，蓋編者雜凑而成。文章以莊子將死作結，意味著《莊子》其書到此結束。其後之《天下》篇蓋晚出之作，故附於書後。全篇共分十部分。

第一部分從"列禦寇之齊"至"虚而敖遨者也"。此文與《列子·黄帝》有重文關係，辨析如下：

> 列禦寇之齊，中道而反，遇伯昏瞀人。伯昏瞀人曰："奚方而反？"曰："吾驚焉。"曰："惡乎驚？"曰："吾嘗食於十漿，而五漿先饋。"伯昏瞀人曰："若是，則汝何爲驚已？"曰："夫内誠不解，形諜成光，以外鎮人心，使人輕乎貴老，而鳌其所患。夫漿人特爲食羹之貨，多餘之贏，其爲利也薄，其爲權也輕，而猶若是，而況於萬乘之主乎！身勞於國而知盡於事，彼將任我以事而效我以功，

吾是以驚。”伯昏瞀人曰：“善哉觀乎！女處已，人將保女矣！”无幾何而往，則户外之屨滿矣。伯昏瞀人北面而立，敦杖蹙之乎頤，立有間，不言而出。賓者以告列子，列子提屨，跣而走，暨乎門，曰：“先生既來，曾不發藥乎？”曰：“已矣，吾固告汝曰人將保汝，果保汝矣。非汝能使人保汝，而汝不能使人无保汝也，而焉用之感豫出異也？必且有感，摇而本才，又无謂也。與汝遊者，又莫汝告也。彼所小言，盡人毒也。莫覺莫悟，何相孰也？巧者勞而知者憂，无能者无所求，飽食而敖遊，汎若不繫之舟，虚而敖遨者也。”(《列禦寇》)

子列子之齊，中道而反，遇伯昏瞀人。伯昏瞀人曰：“奚方而反？”曰：“吾驚焉。”“惡乎驚？”“吾食於十漿，而五漿先饋。”伯昏瞀人曰：“若是，則汝何爲驚已？”曰：“夫内誠不解，形諜成光，以外鎮人心，使人輕乎貴老，而齍其所患。夫漿人特爲食羹之貨，多餘之贏；其爲利也薄，其爲權也輕，而猶若是。而況萬乘之主，身勞於國，而智盡於事；彼將任我以事，而效我以功，吾是以驚。”伯昏瞀人曰：“善哉觀乎！汝處己，人將保汝矣。”無幾何而往，則户外之屨滿矣。伯昏瞀人北面而立，敦杖蹙之乎頤。立有閒，不言而出。賓者以告列子。列子提履徒跣而走，暨乎門，問曰：“先生既來，曾不廢藥乎？”曰：“已矣，吾固告汝曰，人將保汝，果保汝矣。非汝能使人保汝，而汝不能使人無汝保也。而焉用之感也？感豫出異。且必有感也，摇而本身，又無謂也。與汝遊者，莫汝告也。彼所小言，盡人毒也。莫覺莫悟，何相孰也。”(《列子·黄帝》)

第一，《列子》中亦稱列子爲列禦寇，如《黄帝》篇“列禦寇爲伯昏无人射”，《楊朱》篇“列禦寇蓋有道之士也”。《黄帝》篇作“子列子之齊”，顯然此文爲列子弟子所寫，否則不當稱“子列子”。若此文爲《列子》襲自《莊子》，應作“列禦寇之齊”，而不應作“子列子之齊”。可見是《莊子》襲自《列子》而不是《列子》襲自《莊子》。由於《列禦寇》篇的編者非列子之弟子，故將“子列子”改爲“列禦寇”。

第二，《黄帝》篇“汝處己，人將保汝矣”，《列禦寇》作“女處已，人將保女矣”。成玄英疏：“汝安處己身，不能忘我。”則成所據本“已”作“己”。又覆宋本、《莊子闕誤》引江南李氏本亦作“己”，《列禦寇》篇之“已”乃“己”形近而誤。

《黄帝》“且必有感也，摇而本身”，《列禦寇》作“必且有感摇而本才”。楊伯峻《列子集釋》引許維遹曰：“‘且必有感也’，‘必’當作

'心'，形近致訛。緣心與本身相輔而行，心有所感，則必摇動其本身(本身猶言本性)。"[①] 許説有理。若如此，《列》誤《莊》亦誤，則《莊》本《列》明矣。且《黄帝》篇"且必（心）有感也"句義明了，承接自然；而《列禦寇》篇之"必（心）且有感"則有些語句生硬。又楊伯峻《列子集釋》引王重民曰："身有性義，蓋身性古通用。本身猶本性也。《莊子·列禦寇》篇作'摇而本才'。《釋文》曰：'一本才作性。''才'字並是'身'之誤。《淮南·原道》篇'故達於道者，不以人易天'，高注云：'天性也。一説曰，天身也。'天身也亦猶天性也。《三國志·吴質傳》注：'上將真性肥，中將軍朱鑠性瘦。'性肥性瘦亦即身肥身瘦也。"[②]

第三，《列禦寇》篇比《黄帝》篇多出"巧者勞而知者憂，无能者无所求，飽食而敖遊，汎若不繫之舟，虚而敖遨者也"三十字，審文意，此段文字遊離於作品之外，很像讀者寫的體會和感悟，蓋注語誤入正文。

綜上，《列禦寇》篇此節文字襲自《列子·黄帝》。

第二部分從"鄭人緩也呻吟裘氏之地"至"不安其所安"。此文意在闡明物性天成。而世人不明於此，貪天功爲己有，這樣的人必然會受到懲罰。此觀點與道家主張相符，此文蓋爲莊子後學所作。文中"遁天之刑"句重出於《養生主》：

> 故曰今之世皆緩也，自是，有德者以不知也，而況有道者乎！古者謂之遁天之刑。(《列禦寇》)
>
> 向吾入而弔焉，有老者哭之，如哭其子；少者哭之，如哭其母。彼其所以會之，必有不蘄言而言，不蘄哭而哭者，是遁天倍情，忘其所受，古者謂之遁天之刑。(《養生主》)

《養生主》中"遁天之刑"與前文相互呼應，而《列禦寇》之"遁天之刑"與上文銜接得有些生硬，蓋其襲自《養生主》，則《列禦寇》此節當成於《養生主》之後。此文具體的寫作時間難以推定，據文中"今之世皆緩也"的表述，可知當時百家皆自以爲是，天下非儒即墨的年代已經過去，應該是戰國晚期的文字。

第三部分從"莊子曰"至"汝爲知在毫毛而不知大寧"。此部分由四節文字組成。察其意，各節文字意不相屬，其間或有脱文。

---

① 楊伯峻：《列子集釋》，北京，中華書局，1979，第79頁。
② 楊伯峻：《列子集釋》，北京，中華書局，1979，第79頁。

第一節從開頭至“天而不人”。謂道不可言，故至人體道忘言。第二節從“朱泙漫學屠龍於支離益”至“三年技成而无所用其巧”。謂學習不能好高騖遠，而要切合實際；大道自然純樸，故弄玄虚者非道也。第三節從“聖人以必不必”至“恃之則亡”。謂至人不固執己見，世人自以爲是。第四節從“小夫之知”至“汝爲知在毫毛而不知大寧”。謂世人逐於外，至人守其性。

要之，此部分文意散亂，彼此互不關涉，蓋編者將零篇散簡綴合後形成的文字。從文意上看，與道家主張相吻合，蓋爲莊子後學的文字。具體寫作時間難以推定，不過作於内篇之後是可以肯定的。

第四部分從“宋人有曹商者”至“子行矣”。此文描寫宋人曹商爲宋王使秦，回來時得秦王百乘之獎賞。曹商見到莊子後便向其炫耀自己的能力，莊子説：“秦王有病召醫。破癰潰痤者得車一乘，舐痔者得車五乘，所治愈下，得車愈多”，嘲諷曹商顯赫於外，藏垢於内。文中稱“宋人”曹商，莊子亦爲宋人，則此文可能並不全是子虚烏有。此節行文生動，文筆犀利，即使不是出自莊子之手，亦當是出自莊子弟子之手。

第五部分從“魯哀公問乎顔闔曰”至“唯真人能之”。此部分由三節文字組成，各節文字簡短，文意互不關涉，蓋編者綴合零篇碎簡而成。

第一節從開頭至“難治也”。此節意在表述有心而爲則亂，無爲順性則治。孔子是其成心率民學僞，國難治也。

第二節從“施於人而不忘”至“神者弗齒”。作者指出，出乎真心者不求其報，爲而求其報，是商賈之行也。此節文字文意不完，蓋爲零落的殘簡。

第三節從“爲外刑者”至“唯真人能之”。表述小人逐物無所不爲，或受刑於外，或受懲於内。聖人無欲無求，故無内外之刑。

文意上看，此部分屬道家的文字。然文字簡短，意義不完，所闡述之義理尚不够清晰完整。行文上看，此部分多爲議論的文字，與内篇寓理於事的寫法不類，蓋爲莊子後學的文字。

第六部分從“孔子曰”至“不肖人得矣”。此節討論的是如何得人的問題。作者指出，人心難測，“故君子遠使之而觀其忠，近使之而觀其敬，煩使之而觀其能，卒然問焉而觀其知，急與之期而觀其信，委之以財而觀其仁，告之以危而觀其節，醉之以酒而觀其側，雜之以處而觀其色”，此乃儒家語而非道家言。王夫之《莊子解》云：“唯人心險於山川一段，往往雜見他書，蓋申韓之流，苛察譏詭之説，既非夫子之言，抑與莊子照之以天之旨顯相牴牾，編録者不審而附綴之耳。”

第七部分從“正考父一命而傴”至“達小命者遭”。此節論述自謙者尊，自尊者卑，自是者窮，順性者達。作者在行文上略顯雕琢，如“窮有八極，達有三必，形有六府”等，與内篇詼詭譎怪的文筆不類。義理上看，作者雖然著意附和道家學説，然未免有些絶對，如“美髯長大壯麗勇敢，八者俱過人也，因以是窮”。道家主張順性而爲，不能以長相論窮達。另外，文中之“孰協唐許”，蓋本自《逍遥遊》堯讓天下於許由之事，而《逍遥遊》的作者對堯並無稱美之意，可見此文與内篇在義理上還存在差異，蓋成於莊子後學之手。

第八部分從“人有見宋王者”至“子爲韲粉夫”。此寓言與上文“宋人有曹商者”一段相類，二文皆爲得王賞車後向莊子炫耀，莊子刺之。不同的是，此文對現實的批判更爲猛烈，如“今宋國之深，非直九重之淵也；宋王之猛，非直驪龍也”，宋王猛如黑龍，變化無常，今得其賞，明日或遭其殃。與曹商使秦相比，此節在行文上略顯直白。内容上看，蓋作於宋國未滅之時，可能成於莊子弟子之手。

第九部分從“或聘於莊子”至“其可得乎”。此文與《秋水》篇“莊子釣於濮水”類似，皆記莊子辭聘之事。《史記》莊子本傳蓋合此二文而成：

> 或聘於莊子，莊子應其使曰：“子見夫犧牛乎？衣以文繡，食以芻叔。及其牽而入於太廟，雖欲爲孤犢，其可得乎！”（《列禦寇》）
>
> 莊子釣於濮水。楚王使大夫二人往先焉，曰：“願以境内累矣！”莊子持竿不顧，曰：“吾聞楚有神龜，死已三千歲矣。王巾笥而藏之廟堂之上，此龜者，寧其死爲留骨而貴乎？寧其生而曳尾於塗中乎？”二大夫曰：“寧生而曳尾塗中。”莊子曰：“往矣！吾將曳尾於塗中。”（《秋水》）
>
> 楚威王聞莊周賢，使使厚幣迎之，許以爲相。莊周笑謂楚使者曰：“千金，重利；卿相，尊位也。子獨不見郊祭之犧牛乎？衣以文繡，以入大廟。當是之時，雖欲爲孤豚，豈可得乎？子亟去，我寧游戲汙瀆之中自快，無爲有國者所羈，終身不仕，以快吾志焉。”（《史記·老子韓非列傳》）

很明顯，司馬遷《史記》莊子本傳合此二文而成。《列禦寇》只言“或聘於莊子”，未言何人聘請。《史記》之“楚威王聞莊周賢，使使厚幣迎之”本自《秋水》，而犧牛之喻則本自《列禦寇》。莊子辭聘之事兩次出現在

《莊子》中，蓋非虚構。《秋水》言“楚王”聘莊子，《史記》更明確爲“楚威王”，或實有其事。如此説來，莊周在當時可能是位有影響力的人物，其學説流傳至今並非偶然。

第十部分從“莊子將死”至篇末。此部分分爲兩節：

第一節從開頭至“何其偏也”。此節闡明莊子之生死觀，生而順性，死而物化，天人一體，何須厚葬！不懂得無爲順性的人是可悲的。蓋編者以“莊子將死”一節爲全書之結語，此後之《天下》篇晚出，後人附於書末。

第二節從“以不平平”至篇末。此節闡述的是無爲順性之理，不過此節行文澀滯，義理淺白，顯非莊子語。蓋此篇至“何其偏也”而止，死生有别，物我無際，使讀者産生許多聯想。而“以不平平”數句使人頓感意味索然，不知所云。蓋原本無此數句，好事者將其殘文碎簡綴合於此。

綜上，《列禦寇》乃《莊子》之末篇，編者將編此書時剩餘的殘文碎簡皆綴於此，故此篇各節多爲簡短的文字，文意也互不關聯。其中“宋人有曹商者”“或聘於莊子”“莊子將死”蓋爲早出的文字。

第八章 《天下》篇研究

《天下》篇對莊學及先秦學術研究都具有非常重要的意義，故設專章予以研討。

一、《天下》篇之作者

關於《天下》篇的作者，清以前的注莊者多認爲是莊周自著。其原因主要有二：一是從思想及文辭上考察，認爲非莊子莫能爲。王夫之《莊子解》云："或疑此篇非莊子之自作，然其浩博貫綜，而微言深至，固非莊子莫能爲也。"胡文英《莊子獨見》亦云：《天下篇》"筆力雄奮奇幻，環曲萬端，有外雜篇所不能及者，莊叟而外，安得復有此驚天破石之才"。二是認爲《天下》篇乃《莊子》之後序，故爲莊周所爲。陸西星《南華真經副墨》云："《天下》篇，《莊子》後序也。歷叙古今通術淵源之所自，而以自已承之，即《孟子》終篇之意。"劉鳳苞《南華雪心編》云："一部《南華》妙旨，既以寓言、重言、卮言標出立言之意，復著此洋洋大篇，歸結全書，如太史公自叙之例。"

第一個理由顯然不能成立，我們不能因爲莊子能寫出好文章，便認爲所有的好文章都出自莊子之手。先秦人寫文章並不署名，所以劉向整理篇籍時將内容相近的篇章編在一起，如《漢志》"儒家言十八篇。注：不知作者"。目前學界大都認爲《莊子》乃莊周及道家學派的論文集，非成於一人一時。推定《天下》篇之作者一定要有理有據，不可只觀其文辭望其氣脈便推定爲莊周所作，因爲先秦能爲"浩博貫綜""微言深至"之文者絶非莊周一人，先秦之文獻也絶非今傳之寥寥數子。劉向整理篇籍時先秦的文獻已多有散佚，即使是《漢志》著録的典籍流傳至今的也是極少數。許多好的作品在流傳的過程中散佚了，我們今天雖已無從知曉這些文章的内容和作者，但我相信其中一定有許多不亞於《天下》篇的宏文以及不遜於莊周的作者。《莊子》中的篇章之所以能流傳至今，乃是結集成書的緣故，《莊子》中無論哪一篇單獨流傳，其流傳至今的可能性都微乎其微。所以那種非莊子莫能爲的觀點真的是小看古人了。

第二個理由則似是而非。陸西星、劉鳳苞等人認爲《天下》篇是莊周寫的自序，近人梁啓超亦云："古人著書，叙録皆在全書之末，如《淮南子·要略》《太史公自序》《漢書·叙傳》，其顯例也。《天下篇》即《莊子》全書之自序。"①

古人寫書没有目録，如《漢志》只録《太史公》一百三十卷，到了《隋志》的時候則著録"《史記》一百三十卷，目録一卷"，可見《史記》的目録是後人編的。一百多卷的巨著若没有目録讀者會覺得不便，因此作者會在書後爲書的各組成部分寫一個簡短的提要，將書的内容及寫作的動機介紹給讀者，以便閲讀，附帶介紹一下作者的身世及學術傳承。如《淮南子·要略》，首先介紹的是寫作動機及内容：

> 夫作爲書論者，所以紀綱道德，經緯人事。上考之天，下揆之地，中通諸理。……故著二十篇，有原道，有俶真，有天文……有人間，有修務，有泰族也。

然後分别爲各篇内容寫出提要：

> 原道者，盧牟六合，混沌萬物，象太一之容，測窈冥之深……俶真者，窮逐終始之化，嬴埒有無之精，離别萬物之變，合同死生之形……天文者，所以和陰陽之氣，理日月之光，節開塞之時，列星辰之行。

最後論述歷史上的典籍皆是現實的産物，作者分别列舉了《太公》、儒家典籍、《墨子》《管子》《晏子》《戰國策》、刑名之書、《商君書》等，並闡述本書的歷史作用：

> 若劉氏之書，觀天地之象，通古今之事，權事而立制，度形而施宜，原道之心，合三王之風。

可見古書序的作用主要是介紹書的内容及作用，爲讀者提示閲讀的門徑。《太史公自序》也是如此：作者首先介紹自己的家世，其中著重記

① 梁啓超著，吴其昌筆記：《莊子天下篇釋義》，《飲冰室專集》之七十七，北京，中華書局，1989，第1頁。

述了其父司馬談的學術思想，以示其學有所承；而後分别寫出《史記》十二本紀、十表、八書、三十世家、七十列傳的提要：

維昔黄帝，法天則地，四聖遵序，各成法度；唐堯遜位，虞舜不台；厥美帝功，萬世載之。作《五帝本紀》第一。……維三代尚矣，年紀不可考，蓋取之譜牒舊聞，本於茲，於是略推，作《三代世表》第一。……維三代之禮，所損益各殊務，然要以近性情，通王道，故禮因人質爲之節文，略協古今之變，作《禮書》第一。……太伯避歷，江蠻是適；文武攸興，古公王跡。闔廬弑僚，賓服荆楚；夫差克齊，子胥鴟夷；信嚭親越，吴國既滅。嘉伯之讓，作《吴世家》第一。……末世争利，維彼奔義；讓國餓死，天下稱之。作《伯夷列傳》第一。

最後闡述本書的作用及分類緣由：

罔羅天下放失舊聞，王迹所興，原始察終，見盛觀衰，論考之行事，略推三代，録秦漢，上記軒轅，下至於茲，著十二本紀，既科條之矣。並時異世，年差不明，作十表。禮樂損益，律曆改易，兵權山川鬼神，天人之際，承敝通變，作八書。二十八宿環北辰，三十輻共一轂，運行無窮，輔拂股肱之臣配焉，忠信行道，以奉主上，作三十世家。扶義俶儻，不令己失時，立功名於天下，作七十列傳。凡百三十篇，五十二萬六千五百字，爲《太史公書》。序略，以拾遺補蓺，成一家之言，厥協《六經》異傳，整齊百家雜語，藏之名山，副在京師，俟後世聖人君子。

可見古人寫書序的最主要的目的是介紹該書的内容，同時對作者的身世、寫作的目的和緣由進行簡單的介紹，以便讀者瞭解和閱讀。

下面我們來考察一下《天下》篇是不是《莊子》的後序。首先，《天下》未對現存《莊子》三十三篇中的任何一篇寫出提要，因此説《天下》篇是《莊子》的後序簡直就是無稽之談。其次，《天下》篇評較的主要人物尹文、彭蒙、田駢、慎到等在《莊子》其他篇章中從未出現過，可見説《天下》篇是《莊子》後序的人不免有些罔顧事實。再次，學界一般認爲《莊子》其書乃莊周及道家學派的論文集，非成於一時一人。若然則莊子對其中的有些篇章可能看都没看過，怎麽可能寫出《莊子》的後序呢？有人認爲《天下》篇不是《莊子》的後序而是内七篇的後序，這種可能性也不存在。因爲《天下》篇非但未談及内七篇中的任何一篇，且其表現手法及所言之義理亦與内篇不類，倒是與晚出的《天道》諸篇有些相似之處。所以我們認爲《天下》篇根本就不是《莊子》的後序，也不是出自莊周之手。那麽《天下》篇究竟作於何時？出自何人之手？學界亦是衆説紛紜。劉笑敢認爲作於先秦，張恒壽認爲作於秦漢之際；嚴靈峰認爲是荀子所作，譚戒甫認爲出自淮南王之手。孰是孰非，我們還是應在作品中尋找答案。

二、《天下》篇之關鍵詞語解析

（一）“道術”與“方術”

《天下》篇始終圍繞著“道術”與“方術”展開論説，可以説“道術”與“方術”是作者行文的兩條主線，不釐清此二詞之含義便無法深入解讀《天下》篇。因此，我們首先來考察一下此二詞的含義。

《天下》篇開宗明義：“天下之治方術者多矣，皆以其有爲不可加矣。古之所謂道術者，果惡乎在？”文中“方術”與“道術”對舉，引出話題。先秦子書中“道術”二字連用的情况並不多見，《莊子》除《天下》外，《大宗師》亦使用過一次，即“魚相忘乎江湖，人相忘乎道術”。此外，《墨子》中使用過兩次，即《尚賢上》：“辯乎言談，傳乎道術者乎？”《非命下》：“今賢良之人，尊賢而好功道術。”《列子》中使用過一次，即《説符》：“孔子問之曰：‘巧乎？有道術乎？’”《申子》中使用過一次：“棄道術，舍度量，以求一人之識識天下。”（《荀子·王霸》楊注引）《荀子》中使用過一次，即《哀公》：“雖不能盡道術，必有率也。”① 除《天下》篇外，先秦諸子中使用的“道術”都是“道”的意思，“道術”是同義複合詞。《説文》：“術，邑中道也。從行，朮聲。”“行”就是道路的意思。郭店楚簡《老子》甲本的“道”字寫作“人”在“行”中，從行從人，是會意字，“術”是“朮”在“行”中，從行朮聲，是形聲字，二字是同義詞。從其使用情况也可以看到，“道術”是同義複合詞。如《大宗師》“魚相忘乎江湖，人相忘乎道術”，文中“江湖”與“道術”對舉，都是同義複合詞；《尚賢上》“辯乎言談，傳乎道術”，“言談”與“道術”

① 關於“道術”一詞在先秦文獻中的使用情况，筆者參考了嚴靈峰《〈莊子·天下篇〉的作者問題》一文中的統計數據，本書以下諸詞的考證亦參考了嚴氏的統計，不再註明。

對舉，都是同義複合詞；《申子》"棄道術，舍度量"，"道術"與"度量"對舉，都是同義複合詞。

那麼《天下》篇中的"道術"是否也是同義複合詞呢？文中"道術"與"方術"對舉，二詞"術"字的用法應該是相同的。"方術"中的"術"雖然不是"道"的意思，但與"道"字的詞義顯然具有相關性，"方術"這一複音詞的組成顯然是受"道術"一詞的影響。我認爲"方術"中的"術"字應該是"學説""主張"的意思，"方術"就是一方之學、百家之學；與之相對的"道術"就是綜合之學、貫通之學。可見《天下》篇中的"道術"與先秦諸子文獻中使用的"道術"的含義既有聯繫又有區别。

先秦文獻中"方術"二字連用僅見於《天下》篇，蓋《天下》篇的作者受"道術"一詞的引發，首先創造和使用了這一複音詞。由此可以推知，《天下》篇作者生活的年代不會早於戰國晚期。嚴靈峰云："'方術'二字連用，在先秦典籍中首見於《莊子·天下篇》，只此一語，可謂絶無僅有。而《荀子》全書中，乃'方''術'二字分别言之。而《堯問篇》雖言'方術'，但係書末'爲説者'之附言，其在荀卿之後無疑。楊倞注云：'自"爲説者"已下，荀卿弟子之辭。'"[①]

下面我們來考察一下《天下》篇中"道術"與"方術"的確切含義。成玄英疏："上古三皇所行道術，隨物任化，淳樸無爲。"其對"方術"的解説是："方，道也。自軒頊已下，迄於堯舜，治道藝術方法甚多，皆隨有物之情，順其所爲之性，任群品之動植，曾不加之於分表，是以雖教不教，雖爲不爲矣。"成玄英認爲"道術"與"方術"含義基本相同，其差别主要體現在時間上，三皇所行爲道術，五帝所行爲方術。成氏的解説與《天下》篇作者對此二詞的論説並不相同。從時間上看，《天下》篇的作者只是籠統地説"古之所謂道術"，與今之所行方術相對而言，並無確切的時間界限，與所謂三皇五帝没有任何關係。從内容上看，"道術"是綜合貫通之學，即所謂"配神明，醇天地，育萬物，和天下，澤及百姓，明於本數，係於末度，六通四辟，小大精粗，其運无乎不在"。作者認爲"道術"用於自身則"内聖"，即所謂"配神明，醇天地"；行於天下則"外王"，即所謂"育萬物，和天下"。可見作者認爲"道術"的核心乃是"内聖外王之道"。而"方術"乃是一方之學、百家之學，其與"道術"最主要的差别是以己爲

---

① 嚴靈峰：《〈莊子·天下篇〉的作者問題》，張丰乾編：《莊子天下篇注疏四種》附一，北京，華夏出版社，2009，第367頁。

是，以彼爲非，即所謂“皆以其有爲不可加矣”，“天下多得一察焉以自好”，“天下之人各爲其所欲焉以自爲方”。作者對行方術者明顯持批判態度，即“猶百家衆技也，皆有所長，時有所用。雖然，不該不徧，一曲之士也。判天地之美，析萬物之理，察古人之全，寡能備於天地之美，稱神明之容。是故内聖外王之道，闇而不明”。

作者認爲，在“方術”盛行的年代，古之“道術”並没有滅絶，“道術”主要通過以下三種渠道傳世：第一，“其明而在數度者，舊法、世傳之史尚多有之”；第二，“其在於《詩》《書》《禮》《樂》者，鄒魯之士、搢紳先生多能明之”；第三，“其數散於天下而設於中國者，百家之學時或稱而道之”。作者認爲儒家之《詩》《書》《禮》《樂》保留了許多古之道術，而百家之學只保留了“散於天下”的古之道術，可見作者對儒學是相當看重的。既然百家之學保留了古之道術，那麽百家之學到底是道術還是方術呢？對此，作者並没有給出明確答案。從作者評較諸子來看，作者認爲諸子中有的人行古之道術，有的人行今之方術，其區别就在於是否自以爲是。若能去己無私、順任物性者所行的便是道術，如老莊；若自以爲是、偏於一隅者所行的便是方術，如墨翟等。

對於“方術”“道術”的解説，我認爲近人鍾泰的解説比較近似。鍾泰云：“全者謂之‘道術’，分者謂之‘方術’，故‘道術’無乎不在，乃至瓦甓屎溺皆不在道外。若‘方術’，則下文所謂‘天下之人各爲其所欲焉以自爲方’者。既有方所，即不免拘執，始則‘各爲其所欲’，終則‘以其有爲不可加’。‘其有’者，其所得也。所得者一偏，而執偏以爲全，是以自滿，以爲無所復加也。此一語已道盡各家之病。若學雖一偏，而知止於其分，不自滿溢，即方術亦何嘗與道術相背哉！”[①]

（二）“神明”與“聖王”

“神明”一詞在《莊子》中共出現過八次，而在兩千餘字的（不包括惠施章）《天下》篇中“神明”一詞就出現過五次，這一現象應引起我們足够的重視。《天下》篇中“神明”出現的句子分别爲：“古之人其備乎！配神明，醇天地，育萬物，和天下”；“一曲之士也……寡能備於天地之美，稱神明之容。是故内聖外王之道，闇而不明”；“以本爲精，以物爲粗，以有積爲不足，澹然獨與神明居”；“芴漠无形，變化无常，死與生與？天地並與？神明往與”；“‘神何由降？明何由出？’‘聖有所生，王有

① 鍾泰：《莊子發微》，上海，上海古籍出版社，1988，第756頁。

所成，皆原於一’”。

《莊子》他篇中“神明”出現的句子分别爲：“勞神明爲一而不知其同也，謂之朝三。”（《齊物論》）“天尊，地卑，神明之位也。”（《天道》）“今彼神明至精，與彼百化。”（《知北遊》）

“神明”何意？二十世紀七十年代在湖北郭店出土的楚墓竹簡中有一篇文獻叫《太一生水》，此文多次使用“神明”一詞，對我們探尋“神明”早期的詞義頗有幫助，其文云：

> 太一生水，水反輔太一，是以成天。天反輔太一，是以成地。天地□□□（復相輔）也，是以成神明。神明復相輔也，是以成陰陽。陰陽復相輔也，是以成四時。……陰陽者，神明之所生也。神明者，天地之所生也。天地者，太一之所生也。

很明顯，文中“神明”是“天地”作用的結果，“陰陽”是“神明”作用的結果，“神明”是兩個詞而不是一個詞。“神”以配“天”，“明”以配“地”，“神”“明”相輔才能成陰陽，生萬物。看來“神明”在創生萬物中起著關鍵作用，其早期的詞義與“天地”緊密相連。從字義上考察，“神”的字源是“申”，“申”是閃電的意思，閃電發乎天，達乎地，以示天意，故以“神”指天；“明”指日月之光，古人認爲日月出乎地而達乎天，《易・繫辭下》：“日往則月來，月往則日來，日月相推而明生焉。”電光（神）與日月之光（明）交合便是天地合德，如此方能使天下充滿生機。

《天下》篇之“配神明，醇天地”“寡能備於天地之美，稱神明之容”“天地並與？神明往與”，《天道》篇之“天尊，地卑，神明之位也”皆“天地”與“神明”對舉，用的是“神明”較早的詞義。由於神明相輔以成萬物，故而“神明”又有自然、造化的意思，如《天下》篇之“澹然獨與神明居”、《知北遊》之“今彼神明至精”都是此意。由於物主於神明而人則主於心，故“神明”又引申指人“心”，如《齊物論》“勞神明爲一而不知其同也”。

“神明”在先秦並不是一個常用詞，《詩》《書》《春秋》《論語》《孟子》中幾乎不使用“神明”，《易・繫辭傳》《禮記・檀弓》《孝經》等典籍漸用“神明”一詞，諸子中《荀子》使用“神明”的次數較多，其中“神明”連用和對舉的句子共出現過八次。而先秦諸子中使用“神明”最多的當屬《鶡冠子》，書中“神明”一詞共出現過三十多次。可見至戰國晚期“神明”已是一個常用詞語，《天下》篇中多次使用“神明”一詞，其作者蓋亦生活在戰國晚期。

值得注意的是，《天下》篇不但多次使用“神明”一詞，而且作者將“神明”與“聖王”緊密聯繫在一起，這在先秦文獻中是很少見到的。作者云：“神何由降？明何由出？”“聖有所生，王有所成，皆原於一。”文中二句互文，其中“神”“聖”對舉，“明”“王”對舉，合言爲“神聖”“明王”。這裏作者顯然是在爲“聖王”尋找理論依據，即合“神明”者方可爲“聖王”，“神”言其體，“明”言其用，並提出“内聖外王”的學説。此理論體系在先秦其他諸子中還未曾建立，我們只是找到了一些相關的論述。如《荀子·勸學》：“積善成德，而神明自得，聖心備焉。”《鶡冠子·泰鴻》：“聖人之道與神明相得，故曰道德。”《泰録》：“聖王者不失本末，故神明終始焉。”以上諸文只是簡略論述了“神明”與聖人之間的關係，尚無明晰的理論闡述。《天下》篇的作者可能是受其啓發才提出“神聖”“明王”的主張，由此可以推斷《天下》篇的作者可能與《鶡冠子》的作者是同時代的人，其學術主張亦近似。

（三）“内聖外王”

影響久遠的“内聖外王”一語，是《天下》篇的作者首先提出來的：

> 天下大亂，賢聖不明，道德不一，天下多得一察焉以自好。譬如耳目鼻口，皆有所明，不能相通。猶百家衆技也，皆有所長，時有所用。雖然，不該不徧，一曲之士也。判天地之美，析萬物之理，察古人之全，寡能備於天地之美，稱神明之容。是故内聖外王之道，闇而不明，鬱而不發，天下之人各爲其所欲焉以自爲方。

可見，“内聖外王”乃是作者所謂“古之道術”的核心内涵，是其評價諸子的重要標準，是作者心目中理想的人格形態。因此，我們有必要對此語的學術内涵進行細緻的梳理和解讀。

在作者對“神何由降？明何由出”“聖有所生，王有所成，皆原於一”的論述中，“神”與“聖”對舉，“明”與“王”對舉，“神聖”“明王”已呼之欲出。“神”者莫測，故可以“内”言之，“明”者顯形，故可以“外”言之。下文“配神明，醇天地”便是内聖的工夫，“育萬物，和天下”便是外王的工夫，故下文提出“内聖外王”也是順理成章的事。當然，這一具有高度概括性及深刻學術内涵的提法，並不是作者靈機一動隨意提出的，自當有其文化傳承。

我認爲與“内聖外王”最爲近似的表述有以下兩條：一是《荀子·解蔽》之“聖也者，盡倫者也；王也者，盡制者也。兩盡者，足以爲天下極矣。故學者，以聖王爲師”。文中“倫”“制”對舉，《説文》：“倫，道也。”言人若能内修其道而外明其制，便是聖王，可以爲人師。荀子的論述顯然與“内聖外王”有相通之處。二是《莊子·天道》之“静而聖，動而王”。文中“静”“動”對舉，“聖”“王”對舉，與“内聖外王”的表述已經很接近了。從義理上看，《莊子》中《天道》篇第一部分與《天下》篇的表述最爲接近。

熟讀《莊子》者都能够體會到“内聖外王”的主張與《莊子》内篇的觀點相背。《逍遥遊》云：“至人无己，神人无功，聖人无名。”作者認爲一個人如果能够做到去己無私，才能不累於物，不求功名，無所牽絆，達到逍遥無待之境界，可見“外王”並不是作者所追求的。作者所描寫的神人是“乘雲氣，御飛龍，而遊乎四海之外……之人也，物莫之傷，大浸稽天而不溺，大旱金石流土山焦而不熱。是其塵垢粃糠，將猶陶鑄堯舜者也，孰肯以物爲事”。真正得道的人根本不把世間的功名當回事，世人崇尚的堯舜不過是神人身上的塵垢粃糠而已，有道之人怎麼能够追求“外王”呢！在《齊物論》中，作者指出只有“喪其耦”“吾喪我”才能心物合一、物我無待，從而進入天籟之境界。作者所説的天籟是“咸其自取”，無夫怒者，即天籟境界的核心是自然而然，非刻意而爲。因而一心求取“外王”顯然不是有道者應爲之事。《莊子》内篇中類似的論述很多，如果我們認定内篇爲莊周所作，那麼我們就可以肯定地説莊周是不追求“外王”的。

“内聖外王”的提法只在《天下》篇中出現過一次，這説明此語出現較晚，既不符合莊子的主張，也不是《莊子》其他篇章的主導思想。我認爲“内聖外王”是戰國晚期融合儒道者提出來的，“内聖”是道家之學，“外王”是儒家之學，因而無論認爲“内聖外王”代表的是儒家學説還是道家學説都是不全面的。錢基博曾對“内聖外王”一語進行過考證，認爲此語代表了莊周的思想。錢氏的觀點在學界多有引據，影響較大，但其考證却明顯存在問題。錢氏云：“‘聖’之爲言‘通’也，所以適己性也，故曰‘内’。‘王’之爲言往也，所以與物化也，故曰‘外’。‘内聖外王’，蓋莊生造設此語以闡‘道’之量，而持以爲揚摧諸家之衡準者。”其實“内聖外王”之“聖”“王”，是内修聖人之品德、外立王者之功業的意思，承上文“聖有所生，王有所成”句而成。錢氏對“王有所成”是這樣解説的：“‘王’者，往也。往即‘逝’，而‘逝’之曰‘反’，即‘周行也’。莊子之所謂‘王有所成’者，謂惟邁往有所成也。”[①] 錢氏的解説迂曲穿鑿，於理難通。“聖有所生，王有所成”之“聖”“王”就是聖人和王者的意思，都是名詞。聖者通達，故聖有“通”義，但不能反過來説“通”就是“聖”的意思，因爲“通”還有其他的義項。“王”字並没有“往”的義項，只是在少數文獻中同音假借爲“往”，《莊子》中“王”字出現了五十六次之多，並無通“往”的用法。錢氏顯然是爲了附會莊子的學説而曲解字義，誤導了許多讀者。

總的説來，《天下》篇之主導詞“道術”“方術”“神明”“聖王”“内聖外王”等出現的時間都比較晚，從戰國末至秦漢初年才流行起來，故《天下》篇之作者當爲戰國末期人。

三、《天下》篇與《非十二子》《顯學》《論六家要旨》異同考論

《荀子·非十二子》《韓非子·顯學》及《史記·論六家要旨》皆爲討論先秦學術之重要文獻，將其與《天下》篇進行比較研究，對於我們釐清《天下》篇的學術思想及作者所處的年代有所幫助。

《荀子·非十二子》云：

> 假今之世，飾邪説，文奸言，以梟亂天下，矞宇嵬瑣，使天下混然不知是非治亂之所存者有人矣。
>
> 縱情性，安恣睢，禽獸行，不足以合文通治；然而其持之有故，其言之成理，足以欺惑愚衆，是它囂、魏牟也。
>
> 忍情性，綦谿利跂，苟以分異人爲高，不足以合大衆，明大分；然而其持之有故，其言之成理，足以欺惑愚衆，是陳仲、史鰌也。
>
> 不知壹天下、建國家之權稱，上功用，大儉約而優差等，曾不足以容辨異、縣君臣；然而其持之有故，其言之成理，足以欺惑愚衆，是墨翟、宋鈃也。
>
> 尚法而無法，下修而好作，上則取聽於上，下則取從於俗，終日言成文典，反紃察之，則倜然無所歸宿，不可以經國定分；然而其持之有故，其言之成理，足以欺惑愚衆，是慎到、田駢也。
>
> 不法先王，不是禮義，而好治怪説，玩琦辭，甚察而不惠，辯而無用，多事而寡功，不可以爲治綱紀；然而其持之有故，其言之

① 錢基博：《讀莊子天下篇疏記》，上海，商務印書館，1933，第21、10頁。

成理，足以欺惑愚衆，是惠施、鄧析也。

略法先王而不知其統，猶然而材劇志大，聞見雜博。案往舊造説，謂之五行，甚僻違而無類，幽隱而無説，閉約而無解。案飾其辭而祗敬之曰："此真先君子之言也。"子思唱之，孟軻和之，世俗之溝猶瞀儒，嚾嚾然不知其所非也，遂受而傳之，以爲仲尼、子游爲茲厚於後世，是則子思、孟軻之罪也。

若夫總方略，齊言行，壹統類，而群天下之英傑而告之以大古，教之以至順，奥窔之閒，簟席之上，斂然聖王之文章具焉，佛然平世之俗起焉，六説者不能入也，十二子者不能親也，無置錐之地而王公不能與之争名，在一大夫之位則一君不能獨畜，一國不能獨容，成名況乎諸侯，莫不願以爲臣，是聖人之不得埶者也，仲尼、子弓是也。

一天下，財萬物，長養人民，兼利天下，通達之屬，莫不從服，六説者立息，十二子者遷化，則聖人之得埶者，舜、禹是也。

今夫仁人也，將何務哉？上則法舜、禹之制，下則法仲尼、子弓之義，以務息十二子之説，如是則天下之害除，仁人之事畢，聖王之跡著矣。

信信，信也；疑疑，亦信也。貴賢，仁也；賤不肖，亦仁也。言而當，知也；默而當，亦知也。故知默猶知言也。故多言而類，聖人也；少言而法，君子也；多少無法而流湎然，雖辯，小人也。故勞力而不當民務，謂之姦事；勞知而不律先王，謂之姦心；辯説譬諭齊給便利而不順禮義，謂之姦説。此三姦者，聖王之所禁也。知而險，賊而神，爲詐而巧，言無用而辯，辯不惠而察，治之大殃也。行辟而堅，飾非而好，玩姦而澤，言辯而逆，古之大禁也。知而無法，勇而無憚，察辯而操僻，淫大而用之，好姦而與衆，利足而迷，負石而墜，是天下之所弃也。

第一，荀子從政治角度出發，將十二子之學説定性爲"飾邪説，文奸言，以梟亂天下"，使天下人迷失是非善惡之標準，罪莫大焉。荀子認爲十二子所做的事情對百姓没有任何幫助，這就叫奸事；十二子所用的心思不符合先王的法度，這就叫奸心；善於辯説却不符合禮儀，這就叫奸説，此三奸乃是聖王所要禁止的事情。作者作此文的目的是讓人們"上則法舜、禹之制，下則法仲尼、子弓之義，以務息十二子之説"，如此則天下之害除，仁人之事畢而聖王之跡顯矣。可見此文並不是要討論十二子學説的是非對錯，而是要滅邪説、廢奸言，爲天下除害。這與《天下》篇“古之道術有在於是者”，某某“聞其風而説之”的心平氣和地評述諸子之方法大異其趣。如果説《天下》篇是在討論學術問題，那麽《非十二子》便是一篇討伐“歪理邪説”的檄文。從這個意義上講，《非十二子》並不是一篇專門討論先秦學術史的文字。

第二，《非十二子》黨同伐異，門户之見極深。作者不但對其他學派妄加指責，對儒家内部的不同派别亦予以猛烈抨擊。作者不但怒斥子思、孟軻，而且認爲子張、子夏、子游皆賤儒也，如此褊狹的心態很難對諸子的學説作出公允的評價。且作者在評價諸子時幾乎對他們的學説没有任何引述，只有簡單的斷語，如“縱情性，安恣睢，禽獸行”等，這樣的論斷很難使人信服。而《天下》篇在評價諸子時對他們的學説多有引述，如在評論墨翟、禽滑釐時説：

> 作爲《非樂》，命之曰《節用》。生不歌，死无服。墨子氾愛兼利而非鬬，其道不怒。……墨子稱道曰：“昔禹之湮洪水，决江河而通四夷九州也。名川三百，支川三千，小者无數。禹親自操槖耜而九雜天下之川。腓无胈，脛无毛，沐甚雨，櫛疾風，置萬國。禹大聖也，而形勞天下也如此。”使後世之墨者，多以裘褐爲衣，以跂蹻爲服，日夜不休，以自苦爲極，曰：“不能如此，非禹之道也，不足謂墨。”

在評論宋鈃、尹文時説：

> 作爲華山之冠以自表，接萬物以别宥爲始。語心之容，命之曰心之行。以聏合驩，以調海内。請欲置之以爲主。見侮不辱，救民之鬬，禁攻寢兵，救世之戰。以此周行天下，上説下教。雖天下不取，强聒而不舍者也。故曰上下見厭而强見也。

文中對其他諸子的評論亦復如此。也就是説，作者是在充分引述各學派的主張後再對其進行評論，較有説服力。可見荀子寫作此文時正是“儒分爲八，墨離爲三”，諸子皆以己爲是、以彼爲非、相互争辯不已的階段，所以他才要滅異説而立正統。而《天下》篇雖然也説“天下大亂，賢聖不明，道德不一。天下多得一察焉以自好”，“内聖外王之道，闇而不明，鬱而不發，天下之人各爲其所欲焉以自爲方”，然作者對諸子的評價要比荀子平和寬容得多。其對諸子的評價是“譬如耳目鼻口，皆有所明，不能相通。猶百家衆技也，皆有所長，時有所用。雖然，不該不徧，一曲之士也”。作者雖然認爲百家是一曲之士，但畢竟是皆有所明、皆有所長、時有所用，此與荀子對諸子的評價不可同日而語。荀子雖然也説諸子“其言之成理”，但那不過是爲了“欺惑愚衆”而已，作者認爲他們的學説非但一無是處，而且給社會帶來極大的危害。很顯然，《天下》篇作者所處的年代正是兼儒墨、合名法、諸子百家相互融合的時期，《天下》篇寫於《非十二子》之後應該是没有什麽問題的。

第三，從對諸子評價的標準上看，二者也存在較大差别。荀子所推崇的是仲尼、子弓以及舜和禹。作者認爲孔子、子弓的學説能够“總方略，齊言行，壹統類”，他們“無置錐之地而王公不能與之争名”，是不得勢的聖人。而舜、禹是得勢的聖人，所以他們能够“一天下，財萬物，長養人民，兼利天下”。與之相比，《天下》篇品評諸子的標準就没有這麽具體，《天下》篇用“古之道術”作爲評價的標準，具體説來即是否領會和掌握了“内聖外王”之道。而“内聖外王”之道既非儒家的主張，也非道家的主張，而是融合了儒家和道家的思想。可見《天下》篇的作者更少門户之見，反映出戰國末期百家融合之跡象。

第四，《天下》篇對《荀子》有所繼承。我們認爲《非十二子》並不是一篇專門討論先秦學術的文章，與《天下》存在本質上的不同，這並不等於説荀子對《天下》篇的作者毫無影響。《荀子・解蔽》云：“夫道者，體常而盡變，一隅不足以舉之。曲知之人，觀於道之一隅，而未之能識也。”《荀子・天論》云：“萬物爲道之一偏，一物爲萬物一偏，愚者爲一物一偏，而自以爲知道，無知也。”《天下》篇云：“天下多得一察焉以自好。譬如耳目鼻口，皆有所明，不能相通。猶百家衆技也，皆有所長，時有所用。雖然，不該不徧，一曲之士也。”荀子認爲，曲知之人只能觀道之一隅，而他們却自以爲掌握了道，這是很無知的。《天下》篇中同樣指出天下有好多人得道之一察（即荀子所説的“一偏”）便自以爲了不起，他們不過是不該不遍的一曲之士，並由此開啓下文古之道術有在於是者、某某聞其風而説之的論述。可見《天下》篇的整體構思應該與荀子關於道（全）與一偏關係的論述有所關聯。

下面我們再來討論一下《韓非子・顯學》。其文云：

世之顯學，儒墨也。儒之所至，孔丘也。墨之所至，墨翟也。自孔子之死也，有子張之儒，有子思之儒，有顔氏之儒，有孟氏之儒，有漆雕氏之儒，有仲良氏之儒，有孫氏之儒，有樂正氏之儒。自墨子之死也，有相里氏之墨，有相夫氏之墨，有鄧陵氏之墨。故孔墨之後，儒分爲八，墨離爲三，取舍相反不同，而皆自謂真孔墨，孔墨不可復生，將誰使定世之學乎？孔子、墨子俱道堯舜，而取舍不同，皆自謂真堯舜，堯舜不復生，將誰使定儒墨之誠乎？殷周七百餘歲，虞夏二千餘歲，而不能定儒墨之真；今乃欲審堯舜之道於三千歲之前，意者其不可必乎！無參驗而必之者，愚也；弗能必而據之者，誣也。故明據先王，必定堯舜者，非愚則誣也。愚誣之學，雜反之行，明主弗受也。

墨者之葬也，冬日冬服，夏日夏服，桐棺三寸，服喪三月，世主以爲儉而禮之。儒者破家而葬，服喪三年，大毀扶杖，世主以爲孝而禮之。夫是墨子之儉，將非孔子之侈也；是孔子之孝，將非墨子之戾也。今孝戾、侈儉俱在儒墨，而上兼禮之。漆雕之議，不色撓，不目逃，行曲則違於臧獲，行直則怒於諸侯，世主以爲廉而禮之。宋榮子之議，設不鬬争，取不隨仇，不羞囹圄，見侮不辱，世主以爲寬而禮之。夫是漆雕之廉，將非宋榮之恕也；是宋榮之寬，將非漆雕之暴也。今寬廉、恕暴俱在二子，人主兼而禮之。自愚誣之學、雜反之辭争，而人主俱聽之，故海内之士，言無定術，行無常議。夫冰炭不同器而久，寒暑不兼時而至，雜反之學不兩立而治。今兼聽雜學繆行同異之辭，安得無亂乎？聽行如此，其於治人又必然矣。

今世之學士語治者，多曰："與貧窮地以實無資。"今夫與人相若也，無豐年旁入之利而獨以完給者，非力則儉也。與人相若也，無饑饉、疾疚、禍罪之殃獨以貧窮者，非侈則墮也。侈而墮者貧，而力而儉者富。今上徵斂於富人以布施於貧家，是奪力儉而與侈墮也，而欲索民之疾作而節用，不可得也。

今有人於此，義不入危城，不處軍旅，不以天下大利易其脛一毛，世主必從而禮之，貴其智而高其行，以爲輕物重生之士也。夫上所以陳良田大宅，設爵禄，所以易民死命也。今上尊貴輕物重生之士，而索民之出死而重殉上事，不可得也。藏書策，習談論，聚徒役，服文學而議説，世主必從而禮之，曰："敬賢士，先王之道也。"夫吏之所税，耕者也；而上之所養，學士也。耕者則重税，學士則多賞，而索民之疾作而少言談，不可得也。立節參明，執操不侵，怨言過於耳，必隨之以劍，世主必從而禮之，以爲自好之士。

夫斬首之勞不賞，而家鬬之勇尊顯，而索民之疾戰距敵而無私鬬，不可得也。國平則養儒俠，難至則用介士。所養者非所用，所用者非所養，此所以亂也。且夫人主於聽學也，若是其言，宜布之官而用其身；若非其言，宜去其身而息其端。今以爲是也，而弗布於官；以爲非也，而不息其端。是而不用，非而不息，亂亡之道也。

澹臺子羽，君子之容也，仲尼幾而取之，與處久而行不稱其貌。宰予之辭，雅而文也，仲尼幾而取之，與處久而智不充其辯。故孔子曰："以容取人乎，失之子羽；以言取人乎，失之宰予。"故以仲尼之智而有失實之聲。今之新辯濫乎宰予，而世主之聽眩乎仲尼，爲悦其言，因任其身，則焉得無失乎？是以魏任孟卯之辯，而有華下之患；趙任馬服之辯，而有長平之禍。此二者，任辯之失也。夫視鍛錫而察青黄，區冶不能以必劍；水擊鵠雁，陸斷駒馬，則臧獲不疑鈍利。發齒吻形容，伯樂不能以必馬；授車就駕，而觀其末塗，則臧獲不疑駑良。觀容服，聽辭言，仲尼不能以必士；試之官職，課其功伐，則庸人不疑於愚智。故明主之吏，宰相必起於州部，猛將必發於卒伍。夫有功者必賞，則爵禄厚而愈勸；遷官襲級，則官職大而愈治。夫爵禄大而官職治，王之道也。

磐石千里，不可謂富；象人百萬，不可謂强。石非不大，數非不衆也，而不可謂富强者，磐不生粟，象人不可使距敵也。今商官技藝之士亦不墾而食，是地不墾，與磐石一貫也。儒俠毋軍勞，顯而榮者，則民不使，與象人同事也。夫禍知磐石象人，而不知禍商官儒俠爲不墾之地、不使之民，不知事類者也。

故敵國之君王雖説吾義，吾弗入貢而臣；關内之侯雖非吾行，吾必使執禽而朝。是故力多則人朝，力寡則朝於人，故明君務力。夫嚴家無悍虜，而慈母有敗子。吾以此知威勢之可以禁暴，而德厚之不足以止亂也。

夫聖人之治國，不恃人之爲吾善也，而用其不得爲非也。恃人之爲吾善也，境内不什數；用人不得爲非，一國可使齊。爲治者用衆而舍寡，故不務德而務法。夫必恃自直之箭，百世無矢；恃自圜之木，千世無輪矣。自直之箭，自圜之木，百世無有一，然而世皆乘車射禽者何也？隱栝之道用也。雖有不恃隱栝而有自直之箭、自圜之木，良工弗貴也。何則？乘者非一人，射者非一發也。不恃賞罰而恃自善之民，明主弗貴也。何則？國法不可失，而所治非一人也。故有術之君，不隨適然之善，而行必然之道。

今或謂人曰："使子必智而壽"，則世必以爲狂。夫智，性也；壽，命也。性命者，非所學於人也，而以人之所不能爲説人，此世之所以謂之爲狂也。謂之不能，然則是諭也，夫諭，性也。以仁義教人，是以智與壽説人也，有度之主弗受也。故善毛嗇、西施之美，無益吾面；用脂澤粉黛，則倍其初。言先王之仁義，無益於治；明吾法度，必吾賞罰者，亦國之脂澤粉黛也。故明主急其助而緩其頌，故不道仁義。

今巫祝之祝人曰："使若千秋萬歲。"千秋萬歲之聲聒耳，而一日之壽無徵於人，此人所以簡巫祝也。今世儒者之説人主，不善今之所以爲治，而語已治之功；不審官法之事，不察姦邪之情，而皆道上古之傳，譽先王之成功。儒者飾辭曰："聽吾言，則可以霸王。"此説者之巫祝，有度之主不受也。故明主舉實事，去無用，不道仁義者，故不聽學者之言。

今不知治者必曰："得民之心。"欲得民之心而可以爲治，則是伊尹、管仲無所用也，將聽民而已矣。民智之不可用，猶嬰兒之心也。夫嬰兒不剔首則腹痛，不揊痤則寖益。剔首、揊痤，必一人抱之，慈母治之，然猶啼呼不止，嬰兒子不知犯其所小苦致其所大利也。今上急耕田墾草以厚民産也，而以上爲酷；修刑重罰以爲禁邪也，而以上爲嚴；徵賦錢粟以實倉庫，且以救饑饉、備軍旅也，而以上爲貪；境内必知介而無私解，并力疾鬬，所以禽虜也，而以上爲暴。此四者，所以治安也，而民不知悦也。

第一，總體上看，此篇與《荀子・非十二子》相類，都不是專門探討先秦學術的文字。《顯學》是一篇討論如何治國理政的政論文，全篇圍繞國君不可偏聽一家之言，不要只看表面現象，一切都要經過實踐的檢驗。作者首先列舉儒墨二學以明其理。作者指出，孔子死後，儒分爲八；墨子死後，墨離爲三。儒墨後學都認爲自己才是正統，然孔墨不能復生，其後學誰是正統便無法得到檢驗，無法獲得檢驗的説法是不可輕信的。同樣，孔墨都稱道堯舜，可是他們的主張却不相同，而堯舜亦不可復生，那麼孔墨間的是是非非也是無法得到驗證的，故孔墨的主張同樣不可輕信。如墨子主張薄葬，孔子主張厚葬；漆雕氏認爲爲人要耿直，宋榮子强調爲人要寬恕。是孔則非墨，是墨則非孔。人主若兼禮之，則會給國家帶來混亂。澹臺子羽有君子之容，孔子以貌取之；宰予能爲君子之辭，孔子以言取之，實踐證明他的做法是錯誤的。如果只看劍的表面，即使再高明的工匠也無法判定劍是否鋒利；如果只看馬的形體，即使伯樂也不能職别馬的好壞。如果用劍砍殺狗馬，讓馬奔跑拉車，再普通的人也會知道劍之鈍利、馬之駑良。因此“明主舉實事，去無用，不道仁義者故，不聽學者之言”。可見作者探討的不是學術問題而是治國問題，孔墨之學不過是作者舉的例而已。許多學者認爲《顯學》篇討論的是先秦學術的代表作品，恐怕未必確當。

第二，《顯學》篇品評的對象與《非十二子》存在較大差異。荀子非議的是十二子，而《顯學》論及的主要是儒墨兩個學派，涉及的主要人物有孔子、墨子、漆雕氏、宋榮子（韓非將其歸入墨派）。至於儒分爲八、墨離爲三及重生派、儒士、俠客等皆一筆帶過，並不是作者所要討論的對象。如果説荀子寫作《非十二子》的目的是剷滅“歪理邪説”，那麽韓非之《顯學》更像是借題發揮，作者評説儒墨的目的是闡明國君不可偏聽偏信，没有經過實踐檢驗的都是“愚誣之學”。可見《顯學》篇無意討論先秦百家的學術思想。

第三，對諸子的態度有所不同。荀子將十二子的言論視爲奸言邪説，故對他們的評説都是否定性的論斷。如：對它囂、魏牟的評論是“縱情性，安恣睢，禽獸行，不足以合文通治”；對陳仲、史鰌的評論是“忍情性，綦谿利跂，苟以分異人爲高，不足以合大衆，明大分”；對墨翟、宋鈃的評語是“不知壹天下、建國家之權稱，上功用、大儉約而僈差等，曾不足以容辨異、縣君臣”等等。與之相比，《顯學》篇對儒墨兩家的態度要温和得多。文章首先提出的問題是儒墨俱道堯舜而取捨不同，堯舜不能復生，無法判定誰是正統，因此明君對儒墨的主張不可輕信。接下來作者通過薄葬和厚葬的事實説明儒墨二家各不相同，國君若是儒則非墨，是墨則非儒，儒墨兼信百姓的思想就會混亂。作者要闡明的主張是，國君不要輕信百家之言，要依法治國，“夫嚴家無悍虜，而慈母有敗子。吾以此知威勢之可以禁暴，而德厚之不足以止亂也”。可見作者並没有判定儒墨是歪理邪説，其對儒墨的態度還是比較温和的。蓋戰國末期百家之學由勢同水火到彼此兼容，由《非十二子》到《顯學》再到《天下》篇，對諸子的態度由激憤到温和再到公允，正反映了諸子之學由對立到融合的發展路徑。

總之，《顯學》比《非十二子》更少門户之見，對諸子的態度也更温和，這是符合百家之學由争鳴到融合的發展趨勢的。《非十二子》和《顯學》篇皆非專門討論先秦學術的文字，其與《天下》篇存在本質的不同。《天下》篇云：“天下之治方術者多矣，皆以其有爲不可加矣。”“天下大亂，聖賢不明，道德不一，天下多得一察焉以自好。”可見《天下》篇的作者是站在天下的高度用内聖外王的標準來討論諸子之學的，而《非十二子》不過是在與百家的謾罵中争取正統，《顯學》則是借評説儒墨以明其理而已。《天下》篇品評諸子時心平氣和，不僅能指出他們的不足，還能看到他們的長處。如評論墨翟、禽滑釐時説：“墨翟、禽滑釐之意則是，其行則非也。將使後世之墨者，必自苦以腓无胈、脛无毛相進而已矣。亂之上也，治之下也。雖然，墨子真天下之好也，將求之不得也，雖枯槁不舍也，才士也夫!”評論彭蒙時説：“彭蒙、田駢、慎到不知道。雖然，概乎皆嘗有聞者也。”另外，作者在品評諸子時皆有“古之道術有在於是者，某某聞其風而説之”一句，作者認爲儘管他們在求道的過程中只是得道之偏，没有領悟道之精髓，但他們畢竟是在求道。這與荀子認爲百家皆是歪理邪説有著本質的不同，一個是在討論學術問題，另一個則是不遺餘力地攻訐百家以捍衛自己的正統地位。此外，《天下》篇在評論諸子時會引用大量的材料，而不是空下斷語。如在評論彭蒙、田駢、慎到時説他們主張“齊萬物以爲首”，接著便用他們的言行加以説明：

曰：“天能覆之而不能載之，地能載之而不能覆之，大道能包之而不能辯之。”知萬物皆有所可，有所不可。故曰：“選則不徧，教則不至，道則无遺者矣。”是故慎到棄知去己而緣不得已，泠汰於物以爲道理，曰：“知不知，將薄知而後鄰傷之者也。”謑髁无任，而笑天下之尚賢也；縱脱无行，而非天下之大聖；椎拍輐斷，與物宛轉；舍是與非，苟可以免。不師知慮，不知前後，魏然而已矣。推而後行，曳而後往。若飄風之還，若羽之旋，若磨石之隧，全而无非，動静无過，未嘗有罪。是何故？夫无知之物，无建己之患，无用知之累，動静不離於理，是以終身无譽。故曰：“至於若无知之物而已，无用賢聖。夫塊不失道。”

如此細緻的論證在《非十二子》和《顯學》篇中是看不到的，因爲他們寫作的目的並不是討論學術問題。因此我認爲《天下》篇是歷史上第一篇專門爲討論先秦學術而寫的文章，開華夏學術評論之先河，影響十分久遠，司馬談《論六家要旨》就是在《天下》篇的影響下寫成的。

《論六家要旨》云：

太史公學天官於唐都，受《易》於楊何，習道論於黄子。太史公仕於建元元封之閒，愍學者之不達其意而師悖，乃論六家之要旨曰：

《易大傳》："天下一致而百慮，同歸而殊塗。"夫陰陽、儒、墨、名、法、道德，此務爲治者也，直所從言之異路，有省不省耳。嘗竊觀陰陽之術，大祥而衆忌諱，使人拘而多所畏，然其序四時之大順，不可失也。儒者博而寡要，勞而少功，是以其事難盡從，然其序君臣父子之禮，列夫婦長幼之別，不可易也。墨者儉而難遵，是以其事不可徧循，然其彊本節用，不可廢也。法家嚴而少恩，然其正君臣上下之分，不可改矣。名家使人儉而善失真，然其正名實，不可不察也。道家使人精神專一，動合無形，贍足萬物。其爲術也，因陰陽之大順，采儒墨之善，撮名法之要，與時遷移，應物變化，立俗施事，無所不宜，指約而易操，事少而功多。儒者則不然。以爲人主天下之儀表也，主倡而臣和，主先而臣隨。如此則主勞而臣逸。至於大道之要，去健羨，絀聰明，釋此而任術。夫神大用則竭，形大勞則敝，形神騷動，欲與天地長久，非所聞也。

夫陰陽四時、八位、十二度、二十四節各有教令，順之者昌，逆之者不死則亡，未必然也，故曰"使人拘而多畏"。夫春生夏長，秋收冬藏，此天道之大經也，弗順則無以爲天下綱紀，故曰"四時之大順，不可失也"。

夫儒者以六蓺爲法。六蓺經傳以千萬數，累世不能通其學，當年不能究其禮，故曰"博而寡要，勞而少功"。若夫列君臣父子之禮，序夫婦長幼之別，雖百家弗能易也。

墨者亦尚堯舜道，言其德行曰："堂高三尺，土階三等，茅茨不翦，采椽不刮。食土簋，啜土刑，糲粱之食，藜藿之羹。夏日葛衣，冬日鹿裘。"其送死，桐棺三寸，舉音不盡其哀。教喪禮，必以此爲萬民之率。使天下法若此，則尊卑無別也。夫世異時移，事業不必同，故曰"儉而難遵"。要曰强本節用，則人給家足之道也。此墨子之所長，雖百家弗能廢也。

法家不別親疏，不殊貴賤，一斷於法，則親親尊尊之恩絶矣。可以行一時之計，而不可長用也，故曰"嚴而少恩"。若尊主卑臣，明分職不得相踰越，雖百家弗能改也。

名家苛察繳繞，使人不得反其意，專決於名而失人情，故曰"使人儉而善失真"。若夫控名責實，參伍不失，此不可不察也。

道家無爲，又曰無不爲。其實易行，其辭難知。其術以虛無爲本，以因循爲用。無成埶，無常形，故能究萬物之情。不爲物先，不爲物後，故能爲萬物主。有法無法，因時爲業，有度無度，因物與合。故曰“聖人不朽，時變是守。虚者道之常也，因者君之綱也”。群臣並至，使各自明也。其實中其聲者謂之端，實不中其聲者謂之窾。窾言不聽，姦乃不生，賢不肖自分，白黑乃形。在所欲用耳，何事不成。乃合大道，混混冥冥。光燿天下，復反無名。凡人所生者神也，所託者形也。神大用則竭，形大勞則敝，形神離則死。死者不可復生，離者不可復反，故聖人重之。由是觀之，神者生之本也，形者生之具也。不先定其神〔形〕，而曰“我有以治天下”，何由哉？

司馬談《論六家要旨》是繼《天下》篇之後討論百家學術思想的又一篇宏文。司馬談開篇便説：“天下一致而百慮，同歸而殊塗”，他認爲百家之學講的都是如何治國理政的問題，只不過方法不同罷了。這表明他已超越了門户之見，因而他不但能指出百家之學的短處，還能看到其長處。如對陰陽家的評語：“嘗竊觀陰陽之術，大祥而衆忌諱，使人拘而多所畏，然其序四時之大順，不可失也。”對儒家的評語：“儒者博而寡要，勞而少功，是以其事難盡從，然其序君臣父子之禮，列夫婦長幼之别，不可易也。”此學術思想與《天下》篇相近，此文可能是在《天下》篇的影響和啓發下寫成的。此文與《天下》篇最大的不同在於司馬談創立了“家”的概念，他將先秦學術分成六家，即陰陽、儒、墨、名、法、道德，這種分法在此前的文獻中從未有過。《非十二子》《顯學》《天下》諸篇品評的還是具體的人，那時還没有形成“家”的概念。百家之學只有在清晰地提出自己的學術主張並達成廣泛共識後才能形成所謂“家”的概念。司馬談評論的是學術流派，這樣做當然比品評某人更科學，因爲個人的思想總是複雜的，既可能有儒家思想，又可能同時具有道家觀念。此外，司馬談對道家情有獨鍾，可能也與受《天下》的影響有關。

四、《天下》篇爲何遍評百家而不及孔子

古今凡研究《天下》篇的人，都會有這樣一個疑問，作者爲何遍評百家而不及孔子？因爲先秦論及學派問題時孔子都是必不可少的，如上文《非十二子》《顯學》中都以較多的筆墨評論孔子及其學派，此外《尸子·廣澤》《吕氏春秋·不二》等也論及孔子。《廣澤》云：“墨子貴兼，孔子貴公，皇子貴衷，田子貴均，列子貴虚，料子貴别囿。”《不二》云：“老耽貴柔，孔子貴仁，墨翟貴廉，關尹貴清，子列子貴虚，陳駢貴齊，陽生貴己，孫臏貴勢，王廖貴先，兒良貴後。”唯獨專門討論先秦學術思

想的《天下》篇却對孔子隻字未提，確實令人費解，目前學界對此問題尚無令人信服的解説。其實此問題早就有人提及，蘇軾《莊子祠堂記》云："其論天下道術，自墨翟、禽滑釐、彭蒙、慎到、關尹、老聃之徒，以至於其自身，皆以爲一家，而孔子不與，其尊之也至矣。"此説不然。《莊子》中孔子出現過許多次，多數情况下孔子都是用來插科打諢的，説《天下》篇尊孔尊到連提都不敢提的地步，不禁令人啞然。再説荀子也是尊孔的，其所非之十二子本來不關孔子的事，但他批完十二子之後還要對孔子贊揚一番，可見尊孔便不能提及孔子的説法靠不住。爲了弄清此問題，我們還是先來考察一下《天下》篇中品評的人物。

《天下》篇共評論了墨翟、禽滑釐、宋鈃、尹文、彭蒙、田駢、慎到、關尹、老聃、莊周等十人。惠施章當爲後人竄入的文字，後文再議。

作者首先對墨翟、禽滑釐進行了評述。墨翟，墨家學派的創始人。生卒年不詳，相傳爲宋國人，後長期生活在魯國。今存《墨子》五十三篇，是墨家學派著作的總匯。禽滑釐，《列子・楊朱》篇作"禽骨釐"，《漢書・古今人表》作"禽屈釐"。《吕氏春秋・當染》謂其學於墨子。《墨子》卷十三："公輸之意，不過欲殺臣。殺臣，宋莫能守，故攻也。然臣之弟子禽滑釐等三百人，已持臣守圉之器，在宋城上而待楚寇矣，雖殺臣，不能絶也。"可見禽滑釐乃墨子弟子中較有影響的人物。

作者對墨子學派作出如下評述：首先，墨翟等繼承的古之道術爲"不侈於後世，不靡於萬物，不暉於數度，以繩墨自矯而備世之急"，即儉而不侈、不尚禮法、嚴於律己、救世之急是此學派的主要特點。接下來作者介紹説："墨子氾愛兼利而非鬬，其道不怒。"即墨子讓人們兼愛互利，不要相互攻伐，不要相互怨恨。作者同時指出墨子在非禮非樂方面做過了頭，使人生不歌，死無服，生也勤，死亦薄，其行難爲。墨子讓弟子們居陋室，衣裘褐，日夜不休，以自苦爲極。其意則是，其行則非也。最後作者評論道："亂之上也，治之下也。雖然，墨子真天下之好也，將求之不得也。雖枯槁不舍也，才士也夫！"

作者評論的第二個學派是宋鈃、尹文學派。此二人都曾遊於稷下學宫，是當時較有影響的人物。他們生活的年代大約與孟子、莊子同時。成玄英疏："並齊宣王時人，同遊稷下。宋著書一篇，尹著書二篇。"馬叙倫云："《藝文志》：'《尹文子》一篇。'固自注云：'説齊宣王。'《荀子・非十二子》，楊注云：'宋鈃，《孟子》作宋牼。'《孟子・告子》趙注云：'宋牼，宋人。'……《韓非子・顯學》：'宋榮子之議，設不鬥争，取不隨仇，不羞囹圄，見侮不辱。'與下文云'見侮不辱，救民之鬥'，義同。蓋宋榮子亦即宋鈃。坙聲、熒聲、开聲，並在耕類，故得通假。尹文，《漢書·藝文志》班固自注云：'説齊宣王，先公孫龍。'顔師古曰：'劉向云：與宋鈃俱遊稷下。'《吕氏春秋·正名》高注云：'尹文，齊人，作名書一篇，在公孫龍前，公孫龍稱之。'又《正名》云：'齊湣王是以知説士，而不知所謂士也，故尹文問其故。'注云：'湣王，宣王之子也。'則尹文及湣王時矣。"[①]

作者對此學派作出如下評述：宋尹繼承的古之道術是"不累於俗，不飾於物，不苟（蓋'苛'之誤）於人，不忮於衆，願天下之安寧以活民命，人我之養畢足而止，以此白心"，即不爲世俗所累，不爲外物所用，不苛求他人，不違逆衆意，希望天下安寧，百姓得以生息，人與我的給養，只要能滿足簡單的生活需要就可以了，以此表白自己的心跡，這是此學派的特點。接下來作者介紹説："作爲華山之冠以自表，接萬物以别宥爲始。"表明此學派有均平及去除成心偏見的主張；"見侮不辱，救民之鬭，禁攻寢兵，救世之戰"，宋尹提倡即使遭受欺侮並不認爲是耻辱，這樣可以使百姓停止争鬥，諸侯停止征伐。他們對自己要求很苛刻，説"請欲固置五升之飯足矣"，這樣做恐怕連先生都吃不飽，何况弟子呢。即便如此，他們仍然不忘天下，日夜不休，其爲人太多，其自爲太少。作者最後説："以禁攻寢兵爲外，以情欲寡淺爲内。其小大精粗，其行適至是而止。"謂外禁兵内寡欲，作者的主張不過若是而已。但他們也確實稱得上是"救世之士"了。

作者評論的第三個學派是彭蒙、田駢、慎到學派。成玄英疏："並齊之隱士，俱遊稷下，各著書數篇。性與法合，故聞風悦愛也。"彭蒙之事跡不可考，下文云："田駢亦然，學於彭蒙"，蓋彭蒙乃田駢之師。田駢，《經典釋文》："齊人也，遊稷下，著書十五篇。《慎子》云：名廣。"《莊子集釋》引俞樾云："《漢書·藝文志》道家《田子》二十五篇，名駢，齊人，遊稷下，號天口〔駢〕。《吕覽·不二》篇陳駢貴齊，即田駢也。《淮南·人間》篇'唐子短陳駢子於齊威王'云云，即田駢之事實，亦可見貴齊之一端矣。"慎到，趙人。《漢書·藝文志》著録《慎子》四十二篇，屬法家，原書不傳。今本《慎子》五篇爲後人所輯。《史記·孟子荀卿列傳》云："自騶衍與齊之稷下先生，如淳于髡、慎到、環淵、接子、田駢、騶奭之徒，各著書言治亂之事，以干世主，豈可勝道哉！……慎到，趙人。田駢、接子，齊人。環淵，楚人。皆學黄老道德之術，因發明序

① 馬叙倫：《莊子天下篇述義》，上海，龍門聯合書局，1958，第24～25頁。

其指意。故慎到著十二論，環淵著上下篇，而田駢、接子皆有所論焉。”《田敬仲完世家》亦云：“宣王喜文學游説之士，自如騶衍、淳于髡、田駢、接予、慎到、環淵之徒七十六人，皆賜列第，爲上大夫，不治而議論。是以齊稷下學士復盛，且數百千人。”

《天下》篇指出，此學派對所繼承的古之道術是“公而不當，易而无私，決然无主，趣物而不兩，不顧於慮，不謀於知，於物无擇，與之俱往”，即公正而不結黨，平允而無偏私，去除成心而無偏見，順物而往，不生二意，不以思慮營求，不用心智謀劃，對於萬物無偏無擇，與萬物合一同化是這一學派的主要特點。然後作者評價説，此學派“齊萬物以爲首”，即齊同萬物是他們的重要主張。接著作者主要介紹了慎到的觀點：慎到主張棄智去己，捨是與非，不尚賢聖，與物合一。作者最後評論道：“彭蒙、田駢、慎到不知道。雖然，概乎皆嘗有聞者也。”爲什麽作者認爲他們不知道，蓋有兩方面原因：一是作者認爲他們在踐行自己主張的時候，有時不免有意而爲，不能順性之自然，即“不免於魭斷”。二是他們所説的棄智去己是將自己變成“无知之物”，“推而後行，曳而後往”，並且説：“至於若无知之物而已，无用賢聖，夫塊不失道”，這顯然與道家順性而爲之主張相去甚遠。

作者評論的第四個學派是關尹和老聃學派。對於關尹大約有以下幾種説法：《吕氏春秋·不二》謂“關尹貴清”，高誘注：“關尹，關正也，名喜。”《史記·老子韓非列傳》云：“（老子）至關，關令尹喜曰：‘子將隱矣，强爲我著書。’”司馬貞《索隱》：“李尤《函谷關銘》云‘尹喜要老子留作二篇’，而崔浩以尹喜又爲散關令是也。”裴駰《集解》引《列仙傳》：“關令尹喜者，周大夫也。”又成玄英疏云：“姓尹，名喜，字公度。爲函谷關令。故曰關令尹真人，是老子弟子。”如今有的學者認爲“喜”字非其名，而是動詞，是高興的意思。老聃，楚苦縣厲鄉曲仁里人，生活於春秋晚期，略年長於孔子，曾爲周王室之守藏室之使。老子著《道德經》，是道家學派的創始人。

作者認爲此學派繼承的古之道術是“以本爲精，以物爲粗，以有積爲不足，澹然獨與神明居”，即把道作爲立身之本，不求於財，不累於物，恬淡無爲，與自然合而爲一是此學派的主要特點。作者接著介紹説：“建之以常无有，主之以太一，以濡弱謙下爲表，以空虚不毁萬物爲實。”作者認爲老子的學説是建立在常無和常有的基礎之上，其學説的核心是道。他們待人接物時表現得柔弱而謙下，把虚己無爲、因順自然作爲學説的主要内容。老聃主張謙下不争，知足知止，含藏鋒芒，無爲去智，寬於待人。作者最後評論説："可謂至極。關尹老聃乎！古之博大真人哉！"作者認爲關尹、老聃的學説可以説達到了道術的最高境界。又高山寺本此句作"雖未至極"，非是。因爲此前之文從未貶損關尹、老聃之學，皆贊美之詞。下文又云關尹、老聃爲古之博大真人，故此處"可謂至極"的評價是合情合理的。另外，老子創立道家學派，而莊子不過是將其發揚光大而已，故從道術的角度看，老聃之道爲至極是無可懷疑的。

作者最後評論的是莊周。莊周，宋國人，與孟子同時。莊子繼承了老子的道家思想，是道家學派的主要代表人物。今傳《莊子》爲莊周及其後學的論文集。

作者認爲莊周繼承的古之道術是："芴漠无形，變化无常，死與生與？天地並與？神明往與？芒乎何之，忽乎何適，萬物畢羅，莫足以歸。"即虛寂無形、超乎生死、離形去智、同於自然是莊子主要的學術主張。接下來作者主要介紹了莊子的言説方式和生存方式，即"以謬悠之説，荒唐之言，无端崖之辭，時恣縱而不儻，不以觭見之也""以卮言爲曼衍，以重言爲真，以寓言爲廣""其書雖瓌瑋而連犿无傷也，其辭雖參差而諔詭可觀"；在處世方面，莊子"獨與天地精神往來而不敖倪於萬物。不譴是非，以與世俗處""上與造物者遊，而下與外死生、无終始者爲友"。作者最後評論道："雖然，其應於化而解於物也，其理不竭，其來不蜕，芒乎昧乎，未之盡者。"意思是説，我們雖然對莊子作出如上評説，但莊子上應自然之變化，下曉萬物之事理，其理難盡，其形無跡，惚兮恍兮，莫能窮盡莊學之妙！

在以上評論的諸人中，墨翟、老莊爲人們所熟知，而宋鈃、尹文、彭蒙、田駢、慎到等都是大家不太瞭解的人物。這裏需要思考的是，作者爲什麼要對他們加以評論？這些人在歷史上有何影響？首先我們先來看看先秦文獻對他們有何記述和評論。

《荀子·非十二子》："不知壹天下、建國家之權稱，上功用、大儉約而僈差等，曾不足以容辨異、縣君臣；然而其持之有故，其言之成理，足以欺惑愚衆，是墨翟、宋鈃也。尚法而無法，下修而好作，上則取聽於上，下則取從於俗，終日言成文典，反紃察之，則倜然無所歸宿，不可以經國定分；然而其持之有故，其言之成理，足以欺惑愚衆，是慎到、田駢也。"《荀子·解蔽》："慎子蔽於法而不知賢。"《荀子·天論》："慎子有見於後無見於先……宋子有見於少無見於多。"《荀子·正論》："子宋子曰：明見侮之不辱，使人不鬭。"又"子宋子曰：人之情欲寡，而皆以己之情爲多，是過也"。《韓非子·顯學》："宋榮子之議，設不鬭争，取不隨仇，不羞囹圄，見侮不辱，世主以爲寬而禮之。”《韓非子·難勢》：“慎子曰：‘飛龍乘雲，騰蛇游霧，雲罷霧霽，而龍蛇與螾蟻同矣。賢人而詘於不肖者，則權輕位卑也；不肖而能服於賢者，則權重位尊也。……’”《尸子·廣澤》：“田子貴均。”《吕氏春秋·不二》：“陳駢（即田駢）貴齊。”

可見，宋鈃、田駢、慎到等都是歷史上頗有影響的人物，他們的學説和主張曾經流行於世。他們具有以下特點：第一，他們都是同時代的人，大約與孟子、莊子同時。第二，他們都曾遊學於稷下，成玄英疏云：“（宋鈃、尹文）並齊宣王時人，同遊稷下。”又“（田駢、慎到）並齊之隱士，俱遊稷下”。他們遊歷稷下時正值稷下學宫處於鼎盛時期，當時百家之學皆會聚於此，彼此争論，相互融合。正由於他們都是稷下先生，且學術觀點相近，故作者將他們放在一起論述。第三，他們都是稷下道家的代表人物。《史記·孟子荀卿列傳》云：“慎到，趙人。田駢、接子，齊人。環淵，楚人。皆學黄老道德之術，因發明序其指意。”可見，彭蒙、田駢、慎到皆是稷下道家的代表人物。至於宋鈃和尹文，許多研究者將其歸爲黄老道家，也有人認爲宋尹屬墨家或名家。《漢書·藝文志》載《宋子》十八篇，班固注云：“孫卿道宋子，其言黄老意。”在稷下學宫諸子百家中，可以説人數最多、勢力最强、著作最豐、影響最大的當屬稷下道家，而彭蒙、田駢、慎到、宋鈃、尹文便是其中的代表人物。稷下道家是稷下各學派融合的結果，其特點是宗法老子，融合儒道，兼取百家之學。

如此説來，宋鈃、尹文、彭蒙、田駢、慎到是同時、同地、同派之人。《天下》篇選取他們進行評論，不僅表明《天下》篇的作者熟悉稷下百家之學，而且表明其對稷下道家有較爲深入的研究。值得注意的是，作者在評論此五人之後又評論了老子和莊子。老莊屬傳統道家，宋鈃等屬稷下道家，他們統屬於道家學派，難道《天下》篇討論的只是道家者流而非百家之學嗎？如果真是這樣的話，那麽作者所評論的墨翟又該作如何解釋呢？

下面我們就來討論一下墨翟的問題。《天下》篇主要從非樂、節用、節葬、克勤克儉等方面來闡述墨翟的主張，即所謂“生不歌，死不服，桐棺三寸而无椁，以爲法式”，“其生也勤，其死也薄”，“日夜不休，以自苦爲極”。作者還説：“墨子氾愛兼利而非鬬，其道不怒。”即墨子讓人們要相愛互利，不要彼此怨恨。這些主張與作者對宋尹學派的評論頗爲相似。宋尹之“見侮不辱，救民之鬬”，即墨翟之“其道不怒”；宋尹之

"禁攻寢兵"，即墨子之"非鬬"；宋尹之"其爲人太多，其自爲太少""以情欲寡淺爲内"，即墨子之"以自苦爲極""生不歌，死不服"。可見其主張多有相同，故荀子將墨翟、宋鈃列爲一派。那麽是宋鈃繼承了墨子的學説還是墨宋另有所承呢？實際上，老子對以上問題已多有所論述。《老子》八章："上善若水，水善利萬物而不争，故幾於道。"六十七章："我有三寶，持而保之。一曰慈，二曰儉，三曰不敢爲天下先。"這與墨子"氾愛兼利而非鬬，其道不怒"、宋尹"見侮不辱，救民之鬬""君子不爲苛察"之主張相近。《老子》十九章："見素抱朴，少私寡欲。"四十四章："名與身孰親？身與貨孰多？得與亡孰病？甚愛必大費，多藏必厚亡。故知足不辱，知止不殆，可以長久。"這與宋尹"以情欲寡淺爲内"之主張相近。《老子》三十章："以道佐人主者，不以兵强天下，其事好還。師之所處，荆棘生焉。大軍之後，必有凶年。"三十一章："夫兵者，不祥之器，物或惡之，故有道者不處。"其與墨子"非鬬"、宋尹"禁攻寢兵"之主張相近。至於宋尹之"其爲人太多，其自爲太少，曰：'請欲固置五升之飯足矣。'先生恐不得飽，弟子雖飢，不忘天下。日夜不休"，則與墨子之"日夜不休，以自苦爲極"相同，這種主張雖然與老子知足知止、少私寡欲、善利萬物的主張有關聯，但是做過了頭，"以自苦爲極"並不是老子的主張。

老子先於墨子，二十世紀兩次重要的出土文獻中（馬王堆、郭店）皆有《老子》，可見老子的學説對後世影響很大，墨子受到老子學説的影響是很正常的事。我認爲作者對墨翟的評論並非是從墨家的角度进行的，而是從墨學中與道家主張相關聯的方面出發的，因爲尚賢、尚同、天志、明鬼等都是墨子的重要主張，作者在文中爲什麽毫無論及？我想是因爲這些主張與道家學説没有關聯吧。如果我們的推測成立，那麽《天下》篇所評論的都是與道家相關的學説和主張，其他學派如陰陽、儒、名、法之代表人物皆不在作者的討論範圍之内，故作者没有評論孔子則是理所當然的事。羅根澤云："假使此篇是戰國末年人造出來的，對孟子、荀子不應當不論述。解者也許説：所謂'鄒魯之士，搢紳先生'，已經將孟、荀包括在内。但我以爲孟、荀兩大師，似乎應當特别論述，不應當泯没在死讀《詩》《書》六藝的'搢紳先生'之内。我們退一步言，孟、荀可以附在這裏，而陰陽家的鄒衍之屬，法家的商、韓之屬，也不應當一字不提。所以它的年代不應很晚，而恰當莊子的時代。"[①] 實際上羅氏

① 羅根澤：《〈莊子〉外雜篇探源》，《燕京學報》1936年第19期。

誤以爲《天下》篇所評論的是諸子百家，故而對作者不評論孟、荀、商、韓、鄒衍之屬迷惑不解，從而得出《天下》篇爲莊子所作的錯誤結論。

《天下》篇的作者爲什麽要專對道家學派作出評論呢？首先可以肯定的是作者當屬道家學派，否則很難對道家思想有如此深入的瞭解，也不可能對老莊作出如此高的評價。其次，作者認爲道家學派中有些人的主張是駁雜不純的，並没有掌握道的精髓，只得道之粗末而已。如道家主張少私寡欲並不是讓人像墨翟、宋尹那樣以自苦爲極；道家主張與物合一並不是像慎到等人那樣把自己變成石頭。所以作者認爲有必要對道家學派内各種主張進行評析，從而使天下人知道道家的精髓是什麽，不要被一些極端的主張誤導。

五、《天下》篇創作的年代及學術歸屬

除認爲《天下》篇是莊周自著外，關於《天下》篇的作者及寫作年代，學界尚有不同看法。嚴靈峰云："此篇倘非荀卿自作，必係其門人或後學得自荀卿的傳授而寫作的。"[①] 劉笑敢云："《至樂》篇首句是'天下有至樂无有哉'，本應取'天下'二字爲題，但爲什麽不取呢？只有一種可能，那就是《天下》篇已經取首二字'天下'爲題，《至樂》也取'天下'爲題就會重複，所以順次取了後面一個雙音實詞爲題。此外很難找到其他的合理解釋。據此可以斷言，《天下》篇的寫作年代早於《至樂》篇，既然没有理由懷疑《至樂》篇作於先秦，也就不應懷疑《天下》篇亦作於先秦。"[②] 張恒壽云："《天下》篇的創作，當在司馬談以前，荀子以後，最早可與《吕氏春秋》相接。《吕氏春秋》成書於始皇八年（前二三九），那麽《天下》篇約當爲秦漢之際的作品。"[③] 譚戒甫云："《天下》篇當是淮南王《莊子略要》的改名。"[④] 以上幾種看法具有一定的代表性。

嚴靈峰認爲《天下》篇出於荀卿之手，這種可能性很小。前文我們對荀子《非十二子》有過分析，荀子認爲除仲尼、子弓外，其他諸子皆可被斥爲旁門左道、歪理邪説，其與《天下》篇站在天下的高度，以寬容的態度從學術的角度來品評諸子是完全不同的，荀子絶對不可能對老

① 嚴靈峰：《〈莊子·天下篇〉的作者問題》，張丰乾編：《莊子天下篇注疏四種》附一，北京，華夏出版社，2009，第 373 頁。

② 劉笑敢：《莊子哲學及其演變》，北京，中國社會科學出版社，1988，第 49 頁。

③ 張恒壽：《莊子新探》，武漢，湖北人民出版社，1983，第 313 頁。

④ 譚戒甫：《現存莊子天下篇的研究》，《哲學研究》編輯部編：《中國哲學史論文初集》，北京，科學出版社，1959，第 68 頁。

莊給予如此高的評價。

譚戒甫認爲《天下》篇是淮南王《莊子略要》的改名，還僅僅是一種猜測。作者唯一的證據即李善《文選》注所引“淮南王《莊子略要》曰：‘江海之士，山谷之人，輕天下，細萬物而獨往者也’”一段話，並未出現在《天下》篇中，可見此説法很難成立。

劉笑敢認爲《天下》篇一定成於《至樂》篇之前，也未必然。先秦時爲篇章起名一般用文章首句的頭兩個字，如《論語》，如果首句頭二字不是“子曰”或“孔子”，便用首句頭二字作篇名，如《憲問》《堯曰》；如果首句頭兩字是“子曰”或“孔子”，爲避免重複就要順次取後面的兩個字，即使此兩個字中後面的字是虚詞，也不跳過，如“子曰：‘學而時習之’”之《學而》篇，“子曰：‘述而不作’”之《述而》篇；如果首句是三個字的人名，爲保持意義的完整性，取句首三字作篇名，如《公冶長》《衛靈公》。不過有一個例外，即《鄉黨》篇，此篇首句爲“孔子於鄉黨，恂恂如也，似不能言者”。按慣例，此篇應取“孔子”後二字“於鄉”爲篇名，但編者可能考慮到“鄉黨”是一個詞，而“於鄉”不成文，故取“鄉黨”作篇名。看來編者起名時還是要考慮意義的，但首字是實詞，第二字是虚詞時，仍可爲篇名，如“學而”“述而”等。

《莊子》外雜篇的篇名一般也是取首句的頭兩個字，如《駢拇》《馬蹄》《天地》《天道》《刻意》《繕性》《秋水》《達生》等。如果篇名是三個字，一般是人名，如《田子方》《徐无鬼》《列禦寇》《庚桑楚》等，其中田子方、徐無鬼、列禦寇皆位於句首，庚桑楚位於句中，即“老聃之役有庚桑楚者，偏得老聃之道，以北居畏壘之山”。除句首老聃外，還有“之役有”三字，其中“役有”是實詞，是可以成爲篇名的。蓋首句出現人名的時候，編者首先考慮用人名作篇名。《莊子》中以三個字作篇名的只有《知北遊》不是人名，其中“知”是人名，但是只有一個字，可能編者考慮到“知”是人名，且出現在句首，同時考慮到意義的完整性，故以“知北遊”爲篇名，而不是以“知北”爲篇名。與《論語》不同的是，如果首字是實詞第二字是虚詞，編者將跳過虚詞取下一字，如“天其運乎？地其處乎？”按照《論語》，此篇當名爲“天其”篇，而《莊子》編者將此篇名爲“天運”，可見編者更注重篇名意義的完整性。非但如此，爲了突出篇名與内容之間在意義上的聯繫，編者甚至可以在首句和次句之間各取一字名篇，如“莊子行於山中，見大木，枝葉盛茂，伐木者止其旁而不取也”，編者取第一句中的“山”、第二句中的“木”爲篇名。之所以如此，是因爲此章中作者通過大木來説明有用無用之理，故取次句中的“木”名篇。可見《莊子》編者更加注重篇名與内容之間的聯繫。此外，《莊子》中《讓王》《盜跖》《説劍》《漁父》諸篇皆以意名篇，與首句無關。這種取名方式出現在首句命名之後，因此我認爲這四篇的篇名不是編者所爲，文章寫作的時間也較晚，應該是作者自己起的名。很早就有人懷疑此四篇是僞作，從篇名上也可以看出一些端倪。

回到原來的問題。劉笑敢認爲《至樂》篇首句頭兩個字是“天下”，即“天下有至樂无有哉”，本應以“天下”名篇，但已有《天下》篇，故以“至樂”名篇。我認爲與《論語》的篇名相比，《莊子》的篇名更加注重篇名與文章内容之間的聯繫，處於以首句名篇向以意名篇的過渡時期，而《至樂》篇此段文字討論的正是“至樂”問題，而“至樂”二字也出現在首句中，編者從意義角度考慮以“至樂”名篇是完全可以理解的，並不是因爲有了《天下》篇才取名“至樂”，所以我認爲《天下》篇一定寫於《至樂》之前的説法並不能成立。

張恒壽認爲《天下》篇成於荀子之後、司馬談之前，此説法基本上可以成立。司馬談生活的年代是《天下》篇成文的下限，應該是没有問題的。司馬談《論六家要旨》將先秦學術分成陰陽、儒、墨、名、法、道德六家，這種做法在司馬談之前是没有的。另外，《論六家要旨》評論的是某家而不是某人，這種做法在司馬談之前也是没有的。《天下》篇既没有把先秦學術分成若干流派，其評論的也只是某人而不是某家某派，故而《天下》篇一定成於司馬談之前。至於《天下》篇寫作的上限則較難推定。我認爲荀子之《非十二子》、韓非之《顯學》尚處於門户之争的時期，諸子皆以己爲是、以彼爲非，彼此争論不休。可見《非十二子》《顯學》並不是探討先秦學術問題的文章，而是討伐“歪理邪説”的檄文。荀韓時期還不可能出現像《天下》篇這樣站在天下的高度，以包容的胸懷和公允的態度來品評諸子。只有在百家漸趨融合、天下走向一統的前提下才能對先秦學術進行系統的梳理和品評。前文考察《天下》篇之“道術”“方術”“神明”“聖王”“内聖外王”等詞語時，也都證明這些詞語出現得較晚，因此我認爲《天下》篇的創作不會早於韓非《顯學》寫作的時間。也就是説，《天下》篇的創作不會早於戰國末年，具體創作的人及年代尚難推測。我想《天下》篇的作者可能是戰國末期齊國稷下學宫的某位人物。

第一，稷下學宫從建立至秦滅齊，前後歷時一百五十多年，其間會聚了諸子百家，他們在稷下議論朝政，討論學術，後來形成百家融合的局面。在這樣的學術氛圍中，最容易創作出《天下》篇這樣討論百家學術的文章。第二，《天下》篇作者所評論的人物宋鈃、尹文、彭蒙、田駢、慎到，皆爲稷下先生，都是當時有影響的人物，可見作者對稷下學宫非常瞭解。第三，從《天下》篇行文上看，作者寫作此文時天下尚未統一。如“天下大亂，賢聖不明，道德不一，天下多得一察焉以自好。……天下之人各爲其所欲焉以自爲方。悲夫，百家往而不反，必不合矣!”另外，作者在文中對墨子後學有這樣的評述：“相里勤之弟子，五侯之徒，南方之墨者苦獲、已齒、鄧陵子之屬，俱誦《墨經》，而倍譎不同，相謂别墨；以堅白同異之辯相訾，以觭偶不仵之辭相應；以巨子爲聖人，皆願爲之尸，冀得爲其後世，至今不决。”可見作者對墨子後學非常瞭解，而且作者所處的年代正是墨子後學爲正統争論不休的時候，即“冀得爲其後世，至今不决”。這既不是秦朝的文字，也不像漢初的文字，因爲秦統一後實行文化專制，百家之學被禁止，何談墨派争論“至今不决”？漢初統治者推崇無爲而治，墨學漸微，司馬遷的《史記》也没有爲墨翟立傳，只在《孟子荀卿列傳》中記録了寥寥數語：“蓋墨翟，宋之大夫，善守禦，爲節用。或曰並孔子時，或曰在其後。”從司馬遷語焉不詳的記録中，可知墨家作爲一個學派在漢初已經退出歷史舞台，所以墨子後學爲正統而争論不休的熱鬧場面也不可能出現在漢初。韓非《顯學》對墨子後學亦有所論述：“自墨子之死也，有相里氏之墨，有相夫氏之墨，有鄧陵氏之墨。故孔、墨之後，儒分爲八，墨離爲三，取舍相反不同，而皆自謂真孔、墨，孔、墨不可復生，將誰使定世之學乎？”韓非對墨子後學的論述與《天下》篇對墨子後學的論述很接近，即墨子後學對墨子學説“取舍相反不同”，但都認爲自己才是墨派的傳人。這説明《天下》篇作者所處的年代與韓非比較接近，所以説《天下》篇創作的年代應該是戰國末年。

至於《天下》篇作者的學派歸屬問題，目前也是衆説紛紜。有人認爲是莊子後學所作，有人認爲出自儒家之手，亦有人認爲是介乎儒道之間的人的作品。究竟如何，還是應該在作品中尋找答案。

《天下》篇開篇伊始便以“方術”與“道術”對舉的方式引出話題，進而對先秦學術展開論述。關於“方術”“道術”之含義，前文已有考論。《天下》篇的第一章和第二章爲總論，其餘屬分論。其中總論部分對於我們正確理解作者的創作意圖至關重要，因此有必要對之進行詳細的解讀。

《天下》篇的開頭是這樣説的：“天下之治方術者多矣，皆以其有爲不可加矣。古之所謂道術者，果惡乎在？曰：‘无乎不在。’”很明顯，作者認爲自己所處的年代是方術蜂出並作的年代，方術本質特征就是自以爲是。而古之道術却漸行漸遠，以至於有人發出“古之道術果惡乎在”的疑問。作者的回答是：道術無處不在。爲什麼這樣説呢？作者通過神明和聖王來闡述這一問題：“神何由降？明何由出？”“聖有所生，王有所成，皆原於一。”此二句互文，“神”“聖”言其體，“明”“王”言其用，“神”“聖”指内在之修養，“明”“王”指外在之施爲，即下文“内聖外王”之意。神明、聖王由何而來？作者説“皆原於一”，這裏所謂的“一”，就是作者所説的古之道術。既然神明、聖王皆源自道，而况其凡乎？故曰：道術無處不在。接下來作者論述了七種人：

> 不離於宗，謂之天人。不離於精，謂之神人。不離於真，謂之至人。以天爲宗，以德爲本，以道爲門，兆於變化，謂之聖人。以仁爲恩，以義爲理，以禮爲行，以樂爲和，薰然慈仁，謂之君子。以法爲分，以名爲表，以參爲驗，以稽爲決，其數一二三四是也，百官以此相齒。以事爲常，以衣食爲主，蕃息畜藏，老弱孤寡爲意，皆有以養，民之理也。

對這七種人的解説學界多有不同，此不詳論。我認爲作者是根據體道、悟道的深淺、精粗之不同，將人分爲若干境界。

首先處於最高境界的是前三種人，即所謂“天人”“神人”“至人”。爲什麼這麼説呢，是因爲他們能不離於宗、不離於精、不離於真，作者所説的宗、精、真，就是道的意思。林希逸《南華真經口義》云：“曰宗、曰精、曰真，皆與‘一’字同，但如此作文耳。”所謂“不離”就是合一的意思，能與道合一便是體道、悟道的最高境界。

其次是“聖人”。有的學者將“聖人”與前三種人合在一起，如錢基博等認爲天人、神人、至人、聖人爲同一層次。我不同意這種分法，因爲作者對他們的表述存在明顯差異。

作者對前三者的表述都是“不離××，謂之××”，如果作者認爲“聖人”與前三種人一樣，就應該説“不離××，謂之聖人”，而不應説“以天爲宗，以德爲本，以道爲門，兆於變化，謂之聖人”。這種“以×爲×”的表述與下文評説“君子”“百官”“民”的句式相同，而與“不離××”的表述明顯不同。“不離於宗”是與自然合一的意思，而“以天爲宗”是效法自然的意思。與自然合一者無所謂效法不效法，只有與自然相分者才説取法自然，二者顯然不在一個層次上。高亨云：“天人、神人、至人皆云‘不離’，不離云者自然而至。聖人則云‘以爲’，以爲云者，勉爲而至。故聖人爲第二等人。”[①] 其説是也。《逍遥遊》對神人有如下記述：

> 藐姑射之山，有神人居焉，肌膚若冰雪，淖約若處子。不食五穀，吸風飲露。乘雲氣，御飛龍，而遊乎四海之外。其神凝，使物不疵癘而年穀熟。……之人也，之德也，將旁礴萬物以爲一，世蘄乎亂，孰弊弊焉以天下爲事！之人也，物莫之傷，大浸稽天而不溺，大旱金石流土山焦而不熱。是其塵垢粃糠，將猶陶鑄堯舜者也，孰肯以物爲事！

這種人超乎塵世之外，無所謂得失利害，唯因任自然而已，我想就是作者所説的“天人”“神人”“至人”吧。

作者所謂的“聖人”雖與前三種人不同，但與講究仁義禮樂的君子也有所不同。前者超乎塵世，後者謙謙君子，而“聖人”介乎二者之間。聖人既有超世的追求，又有顧世的情結，即下文所謂：“古之人其備乎！配神明，醇天地，育萬物，和天下，澤及百姓，明於本數，係於末度，六通四辟，小大精粗，其運无乎不在。”這種人就像《逍遥遊》中描述的堯：“堯治天下之民，平海内之政，往見四子藐姑射之山，汾水之陽，窅然喪其天下焉。”堯在治理天下的同時，也很嚮往姑射山上的神人，上山後果然樂不思蜀。這種内求聖外行王的人，大概就是作者所謂的聖人。這種人既追求超世又主張濟世，介乎道儒之間，應該是融合儒道之稷下道家的理想人物。

再次是“君子”。即“以仁爲恩，以義爲理，以禮爲行，以樂爲和，薰然慈仁，謂之君子”。與前兩種人相比，君子没有超世的追求，他們看重的是在世的修爲，主張通過仁義禮樂來規範人的言行並提升人的精神世界，下文所謂“鄒魯之士、搢紳先生”就是主張這種學説的人。很顯然，作者所謂的“君子”指的是儒家。在作者看來，儒家在體道層面只處於第三位。戰國末年，儒學日衰，取而代之的是新興的稷下道家。吕不韋門客編著的《吕氏春秋》及漢初劉安門客編著的《淮南子》，都是以稷下道家的學説作爲主導思想，司馬談《論六家要旨》更是對稷下道家

---

① 高亨：《莊子天下篇箋证》，《高亨著作集林》第九卷，北京，清華大學出版社，2004，第375頁。

推崇備至，而對儒家却頗有微詞。可見《天下》篇作者將儒家位列第三，與當時學術發展和社會變革密不可分。

又次，處於“君子”之後的是“百官”，作者對他們是這樣評説的：“以法爲分，以名爲表，以參爲驗，以稽爲決，其數一二三四是也，百官以此相齒。”以法爲分，是指用法度來規定百官的職守。以名爲表，“名”是指職官的名位，“表”是標準的意思，即以名位作爲考核官員的標準。以參爲驗，參，《經典釋文》：“本又作‘操’。”此句是説用行爲來檢驗。以稽爲決，通過考察來決斷事物。其數一二三四是也，是説百官之職守若數一二三四一樣分明。百官以此相齒，謂百官按照各自的等級排列有序。可見作者認爲“百官”處於執行層面，既没有自己的學説也没有精神的追求，因此從求道層面上看，他們比“君子”又差了一個層次。

最後，作者評説的是“民”。即“以事爲常，以衣食爲主，蕃息畜藏，老弱孤寡爲意，皆有以養，民之理也”。把農桑作爲自己的日常工作，把衣食視爲生活中的頭等大事，做好家畜的繁殖及農作物的儲藏，使老弱孤寡皆有所養，這便是庶民的常理。作者認爲老百姓關心的只是怎樣把自己的日子過好，至於國家應該如何治理，精神境界應如何提升並不是他們要考慮的事情，所以他們比“百官”又差了一個等級，處於末端。

總之，從體道的層面上看，作者認爲原始道家的境界最高，其次爲融合儒道的稷下道家、儒家、百官、民。我認爲作者所謂的七等人並不是對諸子百家的評説，如其中“百官”和“民”並不屬於某一學派，而是根據體道的深淺將他們分爲五個等級。作者最爲看重的是以老莊爲代表的原始道家，可能認爲老莊那種超然順性的境界有些難以企及，離現實社會很遥遠，故而認爲主張“内聖外王”的稷下道家更適用於當今社會，便將他們稱爲“聖人”，列爲第二等。百家之學中作者較爲看重儒家，下文“其在於《詩》《書》《禮》《樂》者，鄒魯之士、搢紳先生多能明之。……其數散於天下而設於中國者，百家之學時或稱而道之”，作者將儒家從百家之學中單獨列出，亦可表明其態度，故將儒家列爲第三等。除儒家外，《天下》篇對其他學派並未涉及。因此我認爲作者寫作《天下》篇的出發點並不是要討論天下之學術，而是要探討何爲古之道術，如何領悟古之道術，怎樣做才能達到一種高的境界。故作者將“神人”等列爲第一等，因爲他們是與道合一的；將“聖人”列爲第二等，因爲他們是宗法天道的；將“君子”列爲第三等，因爲他們只關心世間的事情。我認爲“君子”就是百家之學的代表，百家之學都應列爲第三等，因爲百家之學討論的都是如何治國理政的問題，他們還没有領悟道術的精髓。所以作者没有必要再討論法家、名家、陰陽家是幾等。許多人不明白這一點，對《天下》篇不評論其他學派深感不解。也有人試圖從字裹行間去尋找其他學派。高亨云："'以法爲分'云云，是外形之干涉，故法名参稽之輩，又次君子一等。"① 這顯然有望文生訓之嫌，作者已明確指出此等説的是"百官"，"以法爲分，以名爲表，以参爲驗，以稽爲決"不過是説百官照章辦事而已。如果"法"指法家，"名"指名家，那麽"参""稽"指的又是什麽家？如果法家、名家位列第四，那麽墨家、陰陽家又位列第幾呢？很顯然，除儒家外，其他學派並不在作者的討論範圍。

下文"《詩》以道志，《書》以道事，《禮》以道行，《樂》以道和，《易》以道陰陽，《春秋》以道名分"諸語，馬叙倫認爲是"注語誤入"，我認爲馬氏的看法很有道理。作者指出道術傳世有三條途徑，即載於舊法、世傳之史者，在於《詩》《書》《禮》《樂》者，散於天下而設於中國者。一和三皆無闡述之語，而二獨有"《詩》以道志"數語，文法不合。又上文只有《詩》《書》《禮》《樂》，而下面多出《易》和《春秋》，顯非一時之文。"六經"這一稱謂，起源較晚。張恒壽云："'易'之加入六經，最早不會先於秦漢之際。"② 前文已經論證《天下》篇創作的年代不會晚於戰國末年，此亦可説明"《詩》以道志"云云應該是後人的文字。

總體上看，總論部分作者的思想傾向已經很明確了。作者將天人、神人、至人列爲一等，説明其最崇尚的是以老莊爲代表的原始道家。作者將"聖人"列爲二等，是因爲他們不僅能宗法天道，而且能兼顧世事，既能"配神明"，也能"和天下"。這就是作者所謂的"内聖外王"之道。這既不是道家的主張，也不是儒家的主張，而是融合儒道的稷下道家的主張。作者之所以提倡"内聖外王"，蓋因爲老莊道家的境界雖高，但離現實太遠，治理世事還是離不開儒家的詩書禮樂。這一點在其對墨子的評説中就有所體現："古之喪禮，貴賤有儀，上下有等，天子棺椁七重，諸侯五重，大夫三重，士再重。今墨子獨生不歌，死不服，桐棺三寸而无椁，以爲法式。以此教人，恐不愛人；以此自行，固不愛己。"作者認爲喪禮應該"貴賤有儀，上下有等"，而墨翟讓死者一律"桐棺三寸而无

① 高亨：《莊子天下篇箋证》，《高亨著作集林》第九卷，北京，清華大學出版社，2004，第 377 頁。

② 張恒壽：《莊子新探》，武漢，湖北人民出版社，1983，第 302 頁。

槨"，顯然與古之喪禮相背。這是儒家的主張。《荀子·禮論》云：

故死之爲道也，一而不可得再復也，臣之所以致重其君，子之所以致重其親，於是盡矣。故事生不忠厚不敬文，謂之野；送死不忠厚不敬文，謂之瘠。君子賤野而羞瘠，故天子棺槨十重，諸侯五重，大夫三重，士再重，然後皆有衣衾多少厚薄之數，皆有翣蔞文章之等，以敬飾之，使生死終始若一，一足以爲人願，是先王之道，忠臣孝子之極也。

《天下》篇的論述應本自荀子，可見《天下》篇的作者對荀子所説的忠孝那一套是很贊同的，認爲可以用來約束人們的行爲。如果讓人們效仿莊子"以天地爲棺槨，以日月爲連璧，星辰爲珠璣，萬物爲齎送"，天下就會亂套，這也是作者推崇儒家的關鍵所在。

下面再談一下爲什麼作者將莊子放在最後進行評説的問題。《天下》篇中，作者評説的次序爲墨翟、禽滑釐，宋鈃、尹文，彭蒙、田駢、慎到，關尹、老聃，莊周。顯然作者不是按照年代先後排列的，最有可能就是根據體道之深淺、得道之精粗排列的。這樣理解似乎也存在矛盾，作者稱贊關尹、老聃"可謂至極""古之大真人"，顯而易見，其對關尹、老聃的評價超出莊子，可爲什麼不把老聃放在最後呢？另外，作者對墨翟等都是兩人或三人放在一起評説，唯獨對莊子一個人進行評説。我想這只有一種可能，就是作者是莊子的後學，出於對先師的尊敬，所以把莊子一個人放在了最後。因此我認爲《天下》篇的作者本是莊子的後學，隨著百家漸趨融合，作者接受了稷下道家的主張。如此説來，《天下》篇既崇道又尊儒的現象就不足爲奇了。

六、關於《莊子·惠施》

《天下》篇在評説莊周之後有一段評論惠施的文字：

惠施多方，其書五車，其道舛駁，其言也不中。厤物之意，曰："至大无外，謂之大一；至小无内，謂之小一。无厚，不可積也，其大千里。天與地卑，山與澤平。日方中方睨，物方生方死。大同而與小同異，此之謂小同異；萬物畢同畢異，此之謂大同異。南方无窮而有窮。今日適越而昔來。連環可解也。我知天之中央，燕之北越之南是也。氾愛萬物，天地一體也。"

惠施以此爲大，觀於天下而曉辯者，天下之辯者相與樂之。卵有毛，雞三足，郢有天下，犬可以爲羊，馬有卵，丁子有尾，火不熱，山出口，輪不蹍地，目不見，指不至，至不絶，龜長於蛇，矩不方，規不可以爲圓，鑿不圍枘，飛鳥之景未嘗動也，鏃矢之疾而有不行不止之時，狗非犬，黄馬驪牛三，白狗黑，孤駒未嘗有母，一尺之捶，日取其半，萬世不竭。辯者以此與惠施相應，終身无窮。桓團、公孫龍辯者之徒，飾人之心，易人之意，能勝人之口，不能服人之心，辯者之囿也。惠施日以其知與人之辯，特與天下之辯者爲怪，此其柢也。然惠施之口談，自以爲最賢，曰天地其壯乎！施存雄而无術。南方有倚人焉曰黄繚，問天地所以不墜不陷，風雨雷霆之故。惠施不辭而應，不慮而對，徧爲萬物説，説而不休，多而无已，猶以爲寡，益之以怪。以反人爲實而欲以勝人爲名，是以與衆不適也。弱於德，强於物，其塗隩矣。由天地之道觀惠施之能，其猶一蚉一虻之勞者也。其於物也何庸！夫充一尚可，曰愈貴道，幾矣！惠施不能以此自寧，散於萬物而不厭，卒以善辯爲名。惜乎！惠施之才，駘蕩而不得，逐萬物而不反，是窮響以聲，形與影競走也，悲夫！

此段文字與《天下》篇多有不合。

第一，前文討論諸子的時候，先要概括地介紹一下古之道術，然後説："古之道術有在於是者，某某聞其風而説之。"而此段文字上來就説"惠施多方，其書五車，其道舛駁，其言也不中"，與前文寫法不類，使讀者頗感突兀。

第二，前文評説的人物皆與道家相關，作者依照體道之深淺依次對墨翟等進行評説，評至本師莊子文意已完，其後忽然冒出來一個辯者惠施，不倫不類，不合文理。

第三，從内容上看，對惠施評説的文字過長，遠超對老聃、莊周的評説，本末倒置，喧賓奪主，有違常理。

第四，作者在總論中對惠施及名家並未涉及，而在文章結尾處却出現了一大段關於惠施的文字，確實有些難以理解。因爲學術影響超過惠施的人物還有很多，如果需要寫的話可能也輪不到惠施。

既然存在諸多不合之處，則此段文字可能是後人加上去的。《北齊書·杜弼傳》謂杜弼"耽好玄理，老而愈篤，又注《莊子·惠施篇》《易·上下繫》，名《新注義苑》，並行於世"。《莊子》原本五十二篇，經後人删併，我們今天讀到的郭象本《莊子》只剩下三十三篇。既然杜弼注過莊子《惠施》篇，則《惠施》當爲《莊子》佚篇之一。後來便有人懷疑《天下》篇末尾一段關於惠施的文字就是佚失的莊子《惠施》篇。《漢志》諸子略名家類載有《惠子》一篇，已佚。譚戒甫認爲《莊子》之《惠施》篇即是《漢志》之《惠施》，是"劉向校定'莊子'篇目時，他是把'漢志''惠施篇'納入'莊子五十二篇'之内的"[①]。我認爲這種推測未必成立。因爲《天下》篇末關於惠施一段文字只有六百多字，《漢志》之《惠施》可能不會這麽短；另外從内容上講，《漢志》之《惠施》記録的應該是惠施的學説和主張，而《天下》篇"惠施多方"一段文字都是在批判惠施，因此這段文字不可能是《漢志》所録之《惠施》。

蓋《天下》篇末尾關於惠施一段文字就是已佚莊子《惠施》篇中的文字。從篇名上講，《天下》篇末段首句爲"惠施多方，其書五車"，根據《莊子》外雜篇首句名篇的原則，此段文字理應命名爲《惠施》，這與佚篇《惠施》相合，因而此段文字可能就是《莊子》佚篇《惠施》中的内容。但佚篇《惠施》是否只有這些内容就難説了，因爲郭象本《莊子》三十三篇中還没有如此短的篇。我想佚篇《惠施》除了"惠施多方"一段文字外，可能還雜凑了其他的内容，《莊子》中很多篇也是雜凑之作。編者可能因爲那些雜凑的内容言多詭誕而將其删除，剩下的這幾百字也就不宜單獨成篇了，且可能覺得此段内容與《天下》篇較評諸子相近，便將其附在《天下》篇之後。

郭象注《天下》篇時只對"惠施多方"之前的文字進行了注釋，對"惠施多方"以後的文字未施一注，只在此段文字末尾處有一段議論："昔吾未覽《莊子》，嘗聞論者争夫'尺棰、連環'之意，而皆云'莊生之言'。遂以莊生爲辯者之流。案此篇較評諸子，至於此章，則曰'其道舛駁，其言不中'，乃知道聽塗説之傷實也。吾意亦謂無經國體致，真所謂無用之談也。然膏粱之子，均之戲豫，或倦於典言；而能辯名析理，以宣其氣，以係其思，流於後世，使性不邪淫，不猶賢於博弈者乎！故存而不論以貽好事者也。"

郭象謂"此篇較評諸子，至於此章"，可見他注《莊》時此段文字已經附在《天下》篇的後面了。但他爲什麽對此段文字未施注呢？注者不可能是因爲這段文字是所謂"無用之談"而不加注釋吧，何况郭象還説

① 譚戒甫：《現存莊子天下篇的研究》，《哲學研究》編輯部編：《中國哲學史論文初集》，北京，科學出版社，1959，第73～74頁。

惠施之言能“辯名析理”，“流於後世，使性不邪淫”呢。看來内容並不是郭象不注釋的理由，那麽合理的解釋應該是郭象知道此段文字並不是《天下》篇的内容，是後加入的，因而没有注釋的必要。郭象謂“故存而不論以貽好事者也”，説明他曾經想删除此段文字，否則的話就不會涉及存與不存的問題。“存而不論”的意思是本來想删除此段文字，但想到此文尚有留存的價值，故仍將其放在《天下》篇的後面，讓後人評説吧，至於解説和注釋，就没有這個必要了。由此看來，此段文字附於《天下》篇的時間不會太長。除郭象外，崔譔、向秀對此段文字也未加注釋，可能是崔向的注本中，《天下》篇的後面並没有這段文字。很多人認爲是崔向删除了這段文字，這種可能性不大，因爲《莊子》三十三篇中大多是雜湊之作，因而没有删除的必要。從陸德明《莊子音義》所收崔向注考察，崔向未施注共六篇，即《天道》《刻意》《田子方》《讓王》《説劍》《漁父》諸篇，可見崔向是將整篇的内容删除，而不是只删除一篇中的部分章節。

第九章 《莊子》篇章的分類

無論是言説方式還是所明之義理，《莊子》各篇章之間存在較大差異，這已是不争的事實。因而根據作品的文風及思想對《莊子》的篇章進行分類，是莊學研究中一個不可或缺的起點和前提。今人羅根澤、張恒壽、劉笑敢及日人武内義雄等對此問題都有所論述，簡述如下：

武内義雄在《老子和莊子》中，將《莊子》外雜篇分爲五部分：第一部分包括《至樂》《達生》《山木》《田子方》《知北遊》《寓言》《列禦寇》七篇，認爲是莊子弟子所作。第二部分包括《庚桑楚》《徐无鬼》《則陽》《外物》四篇，認爲是比莊子稍晚的後學之作。第三部分包括《駢拇》《馬蹄》《胠篋》和《在宥》上半篇，認爲成於齊王建時代。第四部分包括《在宥》下半篇、《天地》《天道》《天運》《秋水》《刻意》《繕性》《天下》八篇，認爲成於秦漢之際。第五部分包括《讓王》《盜跖》《説劍》《漁父》四篇，認爲是秦漢之際别派作品。

羅根澤在《〈莊子〉外雜篇探源》中，將《駢拇》《馬蹄》《胠篋》《在宥》歸爲一類，認爲是戰國末年左派道家所作；將《天地》《天道》《天運》歸爲一類，認爲是漢初右派道家所作；將《刻意》《繕性》歸爲一類，疑爲秦漢神仙家所作；將《秋水》《達生》《山木》《田子方》《寓言》歸爲一類，認爲是莊子派所作；將《至樂》《知北遊》《庚桑楚》歸爲一類，認爲是老子派所作；將《徐无鬼》《列禦寇》歸爲一類，疑爲道家雜俎；認爲《外物》爲西漢道家所作；《則陽》爲老莊混合派所作；《讓王》《漁父》爲漢初道家隱逸派所作；《盜跖》爲戰國末道家所作；《説劍》爲戰國末縱横家所作；《天下》疑爲莊子所作。

張恒壽在《莊子新探》中，對《莊子》外雜篇作出如下分類：將外篇分爲三組，《駢拇》《馬蹄》《胠篋》及《在宥》第一、二章爲一組，認爲是秦統一前夕道家"左派"之作；《天地》《天道》《天運》《刻意》《繕性》爲道家"右派"之作；《秋水》《至樂》《達生》《山木》《田子方》《知北遊》爲莊子嫡派或莊子後學所作。雜篇分爲三組，《庚桑楚》《徐无鬼》《則陽》《外物》《寓言》《列禦寇》六篇爲一組，基本上均爲先秦作品。除《列禦寇》近於雜俎，《外物》無甚精義外，其餘四篇都是全書中的精彩之作。《讓王》《盜跖》《説劍》《漁父》爲一組，早在宋代已認爲係僞作，除《説劍》與莊子無關外，其餘三篇與道家思想有些聯繫。《天下》篇獨成一類，當是荀況以後司馬談以前，介於儒墨之間的學者所作。

劉笑敢將《莊子》外雜篇分爲三類，《秋水》《至樂》《達生》《山木》《田子方》《知北遊》《庚桑楚》《徐无鬼》《則陽》《外物》《寓言》《列禦寇》十二篇爲一類，稱之爲“述莊派”；《在宥下》《天地》《天道》《天運》《刻意》《繕性》《天下》爲一類，稱之爲“黄老派”；《駢拇》《馬蹄》《胠篋》《在宥上》《讓王》《盜跖》《漁父》爲一類，稱之爲“無君派”。

武内義雄最主要的貢獻在於將《在宥》篇分爲上下兩個部分。武氏已經意識到以篇爲單位進行分類存在缺陷，因爲《莊子》中的許多篇都是雜湊之作，篇中各章之間無論是行文風格還是學術主張都存在明顯差異，故將《在宥》分爲兩部分。張恒壽、劉笑敢承武氏之説，亦將《在宥》篇分爲上下兩部分。問題是，《莊子》外雜篇中此類情況比較普遍，只對《在宥》篇作出不同分類顯然是不够的。另外，武氏將《秋水》與《天地》《天道》《刻意》等歸爲一類亦欠妥當。

羅根澤將《莊子》外雜篇分爲十三類，分别爲戰國末年左派道家、漢初右派道家、秦漢神仙家、莊子派、老子派、道家雜俎、西漢道家、老莊混合派、漢初道家隱逸派、戰國末道家、戰國末縱横家、莊子自作等。首先，羅氏分類的標準不够統一，作者時而按年代分類，時而按思想分類。另外，作者的分類過於零散，如將道家分爲左派、右派、莊子派、老子派、老莊混合派、隱逸派、神仙派等。我們不能因爲篇中出現了幾句老子語便將其定爲老子派，出現了幾句遁世的話便將其定爲隱逸派，出現了幾句養生的話便將其定爲神仙派。這樣做不但容易以偏概全，而且道家是否真的存在如此多的派别也是個問題。

張恒壽因襲了羅氏的分法，將外雜篇分爲道家“左派”、道家“右派”等。我們認爲所謂“左派”“右派”非學術用語，並不能準確揭示其學術主張及思想傾向。不過張氏並没有完全按照羅氏的思路，將外雜篇分爲隱逸派、神仙派等五花八門的派别。與羅氏相比，張先生更注重分析甄别篇中各組成部分之間的差異，這對《莊子》篇章的分類顯然更具實際意義。

劉笑敢根據莊子哲學的發展演變將外雜篇分爲“述莊派”“黄老派”和“無君派”，這一分法與羅氏、張氏等人的分類相比，更具概括性。但劉氏所謂“述莊”“黄老”和“無君”能否準確揭示莊學各派的本質特征，還有待商討。“黄老學派”的稱謂是否得當尚存疑問，對此問題我們將作專題探討，此不詳論。而道家中是否存在所謂的“無君派”也是個問題。就其内涵而言，“述莊派”和“無君派”的本質差别是什麽？“述莊派”是否具有“無君”傾向？“無君派”是否也在闡述莊學？這些問題恐怕都難以説清。

以上諸家的分類有一個共同特征，都是以篇爲單位（除《在宥》）對《莊子》外雜篇進行分類。然外雜篇多爲雜凑之作，很難將其歸屬某一類。我們認爲對那些非一時一人之作的雜凑之篇應以章爲單位，根據言説方式和思想内容進行分類，而不是以篇爲單位進行分類。這樣做雖然很麻煩，然而不這樣做就無法釐清莊子哲學的形成、發展和演變的脈絡。鑒於此，筆者將在前文《莊子》篇章作者研究的基礎上，對《莊子》中的雜凑之篇重新加以整理和歸類，以期釐清莊子哲學的發展脈絡，將莊學研究引向深入。

總體説來，我們認爲《莊子》之篇章可分爲三個主要派别。一是莊子學派，作品主要包括内篇及外雜篇的部分章節。二是衛道派，他們將自身置於百家之中，不遺餘力地攻擊儒墨，批判仁義禮樂，以維護他們所堅守的道家學説。三是稷下道家。此學派融合儒道，兼取百家，至漢朝初年，已發展成頗具影響力並具有官方意識形態的學派。而衛道派由於不能與時遷移，故而漸行漸微以至於銷聲匿跡。關於衛道派和稷下道家，後文有詳細論證，此不多言。

此外，《莊子》還收録了部分戰國策士的作品，如《説劍》等，在分類中亦予標出。至於《莊子》中出現的一些養生、隱逸、神仙的言論，由於其尚未形成一個獨立的派别，故未單獨列爲一類。對那些泛論道學的老莊後學的文字，也不單獨列出。

一、莊子學派

據前文《莊子》篇章作者之分析研究，《莊子》内篇除《人間世》第二則寓言“葉公子高使齊”外，基本上都是莊子學派的作品。莊子學派的作者主要是莊周本人，也包括部分莊周弟子。外篇中莊子學派的作品包括以下内容：

（一）《在宥》第四部分

雲將東遊，過扶摇之枝而適遭鴻蒙。鴻蒙方將拊脾雀躍而遊。雲將見之，倘然止，贄然立，曰：“叟何人邪？叟何爲此？”鴻蒙拊脾雀躍不輟，對雲將曰："遊！"雲將曰："朕願有問也。"鴻蒙仰而視雲將曰："吁！"雲將曰："天氣不和，地氣鬱結，六氣不調，四時不節。今我願合六氣之精以育群生，爲之柰何？"鴻蒙拊脾雀躍掉頭曰："吾弗知！吾弗知！"雲將不得問。

又三年，東遊，過有宋之野而適遭鴻蒙。雲將大喜，行趨而進曰："天忘朕邪？天忘朕邪？"再拜稽首，願聞於鴻蒙。鴻蒙曰："浮遊，不知所求；猖狂，不知所往；遊者鞅掌，以觀无妄。朕又何知！"雲將曰："朕也自以爲猖狂，而民隨予所往；朕也不得已於民，今則民之放也。願聞一言。"鴻蒙曰："亂天之經，逆物之情，玄天弗成；解獸之群，而鳥皆夜鳴；災及草木，禍及止蟲。意，治人之過也！"雲將曰："然則吾柰何？"鴻蒙曰："意，毒哉！僊僊乎歸矣！"雲將曰："吾遇天難，願聞一言。"鴻蒙曰："意！心養。汝徒處无爲，而物自化。墮爾形體，吐爾聰明，倫與物忘，大同乎涬溟，解心釋神，莫然无魂。萬物云云，各復其根，各復其根而不知；渾渾沌沌，終身不離；若彼知之，乃是離之。无問其名，无闚其情，物固自生。"雲將曰："天降朕以德，示朕以默。躬身求之，乃今得也。"再拜稽首，起辭而行。

（二）《天地》篇第四部分

黄帝遊乎赤水之北，登乎崑崙之丘而南望，還歸，遺其玄珠。使知索之而不得，使離朱索之而不得，使喫詬索之而不得也。乃使象罔，象罔得之。黄帝曰："異哉，象罔乃可以得之乎？"

（三）《天地》篇第十一部分

子貢南遊於楚，反於晋，過漢陰，見一丈人方將爲圃畦，鑿隧而入井，抱甕而出灌，搰搰然用力甚多而見功寡。子貢曰："有械於此，一日浸百畦，用力甚寡而見功多，夫子不欲乎？"爲圃者卬而視之曰："柰何？"曰："鑿木爲機，後重前輕，挈水若抽，數如泆湯，其名爲槔。"爲圃者忿然作色而笑曰："吾聞之吾師，有機械者必有機事，有機事者必有機心。機心存於胷中則純白不備；純白不備則神生不定，神生不定者，道之所不載也。吾非不知，羞而不爲也。"子貢瞞然慙，俯而不對。有閒，爲圃者曰："子奚爲者邪？"曰："孔丘之徒也。"爲圃者曰："子非夫博學以擬聖，於於以蓋衆，獨弦哀歌以賣名聲於天下者乎？汝方將忘汝神氣，墮汝形骸，而庶幾乎！

而身之不能治，而何暇治天下乎！子往矣，无乏吾事。”

子貢卑陬失色，頊頊然不自得，行三十里而後愈。其弟子曰：“向之人何爲者邪？夫子何故見之變容失色，終日不自反邪？”曰：“始吾以爲天下一人耳，不知復有夫人也。吾聞之夫子，事求可，功求成，用力少，見功多者，聖人之道。今徒不然。執道者德全，德全者形全，形全者神全。神全者，聖人之道也。託生與民並行而不知其所之，汒乎淳備哉！功利機巧必忘夫人之心。若夫人者，非其志不之，非其心不爲。雖以天下譽之，得其所謂，謷然不顧；以天下非之，失其所謂，儻然不受。天下之非譽，无益損焉，是謂全德之人哉！我之謂風波之民。”

反於魯，以告孔子。孔子曰：“彼假脩渾沌氏之術者也。識其一，不知其二；治其内，而不治其外。夫明白入素，无爲復朴，體性抱神，以遊世俗之間者，汝將固驚邪？且渾沌之術，予與汝何足以識之哉！”

（四）《天道》篇第六、第七部分

世之所貴道者，書也，書不過語；語有貴也，語之所貴者，意也。意有所隨，意之所隨者，不可以言傳也，而世因貴言傳書。世雖貴之，我猶不足貴也，爲其貴非其貴也。故視而可見者，形與色也；聽而可聞者，名與聲也。悲夫，世人以形色名聲爲足以得彼之情！夫形色名聲果不足以得彼之情，則知者不言，言者不知，而世豈識之哉！

桓公讀書於堂上，輪扁斲輪於堂下，釋椎鑿而上，問桓公曰：“敢問：公之所讀者何言邪？”公曰：“聖人之言也。”曰：“聖人在乎？”公曰：“已死矣。”曰：“然則君之所讀者，古人之糟魄已夫！”桓公曰：“寡人讀書，輪人安得議乎！有説則可，无説則死！”輪扁曰：“臣也以臣之事觀之。斲輪，徐則甘而不固，疾則苦而不入。不徐不疾，得之於手而應於心，口不能言，有數存焉於其間。臣不能以喻臣之子，臣之子亦不能受之於臣，是以行年七十而老斲輪。古之人與其不可傳也死矣，然則君之所讀者，古人之糟魄已夫！”

（五）《秋水》全篇都是莊子學派的作品

（六）《至樂》第二、第三部分

莊子妻死，惠子弔之，莊子則方箕踞鼓盆而歌。惠子曰：“與人居，長子老身，死不哭亦足矣，又鼓盆而歌，不亦甚乎!”莊子曰：“不然。是其始死也，我獨何能无概然！察其始而本无生，非徒无生也，而本无形，非徙无形也而本无氣。雜乎芒芴之間，變而有氣，氣變而有形，形變而有生。今又變而之死，是相與爲春秋冬夏四時行也。人且偃然寢於巨室，而我噭噭然隨而哭之，自以爲不通乎命，故止也。”

支離叔與滑介叔觀於冥伯之丘，崑崙之虚，黄帝之所休。俄而柳生其左肘，其意蹶蹶然惡之。支離叔曰：“子惡之乎?”滑介叔曰：“亡，予何惡！生者，假借也。假之而生生者，塵垢也。死生爲晝夜。且吾與子觀化而化及我，我又何惡焉!”

(七)《達生》第六部分

祝宗人玄端以臨牢筴，説彘曰：“汝奚惡死！吾將三月豢汝，十日戒，三日齊，藉白茅，加汝肩尻乎彫俎之上，則汝爲之乎?”爲彘謀，曰不如食以糠糟而錯之牢筴之中。自爲謀，則苟生有軒冕之尊，死得於腞楯之上、聚僂之中則爲之。爲彘謀則去之，自爲謀則取之，所異彘者何也?

(八)《達生》第十部分

梓慶削木爲鐻，鐻成，見者驚猶鬼神。魯侯見而問焉，曰：“子何術以爲焉?”對曰：“臣，工人，何術之有！雖然，有一焉。臣將爲鐻，未嘗敢以耗氣也，必齊以静心。齊三日，而不敢懷慶賞爵禄；齊五日，不敢懷非譽巧拙；齊七日，輒然忘吾有四枝形體也。當是時也，无公朝，其巧專而外骨消；然後入山林，觀天性形軀，至矣，然後成見鐻，然後加手焉，不然則已。則以天合天，器之所以疑神者，其是與!”

(九)《達生》第十二部分

工倕旋而蓋規矩，指與物化而不以心稽，故其靈臺一而不桎。忘足，履之適也；忘要，帶之適也；知忘是非，心之適也；不内變，不外從，事會之適也。始乎適而未嘗不適者，忘適之適也。

(十)《田子方》第二、第三部分

温伯雪子適齊，舍於魯。魯人有請見之者，温伯雪子曰：“不可。吾聞中國之君子，明乎禮義而陋於知人心，吾不欲見也。”至於齊，反舍於魯，是人也又請見。温伯雪子曰：“往也蘄見我，今也又蘄見我，是必有以振我也。”出而見客，入而歎。明日見客，又入而歎。其僕曰：“每見之客也，必入而歎，何耶?”曰：“吾固告子矣，中國之民，明乎禮義而陋乎知人心。昔之見我者，進退一成規，一成矩，從容一若龍，一若虎。其諫我也似子，其道我也似父，是以歎也。”仲尼見之而不言。子路曰：“吾子欲見温伯雪子久矣，見之而不言，何邪?”仲尼曰：“若夫人者，目擊而道存矣，亦不可以容聲矣!”

顔淵問於仲尼曰：“夫子步亦步，夫子趨亦趨，夫子馳亦馳；夫子奔逸絶塵，而回瞠若乎後矣!”夫子曰：“回，何謂邪?”曰：“夫子步，亦步也；夫子言，亦言也；夫子趨，亦趨也；夫子辯，亦辯也；夫子馳，亦馳也；夫子言道，回亦言道也；及奔逸絶塵而回瞠若乎後者，夫子不言而信，不比而周，无器而民滔乎前，而不知所以然而已矣。”仲尼曰：“惡！可不察與！夫哀，莫大於心死，而人死亦次之。日出東方而入於西極，萬物莫不比方，有目有趾者，待是而後成功，是出則存，是入則亡。萬物亦然，有待也而死，有待也而生。吾一受其成形，而不化以待盡，效物而動，日夜无隙，而不知其所終；薰然其成形，知命不能規乎其前，丘以是日徂。吾終身與汝交一臂而失之，可不哀與！女殆著乎吾所以著也。彼已盡矣，而女求之以爲有，是求馬於唐肆也。吾服女也甚忘，女服吾也甚忘。雖然，女奚患焉！雖忘乎故吾，吾有不忘者存。”

(十一)《田子方》第十部分

肩吾問於孫叔敖曰：“子三爲令尹而不榮華，三去之而无憂色。吾始也疑子，今視子之鼻間栩栩然，子之用心獨柰何?”孫叔敖曰：“吾何以過人哉！吾以其來不可卻也，其去不可止也，吾以爲得失之非我也，而无憂色而已矣。我何以過人哉！且不知其在彼乎？其在我乎？其在彼邪亡乎我，在我邪亡乎彼。方將躊躇，方將四顧，何暇至乎人貴人賤哉!”仲尼聞之曰：“古之真人，知者不得説，美人不得濫，盜人不得劫，伏戲黄帝不得友。死生亦大矣，而无變乎己，況爵禄乎！若然者，其神經乎大山而无介，入乎淵泉而不濡，處卑細而不憊，充滿天地，既以與人己愈有。”

(十二)《知北遊》第一部分(中間括號内的文字爲後插入的内容)

知北遊於玄水之上,登隱弅之丘,而適遭无爲謂焉。知謂无爲謂曰:"予欲有問乎若:何思何慮則知道?何處何服則安道?何從何道則得道?"三問而无爲謂不答也。非不答,不知答也。知不得問,反於白水之南,登狐闋之上,而睹狂屈焉。知以之言也問乎狂屈。狂屈曰:"唉!予知之,將語若,中欲言而忘其所欲言。"知不得問,反於帝宫,見黄帝而問焉。黄帝曰:"无思无慮始知道,无處无服始安道,无從无道始得道。"知問黄帝曰:"我與若知之,彼與彼不知也,其孰是邪?"黄帝曰:"彼无爲謂真是也,狂屈似之;我與汝終不近也。"

(夫知者不言,言者不知,故聖人行不言之教。道不可致,德不可至。仁可爲也,義可虧也,禮相僞也。故曰:"失道而後德,失德而後仁,失仁而後義,失義而後禮。禮者,道之華而亂之首也。"故曰:"爲道者日損,損之又損之,以至於无爲,无爲而无不爲也。"今已爲物也,欲復歸根,不亦難乎!其易也,其唯大人乎!生也死之徒,死也生之始,孰知其紀!人之生,氣之聚也;聚則爲生,散則爲死。若死生爲徒,吾又何患!故萬物一也。是其所美者爲神奇,其所惡者爲臭腐;臭腐復化爲神奇,神奇復化爲臭腐。故曰:"通天下一氣耳。"聖人故貴一)

知謂黄帝曰:"吾問无爲謂,无爲謂不應我,非不我應,不知應我也;吾問狂屈,狂屈中欲告我而不我告,非不我告,中欲告而忘之也;今予問乎若,若知之,奚故不近?"黄帝曰:"彼其真是也,以其不知也;此其似之也,以其忘之也;予與若終不近也,以其知之也。"狂屈聞之,以黄帝爲知言。

(十三)《知北遊》第二部分

天地有大美而不言,四時有明法而不議,萬物有成理而不説。聖人者,原天地之美而達萬物之理。是故至人无爲,大聖不作,觀於天地之謂也。今彼神明至精,與彼百化。物已死生方圓,莫知其根也,扁然而萬物,自古以固存。六合爲巨,未離其内;秋豪爲小,待之成體。天下莫不沈浮,終身不故;陰陽四時運行,各得其序。惛然若亡而存,油然不形而神,萬物畜而不知。此之謂本根,可以觀於天矣。

(十四)《知北遊》第六部分前段

東郭子問於莊子曰:“所謂道,惡乎在?”莊子曰:“无所不在。”東郭子曰:“期而後可。”莊子曰:“在螻蟻。”曰:“何其下邪?”曰:“在稊稗。”曰:“何其愈下邪?”曰:“在瓦甓。”曰:“何其愈甚邪?”曰:“在屎溺。”東郭子不應。

(十五)《知北遊》第七部分

婀荷甘與神農同學於老龍吉。神農隱几闔户晝瞑。婀荷甘日中奓户而入,曰:“老龍死矣!”神農隱几擁杖而起,嚗然放杖而笑,曰:“天知予僻陋慢訑,故棄予而死。已矣,夫子无所發予之狂言而死矣夫!”弇堈弔聞之,曰:“夫體道者,天下之君子所繫焉。今於道,秋豪之端萬分未得處一焉,而猶知藏其狂言而死,又況夫體道者乎!視之无形,聽之无聲,於人之論者,謂之冥冥,所以論道,而非道也。”

雜篇中莊子學派的作品包括以下內容。

(一)《徐无鬼》第二部分

黄帝將見大隗乎具茨之山,方明爲御,昌寓驂乘,張若謵朋前馬,昆閽滑稽後車;至於襄城之野,七聖皆迷,无所問塗。適遇牧馬童子,問塗焉,曰:“若知具茨之山乎?”曰:“然。”“若知大隗之所存乎?”曰:“然。”黄帝曰:“異哉小童!非徒知具茨之山,又知大隗之所存。請問爲天下。”小童曰:“夫爲天下者,亦若此而已矣,又奚事焉!予少而自遊於六合之内,予適有瞀病,有長者教予曰:‘若乘日之車而遊於襄城之野。’今予病少痊,予又且復遊於六合之外。夫爲天下亦若此而已,予又奚事焉?”黄帝曰:“夫爲天下者,則誠非吾子之事。雖然,請問爲天下。”小童辭。黄帝又問。小童曰:“夫爲天下者,亦奚以異乎牧馬者哉!亦去其害馬者而已矣!”黄帝再拜稽首,稱天師而退。

(二)《徐无鬼》第四、第五部分

莊子曰:“射者非前期而中,謂之善射,天下皆羿也,可乎?”惠子曰:“可。”莊子曰:“天下非有公是也,而各是其所是,天下皆堯也，可乎?”惠子曰：“可。”莊子曰：“然則儒墨楊秉四，與夫子爲五，果孰是邪？或者若魯遽者邪？其弟子曰：‘我得夫子之道矣！吾能冬爨鼎而夏造冰矣。’魯遽曰：‘是直以陽召陽，以陰召陰，非吾所謂道也。吾示子乎吾道。’於是爲之調瑟，廢一於堂，廢一於室，鼓宫宫動，鼓角角動，音律同矣。夫或改調一弦，於五音无當也，鼓之，二十五弦皆動，未始異於聲，而音之君已。且若是者邪?”惠子曰：“今乎儒墨楊秉，且方與我以辯，相拂以辭，相鎮以聲，而未始吾非也，則奚若矣?”莊子曰：“齊人蹢子於宋者，其命閽也不以完。其求鈃鍾也以束縛，其求唐子也而未始出域，有遺類矣！夫楚人寄而蹢閽者，夜半於无人之時而與舟人鬭，未始離於岑而足以造於怨也。”

莊子送葬，過惠子之墓，顧謂從者曰：“郢人堊慢其鼻端若蠅翼，使匠石斲之。匠石運斤成風，聽而斲之，盡堊而鼻不傷，郢人立不失容。宋元君聞之，召匠石曰：‘嘗試爲寡人爲之。’匠石曰：‘臣則嘗能斲之。雖然，臣之質死久矣。’自夫子之死也，吾无以爲質矣，吾无與言之矣。”

(三)《徐无鬼》第七部分

吴王浮於江，登乎狙之山。衆狙見之，恂然棄而走，逃於深蓁。有一狙焉，委蛇攫搔，見巧乎王。王射之，敏給搏捷矢。王命相者趨射之，狙執死。王顧謂其友顔不疑曰：“之狙也，伐其巧恃其便以敖予，以至此殛也！戒之哉！嗟乎，无以汝色驕人哉!”顔不疑歸，而師董梧以助其色，去樂辭顯，三年而國人稱之。

(四)《則陽》第三部分

魏瑩與田侯牟約，田侯牟背之，魏瑩怒，將使人刺之。犀首公孫衍聞而恥之，曰：“君爲萬乘之君也，而以匹夫從讎！衍請受甲二十萬，爲君攻之，虜其人民，係其牛馬，使其君内熱發於背。然後拔其國，忌也出走，然後抶其背，折其脊。”季子聞而恥之，曰：“築十仞之城，城者既十仞矣，則又壞之，此胥靡之所苦也。今兵不起七年矣，此王之基也。衍亂人，不可聽也。”華子聞而醜之，曰：“善言伐齊者，亂人也；善言勿伐者，亦亂人也；謂伐之與不伐亂人也者，又亂人也。”君曰：“然則若何?”曰：“君求其道而已矣!”惠子聞之而見戴晋人。戴晋人曰：“有所謂蝸者，君知之乎?”曰：

"然。""有國於蝸之左角者曰觸氏，有國於蝸之右角者曰蠻氏。時相與争地而戰，伏尸數萬，逐北旬有五日而後反。"君曰："噫！其虚言與?"曰："臣請爲君實之。君以意在四方上下有窮乎?"君曰："無窮。"曰："知遊心於無窮，而反在通達之國，若存若亡乎?"君曰："然。"曰："通達之中有魏，於魏中有梁，於梁中有王。王與蠻氏，有辯乎?"君曰："无辯。"客出而君惝然若有亡也。客出，惠子見。君曰："客，大人也，聖人不足以當之。"惠子曰："夫吹筦也，猶有嗃也；吹劍首者，吷而已矣。堯舜，人之所譽也；道堯舜於戴晋人之前，譬猶一吷也。"

(五)《外物》第二部分

莊周家貧，故往貸粟於監河侯。監河侯曰："諾。我將得邑金，將貸子三百金，可乎?"莊周忿然作色曰："周昨來，有中道而呼者。周顧視車轍，中有鮒魚焉。周問之曰：'鮒魚來，子何爲者耶?'對曰：'我，東海之波臣也。君豈有斗升之水而活我哉?'周曰：'諾，我且南遊吴越之王，激西江之水而迎子，可乎?'鮒魚忿然作色曰：'吾失我常與，我无所處。吾得斗升之水然活耳，君乃言此，曾不如早索我於枯魚之肆!'"

(六)《外物》第四部分

儒以《詩》《禮》發冢，大儒臚傳曰："東方作矣，事之何若?"小儒曰："未解裙襦，口中有珠。""《詩》固有之曰：'青青之麥，生於陵陂。生不布施，死何含珠爲!'接其鬢，壓其顪，儒以金椎控其頤，徐別其頰，无傷口中珠!"

(七)《外物》第六部分

宋元君夜半而夢人被髮闚阿門，曰："予自宰路之淵，予爲清江使河伯之所，漁者余且得予。"元君覺，使人占之，曰："此神龜也。"君曰："漁者有余且乎?"左右曰："有。"君曰："令余且會朝。"明日，余且朝。君曰："漁何得?"對曰："且之網得白龜焉，其圓五尺。"君曰："獻若之龜。"龜至，君再欲殺之，再欲活之，心疑，卜之。曰："殺龜以卜吉。"乃刳龜，七十二鑽而无遺筴。仲尼曰："神龜能見夢於元君，而不能避余且之網；知能七十二鑽而无遺筴，不能避刳腸之患。如是，則知有所困，神有所不及也。雖有至知，萬人謀之。魚不畏網而畏鵜鶘。去小知而大知明，去善而自善矣。嬰兒生无石師而能言，與能言者處也。”

(八)《外物》第八部分第三節

荃者所以在魚，得魚而忘荃；蹄者所以在兔，得兔而忘蹄；言者所以在意，得意而忘言。吾安得夫忘言之人而與之言哉！

(九)《寓言》第一部分

寓言十九，重言十七，卮言日出，和以天倪。寓言十九，藉外論之。親父不爲其子媒。親父譽之，不若非其父者也；非吾罪也，人之罪也。與己同則應，不與己同則反；同於己爲是之，異於己爲非之。重言十七，所以已言也，是爲耆艾。年先矣，而无經緯本末以期年耆者，是非先也。人而无以先人，无人道也；人而无人道，是之謂陳人。卮言日出，和以天倪，因以曼衍，所以窮年。不言則齊，齊與言不齊，言與齊不齊也，故曰无言。言无言，終身言，未嘗不言；終身不言，未嘗不言。有自也而可，有自也而不可；有自也而然，有自也而不然。惡乎然？然於然。惡乎不然？不然於不然。惡乎可？可於可。惡乎不可？不可於不可。物固有所然，物固有所可，无物不然，无物不可。非卮言日出，和以天倪，孰得其久！萬物皆種也，以不同形相禪，始卒若環，莫得其倫，是謂天均。天均者，天倪也。

(十)《寓言》第三部分

曾子再仕而心再化，曰：“吾及親仕，三釜而心樂；後仕，三千鍾而不洎，吾心悲。”弟子問於仲尼曰：“若參者，可謂无所縣其罪乎?”曰：“既已縣矣。夫无所縣者，可以有哀乎？彼視三釜三千鍾，如觀雀蚊虻相過乎前也。”

(十一)《寓言》第五部分

衆罔兩問於景曰：“若向也俯而今也仰，向也括而今也被髮，向也坐而今也起，向也行而今也止，何也?”景曰：“搜搜也，奚稍問也！予有而不知其所以。予，蜩甲也，蛇蜕也，似之而非也。火與日，吾屯也；陰與夜，吾代也。彼吾所以有待邪，而況乎以有待者乎！彼來則我與之來，彼往則我與之往，彼强陽則我與之强陽。强陽者，又何以有問乎?”

（十二）《列禦寇》第四部分

宋人有曹商者，爲宋王使秦。其往也，得車數乘。王説之，益車百乘。反於宋，見莊子，曰："夫處窮閭阨巷，困窘織屨，槁項黄馘者，商之所短也；一悟萬乘之主而從車百乘者，商之所長也。"莊子曰："秦王有病召醫。破癰潰痤者得車一乘，舐痔者得車五乘，所治愈下，得車愈多。子豈治其痔邪？何得車之多也？子行矣！"

（十三）《列禦寇》第八、第九部分

人有見宋王者，錫車十乘。以其十乘驕穉莊子。莊子曰："河上有家貧恃緯蕭而食者，其子没於淵，得千金之珠。其父謂其子曰：'取石來鍛之！夫千金之珠，必在九重之淵而驪龍頷下。子能得珠者，必遭其睡也。使驪龍而寤，子尚奚微之有哉！'今宋國之深，非直九重之淵也；宋王之猛，非直驪龍也；子能得車者，必遭其睡也。使宋王而寤，子爲虀粉夫。"

或聘於莊子，莊子應其使曰："子見夫犧牛乎？衣以文繡，食以芻叔。及其牽而入於大廟，雖欲爲孤犢，其可得乎！"

（十四）《列禦寇》第十部分前段

莊子將死，弟子欲厚葬之。莊子曰："吾以天地爲棺槨，以日月爲連璧，星辰爲珠璣，萬物爲齎送。吾葬具豈不備邪？何以加此！"弟子曰："吾恐烏鳶之食夫子也。"莊子曰："在上爲烏鳶食，在下爲螻蟻食，奪彼與此，何其偏也。"

以上文字或爲莊子所作，或爲莊子嫡傳弟子所作，皆爲《莊子》中早出的文字。

二、衛道派

《莊子》外篇中衛道派的作品主要包括以下内容：

（一）《駢拇》《馬蹄》《胠篋》全篇

（二）《在宥》第一部分

聞在宥天下，不聞治天下也。在之也者，恐天下之淫其性也；

宥之也者，恐天下之遷其德也。天下不淫其性，不遷其德，有治天下者哉！昔堯之治天下也，使天下欣欣焉人樂其性，是不恬也；桀之治天下也，使天下瘁瘁焉人苦其性，是不愉也。夫不恬不愉，非德也。非德也而可長久者，天下无之。

人大喜邪，毗於陽；大怒邪，毗於陰。陰陽並毗，四時不至，寒暑之和不成，其反傷人之形乎！使人喜怒失位，居處无常，思慮不自得，中道不成章，於是乎天下始喬詰卓鷙，而後有盜跖曾史之行。故舉天下以賞其善者不足，舉天下以罰其惡者不給，故天下之大不足以賞罰。自三代以下者，匈匈焉終以賞罰爲事，彼何暇安其性命之情哉！

而且説明邪，是淫於色也；説聰邪，是淫於聲也；説仁邪，是亂於德也；説義邪，是悖於理也；説禮邪，是相於技也；説樂邪，是相於淫也；説聖邪，是相於藝也；説知邪，是相於疵也。天下將安其性命之情，之八者，存可也，亡可也；天下將不安其性命之情，之八者，乃始臠卷獊囊而亂天下也。而天下乃始尊之惜之。甚矣天下之惑也！豈直過也而去之邪！乃齊戒以言之，跪坐以進之，鼓歌以儛之。吾若是何哉！

故君子不得已而臨莅天下，莫若无爲。无爲也而後安其性命之情。故貴以身於爲天下，則可以託天下；愛以身於爲天下，則可以寄天下。故君子苟能无解其五藏，无擢其聰明；尸居而龍見，淵默而雷聲，神動而天隨，從容无爲而萬物炊累焉。吾又何暇治天下哉！

（三）《在宥》第二部分

崔瞿問於老聃曰："不治天下，安藏人心？"老聃曰："女慎無攖人心。人心排下而進上，上下囚殺，淖約柔乎剛彊，廉劌彫琢，其熱焦火，其寒凝冰。其疾俛仰之間而再撫四海之外，其居也淵而静，其動也縣而天。僨驕而不可係者，其唯人心乎！昔者黄帝始以仁義攖人之心，堯舜於是乎股無胈，脛無毛，以養天下之形，愁其五藏以爲仁義，矜其血氣以規法度。然猶有不勝也，堯於是放讙兜於崇山，投三苗於三峗，流共工於幽都，此不勝天下也。夫施及三王而天下大駭矣。下有桀跖，上有曾史，而儒墨畢起。於是乎喜怒相疑，愚知相欺，善否相非，誕信相譏，而天下衰矣；大德不同，而性命爛漫矣；天下好知，而百姓求竭矣。於是乎釿鋸制焉，繩墨殺焉，椎鑿決焉。天下脊脊大亂，罪在攖人心。故賢者伏處大山嵁巖之下，而萬乘之君憂慄乎廟堂之上。今世殊死者相枕也，桁楊者相推也，形戮者相望也，而儒墨乃始離跂攘臂乎桎梏之間。意，甚矣哉！其無愧而不知恥也甚矣！吾未知聖知之不爲桁楊椄槢也，仁義之不爲桎梏鑿枘也，焉知曾史之不爲桀跖嚆矢也！故曰‘絶聖棄知而天下大治’。”

（四）《天地》第十四部分

百年之木，破爲犧尊，青黄而文之，其斷在溝中。比犧尊於溝中之斷，則美惡有間矣，其於失性一也。跖與曾史，行義有間矣，然其失性均也。且夫失性有五：一曰五色亂目，使目不明；二曰五聲亂耳，使耳不聰；三曰五臭薰鼻，困惾中顙；四曰五味濁口，使口厲爽；五曰趣舍滑心，使性飛揚。此五者，皆生之害也。而楊墨乃始離跂自以爲得，非吾所謂得也。夫得者困，可以爲得乎？則鳩鴞之在於籠也，亦可以爲得矣。且夫趣舍聲色以柴其内，皮弁鷸冠搢笏紳修以約其外。内支盈於柴柵，外重纆繳，睆睆然在纆繳之中而自以爲得，則是罪人交臂歷指而虎豹在於囊檻，亦可以爲得矣。

（五）《天運》第七部分

孔子見老聃歸，三日不談。弟子問曰：“夫子見老聃，亦將何規哉？”孔子曰：“吾乃今於是乎見龍！龍，合而成體，散而成章，乘雲氣而養乎陰陽。予口張而不能嗋。予又何規老聃哉？”子貢曰：“然則人固有尸居而龍見，雷聲而淵默，發動如天地者乎？賜亦可得而觀乎？”遂以孔子聲見老聃。老聃方將倨堂而應，微曰：“予年運而往矣，子將何以戒我乎？”子貢曰：“夫三王五帝之治天下不同，其係聲名一也。而先生獨以爲非聖人，如何哉？”老聃曰：“小子少進！子何以謂不同？”對曰：“堯授舜，舜授禹，禹用力而湯用兵，文王順紂而不敢逆，武王逆紂而不肯順，故曰不同。”老聃曰：“小子少進，余語汝三皇五帝之治天下。黄帝之治天下，使民心一，民有其親死不哭而民不非也。堯之治天下，使民心親。民有爲其親殺其殺而民不非也。舜之治天下，使民心競，民孕婦十月生子，子生五月而能言，不至乎孩而始誰，則人始有夭矣。禹之治天下，使民心變，人有心而兵有順，殺盜非殺，人自爲種而天下耳，是以天下大駭，儒墨皆起。其作始有倫，而今乎婦，女何言哉！余語汝，三皇五帝之治天下，名曰治之，而亂莫甚焉。三皇之知，上悖日月之明，下睽山川之精，中墮四時之施。其知憯於蠆蠆之尾，鮮規之獸，莫得安其性命之情者，而猶自以爲聖人，不可恥乎？其无恥也？”子貢蹵蹵然立不安。

(六)《徐无鬼》第十一部分

齧缺遇許由，曰：“子將奚之？”曰：“將逃堯。”曰：“奚謂邪？”曰：“夫堯，畜畜然仁，吾恐其爲天下笑。後世其人與人相食與！夫民，不難聚也；愛之則親，利之則至，譽之則勸，致其所惡則散。愛利出乎仁義，捐仁義者寡，利仁義者衆。夫仁義之行，唯且无誠，且假乎禽貪者器。是以一人之斷制利天下，譬之猶一覕也。夫堯知賢人之利天下也，而不知其賊天下也，夫唯外乎賢者知之矣。”

(七)《盜跖》第二部分

子張問於滿苟得曰：“盍不爲行？无行則不信，不信則不任，不任則不利。故觀之名，計之利，而義真是也。若棄名利，反之於心，則夫士之爲行，不可一日不爲乎！”滿苟得曰：“无恥者富，多信者顯。夫名利之大者，幾在无恥而信。故觀之名，計之利，而信真是也。若棄名利，反之於心，則夫士之爲行，抱其天乎！”子張曰：“昔者桀紂貴爲天子，富有天下，今謂臧聚曰，汝行如桀紂，則有怍色，有不服之心者，小人所賤也。仲尼墨翟，窮爲匹夫，今謂宰相曰，子行如仲尼墨翟，則變容易色稱不足者，士誠貴也。故勢爲天子，未必貴也；窮爲匹夫，未必賤也；貴賤之分，在行之美惡。”滿苟得曰：“小盜者拘，大盜者爲諸侯，諸侯之門，義士存焉。昔者桓公小白殺兄入嫂而管仲爲臣，田成子常殺君竊國而孔子受幣。論則賤之，行則下之，則是言行之情悖戰於胸中也，不亦拂乎！故《書》曰：‘孰惡孰美？成者爲首，不成者爲尾。’”子張曰：“子不爲行，即將疏戚无倫，貴賤无義，長幼无序；五紀六位，將何以爲别乎？”滿苟得曰：“堯殺長子，舜流母弟，疏戚有倫乎？湯放桀，武王殺紂，貴賤有義乎？王季爲適，周公殺兄，長幼有序乎？儒者僞辭，墨子兼愛，五紀六位將有别乎？且子正爲名，我正爲利。名利之實，不順於理，不監於道。吾日與子訟於无約，曰：‘小人殉財，君子殉名。其所以變其情，易其性，則異矣；乃至於棄其所爲而殉其所不爲，則一也。’故曰，无爲小人，反殉而天；无爲君子，從天之理。若枉若直，相而天極；面觀四方，與時消息。若是若非，執而圓機；

獨成而意，與道徘徊。无轉而行，无成而義，將失而所爲。无赴而富，无殉而成，將棄而天。比干剖心，子胥抉眼，忠之禍也；直躬證父，尾生溺死，信之患也；鮑子立乾，申子不自理，廉之害也；孔子不見母，匡子不見父，義之失也。此上世之所傳，下世之所語，以爲士者正其言、必其行，故服其殃、離其患也。”

《莊子》中衛道派的作品集中於《駢拇》《馬蹄》《胠篋》及《在宥》第一、第二部分。此學派將道家學説引向極端，他們躋身於辯者之中，不遺餘力地摇旗吶喊，以捍衛道家學説，而這正是莊子所反對的。《齊物論》云："道隱於小成，言隱於榮華。故有儒墨之是非，以是其所非而非其所是。欲是其所非而非其所是，則莫若以明。”

三、稷下道家

此學派在堅持道家學説的基礎上，融合儒道，兼取百家。與莊子學派相比，稷下道家不再超然世外，他們更注重如何治天下。《莊子》中稷下道家的作品主要包括以下内容。

（一）《人間世》葉公子高使齊

葉公子高將使於齊，問於仲尼曰："王使諸梁也甚重，齊之待使者，蓋將甚敬而不急。匹夫猶未可動，而況諸侯乎！吾甚慄之。子常語諸梁也曰：'凡事若小若大，寡不道以懽成。事若不成，則必有人道之患，事若成，則必有陰陽之患。若成若不成而後无患者，唯有德者能之。'吾食也執粗而不臧，爨无欲清之人。今吾朝受命而夕飲冰，我其内熱與！吾未至乎事之情，而既有陰陽之患矣；事若不成，必有人道之患。是兩也，爲人臣者不足以任之，子其有以語我來！”

仲尼曰："天下有大戒二：其一，命也；其一，義也。子之愛親，命也，不可解於心。臣之事君，義也，無適而非君也，無所逃於天地之間。是之謂大戒。是以夫事其親者，不擇地而安之，孝之至也；夫事其君者，不擇事而安之，忠之盛也；自事其心者，哀樂不易施乎前，知其不可柰何而安之若命，德之至也。爲人臣子者，固有所不得已。行事之情而忘其身，何暇至於悦生而惡死！夫子其行可矣！

丘請復以所聞：凡交近則必相靡以信，遠則必忠之以言，言必或傳之。夫傳兩喜兩怒之言，天下之難者也。夫兩喜必多溢美之言，兩怒必多溢惡之言。凡溢之類妄，妄則其信之也莫，莫則傳言者殃。

故《法言》曰：'傳其常情，无傳其溢言，則幾乎全。'

且以巧鬬力者，始乎陽，常卒乎陰，泰至則多奇巧；以禮飲酒者，始乎治，常卒乎亂，泰至則多奇樂。凡事亦然。始乎諒，常卒乎鄙，其作始也簡，其將畢也必巨。言者，風波也；行者，實喪也。夫風波易以動，實喪易以危。故忿設无由，巧言偏辭。獸死不擇音，氣息茀然，於是並生心厲。剋核大至，則必有不肖之心應之，而不知其然也。苟爲不知其然也，孰知其所終！故《法言》曰：'无遷令，无勸成，過度益也。'遷令勸成殆事，美成在久，惡成不及改，可不慎與！且夫乘物以遊心，託不得已以養中，至矣！何作爲報也！莫若爲致命。此其難者。"

（二）《天地》第一、第二部分

天地雖大，其化均也；萬物雖多，其治一也；人卒雖衆，其主君也。君原於德而成於天。故曰，玄古之君天下，无爲也，天德而已矣。以道觀言而天下之君正，以道觀分而君臣之義明，以道觀能而天下之官治，以道汎觀而萬物之應備。故通於天地者，德也；行於萬物者，道也；上治人者，事也；能有所藝者，技也。技兼於事，事兼於義，義兼於德，德兼於道，道兼於天。故曰，古之畜天下者，无欲而天下足，无爲而萬物化，淵靜而百姓定。《記》曰："通於一而萬事畢，无心得而鬼神服。"

夫子曰："夫道，覆載萬物者也，洋洋乎大哉！君子不可以不刳心焉。无爲爲之之謂天，无爲言之之謂德，愛人利物之謂仁，不同同之之謂大，行不崖異之謂寬，有萬不同之謂富。故執德之謂紀，德成之謂立，循於道之謂備，不以物挫志之謂完。君子明於此十者，則韜乎其事心之大也，沛乎其爲萬物逝也。若然者，藏金於山，藏珠於淵；不利貨財，不近貴富；不樂壽，不哀夭；不榮通，不醜窮；不拘一世之利以爲己私分，不以王天下爲己處顯。顯則明，萬物一府，死生同狀。"

（三）《天道》第一部分

天道運而无所積，故萬物成；帝道運而无所積，故天下歸；聖道運而无所積，故海内服。明於天，通於聖，六通四辟於帝王之德者，其自爲也，昧然无不靜者矣！聖人之靜也，非曰靜也善，故靜也。萬物无足以鐃心者，故靜也。水靜則明燭鬚眉，平中準，大匠取法焉。水静猶明，而況精神！聖人之心静乎！天地之鑑也，萬物之鏡也。夫虚静恬淡寂漠无爲者，天地之平而道德之至。故帝王聖人休焉。休則虚，虚則實，實則倫矣。虚則静，静則動，動則得矣。静則无爲，无爲也則任事者責矣。无爲則俞俞，俞俞者憂患不能處，年壽長矣。夫虚静恬淡寂漠无爲者，萬物之本也。明此以南鄉，堯之爲君也；明此以北面，舜之爲臣也。以此處上，帝王天子之德也；以此處下，玄聖素王之道也。以此退居而閒游，江海山林之士服；以此進爲而撫世，則功大名顯而天下一也。静而聖，動而王，无爲也而尊，樸素而天下莫能與之争美。夫明白於天地之德者，此之謂大本大宗，與天和者也。所以均調天下，與人和者也。與人和者，謂之人樂；與天和者，謂之天樂。

莊子曰："吾師乎，吾師乎！𩐋萬物而不爲戾，澤及萬世而不爲仁，長於上古而不爲壽，覆載天地刻彫衆形而不爲巧。"此之謂天樂。故曰：知天樂者，其生也天行，其死也物化。静而與陰同德，動而與陽同波。故知天樂者，无天怨，无人非，无物累，无鬼責。故曰：其動也天，其静也地，一心定而王天下；其鬼不祟，其魂不疲，一心定而萬物服。言以虚静推於天地，通於萬物，此之謂天樂。天樂者，聖人之心，以畜天下也。

夫帝王之德，以天地爲宗，以道德爲主，以无爲爲常。无爲也，則用天下而有餘；有爲也，則爲天下用而不足。故古之人貴夫无爲也。上无爲也，下亦无爲也，是下與上同德。下與上同德則不臣。下有爲也，上亦有爲也，是上與下同道。上與下同道則不主。上必无爲而用天下，下必有爲爲天下用，此不易之道也。故古之王天下者，知雖落天地，不自慮也；辯雖彫萬物，不自説也；能雖窮海内，不自爲也。天不産而萬物化，地不長而萬物育，帝王无爲而天下功。故曰：莫神於天，莫富於地，莫大於帝王。故曰：帝王之德配天地。此乘天地，馳萬物，而用人群之道也。

本在於上，末在於下；要在於主，詳在於臣。三軍五兵之運，德之末也；賞罰利害，五刑之辟，教之末也；禮法度數，形名比詳，治之末也；鐘鼓之音，羽旄之容，樂之末也；哭泣衰絰，隆殺之服，哀之末也。此五末者，須精神之運，心術之動，然後從之者也。末學者，古人有之，而非所以先也。君先而臣從，父先而子從，兄先而弟從，長先而少從，男先而女從，夫先而婦從。夫尊卑先後，天地之行也，故聖人取象焉。天尊，地卑，神明之位也；春夏先，秋冬後，四時之序也。萬物化作，萌區有狀；盛衰之殺，變化之流也。夫天地至神，而有尊卑先後之序，而況人道乎！宗廟尚親，朝廷尚尊，鄉黨尚齒，行事尚賢，大道之序也。語道而非其序者，非其道也；語道而非其道者，安取道！

是故古之明大道者，先明天而道德次之，道德已明而仁義次之，仁義已明而分守次之，分守已明而形名次之，形名已明而因任次之，因任已明而原省次之，原省已明而是非次之，是非已明而賞罰次之。賞罰已明而愚知處宜，貴賤履位，仁賢不肖襲情。必分其能，必由其名。以此事上，以此畜下，以此治物，以此修身，知謀不用，必歸其天。此之謂大平，治之至也。故書曰："有形有名。"形名者，古人有之，而非所以先也。古之語大道者，五變而形名可舉，九變而賞罰可言也。驟而語形名，不知其本也；驟而語賞罰，不知其始也。倒道而言，迕道而説者，人之所治也，安能治人！驟而語形名賞罰，此有知治之具，非知治之道。可用於天下，不足以用天下，此之謂辯士，一曲之人也。禮法數度，形名比詳，古人有之。此下之所以事上，非上之所以畜下也。

（四）《繕性》全篇

（五）《列禦寇》第六部分

孔子曰："凡人心險於山川，難於知天。天猶有春秋冬夏旦暮之期，人者厚貌深情。故有貌愿而益，有長若不肖，有順懁而達，有堅而縵，有緩而釬。故其就義若渴者，其去義若熱。故君子遠使之而觀其忠，近使之而觀其敬，煩使之而觀其能，卒然問焉而觀其知，急與之期而觀其信，委之以財而觀其仁，告之以危而觀其節，醉之以酒而觀其側，雜之以處而觀其色。九徵至，不肖人得矣。"

（六）《天下》篇"惠施多方"之前的文字

《莊子》中除以上三類作品外，還夾雜部分戰國策士的文字。除《説劍》外，還包括以下内容。

1.《至樂》第四部分：

莊子之楚，見空髑髏，髐然有形，撽以馬捶，因而問之，曰："夫子貪生失理，而爲此乎？將子有亡國之事，斧鉞之誅，而爲此乎？將子有不善之行，愧遺父母妻子之醜，而爲此乎？將子有凍餒之患，而爲此乎？將子之春秋故及此乎？”於是語卒，援髑髏，枕而卧。夜半，髑髏見夢曰：“子之談者似辯士，視子所言，皆生人之累也，死則无此矣。子欲聞死之説乎？”莊子曰：“然。”髑髏曰：“死，无君於上，无臣於下，亦无四時之事，從然以天地爲春秋，雖南面王樂，不能過也。”莊子不信，曰：“吾使司命復生子形，爲子骨肉肌膚，反子父母妻子閭里知識，子欲之乎？”髑髏深矉蹙頞曰：“吾安能棄南面王樂而復爲人間之勞乎！”

2.《山木》第六部分：

莊子衣大布而補之，正緳係履而過魏王。魏王曰：“何先生之憊邪？”莊子曰：“貧也，非憊也。士有道德不能行，憊也；衣弊履穿，貧也，非憊也；此所謂非遭時也。王獨不見夫騰猿乎？其得柟梓豫章也，攬蔓其枝而王長其間，雖羿、蓬蒙不能眄睨也。及其得柘棘枳枸之間也，危行側視，振動悼慄。此筋骨非有加急而不柔也，處勢不便，未足以逞其能也。今處昏上亂相之間，而欲无憊，奚可得邪？此比干之見剖心，徵也夫！”

3.《山木》第八部分：

莊周遊於雕陵之樊，覩一異鵲自南方來者。翼廣七尺，目大運寸，感周之顙而集於栗林。莊周曰：“此何鳥哉，翼殷不逝，目大不覩？”蹇裳躩步，執彈而留之。覩一蟬，方得美蔭而忘其身；螳螂執翳而搏之，見得而忘其形；異鵲從而利之，見利而忘其真。莊周怵然曰：“噫！物固相累，二類相召也。”捐彈而反走，虞人逐而誶之。莊周反入，三日不庭。藺且從而問之：“夫子何爲頃間甚不庭乎？”莊周曰：“吾守形而忘身，觀於濁水而迷於清淵。且吾聞諸夫子曰：‘入其俗，從其令。’今吾遊於雕陵而忘吾身，異鵲感吾顙，遊於栗林而忘真，栗林虞人以吾爲戮，吾所以不庭也。”

4.《田子方》第五部分：

莊子見魯哀公，哀公曰：“魯多儒士，少爲先生方者。”莊子曰：

"魯少儒。"哀公曰："舉魯國而儒服，何謂少乎?"莊子曰："周聞之，儒者冠圜冠者知天時；履句屨者知地形；緩佩玦者事至而斷。君子有其道者，未必爲其服也；爲其服者，未必知其道也。公固以爲不然，何不號於國中曰：'无此道而爲此服者，其罪死!'"於是哀公號之五日，而魯國无敢儒服者，獨有一丈夫儒服而立乎公門。公即召而問以國事，千轉萬變而不窮。莊子曰："以魯國而儒者一人耳，可謂多乎?"

第十章　老子之道與莊子之天

前文我們對莊子其人其書進行了研討，下面談談莊子的思想。

最早對莊子學説進行評論的人是荀子，荀子認爲莊子“蔽於天而不知人”。荀子對天人關係的理解可能與莊子有所不同，他寫過一篇文章叫《天論》，對天人關係進行了探討。他説：“天行有常，不爲堯存，不爲桀亡。”即自然界有其運行變化的規律，不會因爲堯桀而有所改變，社會的治亂與自然界的變化無關，所以雩而雨，猶不雩而雨也。“大天而思之，孰與物畜而制之！從天而頌之，孰與制天命而用之……故錯人而思天，則失萬物之情。”荀子所謂的“天”指的是自然界，他指出自然界的興替演化有其自身的規律，“天”無意志，不能懲惡揚善，不能扶危濟困。所以國君百姓都要躬行其事，如此才能國泰民安。可見荀子與莊子對天人的理解有所不同。莊子所謂的“天”指的是物性，是天然，是物之所是，與自然界無關。故荀子“蔽於天而不知人”的評説並不確當。

荀子之後對莊子學説作出評論的是《莊子·天下》。其作者云：“其於本也，弘大而辟，深閎而肆，其於宗也，可謂稠適而上遂矣。”意思是説，莊子對於大道的闡釋宏大而透徹、深廣而暢達；他對於道的宗旨理解得也十分準確，恰如其分。作者認爲莊子的主要貢獻在於弘道而不是創道，即莊子以其獨特的行文方式以及對道家學説的透徹理解和闡釋，使老子創立的道家學説得以發揚光大。

《天下》篇之後，司馬遷對莊子的評説具有一定的代表性。《史記·老子韓非列傳》云：“其學無所不窺，然其要本歸於老子之言。”“莊子散道德，放論，要亦歸之自然。”太史公明確指出莊子繼承了老子的道家思想，崇尚自然。後人基本上沿襲了司馬遷的觀點。後來老莊並稱，老子和莊子成了道家的代表人物。

一、老子之道

老子對其學説的主導詞“道”進行了系統而詳盡的論證和解説。《老子》二十五章云：“有物混成，先天地生。寂兮寥兮，獨立而不改，周行而不殆，可以爲天地母。吾不知其名，强字之曰道，强爲之名曰大。”老子説，這一生天生地、無聲無形、充盈於宇宙之間周行而不殆的混成之物本是無名的，如果要勉强給它起個名就稱之爲“道”吧。可見哲學意義上的道是老子創建的。

道的本義是人行走的道路，《説文》：“道，所行道也。”“辵”指行走，“首”爲人頭，意謂人在路上行走。楚簡《老子》甲本的道字寫作“人”在“行”中，“行”是個象形字，指十字路口，羅振玉《殷墟書契考釋》：“行象四達之衢，人之所行也。”“人”在“行”中，即人在路上行走，是個會意字。後來道不但指人行之道，也指水道及各種通路，《左傳·昭公十三年》：“晋侯會吴子於良，水道不可，吴子辭乃還。”由於人要緣道而行，水要順道而流，故道字又引申出方向、途徑、方法、規律等義項。可見老子將生天生地、無爲無形的混成之物命名爲道，顯然是經過深思熟慮的，蓋取緣之而行、順之而爲的意思。

老子從道之狀貌、道之喻説、道之功用、道之本體諸方面對道進行了形象細緻的描述和闡釋。

（一）道之狀貌

《老子》十四章：“視之不見名曰夷；聽之不聞名曰希；搏之不得名曰微。此三者不可以致詰，故混而爲一。其上不皦，其下不昧。繩繩不可名，復歸於無物。是謂無狀之狀，無物之象，是謂惚恍。迎之不見其首，隨之不見其後。”

《老子》二十一章：“道之爲物，惟恍惟惚。惚兮恍兮，其中有象，恍兮惚兮，其中有物。窈兮冥兮，其中有精；其精甚真，其中有信。”

《老子》三十五章：“道之出口，淡乎其無味，視之不足見，聽之不足聞，用之不足既。”

《老子》四十一章：“故建言有之：明道若昧；進道若退；夷道若纇；上德若谷；廣德若不足；建德若偷；質真若渝；大白若辱；大方無隅；大器晚成；大音希聲；大象無形；道隱無名。”

老子認爲道是超感知的存在，即所謂“視之不見”“聽之不聞”“搏之不得”。然道並非虛無，因爲其中“有象”“有物”“有精”“有信”，故而能生天生地生萬物。由於人無法感知道，因而也就無法清晰地描述道，所以老子只能用“惚兮恍兮”“恍兮惚兮”來形容道了。“明道若昧；進道若退；夷道若纇”云云是説道具有内斂含藏的特質，即所謂“道隱無名”。

（二）道之喻説

《老子》八章："上善若水。水善利萬物而不争，故幾於道。"

《老子》七十八章："天下莫柔弱於水，而攻堅强莫之能勝，以其無以易之。"

《老子》十章："載營魄抱一，能無離乎？專氣致柔，能嬰兒乎？"

《老子》三十九章："昔之得一者：天得一以清；地得一以寧；神得一以靈；谷得一以盈；萬物得一以生；侯王得一以爲天下貞。"

《老子》五十五章："含德之厚，比於赤子。蜂蠆虺蛇不螫，猛獸不據，攫鳥不搏。骨弱筋柔而握固，未知牝牡之合而全作，精之至也。終日號而不嗄，和之至也。"

《老子》三十二章："道常無名樸，雖小，天下莫能臣也。侯王若能守之，萬物將自賓。"

《老子》三十七章："化而欲作，吾將鎮之以無名之樸。"

道無爲無形，"惟恍惟惚"。爲方便人們理解和領悟道，老子常以"水""一""赤子""樸"等喻説道。老子認爲水利澤萬物，謙卑下流，無欲不争，其品質最近於道，故曰"上善若水"。老子以"一"喻道，蓋取其基始意。《説文》："一，惟初太始，道立於一，造分天地，化成萬物。"天地萬物皆始於"一"，"抱一"即守道的意思。老子也常以"赤子""嬰兒"喻道，因爲赤子無知無欲無畏，故"猛獸不據，攫鳥不搏"，嬰兒柔弱似水，至精至和，充滿生命之活力，故幾於道。所以老子説"專氣致柔，能嬰兒乎"；"常德不離，復歸於嬰兒"。"樸"本指未經雕琢之木，老子是在自然、本性的意義上以樸喻道的。道的本性就是自然，所謂"自然"就是本然、天然，是未經雕琢的本來的樣態。道家學説的核心就是崇尚自然，反對人爲，所以老子説"道法自然""以輔萬物之自然而不敢爲"。

（三）道之功用

《老子》四章："道沖，而用之或不盈。淵兮，似萬物之宗。"

《老子》六章："谷神不死，是謂玄牝。玄牝之門，是謂天地根。緜緜若存，用之不勤。"

《老子》三十七章："道常無爲而無不爲。侯王若能守之，萬物將自化。"

老子指出，道是天地萬物的本原，是萬物之宗，是天地之根。道取之不盡，用之不竭。道常無爲，任萬物按其本性繁衍生息，侯王若能持守自然無爲之道，萬物便會自我化育，自在生長。故"聖人居無爲之事，行不言之教，萬物作而弗始也”（楚簡《老子》）。這便是道之功用。

（四）道之本體

《老子》一章：“道可道，非常道；名可名，非常名。無，名天地之始；有，名萬物之母。故常無，欲以觀其妙；常有，欲以觀其徼。此兩者同出而異名，同謂之玄。玄之又玄，衆妙之門。”

此章論述的是道之本體。老子認爲道是由“有”“無”構成的，這裏所謂的“有”“無”是指形上意義上的“有”“無”，從哲學層面上闡釋“有”“無”始於老子，這是一個具有劃時代意義的哲學事件。

何謂“無”?《老子》十四章：“視之不見名曰夷；聽之不聞名曰希；搏之不得名曰微。”由於道不可見，不可聽，不可搏，具有“夷”“希”“微”的特征，從哲學層面來思考，老子將其抽象爲“無”。

何謂“有”?《老子》二十一章：“道之爲物，惟恍惟惚。惚兮恍兮，其中有象，恍兮惚兮，其中有物。窈兮冥兮，其中有精；其精甚真，其中有信。”作者指出，道雖然“惟恍惟惚”，但並非空無所有，“其中有象”“其中有物”“其中有精”“其中有信”。人們雖然無法體驗這些超感知的存在，“象”“物”“精”“信”却是天地萬物産生的源泉。從哲學層面來思考，老子將其抽象爲“有”。老子認爲道是“有”“無”的統一體。“無”顯現的是道的奥妙，“有”顯現的是道化生萬物的軌跡，即所謂“故常無，欲以觀其妙；常有，欲以觀其徼”。從“夷”“希”“微”的角度看，道是“無”；從“象”“物”“精”“信”的角度看，道是“有”。從時間上講，並不是先有“無”後有“有”，也不是先有“有”後有“無”，道既“有”且“無”，“有”寓於“無”，“無”存於“有”，“有”“無”一體不可分。即老子所謂“此兩者同出而異名，同謂之玄”。

下面考察一下莊子對“道”的論述。

《莊子》中從義理層面來系統闡述“道”的文字非常之少，學界經常提及的大概只有《大宗師》中的一段文字：

> 夫道，有情有信，无爲无形，可傳而不可受，可得而不可見；自本自根，未有天地，自古以固存。神鬼神帝，生天生地。在太極之先而不爲高，在六極之下而不爲深，先天地生而不爲久，長於上古而不爲老。狶韋氏得之，以挈天地。伏羲氏得之，以襲氣母。維斗得之，終古不忒。日月得之，終古不息。堪坏得之，以襲崑崙。馮夷得之，以遊大川。肩吾得之，以處大山。黄帝得之，以登雲天。

顓頊得之，以處玄宫。禺强得之，立乎北極。西王母得之，坐乎少廣，莫知其始，莫知其終。彭祖得之，上及有虞，下及五伯。傅説得之，以相武丁，奄有天下，乘東維，騎箕尾，而比於列星。

此段文字本自《老子》，並無新意。其中“有情有信”，本《老子》二十一章“道之爲物，惟恍惟惚。惚兮恍兮，其中有象，恍兮惚兮，其中有物。窈兮冥兮，其中有精；其精甚真，其中有信”；“無爲無形”本《老子》三十七章“道常無爲而無不爲”、十四章“視之不見名曰夷，聽之不聞名曰希，搏之不得名曰微”；“可傳而不可受”“可得而不可見”，二句意同。道無形，故“不可受”“不可見”；道可悟，道可法，故“可傳”“可得”。《老子》中法道的文字很多，如二章“是以聖人處無爲之事，行不言之教”；五章“天地不仁，以萬物爲芻狗；聖人不仁，以百姓爲芻狗”；七章“天地之所以能長且久者，以其不自生，故能長生。是以聖人後其身而身先，外其身而身存”等。“自本自根”，即道無所法，道以自身爲根據，本《老子》二十五章“人法地，地法天，天法道，道法自然”。道即自然也，故道法自然的意思就是道無所法，道以自身爲根據。“未有天地，自古以固存”，謂没有天地之時，道便一直存在著，本《老子》二十五章“有物混成，先天地生”。“神鬼神帝”，“神”用於使動，神鬼，使鬼神靈；神帝，使天帝神靈。謂鬼帝之神靈源自道，即《老子》三十九章“天得一以清，地得一以寧，神得一以靈”者也。“生天生地”，即《老子》六章“谷神不死，是謂玄牝。玄牝之門，是謂天地根”者也。“在太極之先而不爲高”，在老子生活的年代“太極”一詞尚未出現。“太極”除見於此節外，亦見於《易傳》。《易·繫辭》云：“易有太極，是生兩儀。兩儀生四象，四象生八卦。”《莊子》中除此節外，再没有使用“太極”這一概念，更没有對於此概念進行任何闡釋和論説。因此我認爲“太極”這一觀念是《易傳》首先提出的，此節不過是引用而已。蓋此節文字晚出，不是莊周的文字。

自“狶韋氏得之”至文末，行文粗鄙刻板，與莊子謬悠之辭不類，顯非莊周之語。且文中“肩吾得之，以處大山”“彭祖得之，上及有虞，下及五伯”之表述，亦可説明此節文字晚出。“肩吾”首見於《莊子》，乃莊子虚構的人物。除此節外，還出現過三次，即《逍遥遊》之“肩吾問於連叔曰”、《應帝王》之“肩吾見狂接輿”、《田子方》之“肩吾問於孫叔敖曰”。在這三段文字中，肩吾皆爲求道者，而此節中“肩吾”已爲仙人，顯然是晚出的文字。“彭祖”在《莊子》中共出現過四次，除此節外，還有《逍遥遊》之“上古有大椿者，以八千歲爲春，八千歲爲秋；而彭祖乃今以久特聞，衆人匹之，不亦悲乎”，《齊物論》之“天下莫大於秋豪之末，而太山爲小；莫壽於殤子，而彭祖爲夭”，《刻意》之“吹呴呼吸，吐故納新，熊經鳥申，爲壽而已矣。此導引之士，養形之人，彭祖壽考者之所好也”。顯然“彭祖”並非莊子贊美的對象，而此節中“彭祖”已然仙化，其文晚出。

以上分析表明，《大宗師》此節論道的文字非但全無新意，且非出自莊子之手。可見莊子並無系統論道的文字，因爲道在老子那裏已經形成完整的哲學體系，莊子不過是繼承弘揚而已。

二、莊子之天

與老子相比，莊子哲學的主導詞是“天”而不是道。天是個象形字，本指人的頭頂，引申指天空、天體，再引申指自然。由自然引申出天然、天性義，指事物本來的樣子。《老子》中天與道多連用，形成“天之道”的用法，如“功遂身退天之道”（九章）、“天之道不争而善勝”（七十三章）、“天之道，其猶張弓與？高者抑之，下者舉之。天之道，損有餘而補不足”（七十七章）、“天之道利而不害”（八十一章）等。有時“天”與“道”直接相連，如“不出户，知天下；不闚牖，見天道”（四十七章）、“天道無親，常與善人”（七十九章）。老子所謂的“天道”“天之道”，是自然規律、自然法則的意思，《老子》中的“天”並無天然、天性、本然的意思。在表達事物天然、天性、原本如此等意思的時候，老子不用“天”而用“自然”，如“功成事遂，百姓皆謂我自然”（十七章）、“希言自然”（二十三章）、“道法自然”（二十五章）、“夫莫之命而常自然”（五十一章）、“以輔萬物之自然而不敢爲”（六十四章）。

與老子相比，莊子哲學的突出特征是崇尚自然，反對人爲。如果説老子哲學的基礎是道，那麽莊子哲學的基礎便是天，莊子尚天的主張是對老子道法自然思想的繼承和發展。莊子所謂的天就是老子所説的自然，雖然老子也崇尚自然，但老子哲學的基礎是道而非天；而莊子哲學則突出强調了天的極端重要性，崇尚自然、順性而爲乃是莊學的核心價值，這也是老莊間的差異所在。下面具體分析一下莊學之主導詞“天”的哲學内涵。

莊子所謂的天，是與人相對的一個哲學概念。天指自然、天然，人指人爲。莊子崇尚自然，反對人爲。人爲是指違逆物性而爲，物性源自自然，違逆物性便違背了自然法則，就會受到懲罰，所以莊子主張敬畏天，敬畏自然。不管對人、對物還是對自己，都要順其天性而爲。作者在《秋水》中對天和人作出了明確的解説：

(河伯)曰："何謂天？何謂人？"北海若曰："牛馬四足，是謂天；落馬首，穿牛鼻，是謂人。故曰：无以人滅天，无以故滅命，无以得殉名。謹守而勿失，是謂反其真。"

作者所謂牛馬四足是謂天，是説牛馬從自然造化那裏稟受了四足，因而奔跑遊走乃是牛馬的天性。而人却要給馬戴上嚼子，給牛穿上鼻子，不讓牛馬任性遊走，如此便違逆了物性，這就叫人爲。作者指出，不要以人爲滅物之天性，不要以己意毁滅天理，不要以天性殉於求名。謹守天然之性而勿失，如此才能返本復初。《莊子》中對天人關係的論述較多，列舉如下：

故聖人有所遊，而知爲孽，約爲膠，德爲接，工爲商。聖人不謀，惡用知？不斷，惡用膠？无喪，惡用德？不貨，惡用商？四者天鬻也。天鬻者，天食也。既受食於天，又惡用人！有人之形，无人之情。有人之形，故群於人；无人之情，故是非不得於身。眇乎小哉，所以屬於人也。謷乎大哉，獨成其天。

惠子謂莊子曰："人故无情乎？"莊子曰："然。"惠子曰："人而无情，何以謂之人？"莊子曰："道與之貌，天與之形，惡得不謂之人？"惠子曰："既謂之人，惡得无情？"莊子曰："是非吾所謂情也。吾所謂无情者，言人之不以好惡内傷其身，常因自然而不益生也。"(《德充符》)

作者指出，聖人遊心於逍遥之域，而把智巧看作災孽産生的根源，把禮儀等看作對人自然本性的禁錮，把布施恩德看作收買人心的手段，把工巧看作如商賈之取利。即"知""約""德""喪"乃人爲者也，故順性體道者不爲。作者將聖人不謀、不斲、無喪、不貸稱之爲"天鬻""天食"，這裏所謂的"天"就是自然。意思是説，聖人順自然棄人爲乃是自然化育的結果，既然人稟受於自然，取法於自然，哪裏還用人爲呢。"有人之形，无人之情"，是説聖人雖有人之形貌，却無常人是非之心，"人之情"是指人的是非觀念。

作者所説的天，與道的含義相同，故云"道與之貌，天與之形"。莊子不言道而言天，是因爲天具有天然、本然的意思，而這正是莊子所要突出强調的。莊子哲學的特點就是崇尚自然反對人爲，故莊子言天而不言道。文中所謂的人情，指的是人的好惡之心、是非之情。作者認爲自然本無是非好惡，即老子所謂“天地不仁，以萬物爲芻狗”。人稟受於自然，亦當無是非好惡之心。然隨著人嗜欲的增加、人性的異化，人逐漸形成了是非觀念，産生了成心。人漸漸遠離自然，人們以自己的是非標準和價值觀念去品評事物、立身行事，這就是莊子所説的人爲。莊子主張棄人爲因自然，即“吾所謂无情者，言人之不以好惡内傷其身，常因自然而不益生也”。

知天之所爲，知人之所爲者，至矣。知天之所爲者，天而生也。知人之所爲者，以其知之所知，以養其知之所不知，終其天年而不中道夭者，是知之盛也。(《大宗师》)

作者指出，知道何者爲天然，何者屬人爲，這便是認識的最高境界。知道天之所爲的人，自然就會知道自己形貌心性同樣是稟受於自然；知道了人之所爲，就會以人智之所知持守順應自然之理，順性盡壽而不中途夭折者，如此便達到認知的極致了。

所謂“天之所爲”，指自然之大化流行，非人力所能及者；所謂“人之所爲”，指人力所施爲的領域。自然之奥妙非人智所能及，所以人做好力所能及的事情，盡人事順天命，這便是認知的最高境界了。人不要自我膨脹，不要試圖以人力改變自然，是皆不知“人之所爲”、不知“天之所爲”者也，“其嗜欲深者，其天機淺”“不以人助（鋤）天，是之謂真人”。

故其好之也一，其弗好之也一。其一也一，其不一也一。其一，與天爲徒；其不一，與人爲徒。天與人不相勝也。是之謂真人。(《大宗师》)

人既然稟受於自然，從出於造化，那麽從本質上講天與人是合一的。不管你是否喜歡，也不管你是否理解，天與人都是合一的。認識到人不能與天相對抗，那才是真人。

天之小人，人之君子；人之君子，天之小人也。(《大宗师》)

世人往往將那些拘於禮法、謹言慎行、中規中矩者視爲君子，而從天的角度看，世人所謂的君子不過是禁錮其天性的小人而已。莊子在他妻子死了之後鼓盆而歌，這種行爲在世人看來顯然非君子所爲。但莊子從自然的角度出發，認爲人之生死就像四季交替一樣，是自然而然的事情，有什麽好悲傷的呢？

> 梓慶削木爲鐻，鐻成，見者驚猶鬼神。魯侯見而問焉，曰："子何術以爲焉？"對曰："臣，工人，何術之有！雖然，有一焉：臣將爲鐻，未嘗敢以耗氣也，必齊以静心。齊三日，而不敢懷慶賞爵禄；齊五日，不敢懷非譽巧拙；齊七日，輒然忘吾有四枝形體也。當是時也，无公朝，其巧專而外骨消，然後入山林，觀天性形軀，至矣，然後成見鐻，然後加手焉，不然則已。則以天合天，器之所以疑神者，其是與！"（《达生》）

梓慶爲鐻的寓言故事，闡述的也是棄人合天的道理。梓慶在爲鐻之前先要齋以静心，齋三日而不敢懷慶賞爵禄，忘功名之謂也；齋五日而不敢懷非譽巧拙，遺是非之謂也；齋七日輒然忘吾有四肢形體，忘我之謂也。梓慶在"三忘"之後，然後入山林、見成鐻、加手焉，最後進入以天合天的境界。所謂"以天合天"，就是以我之天性合物之天性，物我彼此敞開，天人合一。作者認爲只有去人欲、順天理、任物性，才能無爲而無不爲。

另外，内篇中一些與"天"字組成的詞組，也能够反映出作者尚天的主張。如：

1. 天籟

> 子游曰："地籟則衆竅是已，人籟則比竹是已。敢問天籟？"子綦曰："夫吹萬不同，而使其自己也，咸其自取，怒者其誰邪！"（《齊物論》）

"地籟""人籟""天籟"，皆爲莊子首創。莊子之所以要創作這些詞語，主要是爲了解釋前文南郭子綦"喪其耦""吾喪我"所展現的精神境界。"人籟"指人吹奏樂器所發出的聲響，"地籟"指風吹衆竅所發出的聲響，何謂"天籟"？作者云："而使其子已也，咸其自取，怒者其誰邪！"郭象注："自己而然，則謂之天然。天然耳，非爲也，故以天言之。"即"天籟"最主要的特點是非爲之使然。成玄英疏："夫天者，萬物之総名，自然之别稱，豈蒼蒼之謂哉！故夫天籟者，豈别有一物邪？即比竹衆竅接乎有生之類是爾。尋夫生生者誰乎，蓋無物也。故外不待乎物，内不資乎我，塊然而生，獨化者也。”意思是説，並没有一個所謂的天籟之音單獨存在，天籟之音與比竹衆竅之音並無差異，所不同者在乎人心，有意而爲者，不管聲音多麽美妙亦非天籟，只有“外不待乎物，内不資乎我”，自然而出之聲響才是天籟。總之，“天籟”喻指的是一種忘我無待的精神境界，反映了作者對自然的崇尚和追求。

2. 天鈞、天倪

> 是以聖人和之以是非而休乎天鈞，是之謂兩行。(《齊物論》)
>
> “何謂和之以天倪？”曰：“是不是，然不然。是若果是也，則是之異乎不是也亦無辯，然若果然也，則然之異乎不然也亦無辯。”(《齊物論》)
>
> 天均者，天倪也。(《寓言》)

“天鈞”亦作“天均”，也是莊子創作的哲學詞語。何謂“天鈞”？郭象注：“莫之偏任，故付之自均而止也。”成玄英疏：“天均者，自然均平之理也。夫達道聖人，虚懷不執，故能和是於無是，同非於無非，所以息智乎均平之鄉，休心乎自然之境也。”郭象將“天均”解作“自均”，成疏將郭象之“自均”解爲“自然均平之理”。然莊子並無“自均”之主張，且“自均”之解説含糊其辭，蓋望文生訓。《經典釋文》：“崔云：鈞，陶鈞也。”其説是也。“均”本是陶工製陶器所用的轉輪，陶均轉動時四周皆變唯有均之中心不變，此即前文所説的“環中”。其文曰：“彼是莫得其偶，謂之道樞。樞始得其環中，以應無窮。”文中所説的“彼是”乃物我之謂，“偶”是對待的意思。莊子認爲事物對立的根源皆在於我與物的分離。物我相分意味著我獨立於萬物之外來認識和評價事物，如此便有了成心，有成心便産生了是與非。如果心物不相待，即“彼是莫得其偶”，天人合一，便没有了世間的是是非非，所以作者説物我不相待才是道的樞要。作者將“道樞”比作“環中”，即圓環的中心。因爲圓環四周皆可轉動，喻是非對待、變化無常。而圓心則是無所變動的合一之處，故而圓心無彼是之對待，亦無是非之論争。可見“環中”與“均心”意同，指物我無待，心物合一。

“天倪”亦爲莊子創作的哲學詞語。何謂“天倪”？郭象注：“天倪者，自然之分也。”《經典釋文》：“李云：分也。崔云：或作霓，音同，際也。”作者謂“和之以天倪”，“和”是混同的意思，此句意謂超越是非、歸依自然、物我合一。故謂同於自然則可，謂同於自然之分則不知所云。若將“天倪”解作“天際”，則同於天際亦不知爲何意。看來舊注值得商討。“倪”字，從人從兒，兒亦聲，本義當爲小兒、小孩。我們知道，老子常以“嬰兒”喻道，如“專氣致柔，能嬰兒乎”（十章）；“常德不離，復歸於嬰兒”（二十八章）；“含德之厚，比於赤子”（五十五章）。老子認爲人自然之天性乃是嬰兒狀態，因爲嬰兒無私無欲、無畏無求，充滿生命之活力，故幾於道。正因爲嬰兒狀態體現了人自然之本性，故莊子稱之爲“天倪”。“天倪”和“天鈞”皆爲物我無待、天人合一的意思，故云“天均者，天倪也”。文中“天鈞”和“天倪”皆指代自然。

3. 天機

> 其嗜欲深者，其天機淺。(《大宗師》)
>
> 夔謂蚿曰：“吾以一足趻踔而行，予无如矣。今子之使萬足，獨奈何?”蚿曰：“不然。子不見夫唾者乎? 噴則大者如珠，小者如霧，雜而下者不可勝數也。今予動吾天機，而不知其所以然。”蚿謂蛇曰：“吾以衆足行，而不及子之無足，何也?”蛇曰：“夫天機之所動，何可易邪? 吾安用足哉!”(《秋水》)

“天機”亦爲莊子首創的詞語。“機”在此是秉性、禀賦的意思，“天機”指事物的本性、天性。“其嗜欲深者，其天機淺”，説的是人的欲望越多，離人的天性就越遠。《秋水》中獨脚的夔羡慕百足的蚿，蚿説“今予動吾天機，而不知其所以然”，即我以百足行乃本性使然，並不是我的選擇。蚿又羡慕蛇無足而行，蛇説“夫天機之所動，何可易邪”，即我無足而行乃天性如此，是無法改變的。作者認爲天機、本性是自然賦予的，是無法選擇的，本性並無好壞善惡之分。

以上簡要分析了爲莊子首創的“天籟”“天鈞”“天倪”“天機”等哲學詞語，另外《莊子》中還使用過“天成”“天池”“天道”“天德”“天放”“天府”“天光”“天和”“天樂”“天理”“天倫”“天門”“天民”“天年”“天壤”“天人”“天殺”“天師”“天時”“天食”“天弢”“天行”“天幸”“天虚”“天游”“天鬻”“天災”等與天字組成的詞語。可見莊學的一個突出特點就是重視天，天乃莊學之核心詞語，其含義爲“自然”“天然”。崇尚自然反對人爲乃莊學之主旋律，《莊子》中的寓言大都圍繞天人關係展開論述。

第十一章　莊子哲學中的“真”

“真”字在現代漢語中是個常用詞，然在先秦文獻中却很難見到。《詩經》《尚書》《易》《春秋》《論語》《孟子》《左傳》《國語》《管子》等文獻皆未出現“真”字，今本《老子》使用過三次“真”字，分别爲二十一章“其精甚真，其中有信”；四十一章“建德若偷，質真若渝”；五十四章“修之於身，其德乃真”。今本《老子》乃後人不斷編輯完善的本子，蓋成於戰國晚期。郭店楚簡《老子》乙本十一簡及十六簡分别出土了今本《老子》四十一章和五十四章的文字，其中“質真若渝”“其德乃真”中的“真”字皆寫作“貞”。“貞”字出現較早，是殷墟卜辭及《周易》中的常用詞，有問卜以及正、定等意。郭店墓主人下葬的年代不晚於公元前三百年，則郭店《老子》乙本抄寫的年代不會晚於戰國中期，這是我們目前見到的最早的《老子》文本。這裏需要思考的是爲什麽郭店《老子》“真”寫作“貞”?“真”與“貞”是什麽關係?

從時間上看，“貞”早於“真”。“真”字雖見於春秋金文，然其被廣泛使用當爲戰國中晚期的事。郭店《老子》之“貞”與今本《老子》之“真”可能並不是簡單的通假關係，因爲“貞”與“真”不僅在語音上存在關聯，而且在字形和字義上也存在關聯。嚴格説來，今本《老子》“質真若渝”“其德乃真”之“真”並不是“真實”而是“純正”的意思，而“正”是“貞”的常用義，所以不能説楚簡《老子》“貞”是“真”的通假字。《説文》：“真，僊人變形而登天也。”王夫之《説文廣義》云：“‘真’，僞字，當作‘貞’。‘貞’‘真’相近，傳寫差訛，遂有真字。方士假爲之説，漢人附會之耳。貞，正也。故爲正、爲實、爲誠、爲常、爲不妄，而與虚僞相對。”《説文》所謂“真”是“僊人變形而登天”，顯然是漢人的附會之説，王氏的批駁無疑是正確的。“真”初始的詞義當爲“正”而非真假之真，“真”當由“貞”字演化而成，二字蓋爲古今字。

自《莊子》始，“真”字漸被廣泛使用，並成爲道家哲學中一個比較重要的標誌性詞語。今本《老子》出現的三個“真”字，楚簡《老子》中有兩處寫作“貞”，今本二十一章雖未出土，據楚簡，今本二十一章“其精甚真”之“真”的早期傳本亦當寫作“貞”。從詞義上看，無論今本《老子》之“真”還是楚簡《老子》之“貞”，都是“正”的意思。據《論語》《孟子》等文獻皆未出現“真”字推斷，在楚簡《老子》抄寫的年代，“真”字尚未流行，今本之“真”乃後世流傳演化的結果。從義理上講，楚簡《老子》之“貞”及今本《老子》之“真”還只是一般的修飾語，並未成爲道家的哲學用語。下面分析一下《莊子》中“真”字的使用情況。

《莊子》中單獨使用的“真”字有四十四次，此外還有“真宰”“真君”“真人”“真知”等用法，是一個使用頻率較高的詞。而與莊子同時的《孟子》中却未出現“真”字，這是值得深入思考的問題。《莊子》内篇除《大宗師》外，共出現五次“真”字，其文如下：

> 非彼无我，非我无所取。是亦近矣，而不知其所爲使。若有真宰，而特不得其眹。可形已信，而不見其形，有情而无形。百骸、九竅、六藏，賅而存焉，吾誰與爲親？汝皆説之乎？其有私焉？如是皆有爲臣妾乎？其臣妾不足以相治也。其遞相爲君臣乎？其有真君存焉。如求得其情與不得，無益損乎其真。
>
> 道惡乎隱而有真僞？言惡乎隱而有是非？(《齊物論》)
>
> 泰氏其卧徐徐，其覺于于，一以己爲馬，一以己爲牛，其知情信，其德甚真，而未始入於非人。(《應帝王》)

《齊物論》之“真宰”“真君”意同，指萬物的締造者，即自然的意思。文中的“真宰”和“真君”並非是針對“假宰”和“假君”的，因而“真”字不是真假的“真”，而是真正的意思。“真宰”“真君”是相對於一般的“宰”和“君”説的。那麽“真宰”和“真君”有什麽特征呢？作者説“真宰”和“真君”的特征是“不得其眹”“不見其形”“有情而无形”。意思是説，仿佛有“真宰”存在，却又尋不到它的端倪。真宰化行萬物已得到驗證，但人們却感覺不到它的存在，因爲自然化育萬物而其本身並不是存在者，故而“不得其眹”“不見其形”。可見“真宰”“真君”就是道，就是自然，是萬物的締造者，是超乎人感知的存在。“如求得其情與不得，無益損乎其真。”意思是説，無論人們是否認識到真君，它都存在，即真君的存在不以人的意志爲轉移。文中的“真”指“真君”的真實存在。

“道惡乎隱而有真僞？言惡乎隱而有是非？”文中“真”與“僞”對言。先秦時“僞”字除了有欺詐、虚假等詞義外，還有一個重要的義項是人爲。《荀子·性惡》云:“可學而能,可事而成之在人者謂之僞。”“僞”與“真”相對,“真”指天然、本真的事物,也就是未經過人爲改造。此文“真僞”與“是非”對文,表真假的意味更强一些。《應帝王》之“其德甚真”之“真”與《老子》“其精甚真”“其德乃真”中的“真”字用法相同,是純正的意思。

總體説來,《莊子》内篇除《大宗師》外,“真”字使用得並不多。從詞義上看,“真”字多爲真正、本真的意思,都是“真”之常用義。令人費解的是,《大宗師》忽然冒出一大段討論“真人”的文字,與内篇文風及義理不相協,其文如下:

> 且有真人而後有真知。何謂真人?古之真人,不逆寡,不雄成,不謨士。若然者,過而弗悔,當而不自得也。若然者,登高不慄,入水不濡,入火不熱。是知之能登假於道也若此。
>
> 古之真人,其寢不夢,其覺无憂,其食不甘,其息深深。真人之息以踵,衆人之息以喉。屈服者,其嗌言若哇。其耆欲深者,其天機淺。
>
> 古之真人,不知説生,不知惡死。其出不訢,其入不距。翛然而往,翛然而來而已矣。不忘其所始,不求其所終,受而喜之,忘而復之。是之謂不以心捐道,不以人助天。是之謂真人。若然者,其心志,其容寂,其顙頯。凄然似秋,煖然似春。喜怒通四時,與物有宜而莫知其極。故聖人之用兵也,亡國而不失人心;利澤施乎萬物,不爲愛人。故樂通物,非聖人也。有親,非仁也;天時,非賢也;利害不通,非君子也;行名失己,非士也;亡身不真,非役人也。若狐不偕、務光、伯夷、叔齊、箕子、胥餘、紀他、申徒狄,是役人之役,適人之適,而不自適其適者也。
>
> 古之真人,其狀義而不朋,若不足而不承。與乎其觚而不堅也,張乎其虚而不華也,邴邴乎其似喜乎,崔乎其不得已乎,滀乎進我色也,與乎止我德也,厲乎其似世乎,謷乎其未可制也,連乎其似好閉也,悗乎忘其言也。以刑爲體,以禮爲翼,以知爲時,以德爲循。以刑爲體者,綽乎其殺也。以禮爲翼者,所以行於世也。以知爲時者,不得已於事也。以德爲循者,言其與有足者至於丘也,而人真以爲勤行者也。故其好之也一,其弗好之也一。其一也一,其不一也一。其一,與天爲徒;其不一,與人爲徒。天與人不相勝也。是之謂真人。

此節文字非莊子所作，前文對此已有論及，這裏將針對文中提出的“真人”這一概念展開討論。

第一，《莊子》内篇除此節外，從未提及所謂“真人”。莊子崇尚的是“至人”“神人”“聖人”，即《逍遥遊》所説的“至人无己，神人无功，聖人无名”。所謂的“至人”“神人”“聖人”皆是得道、體道之人，只是稱謂上有所不同罷了。成玄英疏：“至言其體，神言其用，聖言其名。故就體語至，就用語神，就名語聖，其實一也。”“至人”在《莊子》中共出現三十次，見於内篇者八次，如《齊物論》之“至人神矣！大澤焚而不能熱，河漢沍而不能寒，疾雷破山風振海而不能驚”，《德充符》之“孔丘之於至人，其未邪？彼何賓賓以學子爲？彼且蕲以諔詭幻怪之名聞，不知至人之以是爲己桎梏邪”等。“神人”在《莊子》中共出現八次，見於内篇者四次，如《人間世》之“此果不材之木也，以至於此其大也。嗟夫，神人以此不材”“此皆巫祝以知之矣，所以爲不祥也，此乃神人之所以爲大祥也”等。“聖人”在《莊子》中共出現一一三次，見於内篇者二十八次，如《齊物論》之“是以聖人不由而照之於天”“是以聖人和之以是非而休乎天鈞”等。可見，莊子推崇的是“至人”“神人”“聖人”而非“真人”。

第二，此節描述的“真人”與莊子崇尚的理想人格不符。文中説：“古之真人，其寢不夢，其覺无憂，其食不甘，其息深深。真人之息以踵，衆人之息以喉。”成玄英疏：“踵，足跟也。真人心性和緩，智照凝寂，至於氣息，亦復徐遲。脚踵中來，明其深静也。”郭嵩燾《莊子評注》云：“存息於無息之地，而後納之深，泊然寂然，無出無入，無往無來，鬱怒之所不能結，耆欲之所不能加，百骸九竅六藏，一不與爲灌輸，而退而寄之於踵，乃以養息於深微博厚而寓諸無窮。”可見所謂“息以踵”云云乃導引養生之法，這種以人爲的方式獲得長生久視並非莊子所追求和嚮往的。《齊物論》云：“天下莫大於秋豪之末，而大山爲小；莫壽於殤子，而彭祖爲夭。天地與我並生，而萬物與我爲一。”在莊子看來，活了八百歲的彭祖並不比殤子更長壽。莊子主張安時處順，追求的是天人合一的境界，而不是個體壽命的短長。《刻意》云：“吹响呼吸，吐故納新，熊經鳥申，爲壽而已矣。此導引之士，養形之人，彭祖壽考者之所好也。若夫不刻意而高，无仁義而修，无功名而治，无江海而閑，不導引而壽，无不忘也，无不有也。淡然无極而衆美從之，此天地之道，聖人之德也。”可見息之以踵之功法不過是導引之士、養形之人而已，離天地之道、聖人之德還很遥遠。文中雖然也説“古之真人，不知説生，不知惡死。其出不訢，其入不距”，但其畢竟是講究導引之術的“息以踵”之真人，與《逍遥遊》“肌膚若冰雪，淖約若處子，不食五穀，吸風飲露，乘雲氣，御飛龍，而遊乎四海之外”之神人完全是兩種氣象。就世間而言，《大宗師》中的子桑户、孟子反、子琴張諸人才是作者推崇的得道之人，因爲他們能“以生爲附贅懸疣，以死爲決𤴯潰癰。夫若然者，又惡乎知死生先後之所在？假於異物，託於同體，忘其肝膽，遺其耳目，反復終始，不知端倪。芒然彷徨乎塵垢之外，逍遥乎无爲之業”。這種人怎麼能像所謂“真人”那樣耽於導引氣息之術以求長生呢？張恒壽云：“‘真人’這一名稱中所包括的內容，在一般情況下是指養生長壽者而言，和聖人、至人的內容不同。《大宗師》這幾段中，從四方面描述了真人之狀（宣穎稱爲真人四解），其中所説‘其寢不夢，其覺无憂，其食不甘，其息深深’，‘真人之息以踵，衆人之息以喉’等語，和《刻意》及《吕覽・先己》篇所描寫的‘真人之狀’完全相似，而和《逍遥遊》《達生》所描寫的聖人、至人，很不相同，和本篇後半篇所描寫的‘上與造物者遊，而下與无終始者爲友’的聖人，就更不同了。”① 其説是。

第三，文中對真人的描寫雕琢呆板，迂曲難通，與莊文不類。其文云：

> 古之真人，其狀義而不朋，若不足而不承。與乎其觚而不堅也，張乎其虛而不華也，邴邴乎其似喜乎，崔乎其不得已乎，滀乎進我色也，與乎止我德也，厲乎其似世乎，謷乎其未可制也，連乎其似好閉也，悗乎忘其言也。

此文與莊子“謬悠之説、荒唐之言、无端崖之辭”相去甚遠，蓋仿《老子》十五章而作。《老子》十五章：“古之善爲士者，微妙玄通，深不可識。夫唯不可識，故强爲之容：豫焉若冬涉川；猶兮若畏四鄰；儼兮其若客；涣兮若冰之將釋；敦兮其若樸；曠兮其若谷；混兮其若濁。”《老子》此章主要是描寫得道者虛懷若谷、深不可識之貌，行文樸實明了，意境幽深玄遠。而《大宗師》對真人的描述澀滯刻板，仿造的痕跡明顯，不是莊子的手筆。

第四，從“故聖人之用兵也”至“而不自適其適者也”，應爲後來插入的文字。因爲《大宗師》此節皆爲討論“真人”的文字，而“故聖人

① 張恒壽：《莊子新探》，武漢，湖北人民出版社，1983，第57頁。

之用兵也”云云與上下文皆無關聯，顯非原文之舊。另外，文中將人分爲聖人、仁人、賢人、君子、士人、役人等階層，亦與莊學相背。又文中批判的狐不偕、務光、伯夷、叔齊、紀他、申徒狄等人，除此節外，皆不見於内篇，而與《外物》篇的表述近似：“堯與許由天下，許由逃之；湯與務光，務光怒之。紀他聞之，帥弟子而踆於窾水，諸侯弔之。三年，申徒狄因以踣河。”所不同的是，《大宗師》批判的人物中没有許由，蓋因許由並非内篇批判對象，故編者將其刪除。此節文字最後“是役人之役，適人之適，而不自適其適者也”諸句與《駢拇》篇“適人之適而不自適其適者也。夫適人之適而不自適其適，雖盜跖與伯夷，是同爲淫僻也”相近，蓋其作者存在關聯。

第五，文中“以刑爲體，以禮爲翼，以知爲時，以德爲循。以刑爲體者，綽乎其殺也。以禮爲翼者，所以行於世也。以知爲時者，不得已於事也。以德爲循者，言其與有足者至於丘也，而人真以爲勤行者也”一段文字，顯然與内篇主張相牴牾，應是戰國末期稷下道家的文字。

綜上，《大宗師》中描述的“真人”與莊子的理想人格不符。另外，此節内容較爲散亂，蓋非成於一人之手。從行文上看，文中有些表述與《駢拇》篇的作者存在關聯，當成於戰國晚期，因其討論的是“真人”問題，編者將其置入内篇。因此我認爲所謂“真人”是晚出的稱謂，並不是莊子崇尚的人物。

《莊子》外雜篇中“真人”出現的次數逐漸多了起來，列舉如下：

> 純素之道，唯神是守，守而勿失，與神爲一。一之精通，合於天倫。野語有之曰：“衆人重利，廉士重名，賢士尚志，聖人貴精。”故素也者，謂其无所與雜也；純也者，謂其不虧其神也。能體純素，謂之真人。(《刻意》)
>
> 仲尼聞之曰：“古之真人，知者不得説，美人不得濫，盜人不得劫，伏戲、黄帝不得友。死生亦大矣，而无變乎己，況爵禄乎！若然者，其神經乎大山而无介，入乎淵泉而不濡，處卑細而不憊，充滿天地，既以與人己愈有。”(《田子方》)
>
> 女商曰：“先生獨何以説吾君乎？吾所以説吾君者，横説之則以《詩》《書》《禮》《樂》，從説之則以《金板》《六弢》，奉事而大有功者不可爲數，而吾君未嘗啓齒。今先生何以説吾君？使吾君説若此乎？”徐无鬼曰：“吾直告之吾相狗馬耳。”女商曰：“若是乎？”曰：“子不聞夫越之流人乎？去國數日，見其所知而喜；去國旬月，見所

嘗見於國中者喜；及期年也，見似人者而喜矣。不亦去人滋久、思人滋深乎？夫逃虚空者，藜藋柱乎猩鼬之徑，踉位其空，聞人足音跫然而喜矣，又况乎昆弟親戚之謦咳其側者乎！久矣夫，莫以真人之言謦咳吾君之側乎！"

是以神人惡衆至，衆至則不比，不比則不利也。故无所甚親，无所甚疏，抱德煬和，以順天下，此謂真人。……古之真人，以天待之，不以人入天。古之真人，得之也生，失之也死；得之也死，失之也生。(《徐无鬼》)

爲外刑者，金與木也；爲内刑者，動與過也。宵人之離外刑者，金木訊之；離内刑者，陰陽食之。夫免乎外内之刑者，唯真人能之。(《列禦寇》)

以深爲根，以約爲紀。曰："堅則毁矣，鋭則挫矣。"常寬容於物，不削於人。可謂至極，關尹、老聃乎，古之博大真人哉！(《天下》)

《刻意》篇將"真人"描述爲"能體純素"之人。何謂"純素"？作者指出："故素也者，謂其無所與雜也；純也者，謂其不虧其神也。"作者認爲"純素之道"就是"唯神是守，守而勿失，與神爲一。一之精通，合於天倫。"也就是説，真人能够持守純素之天性，合於自然。

《田子方》篇之"真人"能够棄利害，遺死生，忘我無待。

《徐无鬼》所説的"真人之言"是指合於本性之言。作者認爲《詩》《書》《禮》《樂》《金板》《六弢》皆爲形跡而非真性也，故武侯聞之而不悦。宣穎《南華經解》云："夫真，人所固有，但爲物累迷喪耳。今以真人之言，謦欬其側，不啻遇至戚矣，烏得不悦。"文中"是以神人惡衆至……抱德煬和，以順天下，此謂真人"之表述，視"真人"爲"神人"，這裹的"真人"與内篇的"神人"已經没有什麽差别了。作者還説："古之真人，以天待之，不以人入天。古之真人，得之也生，失之也死；得之也死，失之也生。"意思是説，真人以自然之道對待人事，而不以人事干預自然天道，真人不執著於得失。

《列禦寇》謂真人忘我，故無外内之刑。

《天下》篇稱關尹、老聃爲"古之博大真人"，作者已將"真人"的地位提升至空前的高度。

綜上，《莊子》外雜篇之"真人"皆爲忘我無待、持守天性之人，與《大宗師》中修煉導引之術的"息以踵"之真人並不相同，而與内篇之

"至人""神人""聖人"却是一路人。蓋道家之真人分爲兩派，一派爲求道派，另一派爲養生派，秦漢文獻中一些關於真人的記述也反映了這一情況。

> 真人者，知大己而小天下，貴治身而賤治人，不以物滑和，不以欲亂情，隱其名姓，有道則隱，无道則見，爲无爲，事无事，知不知也。懷天道，包天心，噓吸陰陽，吐故納新，與陰俱閉，與陽俱開，與剛柔卷舒，與陰陽俯仰，與天同心，與道同體；无所樂，无所苦，无所喜，无所怒，萬物玄同，无非无是。夫形傷乎寒暑燥濕之虐者，形究而神杜；神傷於喜怒思慮之患者，神盡而形有餘。故真人用心復性，依神相扶，而得終始，是以其寢不夢，覺而不憂。(《文子·道原》)
>
> 若夫神无所掩，心无所載，通洞條達，澹然无事，勢利不能誘，聲色不能淫，辯者不能説，智者不能動，勇者不能恐，此真人之遊也。(《文子·守真》)

《道原》篇記述的"真人"，乃是修煉"噓吸陰陽，吐故納新，與陰俱閉，與陽俱開"之術的導引之士、養形之人，屬於"真人"中的養生派。《守真》篇去智無我之"真人"當屬求道派。

> 凡事之本，必先治身，嗇其大寶。用其新，棄其陳，腠理遂通。精氣日新，邪氣盡去，及其天年。此之謂真人。(《吕氏春秋·先己》)

《先己》篇記述的"真人"亦爲導引養形之士。

> 所謂真人者也，性合於道也。故有而若無，實而若虚；處其一不知其二，治其内不識其外。明白太素，無爲復樸，體本抱神，以游於天地之樊。芒然仿佯於塵垢之外，而消摇於無事之業。浩浩蕩蕩乎，機械之巧弗載於心。是故死生亦大矣，而不爲變。雖天地覆育，亦不與之抮抱矣。審乎無瑕，而不與物糅；見事之亂，而能守其宗。若然者，正肝膽，遺耳目，心志專于内，通達耦于一，居不知所爲，行不知所之，渾然而往，逯然而來，形若槁木，心若死灰。忘其五藏，損其形骸，不學而知，不視而見，不爲而成，不治而辯，感而應，迫而動，不得已而往，如光之燿，如景之放，以道爲紃，

有待而然。抱其太清之本，而無所容與，而物無能營。廓惝而虛，清靖而無思慮。大澤焚而不能熱，河、漢涸而不能寒也。大雷毀山而不能驚也，大風晦日而不能傷也。是故視珍寶珠玉，猶石礫也；視至尊窮寵，猶行客也；視毛嬙、西施，猶頬醜也。以死生爲一化，以萬物爲一方，同精於太清之本，而游於忽區之旁。有精而不使，有神而不行，契大渾之樸，而立至清之中。是故其寢不夢，其智不萌，其魄不抑，其魂不騰。反復終始，不知其端緒，甘瞑太宵之宅，而覺視于昭昭之宇，休息于無委曲之隅，而游敖于無形埒之野。居而無容，處而無所，其動無形，其靜無體，存而若亡，生而若死，出入無間，役使鬼神。淪於不測，入於無間，以不同形相嬗也，終始若環，莫得其倫。此精神之所以能登假於道也。是故真人之所游。若吹呴呼吸，吐故內新，熊經鳥伸，鳧浴蝯躩，鴟視虎顧，是養形之人也，不以滑心。(《淮南子・精神訓》)

此節文字乃編者雜引諸書而成。編者認爲"真人"應當"性合於道"，至於"吹呴呼吸，吐故内新，熊經鳥伸，鳧浴蝯躩，鴟視虎顧"者，乃養形之人。

總體説來，《莊子》内篇並未使用"真人"一詞，《大宗師》篇關於"真人"的論述應當是後人插入的文字。蓋莊子後學首先提出了"真人"這一概念，很快便得到文人的認同並在社會上傳播開來。隨著時間的推移，"真人"的地位不斷提升，至《天下》篇時已將關尹、老聃稱爲古之博大真人了。《文子・微明》亦云："天有五方，地有五行，聲有五音，物有五味，色有五章，人有五位，故天地之間有二十五人也。上五有神人、真人、道人、至人、聖人；次五有德人、賢人、智人、善人、辯人；中五有公人、忠人、信人、義人、禮人；次五有士人、工人、虞人、農人、商人；下五有衆人、奴人、愚人、肉人、小人。上五之與下五，猶人之與牛馬也。聖人者以目視，以耳聽，以口言，以足行。真人者，不視而明，不聽而聰，不行而從，不言而公。""真人"的地位已遠超"聖人"了。

當然，"真人"一詞是在"真"字出現的基礎上産生的，而大量使用"真"字並賦予其哲學意藴的先秦文獻非《莊子》莫屬。《莊子》中"真"字的詞義也存在一個發展演變的過程。内篇《齊物論》之"真君""真宰""真僞""無益損乎其真"及《應帝王》之"其德甚真"中的"真"字，基本都是本真、純正的意思，此意承"貞"而來，乃"真"之常用義。而《大宗師》“莫然有間，而子桑户死，未葬，孔子聞之，使子貢往侍事焉，或鼓琴，相和而歌曰：‘嗟來桑户乎！嗟來桑户乎！而已反其真，而我猶爲人猗’”中的“真”字，是根本、本原的意思，具有較强的哲學意味。此節文字乃《天下》篇所謂“上與造物者遊，而下與外死生、无終始者爲友”者也，應是莊子的文字。也就是説，在莊子的作品中，具有哲學意義的“真”字已經出現，外雜篇中這種用法逐漸增多，列舉如下：

> 夫至人有世，不亦大乎，而不足以爲之累；天下奮棅而不與之偕；審乎无假而不與利遷；極物之真，能守其本。(《天道》)
>
> 逍遥，无爲也；苟簡，易養也；不貸，无出也。古者謂是采真之遊。(《天運》)
>
> 故曰：无以人滅天，无以故滅命，无以得殉名。謹守而勿失，是謂反其真。(《秋水》)
>
> 不開人之天，而開天之天，開天者德生，開人者賊生。不厭其天，不忽於人，民幾乎以其真。(《達生》)
>
> 螳蜋執翳而搏之，見得而忘其形。異鵲從而利之，見利而忘其真……莊周曰："吾守形而忘身，觀於濁水而迷於清淵。且吾聞諸夫子曰：‘入其俗，從其令。’今吾遊於雕陵而忘吾身，異鵲感吾顙，遊於栗林而忘真。栗林虞人以吾爲戮，吾所以不庭也。"(《山木》)
>
> 子方曰："其爲人也真。人貌而天虚，緣而葆真，清而容物，物无道，正容以悟之，使人之意也消。无擇何足以稱之！"(《田子方》)
>
> 道之真以治身，其緒餘以爲國家，其土苴以治天下。(《讓王》)
>
> 此六子者，世之所高也。孰論之，皆以利惑其真而强反其情性，其行乃甚可羞也……子之道狂狂汲汲，詐巧虚僞事也，非可以全真也，奚足論哉！(《盗跖》)
>
> 不離於宗，謂之天人；不離於精，謂之神人；不離於真，謂之至人。(《天下》)

以上列舉的文字中有些内容蓋亦出自莊子之手，如《秋水》《山木》《田子方》等。也就是説，較多使用“真”字並在哲學層面闡釋“真”字的人應該是莊子。莊子後學承莊子而用之，在使用過程中，“真”字的含義變得更爲豐富，逐漸成爲生活中的常用詞語。

從内容上看，《天道》“極物之真”中的“真”字是本性的意思，此句意爲洞徹萬物之本性。下句"能守其本"的意思是知真故能守本，可見作者是在哲學層面上使用"真"字的。《天道》篇之"古者謂是采真之遊"，"采真"猶言回歸本性。《秋水》篇之"是謂反其真"中的"真"字與《大宗師》"而已反其真"中的"真"字用法相同，都是本性的意思。《達生》篇"民幾乎以其真"，意思是説這樣老百姓就差不多可以按照其本性行事了，"真"是本性的意思。《山木》篇之"見利而忘其真""遊於栗林而忘真"中的"真"字，都是本性的意思。《田子方》之"其爲人也真"中的"真"字是純真的意思；"緣而葆真"中的"真"是本性的意思。《讓王》篇"道之真以治身"中的"真"是精華的意思。《盜跖》篇"皆以利惑其真而强反其情性""非可以全真也"中的"真"字都是本性的意思。《天下》篇"不離於宗，謂之天人。不離於精，謂之神人。不離於真，謂之至人"中的"宗""精""真"皆指道，語出《老子》二十一章："窈兮冥兮，其中有精；其精甚真，其中有信。"林希逸《南華真經口義》云："曰宗、曰精、曰真，皆與'一'字同，但如此作文耳。"天人、神人、至人，皆指體道之人，並無差别。

值得注意的是，《莊子》中集中、深入討論"真"字問題的當屬《漁父》篇，其文如下：

> 孔子愀然曰："請問何謂真?"客曰："真者，精誠之至也。不精不誠，不能動人。故强哭者，雖悲不哀；强怒者，雖嚴不威；强親者，雖笑不和。真悲无聲而哀，真怒未發而威，真親未笑而和。真在内者，神動於外，是所以貴真也。其用於人理也，事親則慈孝，事君則忠貞，飲酒則歡樂，處喪則悲哀。忠貞以功爲主，飲酒以樂爲主，處喪以哀爲主，事親以適爲主。功成之美，无一其跡矣；事親以適，不論所以矣；飲酒以樂，不選其具矣；處喪以哀，无問其禮矣。禮者，世俗之所爲也；真者，所以受於天也，自然不可易也。故聖人法天貴真，不拘於俗。愚者反此。不能法天而恤於人，不知貴真，禄禄而受變於俗，故不足。惜哉，子之蚤湛於人僞而晚聞大道也!"

作者認爲"精誠之至"謂之"真"。"精"者，純也，即精純、純正之意。《廣韻·清韻》："精，正也。""誠"者，實也。《增韻·清韻》："誠，無僞也，真也，實也。"即精純、誠實之至者謂之"真"。作者這裏强調的是"真"的本然、天然之屬性，其間不包含任何人爲的因素。只有發乎天性、出自真情者方能動人，即“真悲无聲而哀，真怒未發而威，真親未笑而和”，否則雖悲不哀，雖怒不威，雖笑不和。之所以如此，是因爲“真者，所以受於天也，自然不可易也”。作者認爲物之本性皆禀受於自然，物性是物存在的根據，是不可改變的。所以聖人能够做到“法天貴真”，即效法自然，持守天性。這裏作者將“真”與“天”緊密聯繫在一起，爲“貴真”的主張找到了理論根據。至此，道家之“真”已上升到本體層面，“天”之於“真”猶“道”之於“德”。《漁父》篇成於何時尚無定説，從内容上看，作者對儒家的態度温和，如“其用於人理也，事親則慈孝，事君則忠貞，飲酒則歡樂，處喪則悲哀”，與《駢拇》等篇存在明顯差異，蓋出自稷下道家之手，成於戰國晚期。

綜上，《莊子》中“真”字的使用情况大概是這樣的，早期是在“本真”“純正”等常用義上使用“真”字，如“真宰”“真君”“真僞”“無益損乎其真”“其德甚真”等。後來“真”字在“本真”“純正”的基礎上産生出“本性”的意思，並將“真”與“天”聯繫在一起，提出“法天貴真”之主張，“真”逐漸成爲道家哲學的核心詞語。

第十二章　衛道派及其代表作品

我們這裏所説的衛道派，是指以弘揚和捍衛道家學説爲己任、旗幟鮮明地反對儒家仁義聖知學説的學術派别。我們所説的衛道派，羅根澤、張恒壽稱之爲“左派道家”或“道家左派”，劉笑敢稱之爲“無君派”。

我們認爲將此派别稱爲道家左派並不準確。“左派”一詞源於法國大革命時期。在一七八九年制憲會議上辯論時，第三階層的代表恰好坐在會議主持人的左邊，第一、第二階層的代表坐在主持人右邊，於是人們習慣將革命的一派稱爲“左派”，將反對革命的一派稱爲“右派”。隨著時間的推移，“左派”的含義不斷變化，並衍生出左翼、左傾、極左等説法。可見所謂“左派”乃是近代産生的一個政治詞語，並不是一個學術用語。中國古代的學術派别中並無所謂道家“左派”“右派”的説法，將《駢拇》諸篇的作者稱爲道家左派顯然是不恰當的。

劉笑敢將此派别稱爲“無君派”也頗爲不妥，這樣的稱謂好像此學派的主旨就是反對君王統治。其實不然，《駢拇》諸篇反對的是儒家所推崇的聖人及其倡導的仁義學説，即所謂的“絶聖棄知”。他們反對的是以智治天下而不是君主的統治，正如《在宥》所言：“故君子不得已而臨莅天下，莫若无爲。”故以“無君”二字概括此派别的學術主張顯然失之偏頗。

前文對此學派的作品已進行過梳理，主要包括《駢拇》《馬蹄》《胠篋》，《在宥》第一和第二部分，《天地》第十四部分，《天運》第七部分，《徐无鬼》第一部分，《盜跖》第二部分。

劉笑敢之“無君派”除《駢拇》《馬蹄》《胠篋》及《在宥上》外，還包括《讓王》《盜跖》《漁父》三篇。《讓王》篇乃圍繞讓王貴生這一主題雜凑《吕氏春秋》等先秦文獻而成，前文已有詳論。此文宣揚“生”貴於萬物，以天下易其雙臂而不爲也。此與衛道派的主張不合，將其與《駢拇》諸篇歸爲一類是不妥的。《盜跖》篇由三部分文字組成，第一部分從“孔子與柳下季爲友”至“幾不免虎口哉”。此文借盜跖之口抨擊儒家之聖賢，詆毁孔子，主張及時行樂。作者指出：“天與地无窮，人死者有時，操有時之具而託於无窮之閒，忽然无異騏驥之馳過隙也。不能説其志意，養其壽命者，皆非通道者也。”此觀點顯然與道家主張不符，與《駢拇》諸篇不是同類文字。第二部分從“子張問於滿苟得曰”至“離其患也”。文中子張代表儒者，主張爲行，認爲“子不爲行，即將疏戚无倫，貴賤无義，長幼无序；五紀六位，將何以爲别乎”。而滿苟得對儒家的批駁語詞激烈，與《駢拇》諸篇近似，如“小盜者拘，大盜者爲諸侯，諸侯之門，義士存焉”，即《胠篋》篇之“彼竊鉤者誅，竊國者爲諸侯。諸侯之門，而仁義存焉”。此部分與《駢拇》諸篇是同類作品。第三部分從“无足問於知和曰”至篇末。作者主張不要追逐名利，不要放縱嗜欲。作者並没有抨擊儒家之聖賢，如“堯舜爲帝而雍，非仁天下也，不以美害生；善卷、許由得帝而不受，非虚辭讓也，不以事害己”。作者對堯舜的稱許與《駢拇》諸篇抨擊堯舜的態度有别，二者不是同類文字。可見劉氏將《盜跖》全篇與《駢拇》諸篇劃爲同類文字亦爲不妥。《漁父》篇的基本主張是法天貴真。文中對儒家的觀念並不排斥，如“其用於人理也，事親則慈孝，事君則忠貞”，此與《駢拇》諸篇痛斥儒家的態度有别，二者不是同類文字。

下面解讀一下衛道派的思想特征。

我們稱之爲“衛道派”，表明此學派與老莊道家具有内在關聯。從義理上看，此學派主張持守物性，不失“常然”，勿喪“性命之情”。如《駢拇》：

> 天下有常然，常然者，曲者不以鉤，直者不以繩，圓者不以規，方者不以矩，附離不以膠漆，約束不以纆索。故天下誘然皆生而不知其所以生，同焉皆得而不知其所以得。故古今不二，不可虧也。
>
> 彼正（至）正者，不失其性命之情。故合者不爲駢，而枝者不爲跂，長者不爲有餘，短者不爲不足。是故鳧脛雖短，續之則憂，鶴脛雖長，斷之則悲。故性長非所斷，性短非所續，無所去憂也。

文中所謂的“常然”，就是自然賦予萬物的本然之性，就是物之所是，是事物存在的根由，萬物之性皆本自自然。故“曲者不以鉤，直者不以繩，圓者不以規，方者不以矩，附離不以膠漆，約束不以纆索”。意思是説，物之方圓曲直皆物性使然，並不是外力約束的結果。即萬物皆自然天成，不知所以然而然，没有爲什麽，“故天下誘然皆生而不知其所以生，同焉皆得而不知其所以得”。所謂至正，就是不要喪失物之天然本性。故合於本性者，連生也不爲駢，多生也不爲枝，長者不爲有餘，短者不爲不足。所以本性長的就不要人爲地截短，本性短的也不要人爲地接長，因爲天性如此。作者崇尚自然之主張顯然與莊子的思想是一脈相承的。然其與莊學的差異也是非常明顯的，這主要體現在以下幾個方面。

從言説方式上看，莊子的言説方式是所謂的“三言”，即《寓言》篇之“寓言十九，重言十七，卮言日出”。此三言雖名稱不同，其實質並無差異，都是指無成心之言。何謂“成心”？就是人的主觀成見。

> 夫隨其成心而師之，誰獨且无師乎？奚必知代而心自取者有之？愚者與有焉。未成乎心而有是非，是今日適越而昔至也，是以無有爲有。(《齊物論》)

莊子認爲，世間本無是與非，所有的是是非非皆成心使然。人剛剛來到這個世界的時候，並無所謂是非、美醜、貴賤之别，隨著年歲的增長，逐漸形成了自己的是非觀念。不管你聰明也好，愚鈍也罷，每個人都有自己的成心。由於是非標準各不相同，所以才産生了儒墨之是非，以是其所非而非其所是。如果没有成心却有了是非，這就像今天去越國昨天就已經到了一樣，是根本不可能發生的事。也就是説，是成心使辯者整日論辯不休，“與物相刃相靡，其行盡如馳，而莫之能止，不亦悲乎！終身役役而不見其成功，苶然疲役而不知其所歸，可不哀邪！人謂之不死，奚益？其形化，其心與之然，可不謂大哀乎”。可見此路是行不通的，只有捐棄成心，才能超越是非。

> 道惡乎隱而有真僞？言惡乎隱而有是非？道惡乎往而不存？言惡乎存而不可？道隱於小成，言隱於榮華。故有儒墨之是非，以是其所非而非其所是。欲是其所非而非其所是，則莫若以明。(《齊物論》)

作者指出，由於道和言被人們的成心遮蔽了才産生是非之争。文中所説的“言”指的是道言。何謂“道言”？道言乃大道説話的方式。道如何説？道説顯示，道説乃無聲之大音，也就是老子所説的“大音希聲”。自然有所顯示人才能有所言，人言歸依道言。《寓言》云：“言无言：終身言，未嘗言；終身不言，未嘗不言。”所謂“无言”，即無成心之言，亦即道言。意謂言與不言不取決於“我”，而是聽憑於自然，因爲“我”説的是無心之道言。《天下》篇云：“以卮言爲曼衍，以重言爲真，以寓言爲廣。獨與天地精神往來而不敖倪於萬物。不譴是非，以與世俗處。”可見莊子説的是“不譴是非”的無成心之道言，而不是辯者之言，這是莊子的説話方式。所謂的“莫若以明”，是説莊子的内心是空明的，是没有是非成見的。他以空明無待之心觀照萬物，感知自然，故而抽身於百家之外，逍遥於無待之境。其作品大多以寓言明理，對百家的態度也是温和的，没有聲嘶力竭的謾罵，也没有怒不可遏的怒吼。

《駢拇》諸篇與莊子的言説方式可謂大相徑庭。他們以道家捍衛者的身份躋身於百家之中，充滿激情地與百家相抗争，時而謾罵，時而怒吼，説的是是非之言，講的是成心之語，與莊子之“三言”大異其趣。他們抨擊的主要對象是儒家之聖人及其倡導的仁義學説。如：

> 及至聖人，蹩躠爲仁，踶跂爲義，而天下始疑矣。澶漫爲樂，摘僻爲禮，而天下始分矣。故純樸不殘，孰爲犧尊？白玉不毁，孰爲圭璋？道德不廢，安取仁義？性情不離，安用禮樂？五色不亂，孰爲文采？五聲不亂，孰應六律？夫殘樸以爲器，工匠之罪也。毁道德以爲仁義，聖人之過也。(《馬蹄》)
>
> 聖人不死，大盗不止。雖重聖人而治天下，則是重利盗跖也。爲之斗斛以量之，則並與斗斛而竊之，爲之權衡以稱之，則並與權衡而竊之，爲之符璽以信之，則並與符璽而竊之，爲之仁義以矯之，則並與仁義而竊之。何以知其然邪？彼竊鉤者誅，竊國者爲諸侯。諸侯之門，而仁義存焉。則是非竊仁義聖知邪？故逐於大盗，揭諸侯，竊仁義，並斗斛權衡符璽之利者，雖有軒冕之賞弗能勸，斧鉞之威弗能禁。此重利盗跖而使不可禁者，是乃聖人之過也。(《胠篋》)

衛道派的文字與内篇相比，無論是言説方式還是其學術主張都存在較大差異。作者對聖人的抨擊可謂不遺餘力，毫不留情。“聖人”一詞在内篇中出現了近三十次，皆指體道之人，是道家理想的人格形態。及至《駢拇》諸篇，“聖人”已成爲十惡不赦的罪人，即所謂“聖人不死，大盗不止”“絶聖棄知，大盗乃止”；他們毒如“蠆蠆之尾”，還自詡聖人，“不可恥乎”！衛道派所謂的“聖人”，是指宣揚仁義禮知學説的儒家之聖人，而非内篇所崇尚的道家之聖人。另外，外雜篇中除《駢拇》諸篇章外，亦無抨擊聖人的現象，可見詆毁聖人乃衛道派一個非常顯著的特征。作者詆毁的聖人大概包括黄帝、堯、舜、禹、湯、武王、周公等。

《胠篋》篇中，作者認爲軒轅氏的時候乃是“至德之世”，那時候的百姓皆甘其食，美其服，安其居，樂其俗，這是道家的理想社會。《天運》篇之黄帝“使民心一”，是説黄帝使百姓持守純樸之天性，無所偏私，故其親死不哭而民不非也。而《在宥》篇的作者認爲黄帝始創仁義學説，堯舜法之，以至於股無胈，脛無毛，愁苦一生。可以看出，衛道派的作品對黄帝的評價並不一致，蓋戰國晚期，黄帝或屬儒家，或屬道家，尚未定型。關於黄帝其人後文將有詳細的論證，此不多言。衛道派對儒家之聖人堯、舜、禹的抨擊十分猛烈，其與内篇存在較大差異。内篇也多次提及堯舜，如：

之人也，之德也，將旁礴萬物以爲一，世蘄乎亂，孰弊弊焉以天下爲事！之人也，物莫之傷，大浸稽天而不溺，大旱金石流土山焦而不熱。是其塵垢粃糠，將猶陶鑄堯舜者也，孰肯以物爲事！(《逍遥遊》)

堯治天下之民，平海内之政，往見四子藐姑射之山，汾水之陽，窅然喪其天下焉。(《逍遥遊》)

在莊子看來，儒家之聖人堯舜不過是道家神人身上的塵垢粃糠而已。也就是説，堯舜與得道之神人没有任何可比性，無論是思想境界還是生活方式都不在一個層次上，不可同日而語，雙方還不是對手關係，因而堯舜並不是内篇所要抨擊的對象。而堯對於得道之神人亦心嚮往之，所以能不辭勞苦地往見四子藐姑射之山，最後已然“喪其天下”。内篇中還有幾處議論堯舜的文字：

故昔者堯問於舜曰：“我欲伐宗、膾、胥敖，南面而不釋然，其故何也？”舜曰：“夫三子者，猶存乎蓬艾之間。若不釋然，何哉？昔者十日並出，萬物皆照，而況德之進乎日者乎！”(《齊物論》)

且昔者桀殺關龍逢，紂殺王子比干，是皆修其身以下傴拊人之民，以下拂其上者也，故其君因其修以擠之。是好名者也。昔者堯攻叢枝、胥敖，禹攻有扈，國爲虚厲，身爲刑戮，其用兵不止，其求實无已。是皆求名實者也，而獨不聞之乎？名實者，聖人之所不能勝也，而況若乎！(《人間世》)

意而子見許由。許由曰：“堯何以資汝？”意而子曰：“堯謂我：‘汝必躬服仁義而明言是非。’”許由曰：“而奚來爲軹？夫堯既已黥汝以仁義，而劓汝以是非矣，汝將何以遊夫遥蕩恣睢轉徙之塗乎？”(《大宗師》)

以上三節是抨擊堯舜的文字。《齊物論》之堯欲伐宗、膾、胥敖，是想把自己的意願强加於三國。而文中舜代表的却是得道者，並指出無形之德比有形之日給人們的危害更大。可見此節之用意並不是要非堯而譽舜，不過是借堯舜以明理而已。《人間世》中桀紂求名以殺忠臣，堯禹求實以屠鄰國，這都是追逐名利引來的禍患。在作者眼中，桀紂、堯禹或求名，或逐利，二者並無差異。《大宗師》中的堯主張踐行仁義明辨是非。道家認爲仁義、是非都是對人自然本性的傷害，天道無親。在作者眼中，堯是仁義學説的代言人，衛道派對堯舜及仁義學説的批判當與内篇有因承關係，只不過是言辭更爲激烈罷了。另外，内篇中也有稱許堯舜的文字，如：

> 夫徇耳目内通而外於心知，鬼神將來舍，而況人乎！是萬物之化也，禹舜之所紐也，伏戲几蘧之所行終，而況散焉者乎！(《人間世》)
>
> 受命於地，唯松柏獨也在冬夏青青；受命於天，唯舜獨也正，幸能正生，以正衆生。(《德充符》)

以上兩節都是孔子説的話。第一節的意思是説只有去智忘我，才能與物爲一，這是虞舜處世之關鍵所在，也是伏戲几蘧一生所遵循的，何況普通的人呢！第二節的意思是説禀受於大地，唯松柏得其真性而冬夏常青；禀受於自然，唯虞舜得其真性而爲萬物之表率。内篇中孔子經常充當道家的代言人，此兩節孔子説的都是道家語。可見文中的禹舜並非是指儒家的禹舜，孔子、禹舜不過是作者的道具而已，都是寓言中的人物，並不是作者在真心實意地稱頌禹舜。内篇的核心主張是捐棄成心，混同是非，即《大宗師》所謂“與其譽堯而非桀也，不如兩忘而化其道”。故内篇中無論譽堯還是非堯，都是以寓言的形式出現的，與論辯式的文體具有本質的差異。衛道派抨擊堯舜的文字主要有：

> 昔堯之治天下也，使天下欣欣焉人樂其性，是不恬也；桀之治天下也，使天下瘁瘁焉人苦其性，是不愉也。夫不恬不愉，非德也。非德也而可長久者，天下无之。(《在宥》)

作者認爲無論堯使民樂其性還是桀使民苦其性，都是對人天性的一種損害。因此從傷德害性的角度看，堯和桀是一樣的。儒家是堯而非桀，不過是成心使然。

堯之治天下，使民心親。民有爲其親殺其殺而民不非也。舜之治天下，使民心競，民孕婦十月生子，子生五月而能言，不至乎孩而始誰，則人始有夭矣。禹之治天下，使民心變，人有心而兵有順，殺盜非殺，人自爲種而天下耳，是以天下大駭，儒墨皆起。其作始有倫，而今乎婦，女何言哉！余語汝，三皇五帝之治天下，名曰治之，而亂莫甚焉。三皇之知，上悖日月之明，下睽山川之精，中墮四時之施。其知憯於蠆蠆之尾，鮮規之獸，莫得安其性命之情者，而猶自以爲聖人，不可恥乎？其无恥也？（《天運》）

作者指出，民心生變始自堯舜。堯使民生偏私之心，舜使民生競争之心，禹使民生變詐之心。自此以往，是非作而儒墨起，故三皇五帝之治天下，名曰治之而亂莫甚焉。而堯舜還自以爲聖人，這不是很可耻嗎！作者將堯舜禹比作“蠆蠆之尾，鮮規之獸”，這種激憤的言辭與内篇行文的風格存在明顯差異。

齧缺遇許由，曰：“子將奚之？”曰：“將逃堯。”曰：“奚謂邪？”曰：“夫堯，畜畜然仁，吾恐其爲天下笑。後世其人與人相食與！夫民，不難聚也；愛之則親，利之則至，譽之則勸，致其所惡則散。愛利出乎仁義，捐仁義者寡，利仁義者衆。夫仁義之行，唯且无誠，且假乎禽貪者器。是以一人之斷制利天下，譬之猶一覕也。夫堯知賢人之利天下也，而不知其賊天下也，夫唯外乎賢者知之矣。”（《徐无鬼》）

從人物關係上看，此文顯然與《逍遥遊》堯讓天下於許由存在關聯。不過《逍遥遊》中的堯還不是一個仁義學説的倡導者，而是道家文化的追隨者，他曾到姑射山拜見神人，還能“喪其天下”。而此文中的堯則不遺餘力地倡導仁義學説，其結果是使後世人相食。可見堯在内篇還是一個可以教化的對象，而在衛道派眼裏堯已然是罪惡之源。

堯殺長子，舜流母弟，疏戚有倫乎？湯放桀，武王殺紂，貴賤有義乎？王季爲適，周公殺兄，長幼有序乎？儒者僞辭，墨子兼愛，五紀六位將有别乎？（《盗跖》）

值得注意的是，衛道派不但抨擊堯舜禹，而且對商湯、武王、周公等也加以批駁，而内篇中並没有否定後者的言論。蓋至戰國晚期，商湯、文王、武王、周公等在儒家文化中的地位日益尊顯，因此成爲衛道派批判的對象。

總體上看，内篇之堯舜不過是神人身上的塵垢而已。堯舜經常以道家追隨者的面目出現，並不是作者批判的對象。至戰國晚期，堯舜已經以儒家之聖人的面目出現，必然成爲衛道派抨擊的目標。

從社會層面上看，衛道派反對以智治天下，嚮往的是所謂“至德之世”；從思想上看，衛道派批判的主要是儒家的仁義學説。如：

> 夫至德之世，同與禽獸居，族與萬物並。惡乎知君子小人哉！同乎无知，其德不離；同乎无欲，是謂素樸。素樸而民性得矣。及至聖人，蹩躠爲仁，踶跂爲義，而天下始疑矣；澶漫爲樂，摘僻爲禮，而天下始分矣。故純樸不殘，孰爲犧尊！白玉不毁，孰爲珪璋！道德不廢，安取仁義！性情不離，安用禮樂！五色不亂，孰爲文采！五聲不亂，孰應六律！夫殘樸以爲器，工匠之罪也；毁道德以爲仁義，聖人之過也！(《馬蹄》)
>
> 上誠好知而无道，則天下大亂矣。何以知其然邪？夫弓弩畢弋機變之知多，則鳥亂於上矣；鉤餌罔罟罾笱之知多，則魚亂於水矣；削格羅落罝罘之知多，則獸亂於澤矣；知詐漸毒、頡滑堅白、解垢同異之變多，則俗惑於辯矣。故天下每每大亂，罪在於好知。(《胠篋》)

《莊子》内篇雖不贊同儒家所倡導的仁義學説，但内篇反對的主要對象並不是儒家之仁義，而是以名家爲代表的辯者之言。這一點集中體現在《齊物論》，如：

> 大知閑閑，小知閒閒；大言炎炎，小言詹詹。其寐也魂交，其覺也形開，與接爲構，日以心鬭。縵者，窖者，密者。小恐惴惴，大恐縵縵。其發若機栝，其司是非之謂也；其留如詛盟，其守勝之謂也；其殺若秋冬，以言其日消也；其溺之所爲之，不可使復之也；其厭也如緘，以言其老洫也；近死之心，莫使復陽也。
>
> 以指喻指之非指，不若以非指喻指之非指也；以馬喻馬之非馬，不若以非馬喻馬之非馬也。天地一指也，萬物一馬也。
>
> 六合之外，聖人存而不論；六合之内，聖人論而不議。春秋經世先王之志，聖人議而不辯。故分也者，有不分也；辯也者，有不辯也。曰：何也？聖人懷之，衆人辯之以相示也。故曰辯也者有不

見也。夫大道不稱，大辯不言，大仁不仁，大廉不嗛，大勇不忮。道昭而不道，言辯而不及，仁常而不成，廉清而不信，勇忮而不成。

作者指出，辯者或大言或小言，或大智或小智，或大恐或小恐。雖表現的情態各不相同，但其喪身失性却是相同的。辯者整日沉溺於是非之辯，真性日消，殺若秋冬，没有誰能使他們回歸人的本真之性。名家運用對象性思維來離析萬物，熱衷於指非指、馬非馬的辯論，而作者認爲萬物是相通的，天人是合一的，即所謂“天地一指也，萬物一馬也”。所以聖人不走物我相分、心物相待之路，而與物合一，唯“懷之”而已。因爲大道不稱，大辯不言。

可見内篇批判的是以名家爲代表的辯者，而非儒家的仁義學説。而衛道派抨擊的重點是儒家的仁義學説而不是辯者之言。如《駢拇》篇之“多方乎仁義而用之者，列於五藏哉，而非道德之正也”，“多方駢枝於五藏之情者，淫僻於仁義之行”，“意仁義其非人情乎！彼仁人何其多憂也”，“故意仁義其非人情乎！自三代以下者，天下何其囂囂也”，“屈折禮樂，呴俞仁義，以慰天下之心者，此失其常然也”，“則仁義又奚連連如膠漆纆索而遊乎道德之間爲哉！使天下惑也”，“自虞氏招仁義以撓天下也，天下莫不奔命於仁義，是非以仁義易其性與”，“彼其所殉仁義也，則俗謂之君子；其所殉貨財也，則俗謂之小人”，“且夫屬其性乎仁義者，雖通如曾史，非吾所謂臧也”，“吾所謂臧者，非仁義之謂也，臧於其德而已矣；吾所謂臧者，非所謂仁義之謂也，任其性命之情而已矣”，“是以上不敢爲仁義之操，而下不敢爲淫僻之行也”。

一篇只有一千多字的短文中，“仁義”一詞竟出現了十四次之多，可見“仁義”乃是此文的中心議題。《馬蹄》《胠篋》《在宥》諸篇中“仁義”一詞也多次出現，此不列舉。而《莊子》内七篇中“仁義”只出現過五次，可見儒家之“仁義”並不是内篇所要討論的核心問題，這是莊學與衛道派之間的主要差别。

第十三章　稷下道家及其代表作品

戰國末期，隨著學術的交流與融合，各學派的學術主張及價值取向都在發生著變化。就像儒分爲八、墨離爲三一樣，傳統道家亦滋生出不同的派别。據《莊子》外雜篇，戰國末期最有影響的道家學派主要有兩家：一是以《駢拇》諸篇爲代表的衛道派，一是以《天道》《天下》等篇爲代表的稷下道家。上一章我們對衛道派進行了簡要的論述，這裏我們來討論一下稷下道家。

我們之所以將此學派稱爲稷下道家，是因爲此學派濫觴、興盛於齊國的稷下學宫，名之爲稷下道家名正言順。我們所説的稷下道家，學界一般稱之爲"黄老學派"或"黄老道家"。其實戰國時期並無所謂的黄老之學，司馬談《論六家要旨》中亦無所謂黄老道家，這表明當時黄帝與老子在學術上並無瓜葛。黄老並稱始見於司馬遷之《史記》，如《孝武本紀》之"竇太后治黄老言"；《汲鄭列傳》之汲黯"學黄老之言"，鄭莊"好黄老之言"；《袁盎晁錯列傳》之鄧章"以修黄老之言，顯於諸公子"；《張釋之馮唐列傳》之"王生者，善爲黄老言，處士也"等。如何解讀《史記》中頻繁出現的"黄老言"？黄老結合的原因是什麽？這無疑都是我們需要認真思考的問題。爲了解答這一問題，我們首先要考察一下黄帝其人。《五帝本紀》云：

> 黄帝者，少典之子，姓公孫，名曰軒轅。生而神靈，弱而能言，幼而徇齊，長而敦敏，成而聰明。
>
> 軒轅之時，神農氏世衰。諸侯相侵伐，暴虐百姓，而神農氏弗能征。於是軒轅乃習用干戈，以征不享，諸侯咸來賓從。而蚩尤最爲暴，莫能伐。炎帝欲侵陵諸侯，諸侯咸歸軒轅。軒轅乃修德振兵，治五氣，蓺五種，撫萬民，度四方，教熊羆貔貅貙虎，以與炎帝戰於阪泉之野。三戰，然後得其志。蚩尤作亂，不用帝命。於是黄帝乃徵師諸侯，與蚩尤戰於涿鹿之野，遂禽殺蚩尤。而諸侯咸尊軒轅爲天子，代神農氏，是爲黄帝。天下有不順者，黄帝從而征之，平者去之，披山通道，未嘗寧居。

文中“生而神靈，弱而能言”云云者，皆後世想象出來的，司馬遷寫入本紀，意在説明黄帝非尋常之人。黄帝的主要事跡是敗炎帝，殺蚩尤，一統天下。中國古代有託古的傳統，也就是將自己寫的東西假託古之名人，希望自己的作品能産生影響並流傳於世。《淮南子·修務訓》云：

> 世俗之人，多尊古而賤今。故爲道者，必託之於神農、黄帝，而後能入説。亂世暗主，高遠其所從來，因而貴之。爲學者蔽於論，而尊其所聞，相與危坐而稱之，正領而頌之。

那麽世人所謂的黄老學是否也是託黄以言老呢？看來問題並非如此簡單。首先，如果真的是道家託黄以言老，黄老並稱應出現在戰國時期而不是司馬遷生活的年代。其次，黄帝是否有如此高的聲望值得道家託其名以顯老。

其實，黄帝只是一個古代的部族首領，《逸周書》《左傳》《國語》《周易》《竹書紀年》《世本》《穆天子傳》《山海經》等先秦史籍對黄帝事跡有過簡要的記述。先秦子書中，《論語》《墨子》《孟子》等皆未提及黄帝，蓋春秋至戰國初期，黄帝的影響還不大。先秦子書中評述黄帝最多的是《莊子》，黄帝在《莊子》中共出現了三十多次。下面我們就分析一下《莊子》中黄帝的形象。

內篇中記述黄帝的文字不多，黄帝共出現了三次，即《齊物論》之“是黄帝之所聽熒也”，《大宗師》之“黄帝得之，以登雲天”“黄帝之亡其知”。其中“黄帝得之，以登雲天”所處的段落應爲後人加入的文字，前文已有詳論。蓋內篇中黄帝只是一個智者的形象，並不是一個得道者。

下面再分析一下《莊子》外雜篇中關於黄帝的記述。

> 子獨不知至德之世乎？昔者容成氏、大庭氏、伯皇氏、中央氏、栗陸氏、驪畜氏、軒轅氏、赫胥氏、尊盧氏、祝融氏、伏犧氏、神農氏，當是時也，民結繩而用之，甘其食，美其服，樂其俗，安其居，鄰國相望，雞狗之音相聞，民至老死而不相往來。（《胠篋》）
>
> 昔者黄帝始以仁義攖人之心，堯舜於是乎股無胈，脛無毛，以養天下之形，愁其五藏以爲仁義，矜其血氣以規法度。（《在宥》）
>
> 黄帝之治天下，使民心一，民有其親死不哭而民不非也。（《天運》）

《胠篋》篇的作者認爲軒轅氏的時候乃是“至德之世”，那時候的百姓皆甘其食，美其服，安其居，樂其俗，這是道家的理想社會。《天運》篇之黄帝“使民心一”，是説黄帝使百姓持守純樸之天性，無所偏私，故其親死不哭而民不非也。此兩段評語都是譽美黄帝的。而《在宥》篇的作者認爲黄帝始創仁義學説，堯舜法之，以至於股無胈，脛無毛，愁苦一生。可以看出道家後學對黄帝的評價並不一致，蓋戰國晚期，黄帝或屬儒家，或屬道家，尚未定型。

黄帝退，捐天下，築特室，席白茅，閒居三月，復往邀之。廣成子南首而卧，黄帝順下風膝行而進，再拜稽首而問曰："聞吾子達於至道，敢問，治身柰何而可以長久?"廣成子蹶然而起，曰："善哉問乎！來！吾語女至道。至道之精，窈窈冥冥；至道之極，昏昏默默。无視无聽，抱神以静，形將自正。必静必清，无勞女形，无摇女精，乃可以長生。目无所見，耳无所聞，心无所知，女神將守形，形乃長生。愼女内，閉女外，多知爲敗。我爲女遂於大明之上矣，至彼至陽之原也；爲女入於窈冥之門矣，至彼至陰之原也。天地有官，陰陽有藏。愼守女身，物將自壯。我守其一以處其和。故我修身千二百歲矣，吾形未常衰。"（《在宥》）

此文論説的是長生久視之道，如“必静必清，无勞女形，无摇女精，乃可以長生”，蓋出自道家養生派之手，文中的黄帝是求道者。

黄帝遊乎赤水之北，登乎崑崙之丘而南望，還歸，遺其玄珠。使知索之而不得，使離朱索之而不得，使喫詬索之而不得也。乃使象罔，象罔得之。黄帝曰："異哉，象罔乃可以得之乎?"（《天地》）

作者以“玄珠”喻道，謂道不可以智得之，不可以目得之，不可以力得之，只有離形去智的象罔才能得道。此寓言言簡意賅，頗具莊子文風。文中的黄帝尚未得道。

夫天地者，古之所大也，而黄帝堯舜之所共美也。故古之王天下者，奚爲哉？天地而已矣。（《天道》）

文中稱美黄帝，並將黄帝和堯舜聯繫在一起，蓋作者認爲黄帝是儒家所尊奉的聖人。

北門成問於黄帝曰："帝張咸池之樂於洞庭之野，吾始聞之懼，復聞之怠，卒聞之而惑；蕩蕩默默，乃不自得。"帝曰："汝殆其然哉！吾奏之以人，徵之以天，行之以禮義，建之以大清。夫至樂者，先應之以人事，順之以天理，行之以五德，應之以自然，然後調理四時，太和萬物。四時迭起，萬物循生；一盛一衰，文武倫經；一清一濁，陰陽調和，流光其聲；蟄蟲始作，吾驚之以雷霆；其卒无尾，其始无首；一死一生，一僨一起；所常无窮，而一不可待。汝故懼也。……"(《天運》)

作者通過黄帝奏樂來論説修道的三種境界，即始聞之懼，復聞之怠，卒聞之惑，聞一曲而歷三境，從物我相待漸次進入物我相合、物我相忘之境界。文中的黄帝爲得道者。

古之人，在混芒之中，與一世而得澹漠焉。當是時也，陰陽和静，鬼神不擾，四時得節，萬物不傷，群生不夭，人雖有知，无所用之，此之謂至一。當是時也，莫之爲而常自然。逮德下衰，及燧人伏羲始爲天下，是故順而不一。德又下衰，及神農黄帝始爲天下，是故安而不順。德又下衰，及唐虞始爲天下，興治化之流，澆淳散朴，離道以善，險德以行，然後去性而從於心。心與心識知而不足以定天下，然後附之以文，益之以博。文滅質，博溺心，然後民始惑亂，无以反其性情而復其初。(《繕性》)

作者認爲古之人無爲順性，當是時也，莫之爲而常自然。自燧人伏羲始爲天下，百姓逐漸喪失了天性。文中的黄帝不能無爲順性，顯然不是道家的代表人物。作者將黄帝與堯舜排列在一起，表示黄帝與儒家存在關聯。

顔淵東之齊，孔子有憂色。子貢下席而問曰："小子敢問，回東之齊，夫子有憂色，何邪？"孔子曰："善哉汝問！昔者管子有言，丘甚善之，曰：'褚小者不可以懷大，綆短者不可以汲深。'夫若是者，以爲命有所成而形有所適也，夫不可損益。吾恐回與齊侯言堯舜黄帝之道，而重以燧人神農之言。彼將内求於己而不得，不得則惑人，惑則死。"(《至樂》)

文中將黄帝與堯舜放在一起稱道，視黄帝與堯舜爲同類人，是孔子崇敬的儒家聖人。

莊子笑曰："周將處乎材與不材之間。材與不材之間，似之而非也，故未免乎累。若夫乘道德而浮遊則不然。无譽无訾，一龍一蛇，與時俱化，而无肯專爲；一上一下，以和爲量，浮遊乎萬物之祖；物物而不物於物，則胡可得而累邪！此神農黄帝之法則也。"(《山木》)

文中莊周稱美神農黄帝，認爲黄帝能與時俱化，無肯專爲，視其爲道家代表人物。

黄帝曰："无思无慮始知道，无處无服始安道，无從无道始得道。"知問黄帝曰："我與若知之，彼與彼不知也，其孰是邪?"黄帝曰："彼无爲謂真是也，狂屈似之；我與汝終不近也。夫知者不言，言者不知，故聖人行不言之教。道不可致，德不可至。仁可爲也，義可虧也，禮相僞也。故曰：'失道而後德，失德而後仁，失仁而後義，失義而後禮。禮者，道之華而亂之首也。'故曰：'爲道者日損，損之又損之，以至於无爲，无爲而无不爲也。'今已爲物也，欲復歸根，不亦難乎！其易也，其唯大人乎！生也死之徒，死也生之始，孰知其紀！人之生，氣之聚也；聚則爲生，散則爲死。若死生爲徒，吾又何患！故萬物一也。是其所美者爲神奇，其所惡者爲臭腐；臭腐復化爲神奇，神奇復化爲臭腐。故曰：'通天下一氣耳。'聖人故貴一。"(《知北遊》)

寓言中的黄帝雖不能去智無言，但對道不可言、言而非道的道理是清楚的，對仁義禮知的批判也是深刻的。文中的黄帝是道家的追隨者，與儒家無涉。

仲尼曰："古之人，外化而内不化，今之人，内化而外不化。與物化者，一不化者也。安化安不化，安與之相靡，必與之莫多。狶韋氏之囿，黄帝之圃，有虞氏之宫，湯武之室。君子之人，若儒墨者師，故以是非相鳌也，而况今之人乎！"(《知北遊》)

文中的仲尼是道家的代言人。作者認爲從狶韋氏至於儒墨之師，所遊愈狹，其德愈衰。可見作者對黄帝、舜、商湯、周武王、君子、儒墨等皆持否定態度，文中的黄帝列於儒家聖賢之中，應爲儒家之代表，並不是求道者。

黄帝將見大隗乎具茨之山，方明爲御，昌寓驂乘，張若謵朋前馬，昆閽滑稽後車；至於襄城之野，七聖皆迷，无所問塗。適遇牧馬童子，問塗焉，曰："若知具茨之山乎？"曰："然。""若知大隗之所存乎？"曰："然。"黄帝曰："異哉小童！非徒知具茨之山，又知大隗之所存。請問爲天下。"小童曰："夫爲天下者，亦若此而已矣，又奚事焉！予少而自遊於六合之内，予適有瞀病，有長者教予曰：'若乘日之車而遊於襄城之野。'今予病少痊，予又且復遊於六合之外。夫爲天下亦若此而已，予又奚事焉？"黄帝曰："夫爲天下者，則誠非吾子之事。雖然，請問爲天下。"小童辭。黄帝又問。小童曰："夫爲天下者，亦奚以異乎牧馬者哉！亦去其害馬者而已矣！"黄帝再拜稽首，稱天師而退。（《徐无鬼》）

黄帝一心想要爲天下，小童告訴黄帝説，爲天下就像牧馬一樣，將傷害馬之天性者皆除去，即《馬蹄》篇所謂"燒之，剔之，刻之，雒之"者皆去之，讓馬按其本性生長繁衍。黄帝領會其意，稱天師而退。文中的黄帝是求道者。

神農之世，卧則居居，起則于于。民知其母，不知其父，與麋鹿共處，耕而食，織而衣，无有相害之心，此至德之隆也。然而黄帝不能致德，與蚩尤戰於涿鹿之野，流血百里。堯舜作，立群臣，湯放其主，武王殺紂。自是之後，以强陵弱，以衆暴寡。湯武以來，皆亂人之徒也。今子脩文武之道，掌天下之辯，以教後世。縫衣淺帶，矯言僞行，以迷惑天下之主，而欲求富貴焉。盗莫大於子，天下何故不謂子爲盗丘，而乃謂我爲盗跖？子以甘辭説子路而使從之，使子路去其危冠，解其長劍，而受教於子，天下皆曰孔丘能止暴禁非。其卒之也，子路欲殺衛君而事不成，身菹於衛東門之上，是子教之不至也。子自謂才士聖人邪，則再逐於魯，削跡於衛，窮於齊，圍於陳蔡，不容身於天下。子教子路菹，此患上无以爲身，下无以爲人，子之道豈足貴邪？世之所高，莫若黄帝，黄帝尚不能全德，而戰於涿鹿之野，流血百里。堯不慈，舜不孝，禹偏枯，湯放其主，武王伐紂，文王拘羑里。此六子者，世之所高也，孰論之，皆以利惑其真而强反其情性，其行乃甚可羞也。（《盗跖》）

在《莊子》中，《盜跖》篇此段文字批孔的言辭最爲激烈。作者認爲神農之世乃至德之世。自黄帝始，至於堯、舜、禹、湯、武王，皆逐利反性者也，都是批判的對象。作者謂“世之所高，莫若黄帝”，蓋作者寫作此文時黄帝已是頗具影響的人物，不過此時的黄帝並不是道家的代表人物。

> 墨子氾愛兼利而非鬭，其道不怒；又好學而博，不異，不與先王同，毁古之禮樂。黄帝有《咸池》，堯有《大章》，舜有《大韶》，禹有《大夏》，湯有《大濩》，文王有《辟雍》之樂，武王周公作《武》。古之喪禮，貴賤有儀，上下有等，天子棺槨七重，諸侯五重，大夫三重，士再重。今墨子獨生不歌，死不服，桐棺三寸而无槨，以爲法式。以此教人，恐不愛人；以此自行，固不愛己。(《天下》)

文中稱頌黄帝、堯、舜、禹、湯、文、武、周公，不但反映作者不僅不反對儒家之禮樂，而且認爲黄帝與儒家聖賢屬同一系列。這表明在《天下》篇寫作的年代，黄帝與道家還没有什麽關係。

總體上看，《莊子》中抨擊黄帝的文字並不多，多數情況下黄帝以求道者的形象出現。《莊子》中的黄帝時而爲儒家之聖賢，時而爲道家的追隨者，並無定準。可以肯定的是，當時所謂“黄老道家”這一稱謂並未出現。也就是説，黄帝在《莊子》中還不是得道者，其地位不及老子，不存在託黄言老的可能性。

既然不是託黄以言老，那麽司馬遷爲何要黄老並稱，他所説的“黄老言”“黄老術”又是什麽意思呢？我認爲太史公所説的“黄老言”“黄老術”不只是老子有“言”有“術”，黄帝也一定有“言”有“術”，否則就不能稱之爲“黄老言”“黄老術”。《五帝本紀》中的黄帝既無言也無術，但這並不意味著社會上没有託名的黄帝言、黄帝術。大概是託名緣故，司馬遷没有將其寫入本紀。因此我認爲司馬遷所説的“黄老”中的“黄”，並不是指傳説中的黄帝，而是指託名黄帝的黄帝書。那麽當時社會上是否有此類書籍流傳呢？《漢書·藝文志》道家類注録：

> 《黄帝四經》四篇。
>
> 《黄帝銘》六篇。
>
> 《黄帝君臣》十篇。注：起六國時，與《老子》相似。
>
> 《雜黄帝》五十八篇。注：六國時賢者所作。
>
> 《力牧》二十二篇。注：六國時所作，託之力牧。力牧，黄帝相。

以上就是司馬遷所説的黄帝言、黄帝術。在我看來，司馬遷所説的“黄老言”或“黄老術”，並不是指一個學術派别，只不過是一種治御之術，南面之術，是形下之術而非形上之道。當時社會上流傳著許多託名黄帝的文章，劉向整理篇籍時將這些單篇别行的文章搜集在一起，並爲之起一個總名然後記録在案，《雜黄帝》應該就是這類書。

司馬遷所説的“黄帝言”“黄帝術”並不只是指道家類著録的託名黄帝的書，也包括其他類託名黄帝的書。如陰陽家之《黄帝泰素》二十篇。注：六國時韓諸公子所作。小説家之《黄帝説》四十篇。注：迂誕依託。兵陰陽之《黄帝》十六篇。注：圖三卷。《封胡》五篇。注：黄帝臣，依託也。《風后》十三篇。注：黄帝臣，依託也。《力牧》十五篇。注：黄帝臣，依託也。《鬼容區》三篇。注：黄帝臣，依託。五行類之《黄帝陰陽》二十五卷。《黄帝諸子論陰陽》二十五卷。雜占類之《黄帝長柳占夢》十一卷。以上諸書無疑都與治御有關，都屬於司馬遷所説的“黄帝言”“黄帝術”。此外，《藝文志》之天文、曆譜、醫經、經方、房中、神仙諸類中亦著録多種託名黄帝的書，可能與治御的關係不大，此不一一抄録。從數量上看，《藝文志》中著録託名黄帝君臣的書有二十六種之多，這説明漢初社會上確實流傳著多種“黄帝言”“黄帝術”，由於這些書的内容多與治御有關，因此廣泛流傳於統治階層。另外，《老子》也被許多人解讀爲君臣南面之術，“黄”與“老”在此層面相互滲透、彼此融合，所以黄老並稱也就順理成章了。從《史記》的記述上看，“黄老言”的確是治御之術，與形上之道無關。如：

> 天下初定，悼惠王富於春秋，參盡召長老諸生，問所以安集百姓，如齊故（俗）諸儒以百數，言人人殊，參未知所定。聞膠西有蓋公，善治黄老言，使人厚幣請之。既見蓋公，蓋公爲言治道貴清静而民自定，推此類具言之。參於是避正堂，舍蓋公焉。其治要用黄老術，故相齊九年，齊國安集，大稱賢相。（《曹相國世家》）
>
> 黯學黄老之言，治官理民，好清静，擇丞史而任之。其治，責大指而已，不苛小。黯多病，卧閨閤内不出。歲餘，東海大治。稱之。上聞，召以爲主爵都尉，列於九卿。治務在無爲而已，弘大體，不拘文法。（《汲鄭列傳》）

司馬遷所説的學黄老言、用黄老術，並不是指平常百姓，而是指王侯將相，諸如竇太后、曹相國、汲黯、鄭當時等。可見黄老術是“器”

不是“道”。從這個意義上講，司馬遷所謂的“黄老言”與司馬談所説的“道家”顯然是有差别的。司馬談所説的“六家”指的是六個學術派别，其品評的也是某一學派而不是某個人。可見司馬談之“道家”與司馬遷之“黄老言”不是一回事。看來我們今天將戰國末期出現的稷下道家稱爲“黄老學派”或“黄老道家”，顯然是對司馬遷之“黄老言”的誤讀，我們並没有理解司馬遷“黄老言”的真正含義。其實，歷史上並不存在一個託黄以言老的黄老學派，黄帝言和黄帝術從未參與老學體系的建構，道家學説與黄帝其人、其言、其術都毫無關係。

那麽司馬遷所説的黄老言是何時産生的呢?《史記·樂毅列傳》:

> 樂臣公學黄帝、老子，其本師號曰河上丈人，不知其所出。河上丈人教安期生，安期生教毛翕公，毛翕公教樂瑕公，樂瑕公教樂臣公，樂臣公教蓋公，蓋公教於齊高密、膠西，爲曹相國師。

司馬遷認爲戰國時期已有人專門傳授黄老言。文中“學黄帝老子”，是指學黄帝言和老子言，顯然不是託黄以言老的意思。又《史記·孟子荀卿列傳》:

> 自騶衍與齊之稷下先生，如淳于髡、慎到、環淵、接子、田駢、騶奭之徒，各著書言治亂之事，以干世主，豈可勝道哉！……慎到，趙人。田駢、接子，齊人。環淵，楚人。皆學黄老道德之術，因發明序其指意，故慎到著十二論，環淵著上下篇，而田駢、接子皆有所論焉。

文中謂慎到、田駢、環淵諸人“皆學黄老道德之術”。戰國時期根本没有“黄老道德之術”這樣的説法，司馬遷是用自己創造的詞語去論説前人。司馬遷“黄老道德之術”的含義爲何?文中對此已有交代，即“各著書言治亂之事，以干世主”。也就是説，他們所學的是治御之術，目的是以干世主，博取功名。不管司馬遷“皆學黄老道德之術”的説法是否符合史實，此句話的内涵是清晰的，“黄老道德”只是“術”而不是“學”，言的都是“治亂之事”。

綜上，黄老並稱首創於司馬遷。司馬遷所謂“黄老言”“黄老術”，分别指“黄帝言”和“老子言”、“黄帝術”和“老子術”。它們都是“術”而不是“學”，都是“器”而不是“道”，與我們今天所説的“黄老學派”或“黄老道家”根本不是一回事。

可見歷史上根本就不存在一個所謂的“黄老學派”。

我們將以《天道》《天下》篇爲代表的融合儒道這一新興的道家學派稱爲“稷下道家”。“稷下道家”與以老莊爲代表的原始道家存在較大差别，此學派之行爲綱領和價值取向與老莊相比都發生了較大變化。下面談談稷下道家與司馬談《論六家要旨》中“道家”的區别與聯繫。《論六家要旨》云：

> 道家使人精神專一，動合無形，贍足萬物。其爲術也，因陰陽之大順，采儒墨之善，撮名法之要，與時遷移，應物變化，立俗施事，無所不宜，指約而易操，事少而功多。

一般認爲，司馬談所説的道家就是所謂的“黄老道家”，我認爲司馬談所説的道家與稷下道家並不完全等同。司馬談之道家的特點是“因陰陽之大順，采儒墨之善，撮名法之要”，這就是一個大拼盤，好像什麽都有，其實什麽都不是。我認爲稷下道家的最大特點是融合儒道，兼取百家。也就是说，稷下道家的主導思想是儒道的混合體，即所謂的“内聖外王”之道。百家之學只是在器的層面上加以采用，與主導思想無關。

在“《莊子》篇章的分類”中，我們將《人間世》《在宥》《天地》《天道》《天運》中的部分章節以及《繕性》及《天下》篇“惠施多方”以前的文字劃歸稷下道家。下面，我們將對這部分作品進行分析和論證。

（一）《人間世》

《人間世》共由七則寓言組成，其中第二則寓言（從“葉公子高將使於齊”至“此其難者”）不是莊子學派的文字。其文云：

> 仲尼曰：“天下有大戒二：其一，命也；其一，義也。子之愛親，命也，不可解於心。臣之事君，義也，無適而非君也，無所逃於天地之間。是之謂大戒。是以夫事其親者，不擇地而安之，孝之至也；夫事其君者，不擇事而安之，忠之盛也；自事其心者，哀樂不易施乎前，知其不可柰何而安之若命，德之至也。爲人臣子者，固有所不得已。行事之情而忘其身，何暇至於悦生而惡死！夫子其行可矣！

所謂“大戒”，就是不可違逆的法則。作者認爲天下有兩個大戒：一個是事君，一個是事親。事親能够做到“不擇地而安之”，便是孝之至也；事君能够做到“不擇事而安之”，便是忠之盛也。作者以忠孝爲人之大戒，不可違逆，這顯然是儒家語而非道家言。從行文上看，作者一直在認真地講著出使的事情，如“凡交近則必相靡以信，遠則必忠之以言”；“夫兩喜必多溢美之言，兩怒必多溢惡之言。凡溢之類妄，妄則其信之也莫，莫則傳言者殃”等。作者還鄭重其事地兩次引用《法言》來證實自己的説法，全無莊子荒唐諔詭之文風，顯然不是莊子的手筆。從内容上看，此文無疑是儒者的文字，然其中亦偶有“且夫乘物以遊心，託不得已以養中”這樣的道家語，此文具有調和儒道之傾向，蓋出自稷下道家之手。

（二）《在宥》

《在宥》篇乃雜湊之作，非一時一人之作。有意思的是，此篇同時出現了劉笑敢稱之爲“無君派”和“黄老派”的文字，因而《在宥》在歸類上出現了困難。無奈之下，劉氏將《在宥》篇分爲《在宥上》和《在宥下》，將前者歸入無君派，將後者歸入黄老派。其實《莊子》中此類情況甚多，可見按篇分類的確存在許多弊端。《在宥》篇稷下道家的文字只有篇末最後一段文字：

> 賤而不可不任者，物也；卑而不可不因者，民也；匿而不可不爲者，事也；麤而不可不陳者，法也；遠而不可不居者，義也；親而不可不廣者，仁也；節而不可不積者，禮也；中而不可不高者，德也；一而不可不易者，道也；神而不可不爲者，天也。故聖人觀於天而不助，成於德而不累，出於道而不謀，會於仁而不恃，薄於義而不積，應於禮而不諱，接於事而不辭，齊於法而不亂，恃於民而不輕，因於物而不去。物者莫足爲也，而不可不爲。不明於天者，不純於德；不通於道者，無自而可；不明於道者，悲夫！何謂道？有天道，有人道。无爲而尊者，天道也；有爲而累者，人道也。主者，天道也；臣者，人道也。天道之與人道也，相去遠矣，不可不察也。

此文内容駁雜，義理不清，顯非莊子之文。作者將道分爲天道和人道，主爲天道，臣爲人道。天道無爲而尊，人道有爲而累，這種觀點與《天道》篇之君無爲而臣有爲如出一轍。作者將原始道家自然無爲之天道落實到社會層面，不同的階層行不同的道。這是將老莊形上之道改造成形下之器，突出了道的實用性，追求功利講求效用是稷下道家的特征之一。文中指出：雖然粗疏却不能不施行的，是刑法；雖然遠離道本却不能不遵守的，是義；雖然有所偏愛却不能不推廣的，是仁；雖然繁文縟節却不能不如此繁複的，是禮。也就是説，仁、義、禮、法雖然存在許多不足，但現實社會是離不開仁、義、禮、法的。可以看到，作者以是否有利於統治作爲取捨百家之言的標準。文中雖然也提到“聖人觀於天而不助，成於德而不累，出於道而不謀”，但其調和儒道的傾向是不言而喻的。

（三）《天地》

此篇乃編者雜湊而成，各章之間意不相屬，非一時一人之作。篇中屬稷下道家的文字爲第一和第二兩個部分。

第一部分：

> 天地雖大，其化均也；萬物雖多，其治一也；人卒雖衆，其主君也。君原於德而成於天。故曰，玄古之君天下，无爲也，天德而已矣。以道觀言而天下之君正，以道觀分而君臣之義明，以道觀能而天下之官治，以道汎觀而萬物之應備。故通於天地者，德也；行於萬物者，道也；上治人者，事也；能有所藝者，技也。技兼於事，事兼於義，義兼於德，德兼於道，道兼於天。故曰，古之畜天下者，无欲而天下足，无爲而萬物化，淵静而百姓定。《記》曰：“通於一而萬事畢，无心得而鬼神服。”

作者將人分爲君和臣，天下子民都要臣服於君，即“人卒雖衆，其主君也”。百姓爲什麽要服從國君的統治呢？因爲“君原於德而成於天”，即國君能够秉承天德故能宰御天下。也就是説，只有國君能够秉承天道擁有天德，而人卒是不配承天德的。顯然作者在爲國君的統治尋找理論依據。與傳統的君權神授不同，作者主張得天道者得天下，這就把老莊之道實用化，道成爲國君統治臣民的理論依據。道可以解决各種實際問題，“以道觀言而天下之君（名）正，以道觀分而君臣之義明，以道觀能而天下之官治，以道汎觀而萬物之應備”。作者化道爲器，原始道家的理論逐漸演變爲君主治御之術。

第二部分：

> 夫子曰：“夫道，覆載萬物者也，洋洋乎大哉！君子不可以不刳心焉。无爲爲之之謂天，无爲言之之謂德，愛人利物之謂仁，不同

同之之謂大，行不崖異之謂寬，有萬不同之謂富。故執德之謂紀，德成之謂立，循於道之謂備，不以物挫志之謂完。君子明於此十者，則韜乎其事心之大也，沛乎其爲萬物逝也。若然者，藏金於山，藏珠於淵；不利貨財，不近貴富；不樂壽，不哀夭；不榮通，不醜窮；不拘一世之利以爲己私分，不以王天下爲己處顯。顯則明，萬物一府，死生同狀。”

道家的理想人格是至人、神人、聖人而非君子。儒家尚君子，將人分爲君子和小人。此文以君子爲理想人格，如“君子不可以不刳心焉”，“君子明於此十者”，顯然與原始道家有别。《大宗師》：“天之小人，人之君子；人之君子，天之小人也。”即從自然的角度看是小人的，而世人却謂之君子；世人所謂的君子，乃是自然的小人。文中還説“愛人利物之謂仁”，主張仁者愛人，這也是儒家的主張。不過總的看來，作者還是以道家爲立命之本，如主張齊同生死、無爲順性等，蓋出自稷下道家之手。

（四）《天道》

《天道》篇由六部分雜湊而成，第一部分屬稷下道家的作品，此部分分爲四節。

第一節：

天道運而无所積，故萬物成；帝道運而无所積，故天下歸；聖道運而无所積，故海内服。明於天，通於聖，六通四辟於帝王之德者，其自爲也，昧然无不静者矣！聖人之静也，非曰静也善，故静也。萬物无足以鐃心者，故静也。水静則明燭鬚眉，平中準，大匠取法焉。水静猶明，而况精神！聖人之心静乎！天地之鑑也，萬物之鏡也。夫虚静恬淡寂漠无爲者，天地之平而道德之至。故帝王聖人休焉。休則虚，虚則實，實則倫矣。虚則静，静則動，動則得矣。静則无爲，无爲也則任事者責矣。无爲則俞俞，俞俞者憂患不能處，年壽長矣。夫虚静恬淡寂漠无爲者，萬物之本也。明此以南鄉，堯之爲君也；明此以北面，舜之爲臣也。以此處上，帝王天子之德也；以此處下，玄聖素王之道也。以此退居而閒游，江海山林之士服；以此進爲而撫世，則功大名顯而天下一也。静而聖，動而王，无爲也而尊，樸素而天下莫能與之争美。……

總體上看，此文作者宗法道家，强調虚静無爲的重要性，如“夫虚静恬淡寂漠无爲者，天地之平而道德之至”。與内篇不同的是，作者主張虚静無爲的目的並不是要體道修性，而是要成爲帝王天子、玄聖素王，即所謂“以此處上，帝王天子之德也；以此處下，玄聖素王之道也”。明此虚静無爲之道，南面可以堯之爲君，北面可以舜之爲臣；“以此退居而閒游，江海山林之士服；以此進爲而撫世，則功大名顯而天下一也”。作者始終在强調虚静無爲的功用性，已將道家學説由形上之道化爲形下之器，使其成爲君王可以利用的工具，這正是稷下道家理論的一個主要特征。值得注意的是，作者並不是要帝王只做到虚静就够了，還要動，即“虚則静，静則動，動則得矣”。作者所説的動不是亂動，而是静之動，虚静而後動，才能得萬物，得天下，也就是“静而聖，動而王”。静而聖是道家的工夫，指人内在的修養；動而王是儒家的工夫，指達濟天下。這就是《天下》篇所説的“内聖外王”，是道儒結合的典範。

從詞語上看，文中使用了“帝道”一詞。《莊子》中“帝道”一詞只在此文出現過一次。戰國時諸侯稱王不稱帝，故没有“帝道”這一説法。前二八八年，齊湣王稱東帝，秦昭王稱西帝，此時“帝”才有諸侯之王的意思。而此文多次出現“帝王”一詞，如“六通四辟於帝王之德者”“故帝王休焉”“帝王天子之德也”等。蓋此文作於齊湣王稱帝之後，出自稷下道家之手。雖然湣王很快放棄帝號，但“帝王”一詞已經開始使用並流傳。

第二節：

> 夫帝王之德，以天地爲宗，以道德爲主，以无爲爲常。无爲也，則用天下而有餘；有爲也，則爲天下用而不足。故古之人貴夫无爲也。上无爲也，下亦无爲也，是下與上同德。下與上同德則不臣。下有爲也，上亦有爲也，是上與下同道。上與下同道則不主。上必无爲而用天下，下必有爲爲天下用，此不易之道也。……

上一節作者主要談了“静”的作用以及動静之關係，此節重在論述無爲的重要性。作者認爲帝王應以無爲爲常，也就是帝王要效法無爲。只有帝王才德配無爲，臣下是不可以無爲的。因爲“上无爲也，下亦无爲也，是下與上同德。下與上同德則不臣。下有爲也，上亦有爲也，是上與下同道。上與下同道則不主”。原始道家無爲的含義是順性而爲，有爲是指逆物性而爲。人不分尊卑貴賤，皆應順性而爲。而此文的作者將無爲理解成不親力親爲，認爲無爲只是一種治御之術，這是將道家學説實用化、工具化，使無爲不再具有哲學意味。君無爲而臣有爲是稷下道家提出的重要主張之一。

第三節：

> 本在於上，末在於下；要在於主，詳在於臣。三軍五兵之運，德之末也；賞罰利害，五刑之辟，教之末也；禮法度數，形名比詳，治之末也；鐘鼓之音，羽旄之容，樂之末也；哭泣衰絰，隆殺之服，哀之末也。此五末者，須精神之運，心術之動，然後從之者也。末學者，古人有之，而非所以先也。君先而臣從，父先而子從，兄先而弟從，長先而少從，男先而女從，夫先而婦從。夫尊卑先後，天地之行也，故聖人取象焉。天尊，地卑，神明之位也；春夏先，秋冬後，四時之序也。萬物化作，萌區有狀；盛衰之殺，變化之流也。夫天地至神，而有尊卑先後之序，而況人道乎！宗廟尚親，朝廷尚尊，鄉黨尚齒，行事尚賢，大道之序也。語道而非其序者，非其道也；語道而非其道者，安取道！

作者指出，征伐、刑法、禮樂等都是末學，並不重要，最重要的事情是要分清尊卑先後。分清楚尊卑先後，就能君行君道，臣爲臣事，一切都順理成章了。人爲什麽要分尊卑先後呢？作者認爲此乃自然之道，即所謂"天尊，地卑，神明之位也；春夏先，秋冬後，四時之序也。萬物化作，萌區有狀；盛衰之殺，變化之流也。夫天地至神，而有尊卑先後之序，而況人道乎"。與儒家不同，作者是在用道家天道自然的理論爲帝王統治的合理性尋找理論依據。"宗廟尚親，朝廷尚尊，鄉黨尚齒，行事尚賢"乃是大道之序，並不是儒家所説的血緣關係。

第四節：

> 是故古之明大道者，先明天而道德次之，道德已明而仁義次之，仁義已明而分守次之，分守已明而形名次之，形名已明而因任次之，因任已明而原省次之，原省已明而是非次之，是非已明而賞罰次之。賞罰已明而愚知處宜，貴賤履位，仁賢不肖襲情。必分其能，必由其名。以此事上，以此畜下，以此治物，以此修身，知謀不用，必歸其天。此之謂大平，治之至也。故書曰："有形有名。"形名者，古人有之，而非所以先也。古之語大道者，五變而形名可舉，九變

而賞罰可言也。驟而語形名，不知其本也；驟而語賞罰，不知其始也。倒道而言，迕道而説者，人之所治也，安能治人！驟而語形名賞罰，此有知治之具，非知治之道。可用於天下，不足以用天下，此之謂辯士，一曲之人也。禮法數度，形名比詳，古人有之。此下之所以事上，非上之所以畜下也。

作者認爲，統治者最重要的是要明曉自然之理，至於仁義禮法、形名賞罰皆其次也。形名賞罰不過是“治之具”而非“治之道”。主張以形名賞罰治天下者，都是巧言令色的辯士，是目光短淺的“一曲之人”。作者指出，治國理政首先要掌握自然的法則，即上文所謂“夫虚静恬淡寂漠无爲者，萬物之本也”。而禮法數度，形名比詳，不過是治國的手段和工具，“此下之所以事上，非上之所以畜下也”。

綜上，我們認爲《天道》篇第一部分是戰國末年稷下道家爲齊國國君進呈的治國方略，是一篇説辭。作者勸説帝王不要行霸道也不要行王道，而是要行帝道。所謂帝道，就是要以道家自然無爲爲宗，即所謂“虚静恬淡寂漠无爲者，天地之平而道德之至”。就自身而言，帝王應做到静而聖，動而王，即“内聖外王”。就統治而言，應做到君無爲而臣有爲。如果君無爲臣亦無爲，那就君不像君，臣不像臣了，君臣之間是有尊卑之别的。同樣是人，爲什麽要分出尊卑先後呢？作者認爲人分尊卑是符合自然之理的，即“天尊，地卑，神明之位也；春夏先，秋冬後，四時之序也”，故聖人取象焉。最後作者勸説國君不要偏聽辯者之言，治國理政應以天道爲本，至於形名禮法不過是工具而已。

從現有文獻來看，我認爲《天道》篇此部分文字是稷下道家的代表作品，全面闡述了此學派的學術主張和政治綱領，具有十分重要的文獻價值。

（五）《天運》

此篇可分爲八個部分，各部分之間意不相屬，蓋雜湊而成。其中第五部分内容與稷下道家存在關聯：

名，公器也，不可多取。仁義，先王之蘧廬也，止可以一宿而不可久處，覯而多責。古之至人，假道於仁，託宿於義，以遊逍遥之虚，食於苟簡之田，立於不貸之圃。逍遥，无爲也；苟簡，易養也；不貸，无出也。古者謂是采真之遊。以富爲是者，不能讓禄；以顯爲是者，不能讓名。親權者，不能與人柄，操之則慄，舍之則

> 悲，而一無所鑒，以闚其所不休者，是天之戮民也。怨、恩、取、與、諫、教、生、殺八者，正之器也，唯循大變无所湮者爲能用之。故曰，正者，正也。其心以爲不然者，天門弗開矣。”

此文借孔老之間的對話，闡述了作者對仁義學説的看法。作者認爲，仁義學説固然有其合理的地方，但不可沉溺其中。仁義就像人們外出住的驛站一樣，只是臨時居所，不可久處。因此古之至人只是“假道於仁，託宿於義，以遊逍遥之虚”。這裏體現了作者對仁義學説的包容態度，但歸根結底還是要遊於逍遥之虚，歸宗於道家。另外，作者還説怨、恩、取、與、諫、教、生、殺八者，都是治人的器具，只有因順天理無所羈絆的人才能使用它。也就是説，作者並不反對法制，只不過執法者要順天理以爲人事。内篇中遊乎四海之外的神人變成了汲汲於世的執法者，這正是稷下道家與原始道家的區别所在。

（六）《繕性》

此篇文意前後一貫，應爲一人所爲。總體上看，作者宗法道家，主張無爲順性，不以得喜，不以失悲，如此才能莫之爲而常自然。文中有些表述反映出作者具有調和儒道的思想傾向，如：

> 古之治道者，以恬養知；知生而无以知爲也，謂之以知養恬。知與恬交相養，而和理出其性。夫德，和也；道，理也。德无不容，仁也；道无不理，義也；義明而物親，忠也；中純實而反乎情，樂也；信行容體而順乎文，禮也。禮樂徧行，則天下亂矣。

文中所謂“知與恬交相養”的説法與老莊的主張相左。楚簡《老子》：“絶智棄辯，民利百倍。絶巧棄利，盗賊亡有。絶僞棄慮，民復季子。”今本《老子》六十五章亦云：“故以智治國，國之賊；不以智治國，國之福。”智在老子眼裏與巧僞無異，都是棄絶的對象。莊子也反對智，《人間世》：“德蕩乎名，知出乎争。名也者，相軋也；知也者，争之器也。二者凶器，非所以盡行也”；《德充符》：“聖人不謀惡用知。”在老莊那裏，智與恬是不能混爲一談的。另外，文中所謂“德无不容，仁也；道无不理，義也；義明而物親，忠也；中純實而反乎情，樂也；信行容體而順乎文，禮也”，就是用道家學説來解釋儒家觀念。作者認爲儒家之仁義禮樂乃是道德的衍生品，這就爲儒家學説的合理性找到了理論依據，應爲稷下道家的文字。

（七）《天下》

《天下》篇最後一段，即“惠施多方”至文末是後來插入的文字，前文對此已有詳論。其餘部分皆圍繞道術與方術展開論述，從内容上看，《天下》篇應出自稷下道家之手。先看總論：

> 天下之治方術者多矣，皆以其有爲不可加矣。古之所謂道術者，果惡乎在？曰：“无乎不在。”曰：“神何由降？明何由出?”“聖有所生，王有所成，皆原於一。”不離於宗，謂之天人。不離於精，謂之神人。不離於真，謂之至人。以天爲宗，以德爲本，以道爲門，兆於變化，謂之聖人。以仁爲恩，以義爲理，以禮爲行，以樂爲和，薰然慈仁，謂之君子。以法爲分，以名爲表，以參爲驗，以稽爲決，其數一二三四是也，百官以此相齒。以事爲常，以衣食爲主，蕃息畜藏，老弱孤寡爲意，皆有以養，民之理也。
>
> 古之人其備乎！配神明，醇天地，育萬物，和天下，澤及百姓，明於本數，係於末度，六通四辟，小大精粗，其運无乎不在。其明而在數度者，舊法、世傳之史尚多有之；其在於《詩》《書》《禮》《樂》者，鄒魯之士、搢紳先生多能明之。《詩》以道志，《書》以道事，《禮》以道行，《樂》以道和，《易》以道陰陽，《春秋》以道名分。其數散於天下而設於中國者，百家之學時或稱而道之。
>
> 天下大亂，賢聖不明，道德不一，天下多得一察焉以自好。譬如耳目鼻口，皆有所明，不能相通。猶百家衆技也，皆有所長，時有所用。雖然，不該不徧，一曲之士也。判天地之美，析萬物之理，察古人之全，寡能備於天地之美，稱神明之容。是故内聖外王之道，闇而不明，鬱而不發，天下之人各爲其所欲焉以自爲方。悲夫，百家往而不反，必不合矣！後世之學者，不幸不見天地之純，古人之大體，道術將爲天下裂。

作者先根據體道之遠近將人分爲天人、神人、至人、聖人、君子、百官、庶民等不同等級。其中天人、神人、至人爲最高級，因爲他們能不離於宗、不離於精、不離於真，也就是説他們能與道爲一。天人、神人、至人就是《逍遥遊》中“至人无己，神人无功，聖人无名”中的至人、神人和聖人。所不同的是，《天下》篇的作者用“天人”將《逍遥遊》中的“聖人”替换出來，我想可能是因爲道家崇尚聖人，儒家亦崇尚聖人，然道家聖人與儒家聖人的含義却大不相同。爲避免歧義，作者用“天人”取代了“聖人”。“天”是自然的意思，“天人”就是體任自然之人。第二等人是“聖人”，聖人雖然能做到宗法天道，但與遺世獨立、與天爲一、遊乎四海之外的神人相比，還多出一份顧世情懷。因爲聖人的最高境界是“内聖外王”，要做到王天下，聖人就不能脱離社會而存在。蓋文中的聖人代表了稷下道家的理想人格，與原始道家相比，稷下道家的聖人不但要内聖，而且要外王，即多出一份顧世，少了一份逍遥。第三等人是君子，即“以仁爲恩，以義爲理，以禮爲行，以樂爲和，薰然慈仁，謂之君子”。百家之學中，作者最爲看重的是儒學，故百家中獨舉儒學。作者認爲百家之學（包括儒學）皆是術而不是道，即“猶百家衆技也，皆有所長，時有所用。雖然，不該不徧，一曲之士也”。第四等人是百官，他們處在執行層面，與道和術没有多大關係。第五等人是庶人，他們只想著如何吃飽穿暖，離道最遠，處在最底層。

爲什麽作者於百家之中獨重儒學，乃是因爲儒學中保存了更多的古之道術。作者説：“其明而在數度者，舊法、世傳之史尚多有之；其在於《詩》《書》《禮》《樂》者，鄒魯之士、搢紳先生多能明之。《詩》以道志，《書》以道事，《禮》以道行，《樂》以道和，《易》以道陰陽，《春秋》以道名分。其數散於天下而設於中國者，百家之學時或稱而道之。”即古之道術傳世有三個途徑：一是世代流傳的法規法令以及傳世的史書，二是儒家之《詩》《書》《禮》《樂》，三是百家之學。作者認爲儒學保存了較多的古之道術，故將儒學從百家之學中單獨列出，可見作者深受儒家學説的影響。在品評諸子時，作者也以儒家學説爲標準，如：

> 不侈於後世，不靡於萬物，不暉於數度，以繩墨自矯而備世之急。古之道術有在於是者，墨翟、禽滑釐聞其風而説之。爲之大過，已之大循。作爲《非樂》，命之曰《節用》；生不歌，死无服。墨子氾愛兼利而非鬭，其道不怒；又好學而博，不異，不與先王同，毁古之禮樂。黄帝有《咸池》，堯有《大章》，舜有《大韶》，禹有《大夏》，湯有《大濩》，文王有《辟雍》之樂，武王周公作《武》。古之喪禮，貴賤有儀，上下有等，天子棺槨七重，諸侯五重，大夫三重，士再重。今墨子獨生不歌，死不服，桐棺三寸而无槨，以爲法式。以此教人，恐不愛人；以此自行，固不愛己。未敗墨子道。雖然，歌而非歌，哭而非哭，樂而非樂，是果類乎？其生也勤，其死也薄，

其道大觳；使人憂，使人悲，其行難爲也，恐其不可以爲聖人之道，反天下之心，天下不堪。墨子雖獨能任，柰天下何！離於天下，其去王也遠矣。

作者認爲墨子作《非樂》《節用》，使人生不歌，死無服，違背人性。因爲黄帝、堯、舜、禹、湯、文、武皆有自己的樂，故樂不可非。作者所列舉的人物都是儒家的聖賢，原始道家並不把他們放在眼裏，而作者對他們已經欣然接受，説明作者價值觀念與原始道家相比已發生了很大的變化。另外作者認爲墨子主張人死了以後一律桐棺三寸而無槨，這也不符合古之喪禮。古之喪禮主張上下有等，尊卑有序，即所謂“天子棺槨七重，諸侯五重，大夫三重，士再重”。墨子的主張既不愛人也不愛己，其去王也遠矣。作者認爲儒家尊卑貴賤的等級制度是合理的，是不能廢除的。對於《天下》篇具體問題的考證和論述，前文《天下篇研究》已有詳論，此不贅言。總體説來，《天下》篇作者的學術傾向是以道家爲宗，以儒家爲術，兼采百家之長，應出自稷下道家之手。

綜上，《莊子》中稷下道家的代表作品是《天道》篇第一部分及《天下》篇“惠施多方”之前的文字。這兩篇作品闡述了稷下道家的學術淵源、治國方略及政治主張。特别是《天下》篇在《天道》“静而聖，動而王”的基礎上，提煉出“内聖外王”這一標誌性詞語，影響中國社會兩千多年。“内聖外王”既不是道家的主張，也不是儒家的主張，而是儒道結合的産物，是稷下道家的政治綱領。稷下道家對百家之學並不是同等看待，獨重儒學兼采百家是稷下道家一個非常重要的特征，《莊子》中其他稷下道家的作品同樣具有這一學術傾向。

關於儒道之關係，一直爲人們所關注。《史記·老子韓非列傳》云：“世之學老子者則絀儒學，儒學亦絀老子，‘道不同不相爲謀’，豈謂是也?”《老子》十九章亦云：“絶聖棄智，民利百倍；絶仁棄義，民復孝慈；絶巧棄利，盜賊無有。”大概老子説的這些話，就是司馬遷認爲儒道互絀的依據，給人們的印象是儒道的關係一直非常緊張。然郭店楚簡《老子》出土後，人們對這一問題的看法發生了改變，楚簡《老子》甲本是這樣説的：“絶智棄辯，民利百倍；絶巧棄利，盜賊無有；絶僞棄慮，民復季子。”即今本《老子》的“絶聖棄智”“絶仁棄義”，楚簡《老子》分别作“絶智棄辯”和“絶僞棄慮”，看來早期儒道的關係並不像司馬遷説的那樣緊張。根據《莊子》的記載，孔子對老子一直畢恭畢敬，虚心聆聽老子的批評和教誨，老子對孔子的態度也是很温和的，因此老子不可能説出“絶聖棄智”“絶仁棄義”這様激烈的話。那麽老子對儒家仁義學説的態度又是如何呢?

《老子》十八章:“大道廢,有仁義;智慧出,有大僞;六親不和,有孝慈;國家混亂,有忠臣。”楚簡《老子》丙本:“故大道廢,安有仁義;六親不和,安有孝慈;邦家混亂,安有正臣。”“安”在這裏用作連詞,作“於是”“乃”解。意思是説,人們持守天性的時候,根本無所謂仁義孝慈,只有人喪失天性的時候才倡導仁義孝慈。值得思考的是,今本《老子》比楚簡《老子》多出“智慧出,有大僞”句,使“仁義”“孝慈”具有了負面意義,可見在流傳過程中後人對《老子》有所删改。

總的説來,老子並没有“絶聖棄智”“絶仁棄義”的主張,老子認爲仁義對人來説並不是最重要的,不喪天性才是立身之本,可見他對仁義的態度是温和的。在《莊子》内篇中,孔子也經常以求道者的面目出現,莊子對孔子並無敵意。至道家後學,儒道的關係開始緊張起來,《駢拇》諸篇的作者對儒家之聖人及仁義學説給予猛烈的抨擊,如《胠篋》之“故絶聖棄知,大盜乃止”;《在宥》之“吾未知聖知之不爲桁楊椄槢也,仁義之不爲桎梏鑿枘也,焉知曾史之不爲桀跖嚆矢也!故曰絶聖棄知而天下大治”。蓋今本《老子》之“絶圣棄智”“絶仁棄義”就是《莊子》中的衛道派改寫的。

總體上説,道儒兩家相伴而生。早期道儒的關係是温和的,至道家後學將道儒兩家對立起來,而稷下道家對儒家學説又多有汲取和改造。可以説,稷下道家於百家之中獨重儒學,“内聖外王”就是道儒融合的産物,因此我們認爲融合儒道兼取百家是稷下道家的本質特征。

第十四章　帛書四篇及《管子》四篇研究

所謂“帛書四篇”，是指馬王堆帛書中的《經法》《十大經》《稱》和《道原》；“《管子》四篇”是指《管子》中的《内業》《心術上》《心術下》及《白心》。之所以要對之進行研究，是因爲學界大都認爲以上内容是所謂“黄老學派”的代表作品。這一觀點是否符合實際，還需要進一步探討。

我們先來討論一下帛書四篇。二十世紀七十年代初，湖南長沙馬王堆三號漢墓出土了帛書《老子》甲、乙本。其中帛書《老子》乙本卷前抄寫了四篇古佚書，各篇皆有篇名，分别是《經法》《十大經》（亦作《十六經》）、《稱》《道原》。帛書四篇的出土成了轟動一時的學術事件，此前學界雖構想出一個“黄老學派”，但没有找到一部代表作品。帛書四篇的出土令許多學者興奮異常，他们認爲此四篇帛書就是尋找已久的“黄老學派”的代表作。事實究竟如何，我們應在原典中尋找答案。下面就來詳細梳理一下帛書四篇的具體内容。

一、帛書四篇的主要内容

（一）《經法》篇

帛書《經法》由九部分内容構成，每部分各有篇名。

第一部分曰《道法》，此部分討論的主要内容是形名法度問題。作者首先指出“道生法”，意思是説社會之“法”是自然之“道”固有的一部分，這就爲國君立法找到了理論依據。社會之所以要設立法度，乃是因爲人有“欲”，人“不知足”。表現在行動上就是“不時”“逆”和“不稱”，也就是不按規律做事；表現在言論上就是“不信”“自誣”和“虚夸”。因此，要約束人的言行，就要設立形名制度，事物有了形名，其功用和職責便確定下來，統治者就可以循名責實，如此就會黑白分明，善惡無所匿其形，即“形名已立，聲號已建，則无所逃迹匿正矣”。但只有形名是不够的，還要設立相應的法度準則，以此評判各類事物的是非得失。同時作者還强調了智的重要性，即“无私者智，至智者爲天下稽”。

第二部分曰《國次》。所謂“國次”，就是爲國者必須遵循的基本準則。首先講的是攻伐之事，國君攻伐他國應有理有據，師出有名，即其國“當罪當亡”，而後國君才能替天行道。兼人之國不可以“脩其國郭，處其廊廟，聽其鐘鼓，利其資財，妻其子女”，如果國君只顧自己享樂，其結果只能是國破家亡。所以兼人之國必須毁其城郭，焚其鐘鼓，布其資財，散其子女，列其土地，以封賢者。另外在治國理政方面，國君要做到“五毋”，即“毋陽竊，毋陰竊，毋土敝，毋故埶，毋黨别”。因爲“陽竊者疾，陰竊者飢，土敝者亡地，人埶者失民，黨别者亂”，這就是“五逆”。

第三部分曰《君正》。“君正”即“君政”，也就是國君應如何治民理政。文中指出，治理百姓要循序漸進，不可操之過急。具體的做法是“一年而從其俗，二年而用其德，三年而民有得。四年而發號令，[五年而以刑正，六年而]民畏敬，七年而可以征”。爲什麽要這樣做，作者是這樣解釋的：第一年尊從鄉規民俗，可以瞭解百姓的是非善惡的標準是什麽；第二年任用賢德之人，百姓就會努力進取；第三年免去賦税征斂，百姓的生活就會富足；第四年君主發號施令，百姓就會敬畏服從；第五年用法度治理天下，百姓就不再心存僥倖；第六年百姓便會有敬畏之心，不會再觸犯國家的律令；第七年就可以率民出征，戰無不勝。作者進一步論述説：“天有死生之時，國有死生之政。因天之生也以養生，謂之文；因天之殺也以伐死，謂之武。[文]武並行，則天下從矣。”也就是説，國君治民理政的方針符合自然法則，符合文武之道。另外，作者還重點强調了法度在治民理政方面的重要作用，即“法度者，正之至也。而以法度治者，不可亂也。而生法度者，不可亂也。精公无私而賞罰信，所以治也”。

第四部分曰《六分》。此節主要討論君臣之關係。“六分者”，“六逆”“六順”之分也。“六逆者”，其子父、其臣主、謀臣在外位、主失位、主暴臣亂、兩主。反之則爲“六順”，即“主不失位則國[有本，臣]失其處則下无根，國憂而存；主惠臣忠者，其國安；主主臣臣，上下不趚者，其國强；主執度，臣循理者，其國霸昌；主得位臣輻屬者王”。只理順君臣關係還不够，還要掌握“王術”才能稱王天下。即“然而不知王術，不王天下。知王術者，驅騁馳獵而不禽荒，飲食喜樂而不湎康，玩好睘好而不惑心，俱與天下用兵，費少而有功，[戰勝而令行，故福生於内，則]國富而民[昌。聖人其留，天下]其[與]”，不知王術者反此。這裏所説的“王術”就是君臣南面之術，乃國之利器，不可以示人。什麽樣的君王才能掌握王術呢？作者説：“王天下者有玄德，有［玄德］獨知［王術］。”王天下者有什麽樣的特質呢？“王天下者，輕縣國而重士，故國重而身安；賤財而貴有智，故功得而財生；賤身而貴有道，故身貴而令行。”也就是説，君王不但要處理好君臣關係，還要具有“重士”“貴有知”“貴有道”這樣的玄德，才能够獨知王術，稱王天下。

第五部分曰《四度》。所謂“四度”，論述的是君臣、賢不肖、動静、生殺四方面的關係。作者説：“君臣易位謂之逆，賢不肖並立謂之亂，動静不時謂之逆，生殺不當謂之暴。逆則失本，亂則失職，逆則失天，［暴］則失人。……君臣當位謂之静，賢不肖當位謂之正，動静參於天地謂之文，誅［禁］時當謂之武。静則安，正［則］治，文則［明］，武則强。”可見處理好這四方面的關係對於國君來説是至關重要的。對於文武的關係，作者認爲應以文爲主，以武爲輔，即“武刃而以文隨其後，則有成功矣，用二文一武者王”。另外，文中還闡述了盛極而衰的道理，主張處下、處柔。作者云：“極而反，盛而衰，天地之道也，人之理也。逆順同道而異理，審知逆順，是謂道紀。以强下弱，何國不克。以貴下賤，何人不得。以賢下不肖，［何事］不［治］。”蓋以强下弱亦爲王術之一。

第六部分曰《論》。此文亦圍繞治國理民展開論述，提出“八正”“七法”“六柄”“三名”等必須遵循的行爲準則。“八正”：“不天天則失其神，不重地則失其根。不順［四時之度］而民疾。不處外内之位，不應動静之化，則事窘於内而舉窘於［外］。［八］正皆失，［與天地離］。”“八正”就是順自然而爲，不能爲所欲爲。“七法”：“適者，天度也。信者，天之期也。極而［反］者，天之性也。必者，天之命也。□□□□□□□□□者，天之所以爲物命也。此之謂七法。”所謂“七法”就是行天道。“六柄”：“一曰觀，二曰論，三曰動，四曰轉，五曰變，六曰化。”所謂“六柄”就是應時而動，順物而化。“三名”：“一曰正名位而偃，二曰倚名法而亂，三曰强主滅而无名。”“三名”主張名實相符。

第七部分曰《亡論》。所謂“亡論”，就是論述國家覆亡的諸因素，其中包括犯禁絶理、六危、三不辜、三壅、三凶、五患等。犯禁絶理：“國受兵而不知固守，下邪恒以地界爲私者□。救人而弗能存，反爲禍門。是謂危根。聲華實寡，危國亡土。夏起大土功，命曰絶理。犯禁絶理，天誅必至。”六危：“一曰嫡子父，二曰大臣主，三曰謀臣［離］其志，四曰聽諸侯之廢置，五曰左右比周以壅塞，六曰父兄黨以儹。”此與《六分》之“六逆”相近。三不辜：“一曰妄殺賢，二曰殺服民，三曰刑无罪。”三壅：“内位勝謂之塞，外位勝謂之價，外内皆勝則君孤特。以此有國，守不固，戰不克，此謂一壅。從中令外［謂之］惑，從外令中謂之［賊］。外内遂争，則危都國，此謂二壅。一人擅主命曰蔽光。從中外周，此謂重壅。外内爲一，國乃更，此謂三壅。”三凶：“一曰好凶器，二曰行逆德，三曰縱心欲。”五患：“味利、襦傳、達刑、爲亂首、爲怨媒。”

第八部分曰《論約》。“約”者，簡也，“論約”就是論述治國的基本原則，這一基本原則就是法天理行人事。何謂天理？“四時有度，天地之理也。日月星辰有數，天地之紀也。三時成功，一時刑殺，天地之道也。”天有立廢生殺，君有文武之治，故“始於文而卒於武，天地之道也”。天人的基本原則是順天理，去人欲。“功溢於天，故有死刑。功不及天，退而无名。功合於天，名乃大成。人事之理也。順則生，理則成，逆則死，失［則无］名。倍天之道，國乃无主。”落實到社會層面，國君治國理政首先要做的就是設立形名。“故執道者之觀於天下也，必審觀事之所始起，審其形名。形名已定，逆順有位，死生有分，存亡興壞有處，然后參之於天地之恒道，乃定禍福死生存亡興壞之所在。”

第九部分曰《名理》。“名理”者，循名究理之謂也。作者首先指出道生天地萬物，即“道者，神明之原也”。道是不變的一，其“静而不移，動而不化”。作者認爲人的行爲要有度，要在事物的限度内行事，否則禍將及身。即“凡萬物群材，佻長非恒者，其死必應之”。作者主張處弱守柔，“以剛爲柔者活，以柔爲剛者伐。重柔者吉，重剛者滅”。在治國理政方面，國君應設形名，立法度。“天下有事，必審其名。”“是非有分，以法斷之；虚静謹聽，以法爲符。審察名理名終始，是謂究理。唯公无私，見知不惑，乃知奮起。故執道者之觀於天下［也］，見正道循理，能舉曲直，能舉終始。故能循名究理。形名出聲，聲實調合。”

綜上，帛書《經法》論述的主要内容是爲君之道，其中包括爲國的基本原則和方法。爲國的基本原則就是設形名，立法度，行文武之道。具體方法包括“五毋”“五逆”“六逆”“六順”“八正”“七法”“六柄”“三名”等。國君要處理好君臣、賢不肖、動静、生殺四方面的關係，國君不能犯禁絶理，國家要避免“六危”“三不辜”“三壅”“三凶”“五患”等情況。另外，作者認爲是否掌握“王術”對於統治者來説也是至關重要的。可見，帛書《經法》不是爲普通百姓寫的，也不是爲臣屬、士人或賢者寫的。非常明顯，此文是專門爲君王寫作的，是在告誡君王如何做才能興邦治國王天下。因此，我認爲《經法》很可能是君王之師寫作的講稿，講授國君如何才能稱王天下的道理。

從内容上看，文中講述的許多内容都是操作層面問題，如“五毋”“五逆”“六逆”“六順”等，都屬於形下之術，與學術問題並無關涉。也就是説，作者寫作此文的目的是告訴君王如何做才能稱王天下，而不是在建構一個所謂“黄老學派”的理論體系。在學術思想上，作者秉承的是法家形名法術之學，認爲君王欲兼有天下，形名法術是不可或缺的，否則將一事無成。值得注意的是，作者對儒家仁義學説毫無提及，這説明作者認爲儒家學説對於稱王天下並不重要，此與《莊子》中稷下道家獨重儒學兼取百家的學術主張具有本質上的差異。雖然《經法》中對道家尚柔處弱等主張有所汲取，但也只是在“術”的層面加以運用而已，作者並没有建立所謂“黄老學”的理論體系。

（二）《十大經》

《十大經》由《立命》《觀》等十五部分構成。

第一部分曰《立命》。此文記載了關於黄帝的傳説，如黄帝四面、立國置君、推演曆法等。

第二部分曰《觀》。此文通過黄帝與其臣力黑的對話，討論如何治國理民的問題。文中指出治國理民的關鍵在於德與刑，“春夏爲德，秋冬爲刑。先德後刑以養生。姓生已定，而敵者生争，不諶不定。凡諶之極，在刑與德。刑德皇皇，日月相望”。文中“夫是故使民毋人埶，舉事毋陽察，力地毋陰敝”之論述與《經法·國次》“毋陽竊，毋陰竊，毋土敝，毋故埶，毋黨别”的説法相近。從文意上看，《國次》爲“五毋”而《觀》爲“三毋”，具體解説上也存在差異，蓋非一人所爲。從行文上看，《國次》由“五毋”衍生出“五逆”，表意清楚，行文簡潔，蓋爲後出的文字。

第三部分曰《五正》。此文通過黄帝與大臣閹冉的對話，闡述治國用兵之道。在治國上作者主張施“五正”，行“五明”，在用兵上主張先屈而後伸，並認爲“夫作争者凶，不争［者］亦无成功”，此與道家謙下不争的理念有所不同。

第四部分曰《果童》。此文通過黄帝與果童的對話討論治民問題。文中指出，物與物之間存在著差異，就像大地上“有山有澤，有黑有白，有美有惡”一樣。人的能力也有大有小，“有［任一則重］，任百則輕”。故貴賤有序、富貴有等是符合自然法則的，要用形名來理順貧富貴賤的關係，即“險若得平，諶［若得正］，［貴］賤必諶，貧富有等，前世之法”。此與道家主張不合。

第五部分曰《正亂》。此文記述了黄帝平定蚩尤的相關傳説，故曰“正亂”。文中説：“民生有極，以欲淫溢，淫溢［即］失。豐而［爲殺］，［加］而爲既，予之爲害，致而爲費，緩而爲［衰］。憂恫而窘之，收而爲之咎；纍而高之，踣而救弗也，將令之死而不得悔。”此與老子“將欲歙之，必固張之；將欲弱之，必固强之；將欲廢之，必固興之；將欲奪之，必固與之”之主張相通。蓋作者在王術層面對老子的主張有所汲取。

第六部分曰《姓争》。此文通過高陽與力黑的對話，來闡述作者的治國主張。文中指出爲國者要效法天道，即所謂“順天者昌，逆天者亡。毋逆天道，則不失所守”。文中還説：“作争者凶，不争亦無以成功。”此與《五正》篇之表述相同，蓋出自一人之手。作者還討論了刑德之關係。作者認爲刑德對於國家的治理是至關重要的，即所謂“刑德皇皇，日月相望，以明其當”。二者相輔相成，缺一不可，即“天德皇皇，非刑不行；穆穆天刑，非德必傾。刑德相養，逆順若成”。文中還討論了動静之關係，“静作得時，天地與之。争不衰，時静不静，國家不定。可作不作，天稽環周，人反爲之［客］”。作者主張動静以時，此乃“作争者凶，不争亦無以成功”的理論依據。

第七部分曰《雌雄節》。此文討論的是雌雄問題，作者主張去雄守雌。“凡人好用雄節，是謂妨生。大人則毁，小人則亡。以守不寧，以作事［不成。以求不得，以戰不］克。厥身不壽，子孫不殖。是謂凶節，是謂散德。凡人好用［雌節］，是謂承禄。富者則昌，貧者則穀。以守則寧，以作事則成。以求則得，以戰則克。厥身［則壽，子孫則殖，是謂吉］節，是謂絝德。”此與老子貴柔守弱的主張相合。老子説：“天門開闔，能爲雌乎?”（十章）“知其雄，守其雌，爲天下谿。”（二十八章）但作者求壽、求子孫的主張則與道家相異。

第八部分曰《兵容》。此文討論的是用兵問題，作者主張用兵要因時因地制宜，根據情况的變化作出决斷。“聖人之功，時爲之庸，因時秉［宜］，是必有成功。”如果不能把握好天時地利，禍將及身。“天固有奪有予，有祥［福至者也而］弗受，反隨以殃。”另外，文中“聖人不達刑，不襦傳。因天時，與之皆斷。當斷不斷，反受其亂”諸語，與《十大經·觀》中的記述基本相同。從文意上看，此文“當斷不斷，反受其亂”云云與上文有内在關聯，蓋此文成於《觀》之前。

第九部分曰《成法》。所謂“成法”，就是統治者可以遵循的固有的法則。作者認爲這一法則就是“循名復一”，這句話包括兩層含義：其一是設立形名，循名責實；二是天下萬事萬物皆歸屬道，即在道的統屬下循名責實。也就是作者所説的“吾聞天下成法，故曰不多，一言而止，循名復一，民无亂紀”。

第十部分曰《三禁》。所謂“三禁”，指天禁、地禁和君禁。地禁是指不違農時，不背事理，即“不［墮］高，不增下，毋服川，毋逆土，毋逆土功，毋壅民明”。君禁是指臣民進退行止要有節度，即“進不氐，立不讓，徑遂淩節，是謂大凶。人道剛柔，剛不足以，柔不足恃”。作者認爲人道應剛柔相濟，不能只剛不柔，也不能只柔不剛。此與老子“堅强者死之徒，柔弱者生之徒”的主張不同，亦與《雌雄節》的主張不合，蓋非一人所爲。天禁是指君臣皆應遵守的法則，即“天有恒日，民自則之。爽則損命，還自服之。天之道也”。

第十一部分曰《本伐》。此文討論的是攻伐之事。作者認爲起兵攻伐的原因大致有三種，即“有爲利者，有爲義者，有行忿者”。爲利興兵者，雖無大利，亦無大害。爲義興兵者，很少能將正義的原則堅持到底的，最終可能得到相反的結果。爲忿興兵者，這種戰争一開始就違背常理，不可能有好結果。故用兵之道乃“不得已”而爲之，不可隨意發動戰争。老子説：“兵者不祥之器，非君子之器，不得已而用之，恬淡爲上。”（三十一章）作者對於戰争的看法與老子相近。

第十二部分曰《前道》。所謂“前道”，就是成法、正道，此文論説的是道的作用。人之得道者爲聖人，故“聖人舉事也，合於天地，順於民，祥於鬼神”。故國君應任用聖人賢士，這樣做對國家和百姓都有利。“正道不殆，可後可始。乃可小夫，乃可國家。小夫得之以成，國家得之以寧。小國得之以守其野，大國［得之以］并兼天下。”

第十三部分曰《行守》。所謂“行守”，説的是爲人的守則。作者指出天地有恒常，人當取法之。人若“驕溢好争，陰謀不祥，刑於雄節，危於死亡”。做人不要高傲，不要自大，不要暴虐。因爲“高而不已，天［將］闕之；廣而不已，地將絶之；苛而不已，人將殺之”。在選人用人上也要聽其言，觀其行。“言之壹，行之壹，得而勿失。”若“有一言，無一行，謂之誣”。另外做人不可炫耀自己，因爲“直木伐，直人殺”。要取法天道，“无形无名”。

第十四部分曰《順道》。所謂“順道”，就是順從天道。文中指出，大庭氏之所以能擁有天下，是因爲他能够“安徐正静，柔節先定。晁濕恭儉，卑約生柔，常後而不失體。正信以仁，慈惠以愛人，端正勇，弗敢以先人”。值得注意的是，“仁”“慈”“愛人”等儒家觀念首次出現在此文當中，亦爲帛書四篇所僅見。蓋《十大經》所録各篇非出自一人之手。文中還論述了持柔守弱的重要性。

第十五部分曰《名刑》。此篇本無篇名，“名刑”乃據篇首“欲知得失情，必審名察形”而補。文中“能一乎，能止乎”之表述與《莊子·庚桑楚》存在關聯。《庚桑楚》曰：“老子曰：‘衛生之經，能抱一乎？能勿失乎？能無卜筮而知吉凶乎？能止乎？能已乎？能舍諸人而求諸己乎？’”《管子》之《心術下》及《内業》亦有類似的文字，當本自《庚桑楚》，前文對此已有辨析，此不贅言。此文“能一乎，能止乎”顯然摘引自《庚桑楚》，而不是《庚桑楚》整段成體系的文字是從此文“能一乎，能止乎”引發的。且《庚桑楚》之“老子曰”已明確指出其文本自老子，與此篇“能一乎，能止乎”無關。可見此篇成於《庚桑楚》之後。

綜上，我們認爲《十大經》非一時一人之作，乃編者雜湊而成。

帛書《經法》寫作的對象和主題都十分明確，作者是要告誡君王如何做才能國富民强、稱王天下，其成於一人之手應該是没有問題的。與之相比，《十大經》既没有一個明確的寫作對象，也没有一個統一的主題。《十大經》中關涉黄帝君臣的文字有九篇，分别是《立命》《觀》《五正》《果童》《正亂》《姓争》《雌雄節》《成法》《順道》等。其中《立命》《五正》《正亂》等篇記載了關於黄帝君臣的傳説，顯係抄録的文字。而《姓争》《雌雄節》《成法》等篇則是借黄帝以明理。蓋編者只是將與黄帝君臣相關的文字抄録在一起，對其内容未加區分。在與黄帝君臣無關的文字中，《兵容》論説的是用兵之道，《三禁》講的是君臣的行爲準則，《本伐》説的是興兵的原因，《前道》論道之作用，《行守》講如何做人及如何用人，《名刑》論説的是形名及動静。可見《兵容》等六篇並没有一個統一的主題，應該是編者根據其需要和喜好將各篇抄録在一起的。

總體上看，《十大經》所録各篇大都貴雌尚柔而主刑德。只有《順道》主張仁、慈，與諸篇不合。此外，《三禁》篇之剛柔相濟與《雌雄節》等篇貴雌尚柔的主張存在差異，顯非一人之作。從義理上看，《十大經》諸篇並没有在形上層面建立所謂黄老學的理論體系，只是在形下層面論述如何爲君、如何爲臣、如何治國、如何用兵等。從思想傾向上看，《十大經》諸篇對老子貴雌尚柔的主張多有繼承，治國方面則主於刑德。從創作時間上看，《名刑》篇之“能一乎，能止乎”當襲自《庚桑楚》或《管子》，應爲戰國末期的作品。

（三）《稱》

帛書的第三篇爲《稱》。所謂“稱”，就是權衡利害得失。從形式上看，此篇不分章節，只是用墨釘符號將不同的内容區分開來。也就是，墨釘以外的文字原本是不相銜接的，這些用墨釘間隔的文字可能抄自同一本書，也可能抄自不同的書，可以説此篇就是一篇讀書筆記，即讀者在讀書時將自認爲有用的内容抄録下來，以便今後領會和體味。墨釘間的文字意不相屬，有長有短，短的只有一句話，如“兩虎相爭，駑犬制其余”；長的多達二百餘字，如“凡論必以陰陽［之］大義……此地之度而雌之節也”。

從内容上看，多爲精神修養、治國理政及生活經驗的總結，如“聖人不爲始，不專己，不豫謀，不爲得，不辭福，因天之則”；“帝者臣，名臣，其實師也；王者臣，名臣，其實友也；霸者臣，名臣也，其實［賓也；危者］臣，名臣也，其實庸也；亡者臣，名臣也，其實虜也”；“宫室過度，上帝所惡；爲者弗居，雖居必路”；“減衣衾，薄棺椁，禁也，疾役可；發澤，禁也，草蔟可；淺林，禁也，聚□□；墮高增下，禁也，大水至而可也”；“不用輔佐之助，不聽聖慧之慮，而恃其城郭之固，怙其勇力之御，是謂身薄。身薄則殆，以守不固，以戰不克”等。可見《稱》中抄録的内容都與侯王有關，此文的抄録者應屬侯王階層。

（四）《道原》

帛書的第四篇爲《道原》。所謂“道原”，蓋道乃萬物之源。老子在論説道的作用的時候，只是概括地説“無名天地之始，有名萬物之母”；“道沖而用之或不盈，淵兮似萬物之宗”。與老子相比，此文的作者更多的是將道的作用落實到具體事物，如“鳥得而飛，魚得而游，獸得而走。萬物得之以生，百事得之以成”。老子只説了一句“道沖而用之或不盈”，而此文將其解釋爲“天地陰陽，［四］時日月，星辰雲氣，蚑行蟯動，戴根之徒，皆取生，道弗爲益少；皆反焉，道弗爲益多”。顯然這些都是後人解説老子的文字。作者寫作此文的目的不僅是闡釋道，更爲重要的是要説明只有聖人才能體道、悟道，即“故唯聖人能察无形，能聽无［聲］。知虚之實，后能大虚。乃通天地之精，通同而无間，周襲而不盈。服此道者，是謂能精。明者固能察極，知人之所不能知，人服人之所不能得，是謂察稽知極”。也就是説，國君只有不斷地修養德行，才能達到聖人的境界，才能體道、悟道。那麽體道又有什麽作用呢？作者云：“聖王用此，天下服。”這裏用的是“聖王”而不是“聖人”，其區别在於

"聖王"指的是王中的聖人，即只有王中之聖才能天下服。"上用□□而民不迷惑，上虚下静而道得其正。信能无欲，可爲民命；上信无事，則萬物周遍；分之以其分，而萬民不争；授之以其名，而萬物自定"，此皆聖王體道之功用。最終的結果便是"抱道執度，天下可一也"。可見作者寫作此文的目的在於告誡君王要不斷修行，要體道悟道，使自己達到聖王的高度和境界，如此才能天下歸一。

以上概述了帛書《經法》《十大經》《稱》及《道原》的主要内容，在此基礎上，我們將主要討論以下幾個問題。

二、關於書名

目前，學界多數學者認爲此四篇帛書就是《漢書·藝文志》道家類記載的《黄帝四經》。最先提出這一説法是唐蘭。[①] 其主要理由是：第一，四篇古佚書與《黄帝四經》篇數相符。在思想體系上四篇古佚書是一貫的，雖然體裁各别，但互爲聯繫，構成一個整體。《經法》主要論法，《十大經》主要論軍事，《稱》主要講陰陽辯證法，《道原》則論道。第二，文體相符。古佚書中已有兩篇標題稱"經"，其餘兩篇雖未稱經，但是經的體裁。從時代背景上看，很難想象在國家提倡黄老之時，《老子》前面會冠以與之没有關係的書。而這四篇古佚書恰好又基本上都是黄老之言，顯然只有《黄帝四經》才能當之。第三，《隋書·經籍志》云："漢時諸子道書之流，有三十七家……其黄帝四篇、老子兩篇，最得深旨。"此所謂"黄帝四篇"，顯然指"黄帝四經"。這更可證明抄在《老子》前面的四種古佚書爲《黄帝四經》。

其實，唐氏所列的幾條論據都值得推敲，篇數相符未必就是同一本書，這個道理大家都懂。所謂思想體系上四篇相互聯繫，構成一個整體，亦是想當然。經細緻的梳理和論證，我們認爲這四篇文字既非一人之作，也非一時之作。在義理上不但四篇之間没有内在關聯，即使是一篇之内各部分文字之間亦不存在關聯，如《十大經》。如果一定要説四篇存在關聯的話，我認爲帛書四篇皆與侯王相關聯。也就是説，墓主人將如何爲君、御臣、治民、征伐，如何一統天下的文字抄録下來，以資借鑒，因爲墓主人就屬於侯王階層，並不是某人根據法、軍事、陰陽辯證法、道等主題寫作了帛書四篇，這是非常明顯的。唐氏第二條理由顯然有些牽强，《藝文志》著録的是《黄帝四經》，而帛書四篇只有兩篇稱"經"，兩

① 唐蘭：《馬王堆帛書老子乙本卷前古佚書的研究》，《考古學報》1975 年第 1 期。

者明顯不符。另外抄寫在帛書《老子》前的文字未必就一定是《黃帝四經》，兩者不存在必然聯繫。至於《隋書·經籍志》所記載的“黃帝四篇”是否就是《黃帝四經》已不得而知，因爲漢代託名黃帝的書很多。即便“黃帝四篇”就是《黃帝四經》，也不能證明帛書四篇就是《黃帝四經》，因爲我們無法證明“黃帝四篇”與帛書四篇存在關聯。可見目前學界將帛書四篇稱爲《黃帝四經》是有些草率的。

除將帛書四篇稱爲《黃帝四經》外，有的學者還將帛書四篇稱爲“黃老帛書”，理由是帛書四篇反映了黃老學派的思想。這一稱謂也有問題，因爲帛書四篇中只有《十大經》中少部分篇目涉及黃帝，而帛書四篇與老子其人也無所關聯，將其稱爲“黃老帛書”就顯得不倫不類。另外，歷史上是否存在一個所謂的“黃老學派”還是個問題，前文對此已有詳論。

我認爲帛書四篇之間並不存在關聯，應爲各自獨立的文字。如《經法》篇不但有總的篇名，各組成部分也有名，即《道法》《國次》《君正》《六分》等，各部分圍繞著如何爲君這一主題展開論述。可見《經法》篇自成體系，與其餘三篇並無瓜葛。如果帛書四篇是一本書的話，抄寫者不可能將書名漏寫漏抄。既然帛書四篇都是各自獨立的文字，我們就没有必要一定要給四篇文字起一個總名，更不能臆斷其爲《黃帝四經》。由於帛書四篇皆有篇名，因此我們還是將其分别稱爲帛書《經法》、帛書《十大經》、帛書《稱》、帛書《道原》爲好。如需總稱的話，可稱爲“帛書四篇”。

三、關於成書年代

關於帛書四篇成書的時間，目前學界有戰國中期、戰國末年、秦漢之際、西漢初年等説法。我認爲帛書四篇非一時一人之作，且四篇中有些文字蓋雜抄而成，其所抄録的作品成於何時也難以確定。總體上看，各篇文字的作者都具有較强的憂患意識，仿佛國家已處在生死存亡的關頭，文章的内容大多都關涉攻伐守國之事。如《經法·國次》：“國失其次，則社稷大匡。奪而无予，國不遂亡。不盡天極，衰者復昌。誅禁不當，反受其殃。禁伐當罪當亡，必虚其國，兼之而勿擅，是謂天功。”“兼人之國，脩其國郭，處其廊廟，聽其鐘鼓，利其資財，妻其子女，是謂［重］逆以荒，國危破亡。”《經法·君正》：“以有餘守，不可拔也；以不足攻，反自伐也。”《經法·六分》：“主失位，臣失處，命曰无本，上下无根，國將大損；在强國破，在中國亡，在小國滅。主暴臣亂，命曰大荒，外戎内戎，天將降殃，國无大小，有者滅亡。”《經法·亡論》：“守國而恃其地險者削，用國而恃其强者弱。興兵失理，所伐不當，天降二殃。”“大殺服民，戮降人，刑无罪，禍皆反自及也。”可見作者正處於烽煙四起之攻伐兼併年代，而非天下一統皇者獨尊的時代，因此帛書四篇不可能成於秦漢時期。

帛書四篇蓋成於戰國晚期，理由如下：

第一，從篇名上看，帛書四篇皆有篇名，其中《經法》《十大經》中設有子目篇名。四篇中所有篇名皆以意名篇，從文獻學的角度看，以意名篇的情況出現較晚，大約在戰國晚期才被廣泛采用。《論語》《孟子》皆以首句名篇，《莊子》外雜篇中大部分也都是首句名篇，只有《讓王》《盜跖》《説劍》《漁父》諸篇是以意名篇，學界公認此四篇晚出。由此可以推斷帛書四篇成於戰國晚期。

第二，從詞語的使用上看，《經法·論》中兩次使用“帝王”一詞，即“帝王者，執此道也”“然后帝王之道成”。前文我們曾對“帝王”一詞有過較爲深入的探討。“帝王”一詞出現得較晚，先秦文獻中，大概是《莊子》外雜篇首先使用了“帝王”一詞，使用頻次較高的是《天道》篇。《莊子》内篇言“帝”言“王”而不言“帝王”。前二八八年齊湣王稱東帝，秦昭王稱西帝，此時“帝”才有諸侯之王的意思。據此帛書四篇蓋成於戰國晚期。

第三，《十大經·名刑》之“能一乎？能止乎？能毋有己，能自擇而尊理乎”諸句與《莊子·庚桑楚》及《管子·心術下》《管子·内業》相關涉：

> 老子曰：“衛生之經，能抱一乎？能勿失乎？能无卜筮而知吉凶乎？能止乎？能已乎？能舍諸人而求諸己乎？”（《庚桑楚》）
>
> 能專乎？能一乎？能毋卜筮而知凶吉乎？能止乎？能已乎？能毋問於人而自得之於己乎？（《管子·心術下》）
>
> 能摶乎？能一乎？能無卜筮而知吉凶乎？能止乎？能已乎？能勿求諸人而自得之己乎？（《管子·内業》）

很明顯，《庚桑楚》與《心術下》及《内業》屬同一傳承系統，《刑名》之“能一乎？能止乎”不過是擇録《莊子》或《管子》中的兩句而已，不可能是《莊子》或《管子》根據《刑名》之“能一乎？能止乎”演繹出這樣一段論述，且《庚桑楚》已明確指出此文源自老子，與《刑名》無關。而《莊》《管》之間當是後者襲自前者。

另外，帛書《稱》中有一段文字與《管子·白心》相近：

不士（仕）於盛盈之國，不嫁子於盛盈之家，不友［驕倨慢］易之［人］。（帛書《稱》）

滿盛之國，不可以仕任；滿盛之家，不可以嫁子；驕倨傲暴之人，不可與交。（《白心》）

帛書《稱》此段文字前有墨釘（■）符號，表示此段文字與前文無關。《白心》此文前的文字爲“持而滿之，乃其殆也。名滿於天下，不若其已也。名進而身退，天之道也”，其與下文存在意義上的關聯，不是《白心》抄自《稱》，而是《稱》録自《白心》，《稱》本身就是雜録他書形成的文字，《稱》成於《白心》之後。

據以上三點，帛書四篇當成於戰國之末。

四、帛書四篇與黄老學派之關係

目前，學界大都認爲帛書四篇是所謂黄老學派的代表作，對於黄老學派的研究具有非常重要的學術價值。

首先，我們認爲中國歷史上並不存在一個哲學意義上的黄老學派，前文對此已有論證。我認爲將此學派稱爲稷下道家可能更符合學術發展的實際情況。

其次，一個新興學術派别的創建，先要建構自己的學術體系，闡述學術主旨，提出行動綱領。經過細緻的概括梳理，我們認爲帛書四篇既没有建構自己的學術體系，也没有闡述、提出自己的學術主旨和行動綱領，稱之爲黄老學派的代表作品未免有些言過其實。

拿《經法》篇來説，此篇乃侯王的行爲準則，告誡侯王何者當爲、何者不當爲，闡述的都是形下層面的問題，如“五毋”“五逆”“六逆”“六順”“八正”“七法”“六柄”“三名”“六危”“三不辜”“三壅”“三凶”“五患”等。作者的寫作意圖十分明顯，就是針對侯王而作，與百姓、臣子都没有什麽關係。由此推斷，《經法》篇可能是王者之師編撰的，是其向侯王講授爲君之道的講稿。作者寫作此文的目的並不是要建構一個學術體系，創建一個學派。文中提出的以形名法度治國的主張，不過是對法家學説的繼承而已，亦屬形下之術。《莊子·天道》云：

驟而語形名，不知其本也；驟而語賞罰，不知其始也。倒道而言，迕道而説者，人之所治也，安能治人！驟而語形名賞罰，此有知治之具，非知治之道。可用於天下，不足以用天下，此之謂辯士，一曲之人也。禮法數度，形名比詳，古人有之。此下之所以事上，非上之所以畜下也。

《天道》篇的作者認爲形名賞罰不過是“治之具”，而非“治之道”。只知道用形名賞罰治國理民的人，都是目光短淺的“一曲之人”。這樣的人只能爲人所治，安能治人！那麼國君應當如何治國理民呢？《天道》篇的作者説：

是故古之明大道者，先明天而道德次之，道德已明而仁義次之，仁義已明而分守次之，分守已明而形名次之，形名已明而因任次之，因任已明而原省次之，原省已明而是非次之，是非已明而賞罰次之。賞罰已明而愚知處宜，貴賤履位，仁賢不肖襲情。

學界普遍認爲此段是所謂“黄老學派”的文字，然其主張與《經法》篇存在很大差異。《天道》篇認爲形名賞罰絶非治國之本，只是手段，是“具”，是“術”，是形而下者。可見《經法》篇只是在形下層面討論如何治國、理民、修身、攻伐等，作者想的是如何才能不被兼併，如何才能强國富民，如何才能一統天下。所謂“黄老學派”並不是作者關心的問題。

《十大經》非一時一人之作，乃編者雜湊而成。其中不僅有關於黄帝的傳説，還有關於用兵之道、君臣之道、形名動静、貴雌尚柔等問題的論述。篇與篇互不關涉，應是編者根據自己的需要將其抄録在一起的。《稱》是讀書筆記，《道原》是解説老子的文字，與所謂的“黄老學派”没什麼關係。

總之，帛書四篇非一時一人之作，篇與篇之間並無内在關聯。帛書四篇討論的基本上都是形下層面的問題，並没有建構一個所謂的黄老學思想體系，帛書四篇不是“黄老學派”的代表作品。

五、《管子》四篇研究

下面談談《管子》四篇。

首先提出《管子》四篇這一概念的是郭沫若和劉節，分别見於二人所著之《青銅時代·宋鈃尹文遺著考》和《〈管子〉中所見之宋鈃一派學説》。這一提法在學界引起較大反響，人們似乎找到了黄老學派的代表作，研究《管子》四篇的著述也越來越多。《管子》四篇是否是黄老學派的代表作？《管子》四篇究竟反應了怎樣的思想傾向和學術主張？我們還是回到原典尋求答案。

《管子》四篇中的有些内容是對老莊之道的體會和解説：

> 夫道者，所以充形也，而人不能固。其往不復，其來不舍。謀乎莫聞其音，卒乎乃在於心；冥冥乎不見其形，淫淫乎與我俱生。不見其形，不聞其聲，而序其成，謂之道。凡道無所，善心安愛。心静氣理，道乃可止。彼道不遠，民得以産；彼道不離，民因以知。是故卒乎其如可與索，眇眇乎其如窮無所。彼道之情，惡音與聲，脩心静音，道乃可得。道也者，口之所不能言也，目之所不能視也，耳之所不能聽也，所以修心而正形也；人之所失以死，所得以生也；事之所失以敗，所得以成也。凡道無根無莖，無葉無榮。萬物以生，萬物以成，命之曰道。(《内業》)

作者認爲道無聲無形，視之不見，聽之不聞，物得以生，事得以成。此與老子對道的論述是相通的，只不過作者對道的描述更爲具體一些，如“凡道無根無莖，無葉無榮”。

> 道者，一人用之，不聞有餘；天下行之，不聞不足。此謂道矣。小取焉則小得福，大取焉則大得福，盡行之而天下服，殊無取焉則民反，其身不免於賊。(《白心》)

作者指出，道用無窮，小取則小得福，大取則大得福，完全遵道而行則天下服，否則將民反身死。這裏作者將是否得道、遵道與個人的禍福聯繫在一起，强調的是道的功用性，奉勸君王遵道而行。

道具有如此重要的作用，那麽如何才能得道呢?

> 形不正，德不來；中不静，心不治。正形攝德，天仁地義，則淫然而自至。神明之極，照乎知萬物。中守不忒。不以物亂官，不以官亂心，是謂中得。
>
> 有神自在身，一往一來，莫之能思。失之必亂，得之必治。敬除其舍，精將自來。精想思之，寧念治之，嚴容畏敬，精將至定。得之而勿舍，耳目不淫。
>
> 心無他圖，正心在中，萬物得度。道滿天下，普在民所，民不能知也。一言之解，上察於天，下極於地，蟠滿九州。何謂解之?

在於心安。我心治，官乃治；我心安，官乃安。治之者心也，安之者心也。（《内業》）

道不遠而難極也，與人並處而難得也。虚其欲，神將入舍。掃除不潔，神乃（不）留處。（《心術上》）

要想得道，要有正、静的工夫，即“形不正，德不來；中不静，心不治”。不要爲外物所惑，要虚其欲，要敬除其捨，要心無他圖，如此才能“精將自來”。也就是説，得道先要治心，“我心治，官乃治，我心安，官乃安”，此即莊子心齋、坐忘的工夫。

總體上看，《管子》四篇繼承了道家的思想和主張，但有些論述與原始道家存在差異，主要體現在以下幾方面：

（一）“精氣”觀念

凡物之精，此則爲生。下生五穀，上爲列星。流於天地之間，謂之鬼神；藏於胷中，謂之聖人。是故此氣，杲乎如登於天，杳乎如入於淵，淖乎如在於海，卒乎如在於己。是故此氣也，不可止以力，而可安以德；不可呼以聲，而可迎以音。敬守勿失，是謂成德，德成而智出，萬物果得。

精存自生，其外安榮，内藏以爲泉原，浩然和平，以爲氣淵。淵之不涸，四體乃固；泉之不竭，九竅遂通。乃能窮天地，被四海。中無惑意，外無邪菑，心全於中，形全於外，不逢天菑，不遇人害，謂之聖人。（《内業》）

作者所謂的“精”，指的是“精氣”，即所謂“精也者，氣之精者也”（《内業》）。蓋作者以爲天地間存在著多種氣，有雲氣、濕氣、濁氣，唯氣之精者可以“下生五穀，上爲列星”，此氣流於天地之間可以成鬼神，藏於胸中可以爲聖人。人蓄養此氣可以四體固，九竅通，不逢天災，不遇人害，即精氣還具有養生避害之功用。作者所説的“精氣”與老子之“道”既相同又不同，相同者即“精氣”可以生天地萬物，不同的地方在於“道”乃形而上者，“精氣”乃形而下者。另外，作者似乎更看重“精氣”的具體功用，什麽强身健骨呀，什麽避害免災啦，而老子則强調道的本體性和不可感知性，玄之又玄的道並不像形下之器，只有具體的功用。

老子亦言氣，比如：“萬物負陰以抱陽，沖氣以爲和。”（四十二章）

"益生曰祥，心使氣曰强。"(《五十五章》) "專氣致柔，能如嬰兒乎?"(《十章》) "沖氣"之"氣"指陰陽之氣；"心使氣"之"氣"指意氣；"專氣"指心意專一，不爲外物所惑。這三種氣都是形下之物，與道没有關聯。

《莊子》中亦多言氣，其中有與《内業》之"精氣"相近者。《至樂》:"察其始而本无生，非徒无生也，而本无形，非徒无形也而本无氣。雜乎芒芴之間，變而有氣，氣變而有形，形變而有生。"氣生形，氣在形先。《知北遊》:"人之生，氣之聚也；聚則爲生，散則爲死。"氣聚而生，散而死，氣是生之前提。《達生》:"壹其性，養其氣，合其德，以通乎物之所造。"文中所言"氣"已經與《内業》之"精氣"很接近了。所不同的是，《莊子》中只言"氣"而不言"精氣"。蓋《内業》篇的作者在《莊子》"氣"的基礎上，提煉出氣之精者，並將其提升至本體的高度，使之成爲天地萬物之源。"精氣"理論是《内業》篇的作者在莊學氣論的基礎上提出來的，對後世影響較大。

(二) 尚智觀念

> 德成而智出，萬物果得。(《内業》)
>
> 一物能化謂之神，一事能變謂之智。化不易氣，變不易智，唯執一之君子能爲此乎!(《内業》)
>
> 人皆欲智，而莫索其所以智乎。智乎，智乎！投之海外而無自奪。(《心術上》)

老子不尚智，"絶智棄辯，民利百倍"(楚簡《老子》甲本)。"民之難治，以其智多。故以智治國，國之賊；不以智治國，國之福。"(六十五章)莊子亦然。《人間世》:"名也者，相軋也；知也者，争之器也。二者凶器，非所以盡行也。"《大宗師》:"墮肢體，黜聰明，離形去知，同於大通，此謂坐忘。"《駢拇》諸篇棄智的主張更加鮮明，言辭更爲激烈。《胠篋》:"上誠好知而无道，則天下大亂矣。何以知其然邪? 夫弓弩畢弋機變之知多，則鳥亂於上矣；鉤餌罔罟罾笱之知多，則魚亂於水矣；削格羅落罝罘之知多，則獸亂於澤矣；知詐漸毒、頡滑堅白、解垢同異之變多，則俗惑於辯矣。故天下每每大亂，罪在於好知。"然外雜篇中有些作品對"智"表現出寬容的態度。《繕性》:"古之治道者，以恬養知；知生而无以知爲也，謂之以知養恬。知與恬交相養，而和理出其性。"蓋《管子》四篇之尚智觀念就是在此基礎上形成的。

(三) 養生觀念

> 凡食之道：大充，傷而形不臧；大攝，骨枯而血沍。充攝之閒，此謂和成，精之所舍而知之所生。飢飽之失度，乃爲之圖。飽則疾動，飢則廣思，老則長慮。飽不疾動，氣不通於四末；飢不廣思，飽而不廢；老不長慮，困乃速竭。大心而敢，寬氣而廣，其形安而不移，能守一而棄萬苛，見利不誘，見害不懼，寬舒而仁，獨樂其身，是謂雲氣，意行似天。(《内業》)
>
> 故曰欲愛吾身，先知吾情，君親六合，以考内身。以此知象，乃知行情。既知行情，乃知養生。左右前後，周而復所。執儀服象，敬迎來者。今夫來者，必道其道，無遷無衍，命乃長久。和以反中，形性相葆。(《白心》)

老子主張虚静無爲，道法自然。"夫物芸芸，各復歸其根"，人之生死就像春生秋落一樣，是自然而然的事。通過人爲修煉的方式以求長生是道教做的事情，非道家所爲。老子説："出生入死。生之徒，十有三；死之徒，十有三；人之生，動之於死地，亦十有三。夫何故？以其生生之厚。蓋聞善攝生者，陸行不遇兕虎，入軍不被甲兵。兕無所投其角，虎無所措其爪，兵無所容其刃。夫何故？以其無死地。"(《五十章》) 老子認爲"生生之厚"即刻意求生者反而會走向死亡，而真正攝生者，陸行不會遭受兕虎的傷害("不遇兕虎"不是指没有遭遇兕虎，而是即使遇到兕虎也不會受到傷害)，參軍作戰也不會受傷。這是爲什麽呢？因爲他已超越了生死。無以生爲念者，故無死，即老子所説的"無死地"。故真正懂得攝生的人是超越生死的人，即"夫唯無以爲生者，是賢於貴生"(七十五章)。而一心想要求生的人，反而會陸行遇兕虎，入軍被甲兵。很多人將"陸行不遇兕虎"理解爲在陸地上行走不會遇到犀牛和老虎；將"以其無死地"理解爲因爲他没有進入死亡的範圍，這是對老子的誤讀。老子説"死而不亡者壽"，即真正的長壽並不是個體生命的長久，而是指生命雖然完結但其思想和學説却能長久地流傳於世。

莊子更是看破生死，所以才能説出"天下莫大於秋豪之末，而大山爲小；莫壽於殤子，而彭祖爲夭。天地與我並生，而萬物與我爲一"這樣驚世駭俗的話，因此《天下》篇在評論莊子時説："上與造物者游，而下與外死生、无終始者爲友。"也就是《大宗師》所説的"孰能以无爲首，以生爲脊，以死爲尻，孰知死生存亡之一體者，吾與之友矣"。莊子後學中養生一派已經出現，《刻意》云："吹呴呼吸，吐故納新，熊經鳥申，爲壽而已矣；此道引之士，養形之人，彭祖壽考者之所好也。"蓋《管子》四篇中關於養生言論與養生派的影響存在關聯。

（四）調和道儒

> 凡人之生也，必以平正。所以失之，必以喜怒憂患。是故止怒莫若詩，去憂莫若樂，節樂莫若禮，守禮莫若敬，守敬莫若静。内静外敬，能反其性，性將大定。(《内業》)
>
> 虚無無形謂之道，化育萬物謂之德。君臣父子，人間之事謂之義。登降揖讓、貴賤有等、親疏之體謂之禮。簡物小未一道，殺僇禁誅謂之法。(《心術上》)

調和道儒是稷下道家的重要標誌之一。《管子》四篇中此兩段文字雖具有融合道儒之傾向，但尚未形成自己的理論體系。先秦子書中，對道儒關係進行系統闡述的當屬《莊子》中的《天道》篇和《天下》篇。《天道》篇提出君無爲而臣有爲的治國主張，《天下》篇提出"内聖外王"的行動綱領，標誌著稷下道家的理論體系已經形成，並逐步取代原始道家而登上政治舞台。值得一提的是，許多學者將《心術上》之"心之在體，君之位也；九竅之有職，官之分也。心處其道，九竅循理。嗜欲充益，目不見色，耳不聞聲。故曰上離其道，下失其事。毋代馬走，使盡其力；毋代鳥飛，使弊其羽翼；毋先物動，以觀其則。動則失位，静乃自得"一段話解讀爲君無爲而臣有爲，這顯然是過度解讀。作者只是在强調君臣要各司其職，各就各位，不要越俎代庖，還没有牽扯到有爲無爲的問題。從理論高度闡述君無爲而臣有爲的是《天道》篇，其文云："夫帝王之德，以天地爲宗，以道德爲主，以无爲爲常。无爲也，則用天下而有餘；有爲也，則爲天下用而不足。故古之人貴夫无爲也。上无爲也，下亦无爲也，是下與上同德。下與上同德則不臣。下有爲也，上亦有爲也，是上與下同道。上與下同道則不主。上必无爲而用天下，下必有爲爲天下用，此不易之道也。"這裏之所以强調這一問題，就是不要誤導讀者，好像君無爲而臣有爲的治國方針是《心術上》提出來的。總之，與《天道》和《天下》篇相比，《管子》四篇還算不上稷下道家的代表作品。

總體上看，《管子》四篇屬於解讀和體悟老莊之道的文字。其中包括對道之狀貌和作用的描寫和論述，主張正静，尚虚柔，重時變，强調治心養心，這些都與老莊的論述和主張相吻合。文中有關尚智、養生的論述與原始道家的主張不合，表現出玄冥的形上之道向功用的形下之器轉化的傾向。調和道儒的文字只能説作者具有稷下道家的學術傾向，還不足以説明其是稷下道家的代表作品。《管子》四篇最大的學術貢獻是關於精氣的論述，其對後世蓄氣養心等諸多領域都産生了重要影響。

關於《管子》四篇的作者，筆者不想妄加猜測。戰國時期百家争鳴，學術繁榮，能寫出此類作品的人不在少數。由於古人寫作不著姓名，隨著時間的流逝，我們已經無從稽考文章的真實作者。我們不能看到《天下》篇有“願天下之安寧以活民命，人我之養畢足而止，以此白心”之表述，便認爲《管子》四篇是宋鈃、尹文的作品。實際上，文中的“白心”並不是篇名，而是表白心跡的意思。至於《管子》四篇的寫作年代，我認爲當成於《莊子》之後。我們比較一下《白心》與《莊子》一處相近的文字：

> 故曰功成者隳，名成者虧。故曰，孰能棄名與功而還與衆人同?(《白心》)
>
> 功成者墮，名成者虧。孰能去功與名而還與衆人。《莊子·山木》

《白心》中使用了兩次“故曰”而《山木》無“故曰”，顯然是《白心》引自《山木》，可見其成於《山木》之後。

第十五章　老莊與海德格爾

海德格爾與老莊思想是否存在關聯，幾乎成了二十世紀最大的學術公案。此問題不僅僅涉及海德格爾思想的形成是否以及如何受到老莊學説影響，而且關涉不同文化、不同社會背景、不同時代的東西方在思想深處進行對話是否可能的問題。在西方學術思想已經發生深刻變革的當今社會，我們是否還要用傳統的形而上學來整齊我們幾千年的學術史，無疑是值得我們深入思考的問題，這也是筆者研討海德格爾與老莊思想之關係的意義所在。

老莊思想對當今之西方社會具有越來越廣泛的影響，這已是一個不争的事實。據介紹，《道德經》的發行量僅次於《聖經》而居第二位，就英語文本而言，《道德經》已經有一百多個譯本。在德國，幾乎每個家庭都有一本《道德經》。在奥地利、瑞士等國，許多有文化素養的人士，常常把《道德經》作爲結婚賀禮贈送給兒女，教育他們如何對待人生，如何立身處世。在美國，由於前總統里根在一九八八年的“國情咨文”中引用了中國老子的一句“治大國，若烹小鮮”，從此《道德經》身價倍增，有八個出版社争相出版該書。[①]

一、海德格爾與老莊的親緣關聯

大約在十九世紀末二十世紀初，歐洲出現過一次翻譯老莊的高潮。老莊的影響最初發生在文學和藝術界，後來逐漸擴展到哲學領域。海德格爾最初閲讀老莊的時間目前還没有一個明確的説法，一般認爲其與老莊的親密接觸是在一九四六年，即他與中國學者蕭師毅合作翻譯《老子》的那段時期。國内海德格爾專家熊偉介紹道：

> 蕭初見海德格爾於一九四二年，尚在戰中。戰後於一九四六年

① 宋全忠：《感謝大師老子和老子故里人民——奥地利國家電視臺中國老子攝製組在河南》，《中州今古》2002年第5期。

再見於弗賴（萊）堡。海德格爾告蕭，他的《存在與時間》中一段文字，戰中由納粹黨人指給他看，面告“由此可見你不是雅利安人”。同一段文字，戰後由法國占領軍指給他看，面告“由此可見你是一個納粹”。蕭見海德格爾在此委屈心情中還要身受戰敗國被占領區災民許多苦難待遇，就安慰他説：“您的哲學將來還要受人熱情研讀，將盡偉大使命”，隨即念一段《孟子》給老師聽：“故天將降大任於是人也，必先苦其心志，勞其筋骨，餓其體膚，空乏其身，行拂亂其所爲，所以動心忍性，益增其所不能……然後知生於憂患而死於安樂也。”（《告子章句》下）

海德格爾聽後顯然被這段針對其當時心境處境的話頗有感動，隨即邀約蕭共譯《老子》書。兩人於一九四六年整個夏季每星期六在海德格爾的托特瑙山莊共譯了《老子》八十一章的前八章。譯時海德格爾對《老子》的若干字句之深藏奥義的顛倒反覆總是毫不放鬆毫不含糊地深鑽細酌，直到尋得適當方位能以西方文字表達出中文的深層義理才罷。有時蕭亦擔心海德格爾的筆下或有超越譯理之處。但海德格爾始終是親自而未讓蕭執筆，成文亦從未示蕭。

一九四七年以後蕭因不能經常再聚而未再續譯，海德格爾深以爲憾。但老子餘蔭已深藏海德格爾心中……

蕭師毅還寫道海德格爾要求他把《老子》第十五章“孰能濁以静之徐清，孰能安以動之徐生”兩句用中國字寫在硬紙片上，懸掛於他的山莊書齋牆壁。這説明他對中國道家思想入迷之深。[①]

海德格爾邀約中國學者蕭師毅合作翻譯《老子》之事已爲大家所熟知，但這絶不是海德格爾的心血來潮。因爲海德格爾與蕭相遇時，蕭爲其所念的《孟子》中的一段話使其深受感動。海德格爾没有要求與之合譯《孟子》，却請他一起翻譯當時並没有談及的《老子》，這説明海德格爾此前對老莊已有比較深入的研究。不過海德格爾接觸的都是經過翻譯的二手資料，當時譯本中使用了很多傳統西方形而上學的語言來翻譯《老子》，這種譯本一定不能令海德格爾滿意。但由於完全不能進入中文語境，海德格爾只好將閲讀時所産生的疑惑久久地懸嵌於心。因而海德

① 熊偉：《道家與海德格爾》，陳鼓應主編：《道家文化研究》第二輯，上海，上海古籍出版社，1992，第131～132頁。

格爾在弗萊堡的木材市場遇到中國學者蕭師毅（此時他已經將《老子》譯成意大利文）時，便迫不及待地提出與之合譯《老子》，這實在是一件很正常的事。海德格爾與蕭師毅最終未能完成此次合作，原因是多方面的，但至少以下兩點是主要的：

一方面，海德格爾對蕭師毅有關《老子》原文的理解並不滿意。據熊偉的介紹：海德格爾的高足兼全集主編之一的比默（梅）爾（Walter Biemel）提道："海德格爾與蕭師毅共譯《道德經》時，蕭總喜歡講所知西方哲理以期印證，而海德格爾深願細聽老子及其語言之奥義以求深入。這是比默爾聽海德格爾親口講的對蕭不滿之處。"① 我們知道，《老子》並不是一部容易讀懂的書，即使在精通古文的中國人中，能真正理解《老子》奥義的人也不多見。當然，我們不知道蕭師毅是如何理解老子的，但至少在海德格爾看來，蕭雖然是一位中國學者，但用的却是西方語言。也就是説，他總喜歡用傳統形而上學的語言來理解和印證老子，而這是海德格爾不能接受之處。因爲海德格爾認爲老莊學説與西方傳統形而上學是完全不同的路數。

另一方面，海德格爾式的翻譯也使蕭師毅感到不快。蕭師毅寫道："海德格爾實質上是在考察，深入地、不知疲倦地、無情地詢問。他追究原文中的符號關係，這些關係之間的隱秘的相互引發，以及在這種相互引發中産生的每一種可想像得出意義的上下文。只有各種意義的完全整合到位才使他敢於去决定一個思想形式的輪廓，並由此去將中文原文的多層含義清楚地、和諧地轉化爲西方的語言。"② 可見，蕭師毅已經明顯感覺到海德格爾的翻譯與他想象的一般的翻譯完全不同，他並不參照其他譯本，而是直接與原文打交道。實際上，他們的工作已經遠遠超出了一般翻譯的範圍，海氏是在尋求一種在中文語境中與老子的對話，他希望解答自己在閲讀老莊譯文時所産生的種種困惑和疑慮，所以才會深入地、不知疲倦地、無情地詢問。且翻譯時從來都是親自而未讓蕭執筆，成文亦從未示蕭。這樣的翻譯自然進展緩慢，整個夏天結束他們才完成八章。這種情况的出現是蕭始料未及的，他説："我必須承認，在我們的工作中我無法擺脱掉一種輕微的焦慮，那就是海德格爾的筆記已超出了

① 熊偉：《道家與海德格爾》，陳鼓應主編：《道家文化研究》第二輯，上海，上海古籍出版社，1992，第131頁。

② 張祥龍：《海德格爾傳》，石家莊，河北人民出版社，1998，第300頁。

翻譯的範圍，這種傾向使我這個翻譯者和中間人感到不安。”[①] 蕭師毅之所以感到不安，可能存在這樣兩方面的原因：一是海德格爾的許多詢問已經超出了蕭認爲應該問的範圍，因而蕭感到自己做了許多不該做的事情。二是海德格爾的詢問本身也使蕭感到不安。可能已經習慣了用形而上學的表象性思維方式來解讀老子的蕭師毅，對海德格爾那種面向事情本身、對終極境域極爲敏感的提問不理解或難以回答。也就是説，蕭本人還難以成爲與海德格爾進行對話的夥伴。我們認爲海德格爾的詢問是必要的，因爲即使是一個中國的專業人士，想要弄懂《老子》尚須細心揣摩、前思後想、字斟句酌，更何况一個外國人呢。而一般的翻譯往往是拿來各家的譯本參照比對並略加修飾整合便可完成，這並不是海德格爾想要做的事情，所以這次合作的失敗也在情理之中。

通過以上闡述我們可以得出這樣一個結論，即海德格爾對老莊的瞭解並非始於同蕭師毅這次流産的合作。各種跡象表明，在此之前海氏對老莊的譯本已進行過比較深入的研讀。張祥龍認爲：

> 海德格爾在第二次世界大戰之後才比較多地公開談論中國的“道”。這個事實往往造成了這樣的印象，即他只是從四十年代後期才開始關注道。可是，實際上，早在一九三〇年，海德格爾就已經能在學術研究會中隨機地援引《莊子》來説明自己的觀點了。當年的十月八日晚，海德格爾在不來梅（Bremen）做了題爲《論真理的本性》的演講。這就是他思想“轉向”後期的開端。第二天，又在克爾勒（Kellner）家中舉行了學術討論會。當討論涉及“一個人是否能够將自己置於另一個人的地位上去”時，遇到了困難。於是，海德格爾向房子的主人索取一本德文版的《莊子》。一位叫亨利希·比采特（H. Petzet）的參加者回憶了當時這個戲劇性的場面：“海德格爾突然對房屋的主人説：‘請您借我《莊子》的寓言集用一下！’在場的聽衆被驚呆了，他們的沉默讓海德格爾感覺到，他對不來梅的朋友們做了一件很不合適的事情，即當衆索取一本根本無人知曉的書並因而會使克爾勒先生難堪。但是，克爾勒先生一秒鐘也没有遲疑，只是一邊走一邊道歉説他必須到書房去找。幾分鐘以後，他手持布勃（M. Buber）翻譯的《莊子》回來了。驚喜和如釋重負，人們鼓起掌來！於是海德格爾讀了關於魚之樂的故事（即‘秋水第

① 張祥龍：《海德格爾傳》，石家莊，河北人民出版社，1998，第300頁。

十七’末尾的‘莊子與惠施濠上觀魚’的一段）。它一下子就更强地吸引住了所有的在場者。就是那些還不理解‘真理的本性’的演講的人，思索這個中國故事就會知道海德格爾的本意了。”[①]

莊惠濠上觀魚的原文是這樣的：

> 莊子與惠子遊於濠梁之上。莊子曰：“儵魚出遊從容，是魚之樂也。”惠子曰：“子非魚，安知魚之樂？”莊子曰：“子非我，安知我不知魚之樂？”惠子曰：“我非子，固不知子矣；子固非魚也，子之不知魚之樂。全矣。”莊子曰：“請循其本。子曰‘汝安知魚樂’云者，既已知吾知之而問我，我知之濠上也。”（《莊子·秋水》）

莊惠這裏討論的是物我是否可以相通的問題。海德格爾在與不萊梅的朋友們討論“一個人是否能够將自己置於另一個人的地位上去”時遇到了困難，所以引用莊子的觀點加以説明。我們知道，海德格爾在朋友家討論的是他於前一天作的關於“真理的本質”的講演中涉及的問題。海德格爾認爲，流俗的真理觀乃是知與物的符合一致，他要追問的是這種符合一致是如何可能的，而只有使正確性真理觀成爲可能的那個東西才可被看作真理的本質。海氏認爲，只有作爲表象者的此在自行開放於敞開之境，這種符合一致的真理觀才是可能的。而這種行爲的開放狀態植根於自由，所謂自由就是讓存在者存在。這種讓存在也就是讓存在者成其所是，這種狀態意味著參與到敞開狀態之中，而每個仿佛與之俱來的存在者就置身於這種敞開狀態之中。

海德格爾在討論中遇到的困難，實際上就是此在自行開放於敞開之境如何可能的問題。這一問題的實質就是物我是否可以相通。海德格爾所謂“自行開放”“敞開之境”的前提便是萬物相通，如果物我不能相通也就無所謂“自行開放”“敞開之境”。那麽萬物是否可以相通呢？這時海德格爾引用《莊子》中“濠上觀魚”的故事來解决這一難題。莊子認爲人的本真狀態乃是天人合一，萬物都是相通的。莊子夢蝶的故事講的就是物我相忘的合一狀態，這也是道家追求的最高境界。莊子之所以知

① 〔德〕H. 比采特（Petzet）：《不萊梅的朋友們》，載《回憶馬丁·海德格爾》，轉引自張祥龍：《海德格爾思想與中國天道：終極視域的开啓與交融》（修訂新版），北京，中國人民大學出版社，2010，第24～25頁。

魚之樂，乃是因爲看到魚在水中自由地游來游去，如果莊子看到的是將要干涸的水溝中的魚或根本没有看到魚，他自然不會説魚是快樂的這種話。所以莊子的判斷是境域式的，是參與式的。莊子不但將自身置入魚兒“出游從容”這樣一個敞開之境，而且參與到敞開狀態之中，他感到並分有了魚的快樂。所以只有進入這樣一種敞開境域，知與物的符合才是可能的，所以莊子説“我知之濠上也”。

另外，在這次關於“真理的本質”的講演的初稿中，海德格爾還引用了老子的語録。據張祥龍的介紹：本書作者還得到了一個新材料，是有關海德格爾的“轉向”與他對道家的興趣之間的關係的。它是德國一位著名的海德格爾和胡塞爾著作編輯者和研究者 W. 比梅爾（Biemel）教授提供的。他在今年（一九九七年）五月十五日與本書作者的通信中寫道：

> 我能給您關於海德格爾引用老子的一個小小的提示。這個引文是海德格爾在他“論真理的本性”的原初手稿中給出的，就在此文的第六節“作爲遮蔽的非真理”中。下面就是此引文出現的德文文本。
>
> “自由是（出自存在者本身的）去蔽著的讓存在；它將自身揭示爲真理的本性。現在它將自身顯示爲：此作爲真理本性的自由在其本身中就是向隱秘（Geheimnis）的補充性開啓。那知其光亮者，將自身隱藏於黑暗之中。（老子）”①

海德格爾的引文出自《老子》第二十八章“知其白，守其黑”句。此章原文爲：

> 知其雄，守其雌，爲天下溪。爲天下溪，常德不離，復歸於嬰兒。知其白，守其黑，爲天下式。爲天下式，常德不忒，復歸於無極。知其榮，守其辱，爲天下谷。爲天下谷，常德乃足，復歸於樸。樸散則爲器，聖人用之，則爲官長，故大制不割。

文中“雄”“雌”，“白”“黑”，“榮”“辱”相對爲文，前者説的是剛强、恃智和尊顯，後者説的是謙下、不争和尚柔。按照常人的看法，人生在

① 轉引自張祥龍：《海德格爾傳》，石家莊，河北人民出版社，1998，第236頁。

世就是要依靠自己的强力和心計來獲取尊榮，而老子却認爲堅强者死之徒，主張去智和寡欲。我們知道，老子常以“溪”“谷”“樸”“嬰兒”喻道。老子認爲上善若水，水善利萬物而不争，故幾於道，所以主張爲溪、爲谷。“樸”之本義爲“木素”，即未經雕琢之木，保有自然之本色，所以老子主張“見素抱樸”。就人自身而言，老子認爲“嬰兒”之無私無欲所顯現的乃是人自然之本性，故而老子説“專氣致柔，能嬰兒乎”“含德之厚，比於赤子”。由此可見，老子所説的“守雌”“守黑”“守辱”就是守道，而“道”的核心和本質乃是自然。老子講的“守雌”“守黑”“守辱”，就是守道，也就是持守事物自然之本性。那麽與之相對的“雄”“白”“榮”，指的就是違背事物本性的、人爲的和不自然的。

下面來討論一下海德格爾引用老子語的含義。海氏在《論真理的本質》的初稿中曾引用《老子》第二十八章“知其白，守其黑”句。大家知道，海德格爾《論真理的本質》的講演最初作於一九三〇年，學界一般認爲此講演是海德格爾思想發生轉向的標誌。我們認爲，與海德格爾在《存在與時間》中對真理的討論相比，《論真理的本質》中與前者最大的不同或稱之爲“轉向”的，乃是對“自由”和“非真理”的探討，而這一轉向的發生與老莊的影響不無關係。在《論真理的本質》中，海氏認爲真理的本質乃是自由。在此海氏所説的自由的含義與我們通常所理解的自由並不相同。一般説來，人們通常理解的自由具有以下兩方面的含義：從政治上講，自由是指在社會關係中受到法律保障或得到認可的按照個人意志進行活動的權利；從哲學上講，自由是指對必然的認識和對客觀世界的改造。而海氏所説的自由的含義是指讓存在，即讓存在者成其所是。傳統的真理觀認爲真理乃是知與物的符合一致，海氏認爲這種表象性真理觀之所以可能，首要條件是表象者和被表象者都要進入敞開領域，没有這種彼此敞開的物我相通，任何知與物的符合一致都是不可能的。海氏指出：

> 讓存在——即讓存在者成其所是——意味著：參與到敞開域及其敞開狀態中，每個仿佛與之俱來的存在者就置身於這種敞開狀態中。……參與到存在者之被解蔽狀態中，這並不是喪失於這一狀態中，而是自行展開而成爲一種在存在者面前的引退，以便使這個存在者以其所是和如何是的方式公開自身，並且使表象性適合從中取得標準。作爲這種讓存在，它向存在者本身展開自身，並把一切行爲置入敞開域中。讓存在，亦即自由，本身就是展開著的，是綻出

的。著眼於真理的本質，自由的本質顯示自身爲進入存在者之被解蔽狀態的展開。①

由此可見，海德格爾所説的自由，就是此在綻出地進入敞開狀態之中，在這樣一個彼此敞開的領域之中讓存在者存在，讓存在者成其所是。然而，這種讓存在總是在此在的個别行爲中讓存在者存在，因此在讓存在即讓個别存在者解蔽的同時却讓存在者整體進入遮蔽狀態。從作爲解蔽狀態的真理方面來看，這種遮蔽狀態就是非真理。海氏指出：

存在者整體之遮蔽狀態，即根本性的非真理，比此一存在者或彼一存在者的任何一種可敞開狀態更爲古老。它也比“讓存在”本身更爲古老。②

海氏將存在者整體之遮蔽狀態的非真理稱爲“神秘”（Geheimnis）。在《存在與時間》中，海德格爾認爲真理現象始終是在被揭示狀態（去蔽）的意義上出現的，而這種揭示活動乃是此在在世的一種方式，因此海氏認爲作爲去蔽的真理始終是與此在的揭示活動聯繫在一起的。這也就是海氏所説的“唯當此在存在，才‘有’真理。唯當此在存在，存在者才是被揭示被展開的”。由於真理現象與此在之存在緊密相連，所以又説“此在在真理中”，同樣“此在在不真中”。此在在真理中，是指此在在本真生存狀態中對存在者的揭示活動；此在在不真中，是指此在在非本真狀態中（包括閑言、好奇、兩可等）使被揭示的存在者處於僞裝和封閉的樣式中。所以説，海氏在《存在與時間》中所説的“此在在不真中”與其在《論真理的本質》中所講的“非真理”並不是一回事。後者認爲非真理比任何一種可敞開狀態更古老，也比讓存在本身更古老。也就是説，任何一種敞開狀態（去蔽）和讓存在（自由）都是在存在者整體之遮蔽狀態（非真理）中才是可能的。在此非真理具有存在論的意義，它並不是此在的本真或非本真狀態造成的。

海德格爾在《論真理的本質》的初稿中引用老子的那段文字出現在第六節“作爲遮蔽的非真理”中，原文是這樣的：

① 〔德〕海德格爾：《論真理的本質》，《路標》，孫周興譯，北京，商務印書館，2014，第220～221頁。

② 〔德〕海德格爾：《論真理的本質》，《路標》，孫周興譯，北京，商務印書館，2014，第226頁。

自由是（出自存在者本身的）去蔽著的讓存在；它將自身揭示爲真理的本性。現在它將自身顯示爲：此作爲真理本性的自由在其本身中就是向隱秘（Geheimnis）的補充性的開啓。那知其光亮者，將自身隱藏於黑暗之中。[①]（老子）

這段文字討論了這樣兩個問題，即“自由”和“非真理”。海氏認爲自由作爲去蔽著的讓存在，即在敞開狀態中讓存在者是其所是，因此自由就將自身揭示爲真理的本質。而作爲去蔽之真理的本質的自由與非真理即神秘（Geheimnis）的關係是：自由就是向神秘的補充性開啓。在此神秘乃是基礎的和本原的，神秘使自由之去蔽和開啓成爲可能。在此海德格爾引用了老子“知其白，守其黑”來闡述自己的觀點，即“那知其光亮者，將自身隱藏於黑暗之中”。其中“光亮”指的就是去蔽、開啓和敞開狀態，“黑暗”指的就是神秘，就是非真理。也就是説，去蔽之真理所開啓的“光亮”是在非真理即“黑暗”的境域中獲得的，神秘之“黑暗”是自由之“光亮”的背景和基礎。

海德格爾將老子“知其白，守其黑”理解成真理與非真理的關係，與老子所要表達的意思並不完全相同。海氏將“黑”理解成本原的和基礎的東西與老子所要表述的自然之本性有相通之處，但將“白”解釋成真理和自由與老子的原意相去較遠，這也許是海氏後來删改此段文字的原因所在。或許海氏對老子的這句話太過鍾情，二十多年後海德格爾在《思想的基本原則》一文中再次引用了這句話：

此［與黑暗相緣而生的］光明不再是發散於一片赤裸裸的光亮中的光明或澄明：“比一千個太陽還要亮。”困難的倒是去保持此黑暗的清澈；也就是説，去防止那不合宜的光亮的混入，並且去找到那只與此黑暗相匹配的光明。《老子》（二十八章，V. V. 斯特勞斯譯）講：“那理解光明者將自己藏在他的黑暗之中。”（“知其白，守其黑”）這句話向我們揭示了這樣一個人人都曉得、但鮮能真正理解的真理：有死之人的思想必須讓自身没入深深泉源的黑暗中，以便在白天能看到星星。[②]

---

① 轉引自張祥龍：《海德格爾傳》，石家莊，河北人民出版社，1998，第236頁。

② 〔德〕海德格爾：《思想的基本原則》，轉引自張祥龍：《海德格爾思想與中國天道：終極視域的开啓與交融》（修訂新版），北京，中國人民大學出版社，2010，第335頁。

海德格爾不但鍾情、深諳老子的學説，而且對《莊子》也很了解。他不但能在研討會上隨意引用《莊子》濠梁之辯來論證自己的觀點，還在演講中引用過《莊子》：

> 在這種有用者的統治地位面前，無用者還會有和能有什麽分量呢？但是，在它不讓自身被直接的實用性質所决定的意義上，無用就是物的意義。因此，深思物的意義的理智儘管無法利用實踐的有用性，這物的意義却仍然是最必要的。没有這個意義，可用者就會是無意義的，並因此毫無用處。在探討和回答這個問題之前，讓我們先來聽一聽一位古代中國思想家、老子的學生莊子作品中的一段話：
>
> 惠子謂莊子曰："吾有大樹，人謂之樗。其大本臃腫而不中繩墨，其小枝卷曲而不中規矩。立之塗，匠者不顧。今子之言，大而無用，衆所同去也。"莊子曰："子獨不見狸狌乎？卑身而伏，以候敖者，東西跳梁，不辟高下，中於機辟，死於網罟。今夫斄牛，其大若垂天之雲，此能爲大矣，而不能執鼠。今子有大樹，患其无用，何不樹之於无何有之鄉，廣莫之野，彷徨乎无爲其側，逍遥乎寢卧其下。不夭斤斧，物无害者。无所可用，安所困苦哉！"
>
> 在《南華真經》文本的另一處，還有兩段類似的、文字上有所變化的話。這些段落説出了這樣一個見地：人對於無用者無須擔憂。無用性的力量使他具有了不受侵犯和長存的能力。因此，以有用性的標準來衡量無用者是錯誤的。此無用者正是通過不讓自己依從於人［的標準］而獲得了它自身之大和决定性的力量。以這種方式，無用乃是物或事情的意義。[①]

海德格爾引用的是《逍遥遊》末尾的一段文字，此段文字所討論的正是無用之用。世人以是否有用來品評萬物，在他們眼裏，樹木就是用來做器具的，否則便一錢不值。莊子認爲正是世人所謂的無用成就了樗樹，使之不夭斤斧，物無害者，使體道之人能够"彷徨乎无爲其側，逍遥乎寢卧其下"，這便是無用之大用，也就是海氏所説的無用性使其具有不受

---

① 〔德〕海德格爾：《流傳的語言和技術的語言》，轉引自張祥龍：《海德格爾思想與中國天道：終極視域的开啓與交融》（修訂新版），北京，中國人民大學出版社，2010，第345頁。

侵犯和長存的能力。值得注意的是，海德格爾指出在《莊子》中還有兩段類似的文字，這兩段文字應該是《人間世》中的兩段話：

> 匠石之齊，至乎曲轅，見櫟社樹，其大蔽數千牛，挈之百圍，其高臨山十仞而後有枝，其可以爲舟者旁十數。觀者如市，匠伯不顧，遂行不輟。弟子厭觀之，走及匠石曰："自吾執斧斤以隨夫子，未嘗見材如此其美也。先生不肯視，行不輟，何邪?"曰："已矣，勿言之矣。散木也，以爲舟則沈，以爲棺槨則速腐，以爲器則速毁，以爲門户則液樠，以爲柱則蠹。是不材之木也，無所可用，故能若是之壽。"匠石歸，櫟社樹見夢曰："汝將惡乎比予哉？若將比予於文木邪？夫柤梨橘柚，果蓏之屬，實熟則剥，剥則辱，大枝折，小枝泄。此以其能苦其生者也，故不終其天年而中道夭，自掊擊於世俗者也。物莫不若是。且予求无所可用久矣，幾死，乃今得之，爲予大用。使予也而有用，且得有此大也邪？且也若與予也皆物也，柰何哉其相物也！而幾死之散人，又惡知散木?"匠石覺而診其夢，弟子曰："趣取無用，則爲社何邪?"曰："密！若無言，彼亦直寄焉，以爲不知己者詬厲也。不爲社者，且幾有翦乎！且也彼其所保與衆異，而以義喻之，不亦遠乎?"
>
> 南伯子綦遊乎商之丘，見大木焉，有異，結駟千乘，隱將芘其所藾。子綦曰："此何木也哉，此必有異材夫。"仰而視其細枝，則拳曲而不可以爲棟梁。俯而見其大根，則軸解而不可以爲棺槨。咶其葉，則口爛而爲傷。嗅之，則使人狂酲三日而不已。子綦曰："此果不材之木也，以至於此其大也。嗟夫，神人以此不材。"

由此可見，海德格爾對《莊子》相當熟悉，故能舉出與《逍遥遊》"吾有大樹"相類似的兩則寓言。

總之，海德格爾深受老莊思想的影響應當是毋庸置疑的。儘管海氏精通好幾種外語，但他一生幾乎没有出版過翻譯作品。他花費如此大的精力與蕭師毅合作翻譯《老子》，並將用中文書寫的老子語録懸掛於書房，足以説明老子在他心目中的地位。

二、海德格爾與老莊關於語言的對話

長久以來，人們一直認爲語言是人的本質屬性之一，人之爲人乃是因爲擁有語言。人是語言的主人，語言是人表達和交流的工具，語言乃是由語音、文字、語法等要素構成的客觀存在物。而海德格爾却認爲，從本質上説並不是人擁有語言，而是人歸屬語言；並不是人説語言，而是語言説；語言並非存在者，而是它給出存在並使存在者是其所是，語言是存在的家。

爲什麽不是人説而是語言説？語言如何説？海德格爾在《語言的本質》中，以格奥爾格的詩爲例對這一問題進行了深入的探討。格奥爾格在其《詞語》一詩的最後一行這樣寫道："詞語破碎處，無物可存在。"海氏認爲此句詩的意思是説，在命名著物的詞語缺失處，無物存在，唯當表示物的詞語被發現之際，才有物存在。也就是説，詞語使物獲得存在。"任何存在者的存在寓居於詞語之中。所以才有下述命題——語言是存在之家。"① 是詞語讓物作爲它所是的物顯現出來，並因此讓它在場。未獲得命名的物就不能得以顯現，就不在場，因而也就不存在。

詞語命名物，使物存在。這裏需要思考的是，詞語如何就能命名物而使物存在？詞語本身之情形如何？海德格爾指出，詞語給出存在者，使物存在，但詞語本身並不是存在者，詞語非物。正如格奥爾格在其《詞語》這首詩中描述的那樣："一度幸運的漫遊，我達到他的領地。帶著一顆寶石，它豐富而細膩。她久久地掂量，然後向我昭示：'如此，在淵源深處一無所有。'"海氏認爲詩人獲得的這顆豐富而細膩的寶石就是詞語本身。詩人把寶石帶到女神那裏，爲寶石祈求一個詞語，女神却説："如此，在淵源深處一無所有。"表示詞語的詞語雖説是一份寶藏，但絶不能爲詩人之疆域所贏獲，這乃是因爲"詞語——不是物，不是任何存在者"。"按照實情來思索，我們對於詞語絶不能説：它存在（es ist）；而是要説：它給出（es gibt）——這不是在'它'給出詞語的意義上來説的，而是在詞語給出自身這一意義上來説的。詞語即是給出者。給出什麽呢？根據詩意經驗和思想的最古老傳統來看，詞語給出：存在。"②

詞語給出存在，即詞語使物顯現自身，而使物顯現的詞語自身却不是任何存在者。這一不是任何存在者的詞語並非純粹的虚無，寶石未得命名但並没有化爲烏有。"這種詩意經驗顯示出有（es gibt）而不'存在'（es ist）的東西。詞語也是一個有的東西——或許不光也是有的東

---

① 〔德〕海德格爾：《語言的本質》，《在通向語言的途中》，孫周興譯，北京，商務印書館，2015，第154頁。

② 〔德〕海德格爾：《語言的本質》，《在通向語言的途中》，孫周興譯，北京，商務印書館，2015，第185頁。

西，而是先於一切地是有的東西，甚至是這樣：在詞語中，在詞語之本質中，給出者遮蔽著自身。”[①]

詞語如何能够給出存在而自身又不是任何存在者？這是因爲詞語乃是道説（Sage）。何謂道説？道説乃大道（Ereignis）説話的方式。“道説（sagen），在古代斯堪的納維亞語中叫 sagan，意思就是顯示（zeigen），即：讓顯現（erscheinen lassen），既澄明著又遮蔽著之際開放亦即端呈出我們所謂的世界。澄明著和掩蔽著之際把世界端呈出來，這乃是道説的本質存在。”[②] 道説和説（Sprechen）並不是一回事。某人能説，滔滔不絶，但概無道説。道説乃是天、地、神、人四重整體的開闢道路者，道説顯示，道説聚集，道説乃無聲之大音。“我們把這種無聲地召唤著的聚集——道説就是作爲這種聚集而爲世界關係開闢道路——稱爲寂静之音。它就是：本質的語言。”

語言不可説。作爲道説的語言乃寂静之音，語言非物，語言不可説。“我們無能於尋視語言本質，因爲我們只能通過跟隨道説才有所道説。我們本就歸屬於道説。”所以“憑任何陳述都不能捕捉道説、道説的特性。道説要求我們，對語言本質中成道著的開闢道路這回事情保持沉默，同時又不談論這種沉默”。[③]

總體上看，海德格爾認爲作爲本質的語言乃是道説而非人説。所謂道説就是顯示，是寂静之音。道説如何顯示，人就如何説，人只有跟隨著道説才能有所説。道説乃大道（Ereignis）説話的方式，大道非物，所以道説亦非物；大道不可説，因而道説也不可説。存在者只有獲得語言的命名之後才得以顯現，詞語令物在場，使物存在。詞語缺失處，無物存在。語言聚集，聚集之際物物化，世界世界化。唯此之時才有所謂天、地、神、人四重整體相互居有，彼此敞開的映射遊戲發生。可見語言在海氏那裏具有本原的意義，思語言乃是思大道。海氏的語言觀是與其大道的主張緊密聯繫在一起的。

老子對語言問題也多有論述。在道言與人言的關係上，老子認爲人言歸依道言。道言之情形如何？老子説：“大方無隅，大器晚成，大音希

---

① 〔德〕海德格爾：《語言的本質》，《在通向語言的途中》，孫周興譯，北京，商務印書館，2015，第 185 頁。

② 〔德〕海德格爾：《語言的本質》，《在通向語言的途中》，孫周興譯，北京，商務印書館，2015，第 193 頁。

③ 〔德〕海德格爾：《走向语言之途》，《在通向語言的途中》，孫周興譯，北京，商務印書館，2015，第 267、268 頁。

聲，大象無形，道隱無名。”（四十一章）何謂“大音希聲”？《老子》十四章：“視之不見名曰夷，聽之不聞名曰希。”“希”者無聲不得聞，“希聲”乃無聲。“大音希聲”是説道言乃無聲之大音。道如何言？無聲之大音如何説？《老子》二十三章：“希言自然。”“希言”者，道言也。“希言”乃無聲之言。“希言”之情形如何？希言自然。王弼注：“聽之不聞名曰希。下章言道之出言淡兮其無味也，視之不足見，聽之不足聞。然則無味不足聽之言乃是自然之至言也。”希言之道言乃是自然之至言。唯自然之道言有所顯示，人才能有所言，人言歸依道言。《老子》五十六章：“知者不言，言者不知。”王弼解釋説，知者不言乃是“因自然也”。知者並不是滔滔不絶，而是因順自然無聲之大音才能有所説，所以老子講“大辯若訥”，最卓越的辯才若無所言。此話怎講？王弼注：“大辯因物而言，已無所造，故若訥也。”原來最大的辯才並不是自己如何能説，而是“因物而言，已無所造”。王弼的解釋悟出了老子的真意。老子認爲並不是人説語言，而是語言説。語言有所顯示而後人才能有所説，也就是王弼講的“因物而言，已無所造”。《老子》七十章：“言有宗，事有君。”王弼注：“宗，萬物之宗也；君，萬物之主也。”謂人並非語言的主人，人之言行皆有所法，所法者自然也。《老子》七十三章：“天之道，不争而善勝，不言而善應。”老子認爲人言順應道言乃是天之道，所以“聖人處無爲之事，行不言之教，萬物作焉而不爲始”（郭店本《老子》）。老子所説的聖人乃是體道者，聖人無爲，聖人不言，聖人讓物存在。“萬物作焉而不爲始”，是説聖人不把自己的意願强加於物，而是讓物按照自己的本性自由地顯現和湧出，從而成其所是。説到底，老子認爲人言乃是因自然而後言，人言歸依道言無聲之大音，人並不是語言的主人。

莊子繼承並發展了老子的語言觀。莊子認爲有道言，有人言：

> 道惡乎隱而有真僞？言惡乎隱而有是非？道惡乎往而不存？言惡乎存而不可？道隱於小成，言隱於榮華。故有儒墨之是非，以是其所非而非其所是。（《齊物論》）

文中道、言對舉，道與言處於同一哲學層面，這裏的“言”顯然是指道言。作者指出道言被遮蔽之後才産生了是非之言，以儒墨爲代表的是非之言的特點是“是其所非而非其所是”，即對方永遠是錯的，自己永遠是對的。是非之言是如何産生的呢？作者認爲辯者之言生於成心：

夫隨其成心而師之，誰獨且无師乎？奚必知代而心自取者有之？愚者與有焉。未成乎心而有是非，是今日適越而昔至也，是以无有爲有。无有爲有，雖有神禹且不能知，吾獨且柰何哉？（《齊物論》）

何謂成心？成玄英疏："執一家之偏見者，謂之成心。"所謂成心就是主觀成見。莊子認爲世間的是是非非皆成心使然。没有成心而有是非，這就好像今天去越國昨天就已經到了一樣，是不可能的事。辯者師其成心，以己爲是，以彼爲非，論辯不休，真性日消，是没有出路的。正如作者所描寫的那樣：

大知閑閑，小知閒閒，大言炎炎，小言詹詹。其寐也魂交，其覺也形開，與接爲構，日以心鬭。縵者，窖者，密者。小恐惴惴，大恐縵縵。其發若機括，其司是非之謂也。其留如詛盟，其守勝之謂也。其殺若秋冬，以言其日消也。其溺之所爲之，不可使復之也。其厭也如緘，以言其老洫也。近死之心，莫使復陽也。（《齊物論》）

如何走出困境，唯有去成心，泯是非，棄人言，法道言。道言之情形如何？

夫道未始有封，言未始有常。爲是而有畛也，請言其畛：有左有右，有倫有義，有分有辯，有競有争，此之謂八德。六合之外，聖人存而不論；六合之内，聖人論而不議；春秋經世先王之志，聖人議而不辯。故分也者，有不分也；辯也者，有不辯也。曰何也？聖人懷之，衆人辯之以相示也。故曰：辯也者，有不見也。夫大道不稱，大辯不言，大仁不仁，大廉不嗛，大勇不忮。道昭而不道，言辯而不及，仁常而不成，廉清而不信，勇忮而不成。五者园而幾向方矣。故知止其所不知，至矣。孰知不言之辯，不道之道。若有能知，此之謂天府。注焉而不滿，酌焉而不竭，而不知其所由來。此之謂葆光。（《齊物論》）

何謂"道未始有封"？"封"是界限的意思。作者認爲道通爲一，無往不存，萬物負道任性，並無彼此之界限，更無物我之分别。何謂"言未始有常"？文中道、言對舉，言即道之言。"常"是不變的意思，這裏指是非的標準。意思是説道言乃無成心之言，道如何顯現，道言便如何呈現，並無任何的主觀成見。“爲是而有畛也”，林希逸《南華真經口義》云：“至道、至言本無彼此，因人心有個‘是’字，故生出許多疆界。”林希逸的解説是對的，正因爲人心有了“常”，有了成心，有了是非的標準，原本混而爲一的世界便産生出許多界劃，如此便有了貴賤，有了美惡，有了是非，於是辯者整日論辯不休。而得道之聖人却是“不議”“不辯”，這都是因爲“大道不稱，大辯不言”“道昭而不道，言辯而不及”，於是有了不道之道、不辯之辯的説法，即大道不可道，道言不可言。道和言皆處於本體層面，道言乃大道的言説方式，道言有所顯示，人才能有所言。故六合之内，聖人述而不作；六合之外，聖人唯懷之而已。非但聖人，天地亦復如此。《知北遊》：“天地有大美而不言，四時有明法而不議，萬物有成理而不説。”功不在言，順其自然耳。

大道不道，至言無言。只有超越人言，才能至於無言之境。《天道》：

> 世之所貴道者，書也，書不過語；語有貴也，語之所貴者意也，意有所隨。意之所隨者，不可以言傳也，而世因貴言傳書。世雖貴之我猶不足貴也，爲其貴非其貴也。故視而可見者，形與色也；聽而可聞者，名與聲也。悲夫！世人以形色名聲爲足以得彼之情。夫形色名聲，果不足以得彼之情，則知者不言，言者不知，而世豈知之哉！
>
> 桓公讀書於堂上，輪扁斫輪於堂下，釋椎鑿而上，問桓公曰：“敢問公之所讀者，何言邪？”公曰：“聖人之言也。”曰：“聖人在乎？”公曰：“已死矣。”曰：“然則君之所讀者，古人之糟魄已夫！”桓公曰：“寡人讀書，輪人安得議乎！有説則可，无説則死！”輪扁曰：“臣也以臣之事觀之。斫輪，徐則甘而不固，疾則苦而不入，不徐不疾，得之於手而應於心，口不能言，有數存焉於其間。臣不能以喻臣之子，臣之子亦不能受之於臣，是以行年七十而老斫輪。古之人與其不可傳也死矣，然則君之所讀者，古人之糟魄已夫！”

常人以爲道是可以用語言記載並流傳於世的，因而所貴所重者乃是當前在場的書，正襟以閲之，危坐以誦之。而莊子却認爲書中之語不過是用來達意的，得意可以忘言。意從何而來？意之所隨者不可以言傳也。莊子認爲可言可傳者不過行色名聲而已，而意之所隨者並非此類可聽可聞的存在者，因而行色名聲皆不足以“得彼之情”。這個不可言不可傳者乃是道之言，道言乃自然無聲之大音，是不可説的。而輪扁斫輪時那種不徐不疾、得之於手而應於心的感覺，絶不是行色名聲等可言可傳者，而是渾然入境、口不能言、意之所隨者也。而人們整日滔滔不絶，不過行色名聲而已，皆非道言。故書不足傳，言不足貴。《天運》所言亦與此同，其文云：

夫六經，先王之陳跡也，豈其所以跡哉！今子之所言，猶跡也。夫跡，履之所出，而跡豈履哉！

跡非履，履非跡，跡由履出。《六經》不過是先王之陳跡而已，豈是履哉。如何才能至於無言之境，唯有忘言：

知北遊於玄水之上，登隱弅之丘，而適遭无爲謂焉。知謂无爲謂曰："予欲有問乎若：何思何慮則知道？何處何服則安道？何從何道則得道？"三問而无爲謂不答也。非不答，不知答也。知不得問，反於白水之南，登狐闋之丘，而睹狂屈焉。知以之言也問乎狂屈。狂屈曰："唉！予知之，將語若。"中欲言而忘其所欲言。知不得問，反於帝宫，見黄帝而問焉。黄帝曰："无思无慮始知道，无處无服始安道，无從无道始得道。"知問黄帝曰："我與若知之，彼與彼不知也，其孰是邪？"黄帝曰；"彼无爲謂真是也，狂屈似之，我與汝終不近也。"……知謂黄帝曰："吾問无爲謂，无爲謂不應我，非不應我，不知應我也；吾問狂屈，狂屈中欲告我而不我告，非不我告，中欲告而忘之也；今予問乎若，若知之，奚故不近？"黄帝曰："彼其真是也，以其不知也；此其似之也，以其忘之也；予與若終不近也，以其知之也。"狂屈聞之，以黄帝爲知言。(《知北遊》)

無爲謂之不知所以言，狂屈之欲告而忘言，都達到了很高的境界。因爲"知道易，勿言難。知而不言，所以之天也。知而言之，所以之人也。古之人，天而不人"(《列禦寇》)。陶淵明"此中有真意，欲辨已忘言"，推崇的就是莊子所説的忘言之境。那麽人言和道言究竟是怎樣一種關係呢？《寓言》云：

不言則齊，齊與言不齊，言與齊不齊也。故曰无言。言无言：終身言，未嘗言；終身不言，未嘗不言。

"不言則齊，齊與言不齊，言與齊不齊也"中的"言"，指人言，成心之言。意思是説，不發表有成見的言論，萬物是齊同合一的；如果用成心之言去品評齊同之萬物，就會出現是非之争、貴賤之别。所以要説無心之言，即順道言而言。這様的話，即使終身言也未嘗言，終身不言亦未嘗不言。意思是説，順應道言而言，言與不言不取决於我，故無所謂言與不言。也就是《則陽》篇所説的“其口雖言，其心未嘗言”，要言無心之言。莊子認爲道言是源，人言是流，人言歸依道言。《齊物論》中關於人籟、地籟、天籟的論述也許可以幫助我們理解人言與道言的關係：

> 子游曰：“地籟則衆竅是已，人籟則比竹是已。敢問天籟？”子綦曰：“夫吹萬不同，而使其自已也，咸其自取，怒者其誰邪！”

人籟是人吹奏樂器所發出的聲響，地籟是風吹拂衆竅所發出的聲響，那麽什麽是天籟呢？成玄英疏：“夫天者，萬物之総名，自然之别稱，豈蒼蒼之謂哉！故夫天籟者，豈别有一物邪？即比竹衆竅接乎有生之類是爾。尋夫生生者誰乎，蓋無物也。故外不待乎物，内不資乎我，塊然而生，獨化者也。”意思是説，並没有一個所謂的天籟之音單獨存在，天籟之音與比竹衆竅之音並無差異，所不同者在乎人心，有意而爲者，不管聲音多麽美妙亦非天籟，只有“外不待乎物，内不資乎我”，自然而出之聲響才是天籟。可見天籟乃物自身之顯現，是自然無聲之大音。天籟之音無根無據，無依無憑，即“使其自己”“咸其自取”，無夫“怒者”，不知所以然而然。天籟之音是自足的，天籟之音是無心的，風之吹不知所以吹，竅之鳴不知所以鳴，它是“地籟”“人籟”之根據，唯天籟有所顯現人才能有所説。

那麽道説之詞語與物又是什麽關係呢？莊子説：“道行之而成，物謂之而然。”世上原本没有路，走的人多了就形成了路；世上原本没有物，當物顯現自身並被詞語命名之後才成爲物。也就是説，當物遮蔽自身之際，詞語無法命名物，物也就不存在。從這個意義上講，物存在於詞語裏，當被詞語命名之際物才存在，即“物謂之而然”，用海德格爾的話講就是詞語缺失處無物存在，語言是存在的家。

可見，海德格爾的語言觀與老莊對語言的看法是相通的。他們都認爲本質的語言乃是道説、道言。大道之説是無聲之大音，這一寂静之音是人言的根據。道説即顯示，是物自身的顯現和湧出，是事物本來的様子。人言乃是因物而言，没有物的顯現也就没有人言。自然之大音不可説，道説之語言不可説，因爲它乃是“無稱之言，窮極之辭”。

海德格爾認爲人説植根於道説，是語言説而非人説。在常人眼裹這顯然是一種玄怪的説法。因此如何經驗語言的這種植根性是海氏不得不思考的一個重要問題。海氏認爲在語言上取得一種經驗與人們獲取關於語言的知識是完全不同的，因爲語言的這種經驗並不能通過形而上學的表象性思維方式而取得。語言道説，語言顯示，語言給出，語言非物。因而這種本原性語言的經驗也是不可説的，這種通向語言經驗之路“很少以那種使得在語言上的可能經驗本身達乎語言而表達出來的方式被踏上”①。如此説來，人們想在語言上取得一種經驗，只能“冥思著，也就是在專心入於開闢道路之際，去洞察語言本質的質樸性，而不是謀求對語言作一種表象”②。

何謂“冥思”？冥思乃是一種傾聽，一種體悟。冥思要求自身專心融入開闢道路之中，開闢道路者乃大道本身。爲了領會這種冥思，海氏專門討論了“切近”問題，因爲切近乃是通向事情本身的必由之路。

海氏所説的切近並不是和遥遠相對的一個概念，因爲切近並不能通過對時間和距離的計算和測量把它標示出來。“兩座孤立的農家院落——如果還有此種院落——遥遥相隔，人們由此及彼需要在田野上步行一小時之久，却可能是最美好的近鄰；相反，城裹的兩户人家，興許在同一條街上相對而立，甚至毗連在一起，却可能根本不識近鄰關係爲何。由此可見，近鄰之切近並不是以時空關係爲根據的。也即説，切近之本質在時間和空間之外，是無賴於空間和時間的。”③ 海氏這裹所説的時間和空間是指將時空作爲參數的流俗時空觀念，這種觀念遮擋了對切近本質的洞察。究竟何謂切近，海氏以爲切近乃是爲“相互面對”開闢道路。什麽是“相互面對”？海氏説“相互面對”有深遠的淵源，“它源起於那種遼遠之境，在那裹，天、地、神、人得以彼此通達。……在起支配作用的‘相互面對’中，一切東西都是彼此敞開的，都是其自行遮蔽中敞開；於是一方向另一方展開自身，一方把自身托與另一方，從而一切都保持其本身”。可見切近使天、地、神、人相互敞開、彼此通達。“爲四個世界地帶之近鄰狀態開闢道路，讓它們互相通達並且把它們保持在它

① 〔德〕海德格爾：《語言的本質》，《在通向語言的途中》，孫周興譯，北京，商務印書館，2015，第148頁。

② 〔德〕海德格爾：《走向語言之途》，《在通向語言的途中》，孫周興譯，北京，商務印書館，2015，第263頁。

③ 〔德〕海德格爾：《語言的本質》，《在通向語言的途中》，孫周興譯，北京，商務印書館，2015，第205頁。

們的遼遠之境的切近中的東西，乃是切近本身。”這種切近是不能言説的，“當我們‘對於’它有所談論時，它離我們最遠”。①

海氏所説的切近實際上就是一種領悟、一種敞開、一種傾聽。“説從自身而來就是一種聽。説乃是順從我們所説的語言的聽，所以，説並非同時是一種聽，而是首先就是一種聽。”② 道説乃寂静之音，我們如何能“聽”這種無聲之音？可見所謂聽乃是冥思，乃是領悟。而這種領悟和傾聽是以自身敞開爲前提的。所謂敞開自身就是海氏所説的冥思、專心於其中，是一種道家忘我的情懷。因爲只有忘我才能體悟，才能傾聽，才能敞開。道説之語言取得一種經驗説到底是“悟”出來的，而不是“想”出來的。悟乃是一種相互敞開、彼此通達之混同的忘我境域，因此是不可説的。那麼如何才能走向通往切近之路，海氏以爲通往切近之路乃是一種返回步伐。

海氏説：“一旦我們試圖沉思這個切近，我們就已經横下心來，要走上一條漫長的思想道路了。我們眼下所能做的只是幾步而已。這幾步不是向前推進，而是返回，返回到我們已經在的地方。”③ 海氏認爲這種返回比起向我們尚未在的地方的匆忙遠遊，不知要困難多少倍。返回何處？返回我們真正已經逗留於其中的地方，這個地方在哪里？海德格爾在《語言的本質》的結尾處如是説：“詞語崩解處，一個‘存在’出現。在這裏，崩解意味著：宣露出來的詞語返回到無聲之中，返回到它由之獲得允諾的地方中去，也就返回到寂静之音中去。……這種詞語之崩解乃是返回到思想之道路的真正步伐。”④ 可見，海氏乃是讓我們返回到道説中去，返回到語言由以顯現的地方。那裏是詞語湧出之所，也是詞語歸隱的地方，那裏就是自然，就是大地。

海氏認爲語言具有大地性。“語言是口之花朵。在語言中，大地向著天空之花綻放花蕾。”⑤ 語言何以是口之花朵？海德格爾以方言爲例闡述

---

① 〔德〕海德格爾：《語言的本質》，《在通向語言的途中》，孫周興譯，北京，商務印書館，2015，第206、207頁。

② 〔德〕海德格爾：《走向語言之途》，《在通向語言的途中》，孫周興譯，北京，商務印書館，2015，第254頁。

③ 〔德〕海德格爾：《語言的本質》，《在通向語言的途中》，孫周興譯，北京，商務印書館，2015，第203頁。

④ 〔德〕海德格爾：《語言的本質》，《在通向語言的途中》，孫周興譯，北京，商務印書館，2015，第213頁。

⑤ 〔德〕海德格爾：《語言的本質》，《在通向語言的途中》，孫周興譯，北京，商務印書館，2015，第200頁。

了語言的大地性。海氏以爲方言之差異並不首先在於人發音器官的運動方式有所不同。方言之差異乃是居住的地方使然，也就是大地使然。“而口不光是在某個被表象爲有機體的身体上的一個器官，倒是身體和口都歸屬於大地的湧動和生長——我們終有一死的人就成長於這大地的湧動和生長中，我們從大地那裏獲得了我們的根基的穩靠性。當然，如果我們失去了大地，我們也就失去了根基。”① 海氏這裏所説的大地就是希臘意義上的自然，大地的湧動和生長就是自然的本身的顯現和開啓。“原初的自然乃是 φύσις，它本身基於大道之中，而道説正是從大道而來才湧現運作。”②

綜上，海氏認爲人言植根於道説，植根於大地，植根於自然。人們要經驗語言這種植根性的方式乃是切近。海氏所謂的切近乃是與事情本身混同爲一的冥思和體悟，是一種相互敞開的境域。如何通達這種境域，這需要一種返回步伐，返回人們真正逗留於其中的地方。這個地方就是大地，就是自然，就是天、地、神、人四重整體彼此敞開、相互居有的地方。因爲那裏乃是人類湧出的地方，也是人類最終的歸宿之所在。

海氏的這些主張與老子學説是相通的。老子認爲，道乃萬物之母，道之言乃無聲之大音，這一寂静之音就是自然，“希言自然”。人言植根於道言，植根於自然。自然就是事物本來的様子，是物自身的顯現和澄明，自然就是道本身，道法自然。道不可説，自然不可説。老子説：“道可道，非常道；名可名，非常名。”這裏講的是名與實的關係。“常道”“常名”是指物自身，“可道”之“道”和“可名”之“名”是指人言。老子認爲“常道”和“常名”是不可説的，也就是説人們通過表象的方式並不能通達物自身，所以老子講“道生之，德畜之，物行之，勢成之。是以萬物莫不尊道而貴德。道之尊，德之貴，夫莫之命而常自然”（五十一章）。老子認爲物之本性乃自然天成。萬物之所以尊道貴德，並不是説道和德是淩駕於萬物之上的主宰，而是説道和德乃是自然本身，就是事物本來的樣子。“夫莫之命而常自然”是説那個不可以言説的道和德的本性乃是自然，而萬物的興衰枯榮皆因自然之本性，所謂尊道貴德就是順隨自然。

道不可説，自然無聲之大音不可説。那麽人如何經驗道，如何經驗

---

① 〔德〕海德格爾：《語言的本質》，《在通向語言的途中》，孫周興譯，北京，商務印書館，2015，第 200 頁。

② 〔德〕海德格爾：《走向語言之途》，《在通向語言的途中》，孫周興譯，北京，商務印書館，2015，第 265 頁。

物自身，老子説："載營魄抱一，能無離乎？專氣致柔，能嬰兒乎？滌除玄覽，能無疵乎？"（十章）"致虛極，守静篤。"（十六章）老子認爲只有通過致虛守静、離形去智的方式方能得道，也就是與道混同爲一。人如何才能而與道合一，老子認爲這需要一種返回步伐。返回何處，返回人的自然本性之中。人的本性是什麽？老子認爲人的本性乃是一種嬰兒狀態。老子説："含得之厚者，比於赤子。"（五十五章）嬰兒天真無邪，無私無欲，於合自然之本性，充滿生命之活力，故幾於道。老子所謂"專氣致柔，能嬰兒乎"，就是讓人返回嬰兒狀態，那裏才有道，那裏才有人自然之本性。老子把人的這種返本復初叫作"復"。老子説："萬物並作，吾以觀復。夫物芸芸，各復歸其根。"（十六章）"常德不離，復歸於嬰兒。"（二十八章）人如何才能返本復初、復歸於嬰兒？老子説："爲學日益，爲道日損。"（四十八章）老子認爲通過學並不能踏上返本之路，因爲學乃是表象性思維方式，而道既不能表象，也不能言説。返回之路只有通過"損"方可被踏上，損什麽？損的乃是人的欲望。老子認爲人的本性之所以被異化，乃是私欲膨脹的結果，都是那個"私"、那個"我"在作怪。"吾所以有大患者，爲我有身。及吾無身，吾有何患。"（十三章）所以老子主張忘我，忘我才能無私無欲，没有私欲才能復歸於嬰兒，如此才能獲得人自然之本性，這也就是老子所説的"塞其兑，閉其門，終身不勤。開其兑，濟其事，終身不救"（五十二章）。

總之，老子認爲道法自然，自然就是事物本身，是事物自身的顯現，是事物的本性之所在。人們經驗道的方式並不是通過學，而是通過離形去智與道混同爲一。人們想要得道首先要忘我，要損私損欲。通向道的途徑乃是復，是一種返回步伐。返回何處，返回我們曾經真正逗留於其中的地方，那是人與萬物彼此敞開之所，那裏保存了人自然之本性。那是一種嬰兒狀態，嬰兒無言，却能傾聽自然之大音。

對於如何經驗道，如何達到天人合一之境界，莊子也有許多獨到的見解。莊子認爲人生有不同的境界，從天人合一到物我相待，從物我相待到是其成心，人類由混而爲一的世界漸次進入一個是非的世界：

> 古之人，其知有所至矣。惡乎至？有以爲未始有物者，至矣，盡矣，不可以加矣。其次，以爲有物矣，而未始有封也。其次，以爲有封焉，而未始有是非也。是非之彰也，道之所以虧也。（《齊物論》）

莊子所説的"未始有物"，並非指没有任何物。文中的"物"相對於"我"

而言，没有物，當然也就没有我。故而“未始有物”乃是指物我未分、天人合一之境，也就是海德格爾所謂互相面對、彼此敞開的遼遠之境，是天地神人彼此通達之所。因此莊子盛贊此境爲“至矣，盡矣，不可以加矣”。其次有了物我之分，但物與物之間尚無界限，即未始有“封”，此境域中的人已經從萬物中抽身而出。再次萬物有了分别，人開始表象和認識這個世界。最後萬物間産生了等級，有了貴賤，有了善惡，有了美醜，有了是非。於是人人自以爲是，自我中心，自我膨脹，因而離未始有物之遼遠之所越來越遠。所以莊子説：“是非之彰也，道之所以虧也。”從未始有物到是非之世，是一個道不斷被遮蔽、志欲漸次被彰顯的過程。

人如何才能返回他曾經在的地方，回到天、地、神、人彼此通達之所，從而傾聽道説無聲之大音？莊子在《人間世》中借仲尼之口説出通達這種境域之方法：

> 仲尼曰：“若一志，无聽之以耳而聽之以心，无聽之以心而聽之以氣！聽止於耳，心止於符。氣也者，虚而待物者也。唯道集虚。虚者，心齋也。”

莊子所説的“若一志”，即海氏所謂“專心於開闢道路這回事情”，以此傾聽無聲之大音。如何聽？無聽之以耳，無聽之以心。因爲耳乃是以人之是非來分辨事物，心乃是以人的認識來表象事物。要聽之以氣。何謂“氣”，氣者虚而待物者也，就是要去人智，任自然，物我合一，只有如此才能傾聽存在之道説。要達到物我不分、天人合一、天地神人彼此通達之境界，首先要去已去欲，即所謂“墮肢體，黜聰明，離形去知，同於大道”（《大宗師》）。

忘我如何就能同於大道？莊子講的幾則寓言很有啓發性。《達生》：

> 紀渻子爲王養鬬雞。十日而問：“雞已乎？”曰：“未也，方虚憍而恃氣。”十日又問，曰：“未也，猶應嚮景。”十日又問，曰：“未也，猶疾視而盛氣。”十日又問，曰：“幾矣，雞雖有鳴者，已无變矣，望之似木雞矣，其德全矣，異雞无敢應者，反走矣。”

此雞之所以能進入全德之境，不戰而勝，乃是由於其去已、去欲、忘我，如此方能保全雞之本性。莊子講的“梓慶爲鐻”的故事，同樣是在强調只有去已去欲，進入忘我之境，所爲之鐻方能自然天成、巧奪天工：

臣將爲鐻，未嘗敢以耗氣也，必齋以静心。齋三日，而不敢懷慶賞爵禄；齋五日，不敢懷非譽巧拙；齋七日，輒然忘吾有四枝（肢）形體也。當是時也，無公朝，其巧專而外滑消；然後入山林，觀天性，身軀至矣，然後成見鐻，不然則已。則以天合天，器之所以疑神者，其由是與？（《達生》）

梓慶通過心齋而最後達到忘吾有四肢形體之境，進而"身軀至矣"，即物我合一，互相面對，彼此敞開。所謂"以天合天"者，即以人自然之天性應合物自然之天性，因爲人和萬物皆歸本於天地自然，這便是海德格爾所講的詞語之大地性。可見，海德格爾所説冥思、傾聽、專心於開闢道路等經驗道説的方式，實際上就是老莊所説的與道混同爲一的忘我境域，這是一個漸進的過程：

吾猶守而告之，參日而後能外天下。已外天下矣，吾又守之，七日而後能外物。已外物矣，吾又守之，九日而後能外生。已外生矣，而後能朝徹，朝徹而後能見獨，見獨而後能无古今，无古今而後能入於不死不生。（《大宗師》）

從外天下、外物、外生到朝徹、見獨、無古今，這是一個去欲忘我的過程，當人到了忘生死、無古今的時候，這個"我"便徹底消失了。此時方能彼此敞開從而進入物我合一的邃遠之境。

通過以上論述，我們認爲海德格爾的語言觀與老莊關於語言的論述頗多相通之處。也許正是由於他們的主導思想即"道"與"Ereignis"之間的相互牽引，海德格爾與老子才走上了同一條思的道路，這是一條通向大道的道路，道路的盡頭乃是玄之又玄之所，隱藏著一切神秘的神秘。海德格爾説："也許'道路'一詞是語言的原始詞語，它向沉思的人允諾自身。老子的詩意運思的引導詞語叫作'道'（Tao），'根本上'就意味著道路。……然而，'道'或許就是爲一切開闢道路的道路，由之而來，我們才能去思理性、精神、意義、邏各斯等根本上也即憑它們的本質所要道説的東西。也許在'道路''道'這個詞中隱藏著運思之道説的一切神秘的神秘。"①

① 〔德〕海德格爾：《語言的本質》，《在通向語言的途中》，孫周興譯，北京，商務印書館，2015，第191頁。

三、海德格爾與老莊關於“存在”與“自然”的對話

海德格爾認爲，西方哲學自柏拉圖、亞里士多德以降，便一直置於對“存在的遺忘”之中。人們觀事覽物，皆從主客關係出發，運用對象性思維來表象事物是“什麼”，並不問及事物“如何存在”。也就是説，傳統形而上學關注的始終只是“存在者”，而不是使事物成其所是的存在本身。因此，傳統形而上學從産生之日起就處在“無根”的狀態之中。爲了克服傳統的思維方式，爲“無家可歸”的人找到本真的精神家園，海德格爾傾畢生之精力來追問存在者何以存在。

（一）海德格爾的“存在”之思

海德格爾在《存在與時間》中開始系統地討論存在問題。海德格爾以爲，存在總是存在者的存在，在存在問題中被問及的東西恰就是存在者本身。那麼在衆多存在者當中，我們應當從哪種存在者那裏掇取存在的意義？海氏認爲首先被問及的存在者就是除了能以其他方式存在以外還能够對存在發問的存在者，也就是我們此在自身。

我們應以何種方法來通達存在者之存在呢？海德格爾認爲不能用主客二分的傳統形而上學方法來認知存在，因爲被對象化了的客體只能是存在者而不是存在本身，因而只能用現象學方法。現象學的基本原理就是“面向事情本身”。海氏指出，現象學這個詞由兩部分組成，即現象和邏各斯。“現象”是指就其自身顯示其自身，“邏各斯”就是讓人看某種東西，現象學就是讓人從顯現的東西本身那裏如它從其本身所顯現的那樣來看它。用現象學方法來通達此在之存在，首先要對此在的基礎結構即“在世界之中”進行剖析。

“在世界中存在”並非意指我們日常經驗到的那種空間關係，好像水在杯子中、衣服在櫃子中一樣。“在之中”是此在的一種存在建構，是一種生存論性質。此在不能像非此在式的存在者那樣孤立地存在，此在操勞於世，與各種事物打交道，此在之在世已經分散乃至解體於“在之中”的某些確定方式中，存在者層次上的空間關係唯基於此在之在世才是可能的。海氏所謂在世中的“世界”，並非指通常意義上的客觀世界，而是此在的一種性質。因爲客觀世界只有在與此在的聯繫中由此在領悟和揭示，離開此在談論是否存在一個世界以及世界如何存在就是一個毫無意義的問題。那麼此在在世界中是如何存在的呢？海德格爾認爲此在在世具有兩種存在狀態，即本真存在和非本真存在。

所謂非本真存在是日常此在的一種生存狀態，是指此在失去其獨特個性、爲其他存在者約束和控制的存在方式。此種方式中此在與他人共在，這種他人不是具體的人，也不是抽象的人；不是某些人，也不是人的總和，而是某種中性的、平均化的、無人稱的、不確定的人，海德格爾稱之爲“常人”。“常人”在世之展開狀態包括閑言、好奇、兩可等存在方式，這些存在方式共同建構日常此在的一種基本方式，這便是此在之沉淪。此在之沉淪並不是道德上的墮落，也不是此在的偶然特徵和屬性，而是此在内在的先天結構。

所謂本真存在，是指此在保持自我、本己之存在方式，此存在方式是在“畏”之現身情態中展開的。海氏認爲，畏和怕不同，畏之對象不具有實體性，畏之所畏就是在世本身。畏將此在抛回其本真的能在世之中，畏將此在個别化爲最本己的在世之存在。因此畏是此在從非本真存在通向本真存在的重要途徑。然而此在最本己的、無涉的、不可逾越和不確定之可能性就是死亡，在死到來之前，存在著此在實現其存在的各種可能性。只有“先行到死中去”，才能真正領會生之意義，只有先行投入死之境界，方可無所牽掛地超越一切存在者，從而顯示此在之本真存在。

可見，在《存在與時間》中，海德格爾試圖通過此在之生存論分析來追問此在之存在。此在的基礎結構是“在世界中存在”，而不首先是主體的人如何認知客觀世界。因此可以説在克服和超越傳統形而上學之主體性、對象性思維方面，《存在與時間》無疑取得了成功，這也是《存在與時間》享有盛譽的原因所在。然而思到深處，本體論（存在論）意義上的此在與存在之間究竟是怎樣一種關係？存在者之存在是否受此在的制約？由於對這些問題的深入思考，海德格爾由此在到存在之進路難以繼續前行。海德格爾自己也坦言：“《存在與時間》第一部一度對我來説是一條道路，此道路曾把我引向某處。但是，這條道路現在不再被走了，它已經因草木叢生而不能通行，我完全不再能寫《存在與時間》。我完全不寫書。”① 可能正是這一原因，《存在與時間》終成殘篇，海氏也没有按計劃達到赢獲存在的意義這一目的。

然而海德格爾始終没有放棄對存在問題的思考，他在一九三五年的授課講稿《形而上學導論》中對存在的意義作了進一步的探討。海氏認爲存在的原初意義集中體現在希臘思想的 Physis、Ousia 等詞語上。Physis 是指從自身綻放的東西，即湧現著的自立；Ousia 是指作爲這樣

① 轉引自宋祖良：《國内外海德格爾研究述評》，《哲學動態》1994 年第 5 期。

自立的常住，也就是持續、逗留。那麽存在的原始意義就是自身湧現著的自立、持續。在論及人與存在的關係時，海氏已不認爲此在具有優先地位，他指出任何一個存在者都處於同等地位，“我們必須摒棄所有任何特殊的、個别的在者的優越地位，包括人在内”[①]。在此在與真理的關係上，早期海德格爾認爲真理是存在的澄明，是存在者的無蔽狀態。而存在的澄明是通過對此在生存狀態的分析實現的，離開此在也就無所謂真理。他説：“唯當此在存在，牛頓定律、矛盾律才在，無論什麽真理才在。”[②] 後期海德格爾追問真理時，不再認爲真理决定於此在，而認爲存在本身就是真理。真理不再是此在的真理，而是存在的真理。真理的本質乃是自由，所謂自由是指“讓存在者存在”。真理之本質不僅指存在者自身的無蔽狀態，而且包括存在者整體之遮蔽狀態。“讓存在總是在個别行爲中讓存在者存在，對存在者有所動作，並因之解蔽著存在者；正是因爲這樣，讓存在才遮蔽著存在者整體。讓存在自身本也是一種遮蔽。”[③] 存在者整體之遮蔽狀態比任何一種可敞開狀態更古老。此時的海德格爾不再强調此在的存在，而更多地是在論述存在之真理。

（二）海德格爾之“Ereignis”與老莊之道

二十世紀三十年代中期，“Ereignis”一詞經常出現於海德格爾的作品中，已經代替“存在”而成爲海德格爾的引導詞，通過它可以理解“存在”之真實意義。“Ereignis”在德文中的意思是“發生的事件”，它的動詞“ereignen”意爲“發生”。海德格爾賦予這個詞的意思是使一切發生成爲可能的動態事件，是一切發生既澄明又遮蔽著的到來。可見，海德格爾的存在之思是由此在之存在到存在之真理，最後覓得“Ereignis”爲其引導詞，這樣一條進路是此在之優越地位不斷被克服的過程。海氏指出：“大道本質上却不同於任何可能的形而上學的存在規定，從而也比這種存在規定更爲豐富。相反，就其本質淵源來看，存在倒要從大道出發才能得到思考。”[④] 海氏這裏所使用的“Ereignis”不再是我

① 〔德〕海德格爾：《形而上學導論》，熊偉、王慶節譯，北京，商務印書館，1996，第5～6頁。

② 〔德〕海德格爾：《存在與時間》，陈嘉映、王慶節譯，北京，三聯書店，2000，第260頁。

③ 〔德〕海德格爾：《論真理的本質》，《路標》，孫周興譯，北京，商務印書館，2014，第225頁。

④ 〔德〕海德格爾：《走向語言之途》，《在通向語言的途中》，孫周興譯，北京，商務印書館，2015，第261頁注①。

們通常所謂的事情、事件，“作爲如此這般被思考的主導詞語，‘本有’就像希臘的邏各斯和中文的‘道’一樣是不可譯的”[①]。對這一不可譯的“Ereignis”，目前有“大道”“發生”“緣構發生”“本有”“大化”等譯法。其實如何翻譯並不是最重要的，關鍵是要了解海氏對這一非形而上學詞語所賦予的含義。根據海德格爾的闡釋，“Ereignis”主要有以下幾方面的含義：

第一，“Ereignis”是指使一切發生成爲可能的原始動態生成域。海氏説：“本有乃是於自身中回蕩著的領域，通過這一領域，人和存在喪失了形而上學曾經賦予給它們的那些規定性，從而在它們的本質中相互通達，獲得它們的本質的東西。”[②] 只有在這一動態生成境域之中，天、地、神、人才能相互面對、彼此敞開、互相居有從而成其本質。在“Ereignis”之中，一切都是動蕩不居的，唯此“自身回蕩”才使存在者之顯現和遮蔽成爲可能。因爲它“乃是一切位置和時間—遊戲—空間的地方”[③]。

第二，“Ereignis”是一切什麽的給出者。海氏認爲：“我們既不可把大道（Ereignis）表象爲一個事件，也不可把它表象爲一種發生，而只能在道説之顯示中把它經驗爲允諾者。我們不可把大道歸結爲其他什麽東西，不可能根據其他什麽東西來解釋大道，成道絶不是其他什麽東西的成果（即結果），但所予——它有所端呈的給予才允諾著諸如某種‘有’之類的東西——也還爲‘存在’所需要，以便存在作爲在場進入其本己之中。”[④] 可見“Ereignis”不是什麽，也不是什麽作用的結果，而只有在“Ereignis”有所端呈的給予中一切什麽才得以顯現和發生。因而“Ereignis”就是“規定存在與時間兩者入於其本已因素之中即入於其共屬一體之中的那個東西”[⑤]。

第三，“Ereignis”不可説。因爲“Ereignis”乃是一切什麽的給出

① 〔德〕海德格爾：《同一律》，孫周興選編：《海德格爾選集》，上海，上海三聯書店，第656頁。

② 〔德〕海德格爾：《同一律》，孫周興選編：《海德格爾選集》，上海，上海三聯書店，第657頁。

③ 〔德〕海德格爾：《走向語言之途》，《在通向語言的途中》，孫周興譯，北京，商務印書館，2015，第258頁。

④ 〔德〕海德格爾：《走向語言之途》，《在通向語言的途中》，孫周興譯，北京，商務印書館，2015，第258～259頁。

⑤ 〔德〕海德格爾：《時間與存在》，《面向思的事情》，陳小文、孫周興譯，北京，商務印書館，2014，第29頁。

者，人和存在都歸屬它，因而我們“不可能根據其他什麽東西來解釋 Ereignis”。“大道是不顯眼的東西中最不顯眼的，是質樸的東西中最質樸的，是切近的東西中最切近的，是遥遠的東西中最遥遠的，我們終有一死的人終身棲留於其中。”① 可見“Ereignis”屬於緘口的範圍，我們“决不能把本有帶到我們面前，既不能把它當作一個對立面，也不能當作無所不包的大全者。因此，表象的—論證的思維就如同一味陳述的言説，都是與本有不相吻合的”②。因而我們只能這樣來命名：“它——大道——成其本身。”“成道者乃大道本身——此外無他。”③

老莊之道對海氏“Ereignis”思想的形成當不無關係。老子説：“有物混成，先天地生。寂兮寥兮，獨立不改，周行不殆，可以爲天下母。吾不知其名，字之曰道，强爲之名曰大。大曰逝，逝曰遠，遠曰反。故道大，天大，地大，王亦大。域中有四大。”（二十五章）可見老子之道並非是一個抽象不變的理念，道之爲道乃是一個不斷變化著的生成過程。道大而逝，逝而遠，遠而返，如此“周行不殆”，在此不斷變化著的生成境域中，萬物由以生，天地由以成。

老子之道不但是自身回蕩著的領域，而且是萬物的給出者，是萬物之母。老子説：“道生一，一生二，二生三，三生萬物。萬物負陰而抱陽，沖氣以爲和。”（四十二章）“道沖而用之或不盈，淵兮似萬物之宗。”（四章）“大道氾兮，其可左右。萬物恃之以生而不辭，功成而不有。衣養萬物而不爲主。”（三十四章）“谷神不死，是謂玄牝。玄牝之門，是謂天地根。”（六章）道不是什麽，不是存在者，但道也不是虚無。“道之爲物，惟恍惟惚。惚兮恍兮，其中有象；恍兮惚兮，其中有物。”（二十一章）這也就是海德格爾所説的“但是本有既不存在（es ist），本有也没有”④。道物物而非物，是萬物的給出者，道以自身爲根據。

道不可説。作爲萬物之母的道給出一切存在者，人和萬物皆歸屬之，因而人不可能抽身於道外來表象道。所以老子説：“道可道，非常道；名可名，非常名。”老子認爲道之情形乃是“視之不見名曰夷，聽之不聞名

---

① 〔德〕海德格爾：《走向語言之途》，《在通向語言的途中》，孫周興譯，北京，商務印書館，2015，第 259 頁。

② 〔德〕海德格爾：《時間與存在》，《面向思的事情》，陳小文，孫周興譯，北京，商務印書館，2014，第 34 頁。

③ 〔德〕海德格爾：《走向語言之途》，《在通向語言的途中》，孫周興譯，北京，商務印書館，2015，第 259、258 頁。

④ 〔德〕海德格爾：《時間與存在》，《面向思的事情》，陳小文、孫周興譯，北京，商務印書館，2014，第 35 頁。

曰希，搏之不得名曰微”（十四章）。可見道屬於人們緘口的範圍，“道常無名”“道隱無名”。道乃“樸”，道乃“大”，道周行不殆，無所不在。這也就是海氏所說的“Ereignis乃是不顯眼的東西中最不顯眼的，是質樸的東西中最質樸的，是切近的東西中最切近的，是遥遠的東西中最遥遠的”。道無依無憑，無根無據，所以老子説“道法自然”。“自然”者自然而然，就是道自身之顯現，就是道本來的樣子。即海氏所謂“Ereignis——成其本身”。

莊子則把這種原初的生成境域稱爲“物之初”。《莊子·田子方》有這樣的記載，孔子去見老聃，看見老聃形若槁木，“似遺物離人而立於獨也”，於是便向老聃詢問爲何表現出這樣一種神情。“老聃曰：‘吾遊心於物之初。’孔子曰：‘何謂也？’曰：‘心困焉而不能知，口閉焉而不能言，嘗爲汝議其將。至陰肅肅，至陽赫赫，肅肅出乎天，赫赫發乎地，兩者交通成和而萬物生焉。’”可見莊子所謂的“物之初”是一個不能知、不能言的“交通成和而萬物生焉”的生成境域，人只有進入“遺物離人”的忘我狀態才能“遊心於物之初”，因而此境域拒絶任何主觀的表象和認識，“物之初”給出任何存在者（萬物生焉）。在此動蕩的生成域中“生有乎所萌，死有乎所歸，始終相反乎无端而莫知乎其所窮”。因而莊子把這種“物之初”稱爲“至美至樂”的境域，這也就是海氏所謂“Ereignis”，即天、地、神、人映射遊戲之所。可見海氏之“Ereignis”與老莊之道息息相通。

（三）海德格爾之“Physis”與道家之“自然”

海德格爾在《形而上學導論》中就曾對希臘文“φύσις”（Physis，自然）之詞義進行了探討。他認爲“Physis”是指從自身綻放的東西，即湧現著的自立，這便是存在的原始意義。後來他在作《如當節日的時候……》的演講稿中對“Physis”進行了更加深入細緻的闡釋和說明：

> 自然，即natura，希臘文叫φύσις。這個詞是西方思想發端處那些思想家的基本詞語。但是，就在人們拿拉丁文natura（自然）來翻譯希臘文φύσις那當兒，人們很快就把後來的一些因素轉嫁到原初的意思上了，就已經用疏離陌生的東西取代了爲開端所獨有的東西了。
>
> Φύσις、φύειυ意指生長。但希臘人是如何理解生長的？希臘人没有把生長理解爲量的增加，也没有把它理解爲“發展”，也没有把它理解爲一種“變易”的相繼。Φύσις乃是出現和湧現，是自行開啓，

它有所出現同時又回到出現過程中，並因此在一向賦予某個在場者以在場的那個東西中自行鎖閉。被思爲基本詞語的 φύσις，意味著進入敞開域中的湧現，進入那種澄明之照亮，入於這種澄明，根本上某物才顯現出來，才展示在其輪廓中，才以其“外觀”顯示自身，並因此才能作爲此物和彼物而在場。Φύσις是湧現著向自身的返回，它指説的是在如此這般成其本質的作爲敞開域的湧現中逗留的東西的在場。但敞開域之澄明在光線之透視的通行中，即在“光”中，才變得最純粹地可感知。Φύσις是照亮之澄明的湧現，因而是光的發源地和場所。“光”之閃現歸屬於火，就是火。火既是光線又是灼熱。光線照明，才賦予一切顯現以敞開域，才賦予一切顯現以可感知性。灼熱閃耀，在灼熱中點燃了一切湧現者而使之達乎顯現。①

海德格爾認爲當人們用拉丁文 natura 來翻譯希臘文 φύσις 的時候，Physis 所具有的豐厚的哲學意蘊已蕩然無存。海氏認爲 Physis 意指生長，但這種生長與量的多寡並無關聯。Physis 乃是指物自身湧現和開啓於澄明之境，而這種澄明之境在光的照耀下才變得可敞開的。故 Physis 又意味著光，光屬於火，火意味著灼熱，灼熱之火點燃了湧現者而使之達乎澄明。海德格爾這一充滿想象力的解説與道家之“自然”不無關聯。

道家之“自然”其意爲何？“自然”一詞是由“自”和“然”構成。“自”字出現較早，甲骨文中已開始使用。“自”是個象形字，甲骨文“自”字如鼻子形。《説文》：“自，鼻也。象鼻形。”由鼻引申爲“自己”“自身”，再由之引申爲“本是”“本來”等詞義。“然”字金文開始使用。“然”爲形聲字，《説文》：“然，燒也。從火，肰聲。”“然”字本義爲燃燒，此詞義後寫作“燃”，“然”“燃”是古今字的關係。由於“然”之本義爲燃燒，故又引申出照耀義。《洛陽伽藍記·正始寺》：“然目之綺，裂鼻之馨。”“然目”就是耀眼的意思。由“照耀”又引申出“明了”“明白”的意思。《淮南子·覽冥》：“雖有明智，弗能然也。”“然”就是明了、清楚、明白的意思。“然”又引申指事物自身顯現出的樣子、狀態。《史記·商君列傳》：“公叔曰：‘座之中庶子公孫鞅，年雖少，有奇才，

① 〔德〕海德格爾：《如當節日的時候……》，《荷爾德林詩的闡釋》，北京，商務印書館，2014，第 63～64 頁。

願王舉國而聽之。’王嘿然。”“王嘿然”就是王自身顯現出沉默的樣子和狀態。可見“然”字由“燃燒”而“照耀”而“澄明”，由“照耀”“澄明”而顯現物自身之樣子和狀態。那麼“自然”之意義便是在澄明的境域中所顯現的事物自身本來的樣子和狀態。由燃燒而照亮、敞開、澄明的乃是一種原初的境域，唯賴此境域事物本來的樣子和狀態方得以顯現。“然”是一種動態的過程，我們只有在燃燒、照耀、明了、顯現情態諸詞義的分環鉤連中才能理解其本真的意義。“自然”不是“什麼”，一切“什麼”只有在“自然”的境域中方能成其所是。不難想象海德格爾用顯現、敞開、澄明、光、照耀、灼熱等詞義來解説希臘文 φύσις，與其對道家“自然”的理解當有内在聯繫。

道家哲學的核心便是自然。《老子》二十五章：“人法地，地法天，天法道，道法自然。”何謂“道法自然”？河上公注：“道清静不言，陰行精氣，萬物自成也。道性自然無所法也。”王弼注：“道不違自然，乃得其性，法自然也。法自然者，在方而法方，在圓而法圓，於自然無所違也。自然者，無稱之言，窮極之辭也。”這裏表達了這樣的意思：首先，“自然”不是存在者，是無法用語言表述的，即所謂“自然”乃“無稱之言，窮極之辭”。其次，“道法自然”並不是説“道”之上還有一個所謂的“自然”，而是説“道”之本性就是“自然”，“道”之本質就是“自然”，即所謂“道性自然無所法也”。老子認爲天地間萬事萬物都應當按其本性存在，所謂本性就是事物本來的樣子，就是自然。日月交替是自然，草木榮枯是自然，四時更迭是自然。那麼人之自然或人之本性爲何？老子認爲嬰兒所顯現出的無私、無欲之淳樸狀態才是人之本性，人之自然。然而隨著人性之異化，占有欲之滋生，人脱離萬物而成爲萬物的尺度，人與人相互欺詐、相互争鬥、相互戰争。老子認爲解决這些問題的唯一辦法，便是重新找回人本來所具有的無私無欲淳樸之本性，即重新回歸人性之自然。由此可見，老子所倡導的無爲、寡欲、謙下、知足等都是在自然的前提下提出的。所以説“自然”乃道家哲學之基礎，也是道家哲學的核心所在。

莊子尚天，其實莊子所謂的“天”指的就是物之本性，“天”與“自然”是一個意思。如《齊物論》之“聖人不由而照之於天”、《養生主》之“古者謂之遁天之刑”、《德充符》之“道與之貌，天與之形”、《大宗師》之“且夫物不勝天久矣”等。《莊子》中的許多寓言也都是圍繞天性、自然問題展開論述的，如：

罔兩問景曰："曩子行，今子止，曩子坐，今子起。何其无特操與？"景曰："吾有待而然者邪？吾所待又有待而然者邪？吾待蛇蚹蜩翼邪？惡識所以然？惡識所以不然？"(《齊物論》)

夔憐蚿，蚿憐蛇，蛇憐風，風憐目，目憐心。夔謂蚿曰："吾以一足趻踔而行，予無如矣。今子之使萬足，獨奈何？"蚿曰："不然。子不見夫唾者乎？噴則大者如珠，小者如霧，雜而下者不可勝數也。今予動吾天機，而不知其所以然。"蚿謂蛇曰："吾以衆足行，而不及子之無足，何也？"蛇曰："夫天機之所動，何可易邪？吾安用足哉！"(《秋水》)

影外微陰問影子説，你一會兒走一會兒停，一會兒坐一會兒起，怎麼没有自己獨立的操守呢？影子回答説，我是因爲有所依賴才這樣的吧？而我所依賴者又有所依賴才這樣的吧？吾之有所待可能就像蛇待蚹而行、蜩待翼而飛一樣吧？我怎麼知道會是這樣？我怎麼知道不會是這樣？陰待於影，影待於形，而形所待者何？自然者也。作者的意思是説，萬物皆待於自然。人並不是自己行爲的主人，自然有所顯現人才能有所言、有所行，没有爲什麼。這就像《齊物論》中所説的"惡乎然？然於然。惡乎不然？不然於不然。物固有所然，物固有所可。无物不然，无物不可"。物之爲物皆物性使然，而物性源自自然。故而萬物皆應順性而爲，持守自然之天性。夔以一足行，蚿以萬足行，蛇無足而行，亦皆天機使然，是無法改變的，没有爲什麼。

子貢南遊於楚，反於晋，過漢陰，見一丈人，方將爲圃畦，鑿隧而入井，抱甕而出灌，搰搰然用力甚多，而見功寡。子貢曰："有械於此，一日浸百畦，用力甚寡而見功甚多，夫子不欲乎？"爲圃者仰而視之曰："奈何？"曰："鑿木爲機，後重前輕，挈水若抽，數如泆湯，其名爲槔。"爲圃者忿然作色而笑曰："吾聞之吾師，有機械者必有機事，有機事者必有機心。機心存於胸中，則純白不備。純白不備，則神生不定。神生不定者，道之所不載也。吾非不知，羞而不爲也。"(《天地》)

故聖人有所遊，而知爲孽，約爲膠，德爲接，工爲商。聖人不謀，惡用知！不斷，惡用膠！無喪，惡用德！不貨，惡用商！四者天鬻也。天鬻者，天食也。既受食於天，又惡用人？(《德充符》)

抱甕丈人寧願用瓦罐澆地，也不願用事半功倍的桿灌溉。因爲丈人認爲有機械者必有機事，有機事者必有機心。有了機心，人自然純樸的天性就要受到損害。可見丈人抱甕出灌是爲了修道養德，持守天性，並非是對先進工具的拒絶。作者認爲日常生活中往往充滿了各種誘惑，機巧之心會對人純白素樸之天性造成損害，因而天性需要修養，需要持守。聖人把智巧看作災孽的根源，把禮儀看作對人自然本性的禁錮，把布施恩德看作收買人心的手段，把工巧看作如商賈之牟利。故聖人不謀惡用知，不斲惡用膠，無喪惡用德，不貨惡用商，此四者乃自然化育的結果。自然“載我以形，勞我以生，佚我以老，息我以死”(《大宗師》)。故有道者去智無爲，因順自然。

黄帝遊乎赤水之北，登乎崑崙之丘而南望，還歸，遺其玄珠。使知索之而不得，使離朱索之而不得，使喫詬索之而不得也。乃使象罔，象罔得之。(《天地》)

黄帝將見大槐乎具茨之山，方明爲御，昌寓驂乘，張若謵朋前馬，昆閽滑稽後車。至於襄城之野，七聖皆迷，无所問塗。適遇牧馬童子，問塗焉，曰：“若知具茨之山乎?”曰：“然。”“若知大隗之所存乎?”曰：“然。”黄帝曰：“異哉小童！非徒知具茨之山，又知大槐之所存。請問爲天下。”小童曰：“夫爲天下者，亦若此而已矣，又奚事焉！予少而自遊於六合之内，予適有瞀病，有長者教予曰：‘若乘日之車而遊於襄城之野。’今予病少痊，予又且復遊於六合之外。夫爲天下亦若此而已，予又奚事焉！”黄帝曰：“夫爲天下者，則誠非吾子之事，雖然，請問爲天下。”小童辭。皇帝又問。小童曰：“夫爲天下者，亦奚以異乎牧馬哉！亦去其害馬者而已矣！”黄帝再拜稽首，稱天師而退。(《徐无鬼》)

第一則寓言中作者以玄珠喻道。黄帝使知尋之，道不可以智求也；使離朱尋之，道不可以目視也；使喫詬尋之，道不可以力得也；象罔者，無心之謂也，故能得之。可見離形去智者方能體道，方能順性無爲。

第二則寓言討論的是如何爲天下。作者指出爲天下就像牧馬一樣，任性而遊而已。所謂任性而遊是説不要傷害馬的天性，即“去其害馬者”，不可“燒之，剔之，刻之，雒之”，言治天下者勿害民之天性也。

總之，海德格爾試圖通過對希臘文“φύσις”的探源和解析來贏獲存在的意義，即存在者自身之顯現，而這種顯現在火、灼熱、照耀之澄明之境中才是可能的。海氏所作的“火”“灼熱”“照耀”等解説，未必是“Physis”具有的詞義，這種肆意的解説當與海氏對道家之“自然”的理解不無關係。海德格爾雖然不懂中文，然其與中國學者蕭師毅共同翻譯《老子》的時候，必定會對道家的核心詞語“自然”之奥義，進行過深入的探詢和細心的揣摩，所以我們從海氏對“φύσις”一詞的解説中可以看到中文“自然”的影子。然而海氏對道家“自然”的理解畢竟只是停留在字面意義上，其對道家“自然”豐富的内涵還不甚了了。

《老子》中道與自然是相通的，故有“道法自然”之語。《莊子》中天與自然的含義相通，是天然、本然、物自身的意思。道家認爲物之爲物是由物性决定的，物性源自自然，是不可改變的，所以要物順其性。朝菌朝生暮死，然其與長壽的大椿相比並不卑下；秋豪至細至微，然其與泰山相比並不渺小。道家不以大小壽夭論英雄，物性都是平等的，所以莊子説“天下莫大於秋豪之末，而太山爲小；莫壽於殤子，而彭祖爲夭”。無論老學還是莊學，自然都是其學説的核心詞語。物之爲物天性使然，所以要順性而爲。違逆物性就要受到懲罰，因而要去己、去欲，不要把自己的想法强加於物，這就是老子所講的“以輔萬物之自然而不敢爲”。

（四）海德格爾真理之本質與道家萬物作焉而弗始

後期海德格爾不再强調此在之存在，而講存在之真理。真理不再是此在的真理，存在本身就是真理。真理不僅指存在者之揭蔽狀態，而且包括存在者整體之遮蔽狀態。因爲没有存在者整體原始之遮蔽，就不可能有存在者之去蔽、澄明。海氏指出，真理的本質是自由，所謂“自由”就是“讓……存在”，是讓存在者成其所是。

讓存在也是道家學説的基本主張。所謂讓存在就是讓事物按照其本性自由地生長繁衍，不要人爲地加以干涉，不要把自己的意願强加於物。讓存在主要應做好兩件事，一是無爲，二是不言，也就是老子所説的“聖人處無爲之事，行不言之教，萬物作焉而弗始”。可見只有在處無爲之事、行不言之教的情况下，才能做到“萬物作焉而弗始”。何謂“萬物作焉而弗始”？“作”是生長的意思，即讓事物按其本性生長繁衍，而不是讓事物按照自己的意願如何開始，因而要無爲，要無言。

道家所説的無爲並不是不做事，而是順性而爲的意思。也就是説，做任何事都不要違逆物性，即“以輔萬物之自然而不敢爲”。老子非常重視無爲，如“道常無爲而無不爲”（三十七章）、“吾是以知無爲之有益。不言之教，無爲之益，天下希及之”（四十三章）、“我無爲而民自化”（五十七章）、“是以聖人無爲故無敗”（六十四章）等，可見無爲乃是體道者行爲的基本準則，是道家哲學的標誌性詞語。莊子繼承了老子無爲的主張，《莊子》中也多次使用無爲一詞，如《至樂》之“天无爲以之清，地无爲以之寧。故兩无爲相合，萬物皆化”、《田子方》之“无爲而才自然矣”等。

所謂不言，就是不要隨意發號施令，不要把自己的意志强加於物，不要讓物如何，而是讓萬物按其本性自然而然地生存。老子認爲“多言數窮”，因而主張希言、貴言，“悠兮其貴言，功成事遂，百姓皆謂我自然”（《十七章》）。莊子則善用寓言闡明無爲、不言之理。

> 昔者海鳥止於魯郊，魯侯御而觴之於廟，奏《九韶》以爲樂，具太牢以爲膳。鳥乃眩視憂悲，不敢食一臠，不敢飲一杯，三日而死。此以己養養鳥也，非以鳥養養鳥也。夫以鳥養養鳥者，宜棲之深林，游之壇陸，浮之江湖，食之鰍鰷，隨行列而止，委虵而處。彼唯人言之惡聞，奚以夫譊譊爲乎！（《至樂》）
>
> 南海之帝爲儵，北海之帝爲忽，中央之帝爲渾沌。儵與忽時相與遇於渾沌之地，渾沌待之甚善，儵與忽謀報渾沌之德，曰：“人皆有七竅以視聽食息，此獨無有，嘗試鑿之。”日鑿一竅，七日而渾沌死。（《應帝王》）

魯侯爲海鳥奏《九韶》之樂，具太牢之膳，可謂待之甚善。然海鳥不敢食一臠，不敢飲一杯，三日而死。是什麽原因呢？作者指出：“此以己養養鳥也，非以鳥養養鳥也。”即魯侯將自己的意願强加於海鳥，此乃逆物性而爲。若鳥養養鳥，則應讓鳥按照鳥的本性生存，即“宜棲之深林，游之壇陸，浮之江湖，食之鰍鰷，隨行列而止，委虵而處”。

南海之帝和北海之帝爲報答渾沌之德，爲渾沌開鑿七竅。日鑿一竅，七日而渾沌死。渾沌爲什麽會死？因爲渾沌性無七竅，怡然自樂。而儵和忽以己意爲渾沌鑿七竅，如此便損害了渾沌的天性，渾沌之死就成爲必然。

可見海氏所謂的讓存在，讓存在者是其所是，就是道家的無爲順性。蓋海氏讓存在的論述與道家無爲不言的主張之間存在某種關聯。

四、海德格爾與老莊關於“無”的對話

海德格爾認爲“無”乃是最廣泛、最深刻、最原始的問題。海氏在

《形而上學導論》中指出："'究竟爲什麽在者在而無反倒不在?'顯然這是所有問題中的首要問題。"傳統形而上學只知問"有"而不知問"無"，因爲知性邏輯之對象性思維所表象的只是存在者，而"無"不是任何對象性事物，無法對之進行表象和規定，因而經驗科學拒斥"無"。在中國，把形下之"有""無"抽象爲形上之"有""無"始於老子，自此"有""無"成爲中國古代非常重要的哲學範疇，也是老子道論之核心問題。那麽海氏對於"無"之追問與老莊關於"無"的論述存在著怎樣的區别與聯繫呢?

(一) 海氏之"畏"與道家之"無我"

在《形而上學是什麽》一文中，海氏對"無"進行了專題探討。海氏指出：日常此在是由科學來規定的。在諸科學領域中，人們關心、研究的只是個别的東西，是存在者，此外再無什麽。"無"對科學來説，除了是一種令人憎惡的東西、一種虚幻外，還能是什麽呢? 同樣，知性邏輯也無法認識和規定"無"。當我們問"什麽是無"時，我們已經把"無"設定爲某種存在的東西，而"無"恰恰是與存在者絶對不同的。理智告訴我們"無"乃是對存在者之全體的否定，"無"由否定而得到規定。海德格爾認爲無比不和否定更爲原始，只是因爲有了"無"，才使否定成爲可能。因此理智無法規定"無"，只有在此在的某種基本情緒中才能與"無"照面，這種情緒就是"畏"。畏與怕不同，怕之所怕只是某種特定的存在者，而畏則瀰漫著一種獨特的寧静。畏之所畏是不確定的，這種不確定並不是缺乏確定性，而是根本不可能有確定性。畏使存在者整體脱落了，包括此在本身。唯此脱落之際"無"湧逼而來，此時任何"存在"之道説都歸於沉寂。畏啓示無，畏揭示無。我們所曾畏和爲之所畏的那個東西，本來就一無所有，無本身作爲這種無曾經在此。

無在畏中揭示自身，但並不是作爲存在者揭示自身，不是作爲對象被給予的。畏並非對無的把握，但是無却通過畏並且在畏中才變得可敞開。無在畏中與存在者整體一體來照面。在畏中並不發生對存在者整體的消滅，同樣不是對存在者整體的否定以期贏獲無，無先於此就已經照面。"我們'飄浮'在畏中。更明確地講，畏使我們飄浮著，因爲畏使存在者整體脱落了。這也意味著，我們本身——這些存在著的人們——在存在者中間一道脱落了。因此，根本上不是'你'和'我'惶惶不安，而是‘某人’惶惶不安。”①

海氏關於“畏”的論述究竟是何意？我們也許能在道家學説中找到答案。老子説：“爲學日益，爲道日損。損之又損，以至於無爲。”王弼解釋説，“爲學日益”是指“務欲進其所能，益其所習”，“爲道日損”是指“務欲反虚無也”。也就是説，日常此在整日與存在者打交道，他們眼中除了存在者之外再無什麽。而他們學習的知識、禮法越多，反而離道越遠，因爲道不是存在者。那麽如何才能體道呢？老子給出的方法是“損”。損什麽呢？損的是欲，損的是我。老子始終强調少私寡欲，就是讓人們超拔於外物的束縛，從而“載營魄抱一”“致虚極，守静篤”，復歸人自然之本性，如此才能體道、悟道。可見，與道爲一是通過“損”實現的。唯有“損之又損”，直到把我損没了，即達到無我的境地，此時此在及存在者整體脱落了，唯此脱落之際“無”才能湧逼而來，唯此之時此在才能漂浮在畏中，才能有物我“渾然一心”。可以説海氏所謂的“畏”，是指一種物我渾然一體之境界。此在及存在者整體脱落，説的是獨立於物外並對外物進行表象和認識的我已經消失，唯此無我之際“無”才變得可敞開。也就是説，海氏所謂的“畏”與道家的忘我情懷是一致的。值得一提的是，海氏並没有論述此在如何才能進入“畏”中，從而與“無”照面。道家認爲忘我是一個損欲的過程，即通過莊子所説的“心齋”“坐忘”，如此才能致虚守静，與物合一。

此在如何才能“飄浮”在畏中？畏如何能使此在及存在者整體脱落？我們先來體味一下莊子夢蝶的故事：

> 昔者莊周夢爲蝴蝶，栩栩然蝴蝶也，自喻適志與，不知周也。俄然覺，則遽遽然周也。不知周之夢爲蝴蝶與？蝴蝶之夢爲周與？周與蝴蝶，則必有分矣。此之謂物化。（《齊物論》）

究竟是夢中的莊周變成了蝴蝶？還是夢中的蝴蝶化爲了莊周？是蝴蝶之夢還是夢爲蝴蝶？唯此物我合一之際，此在及存在者整體脱落了。因爲此時莊蝶已經合而爲一，主體的、表象的、物我相待的我已然脱落，此在飄浮在畏中。可見海氏所謂的“畏”就是道家物我合一的境界，莊子稱之爲“物化”。

---

① 〔德〕海德格尔：《形而上學是什麽》，《路標》，孫周興譯，北京，商務印書館，2014，第130～131頁。

（二）海氏之“壺”與老子之“器”

海氏在《物》一文中對“無”也進行了深入的思考。海氏説：壺的虛空，壺的這種無，乃是壺作爲容納的器皿之所是。器皿的物性因素絶不在於它由以構成的材料，而在於有容納作用的空虛。對於科學之表象來説，壺中之酒變成了一種純粹的液體而没有思及壺容納什麽以及如何容納。壺之壺性在傾注之贈品中成其本質。在贈品之水中有泉，在泉中有巖石，在巖石中有大地的渾然蟄伏，這大地又承受著天空的雨露。故在壺之本質中，總是棲留著天空與大地。傾注之贈品乃是終有一死的人的飲料，同時也用於祭神獻祭。在傾注之贈品中，同時逗留著大地與天空、諸神與終有一死者，這四方是共屬一體的。在贈品中壺之爲壺成其本質。壺的本質乃是那種使純一的四重整體入於一種逗留的有所餽贈的純粹聚集。作爲一物的壺如何成其本質呢？物物化，物化聚集，物化聚集於一個當下棲留的東西，即入於此一物彼一物。

老子説：“三十輻共一轂，當其無，有車之用。埏埴以爲器，當其無，有器之用。鑿户牖以爲室，當其無，有室之用。故有之以爲利，無之以爲用。”（十一章）老子認爲有了車轂和車軸間的縫隙，車輪才能轉動起來，車之爲車在車輪的轉動中成其本質；人們用黏土做成器皿，由於器皿中間是空虛的，所以才能用來盛東西，器之爲器在器皿的空虛中成其本質；人們開鑿門窗建造屋室，由於房子中間是空虛的，所以才能用來居住，室之爲室在室的空虛中成其本質。老子的論述對海德格爾的影響無疑是巨大的，我們從海氏之“壺”中看到了老子“器”的影子。宋祖良説：“老子的這個無的概念，對海德格爾影響非常之大……所謂Krug在德文中是壺或罐子的意思，而它正來源於《道德經》的第十一章中所説的‘器’。……珀格勒（德國學者）指出，海德格爾在闡述世界的四重性時所使用的例子‘壺’，取自於中國古代哲學家老子。珀格勒還評論説，海德格爾從老子的‘器’（壺）的例子去把握另一個新的開端。珀格勒還指出，海德格爾的‘《物》這個報告用壺提出了一個道教的例子’。”①

---

① 宋祖良：《拯救地球和人類未來——海德格爾的後期思想》，北京，中國社會科學出版社，1993，第276～277頁。

（三）有、無之關係

傳統形而上學只知問有而不知問無。海氏認爲形而上學不但要問有，而且要問無。那麽有與無究竟是怎樣一種關係呢？海氏在《形而上學是什麽》中對此問題作了這樣的表述：

> “純粹的存在與純粹的無是一回事。”黑格爾的這個命題是有道理的。存在與無是共屬一体的，但並非因爲這兩者——從黑格爾思想概念出發來看——在其無規定性和直接性中是一致的，而是因爲存在本身在本質上是有限的，並且只有在那個嵌入無之中的此在之超越中才自行啓示出來。[①]

海氏認爲有（存在）與無是共屬一體的。有只有在無之域才能顯示自身，即有是無之有，有不能脱離無而單獨存在。與海氏相比，老子對有無關係的探討要更爲細緻，更加深刻。老子説：

> 道可道，非常道；名可名，非常名。無，名天地之始；有，名萬物之母。故常無，欲以觀其妙；常有，欲以觀其徼。此兩者同出而異名，同謂之玄。玄之又玄，衆妙之門。

老子認爲道是由有無構成的。其中“觀其妙”“觀其徼”中的“觀”字，是顯現、顯示的意思，這是古漢語中比較常見的用法。即無所顯現的是道的幽深和玄妙，有所顯示的是道生萬物之軌跡。“觀”在這裏並非如人們通常所理解的那樣，即主體的人運用對象性思維對道之“妙”“徼”進行表象和觀察。因爲老子認爲“道”是不能用知性邏輯加以認識的，即所謂“道可道，非常道”，人只能體悟道而不能認識和言説道。用海氏的話説，就是此在只有向道敞開，與道一同進入既澄明又遮蔽的原始境域之時，道自身有無之顯現才是可能的。

那麽有與無究竟是怎樣一種關係呢？老子説：“此兩者同出而異名，同謂之玄。”帛書《老子》甲、乙本次句作“兩者同出，異名同謂”。就是説有和無都出自道，兩者雖然名稱不同，實際上是一回事，即所謂

① 〔德〕海德格爾：《形而上學是什麽》，《路標》，孫周興譯，北京，商務印書館，2014，第140頁。

"異名同謂"。既然是一回事，爲什麽要分爲有和無呢？老子所説的無指的是道的本體，因爲道是視之不見、聽之不聞、摶之不得的，所以老子用"無"名之，用以顯示道的玄妙。然道又不是空無所有，即所謂其中有象、其中有物、其中有精，故而能够創生天地萬物，故老子以"有"名之，以示道的作用。可見有和無只是從不同角度去描述道，實際上是一回事。不存在一個孤立的有，也不存在一個孤立的無，無是有之無，有是無之有。"象""物""精"之"有"只有在"夷""希""微"之"無"的境域中才能够顯現和澄明。相反，"夷""希""微"之"無"的遮蔽只有在"象""物""精"之"有"的顯現和澄明中才是可能的。這也就是老子所説的"有無相生"。世間萬事萬物都處在不斷變化的過程當中，生老病死、榮枯盛衰、日月交替、風雨晦明，萬物既"是"又"不是"，既"有"也"無"著。可見有無乃一體之兩面，兩者處於同一哲學層面，並無先後貴賤之分。有無統一方爲道，道是有無的一體運作。這也就是海氏所説的純粹的有與純粹的無是一回事，有只在嵌入無之域才能顯示自身。

總之，我們認爲海德格爾是在與中國古代智者老莊的對話中提出其哲學主張的，這種對話隨著新世紀的到來也必將翻開新的一頁。我們寫作此文的目的並非想通過古已有之的論證而沾沾自喜，我們是從當今世界哲學轉向這一維度來思考我們究竟應當如何思？

參考書目

1.（晉）郭象：《莊子注》，（清）郭慶藩輯《莊子集釋》，北京，中華書局，1961年。

2.（唐）陸德明：《莊子音義》，黄焯彙校《經典釋文彙校》，北京，中華書局，2006年。

3.（唐）成玄英：《莊子疏》，（清）郭慶藩輯《莊子集釋》，北京，中華書局，1961年。

4.（宋）吕惠卿撰，湯君集校：《莊子義集校》，北京，中華書局，2009年。

5.（宋）陳碧虚：《莊子闕誤》，明正統《道藏》本。

6.（宋）林希逸著，周啓成校注：《莊子鬳齋口義校注》，北京，中華書局，1997年。

7.（宋）褚伯秀：《南華真經義海纂微》，明正統《道藏》本。

8.（明）羅勉道：《南華真經循本》，明正統《道藏》本。

9.（明）陸西星：《南華真經副墨》，明萬曆十三年天臺館重刊本，1585年。

10.（明）焦竑：《莊子翼》，明萬曆《續道藏》本。

11.（明）釋德清：《莊子内篇注》，上海，華東師範大學出版社，2009年。

12.（明）方以智：《藥地炮莊》，北京，華夏出版社，2011年。

13.（清）林雲銘：《莊子因》，上海，華東師範大學出版社，2011年。

14.（清）王夫之：《莊子解》，香港，中華書局香港分局，1976年。

15.（清）方人傑：《莊子讀本》，《莊騷讀本》，清乾隆三十七年刊本，1772年。

16.（清）宣穎：《南華經解》，廣州，廣東人民出版社，2008年。

17.（清）胡文英：《莊子獨見》，上海，華東師範大學出版社，2011年。

18.（清）盧文弨：《莊子音義考證》，清乾隆嘉慶間刊《抱經堂叢書》本。

19. （清）姚鼐：《莊子章義》，《惜抱軒遺書三種》，清光緒五年徐氏刊本，1879 年。

20. （清）王念孫：《莊子雜誌》，《讀書雜誌》，南京，江蘇古籍出版社，2000 年。

21. （清）俞樾：《莊子平議》，《諸子平議》，北京，中華書局，1957 年。

22. （清）劉鳳苞：《南華雪心編》，清光緒二十三年晚香堂刊本，1897 年。

23. （清）馬其昶：《莊子故》，清光緒三十一年李氏刊《集虛草堂叢書》本，1905 年。

24. （清）孫詒讓：《莊子劄迻》，《劄迻》，光緒二十年刊本，1894 年。

25. （清）郭慶藩：《莊子集釋》，北京，中華書局，1961 年。

26. （清）吴汝綸：《莊子點勘》，《桐城先生點勘諸子讀本》，清宣統二年刊本，1910 年。

27. （清）王先謙：《莊子集解》，北京，中華書局，1986 年。

28. 章炳麟：《莊子解故》，民國六年浙江圖書館刊《章氏叢書》本，1917 年。

29. 陶鴻慶：《讀诸子札記》，北京，中華書局，1959 年。

30. 梁啓超：《莊子天下篇釋義》，張丰乾編《〈莊子·天下篇〉註疏四種》，北京，華夏出版社，2009 年。

31. 奚侗：《莊子補注》，民國六年江蘇省立官紙印刷廠排印本，1917 年。

32. 朱桂耀：《莊子内篇證補》，民國二十四年上海商務印書館排印本，1935 年。

33. 馬叙倫：《莊子義證》，民國十九年上海商務印書館排印本，1930 年。

34. 馬叙倫：《莊子天下篇述義》，張丰乾編《〈莊子·天下篇〉註疏四種》，北京，華夏出版社，2009 年。

35. 錢基博：《莊子天下篇疏記》，張丰乾編《〈莊子·天下篇〉註疏四種》，北京，華夏出版社，2009 年。

36. 顧實：《莊子天下篇講疏》，張丰乾編《〈莊子·天下篇〉註疏四種》，北京，華夏出版社，2009 年。

37. 胡遠濬：《莊子詮詁》，民國二十年上海商務印書館排印本，1931 年。

38. 阮毓崧：《莊子集注》，臺北，廣文書局，1972 年。

39. 劉師培：《莊子斠補》，《劉申叔遺書》，民國二十五年寧武南氏刊本，1936 年。

40. 蔣錫昌：《莊子哲學》，上海，上海書店，1992 年。

41. 劉文典：《莊子補正》，合肥，安徽大学出版社，1999 年。

42. 胡樸安：《莊子章義》，民國三十二年排印《樸學齋叢書》第二集本，1943 年。

43. 胡懷琛：《莊子集釋補正》，民國二十九年排印《樸學齋叢書》第一集本，1940 年。

44. 王叔岷：《莊子校詮》，北京，中華書局，2007 年。

45. 王治心：《莊子研究及淺釋》，民國二十八年上海群學社排印本，1939 年。

46. 高亨：《莊子新箋》，《諸子新箋》，濟南，山東人民出版社，1961 年。

47. 楊樹達：《莊子拾遺》，《積微居讀書記》，北京，中華書局，1962 年。

48. 聞一多：《莊子内篇校釋》，《聞一多全集》，北京，三聯書店，1982 年。

49. 于省吾：《莊子新證》，民國二十八年排印《雙劍誃諸子新證》本，1939 年。

50. 葉國慶：《莊子研究》，民國二十五年上海商務印書館排印《國學小叢書》本，1936 年。

51. 鍾泰：《莊子發微》，上海，上海古籍出版社，2002 年。

52. 張默生：《莊子新釋》，濟南，齊魯書社，1993 年。

53. 錢穆：《莊子纂箋》，北京，三聯書店，2010 年。

54. 羅根澤：《説諸子》，上海，上海古籍出版社，2001 年。

55. 張恒壽：《莊子新探》，武漢，湖北人民出版社，1983 年。

56. 崔大華：《莊子研究》，北京，人民出版社，1992 年。

57. 陳鼓應：《莊子今注今譯》，北京，中華書局，1983 年。

58. 曹礎基：《莊子淺注》，北京，中華書局，1982 年。

59. 方勇：《莊子詮評》，成都，巴蜀書社，2007 年。

60. 劉笑敢：《莊子哲學及其演變》，北京，中國社會科學出版社，1988 年。

61. 黄華珍：《莊子音義研究》，北京，中華書局，1999 年。

62. 〔日〕武内義雄：《老子和莊子》，《武内義雄全集》，東京，角川書店，1979 年。